中国特色发展的政治经济学

Political Economics of Development with Chinese Characteristics

任保平 魏 婕 郭 晗◎等著

发展的政治经济学与新中国70年

任保平 何爱平 师 博／主编

教育部人文社会科学重点研究基地——中国西部经济发展研究中心建设项目

陕西省哲学社会科学重点研究基地——陕西宏观经济与增长质量协同创新中心建设项目

教育部哲学社会科学发展报告项目『中国经济增长质量发展报告』

教育部『长江学者』特聘教授奖励计划项目

国家『万人计划』哲学社会科学领军人才项目

文化名家暨『四个一批』人才项目

陕西省『三秦学者』创新团队建设项目

西北大学『双一流』建设项目资助

Sponsored by First-class Universities and Academic Programs of Northwest University

中国经济出版社
CHINA ECONOMIC PUBLISHING HOUSE
北 京

图书在版编目（CIP）数据

中国特色发展的政治经济学 / 任保平等著. --北京：中国经济出版社，2019. 7

ISBN 978-7-5136-5784-6

Ⅰ. ①中… Ⅱ. ①任… Ⅲ. ①中国特色社会主义-社会主义政治经济学-研究 Ⅳ. ①F120. 2

中国版本图书馆 CIP 数据核字（2019）第 159571 号

责任编辑 贺 静
责任印制 巢新强
封面设计 华子设计

出版发行 中国经济出版社
印 刷 者 北京力信诚印刷有限公司
经 销 者 各地新华书店
开　　本 710mm×1000mm 1/16
印　　张 27. 75
字　　数 398 千字
版　　次 2019 年 7 月第 1 版
印　　次 2019 年 7 月第 1 次
定　　价 89. 00 元
广告经营许可证 京西工商广字第 8179 号

中国经济出版社 网址 www. economyph. com **社址** 北京市西城区百万庄北街 3 号 **邮编** 100037

本版图书如存在印装质量问题，请与本社发行中心联系调换（联系电话：010-68330607）

总　序

发展经济学是第二次世界大战以后产生的研究发展中国家经济发展的经济学科，20 世纪 40 年代后期在西方国家逐步形成，主要探讨贫困落后的发展中国家如何实现现代化和工业化、摆脱贫困、走向富裕等问题。但是西方发展经济学以西方经济学的理论与方法为指导，并没有为中国经济发展提供有效的理论指导。进入新时代，中国面临的重大发展问题是现代化发展问题，经济发展的主要任务是现代化强国建设。西方发展经济学不可能指导中国经济的现代化发展，中国经济发展的实践亟须构建具有新时代特征和中国特色的中国发展经济学。新时代中国特色社会主义政治经济学的创新要以马克思主义经济发展理论为指导，以新时代中国经济发展的经验、事实和材料为基础，把发展经济学与政治经济学相结合，构建发展的政治经济学理论体系，探讨新时代中国现代化发展的特殊规律。

一、中国特色发展的政治经济学的理论定位

随着中国特色社会主义进入新时代，中国发展经济学的研究对象不再是如何解决贫穷落后的问题，而是应该研究中国独特的现代化发展道路，探索新时代中国现代化发展的特殊规律。概言之，主要包括两方面的内容：一是我国如何由落后国家变为一个经济大国，研究如何由计划经济转型为社会主义市场经济大国的道路。改革开放 40 年来中国经济快速发展，实现了由计划经济体制向社会主义市场经济体制

的转型、由封闭经济体系向开放经济的转型，成功进入了中等收入国家行列，这一阶段的发展道路为世界其他发展中国家提供了新的范本，需要在理论上加以系统总结和研究，进而形成系统化的中国特色发展的政治经济学的理论学说。二是进入新时代，我国如何从一个经济大国变为现代化经济强国。就经济总量而言，目前我国已经成为世界第二大经济体，但还不是经济强国，作为发展中大国的国际地位没有变，仍然面临现代化发展问题。传统增长方式亟待转型，“中等收入陷阱”必须尽快跨越，社会矛盾不断加剧，发展的不平衡、不协调、不充分、不可持续问题更加突出，亟须建立新时代中国特色发展的政治经济学，为解决这些问题提供理论指导，从而使中国从经济大国转向现代化的经济强国。新时代中国特色发展的政治经济学以中国现代化强国发展道路为研究对象，回答的是“什么是新时代的现代化发展”“在新时代如何实现现代化发展”“新阶段的现代化发展为了什么”这三个根本问题。既要解释中国从低收入国家发展成为中等收入国家所走过的发展道路，又要研究进入中等收入国家发展阶段后走向现代化的发展道路。易言之，既要对中国过去的发展道路进行理论总结，又要对中国新时代的现代化强国建设的道路进行研究。

习近平总书记在主持中共中央政治局第二十八次集体学习时强调，要立足我国国情和发展实践，揭示新特点、新规律，提炼和总结我国经济发展实践的规律性成果，把实践经验上升为系统化的经济学说。这不仅是对中国特色社会主义政治经济学的要求，而且是中国特色发展的政治经济学构建要坚持的基本原则。因此，中国特色社会主义政治经济学为中国特色发展的政治经济学提供了基本理论和方法，中国特色发展的政治经济学要坚持以人民为中心的发展思想，把增进人民福祉、促进人的全面发展作为出发点和落脚点，体现中国特色社会主义共同富裕的本质特征。同时也“要按照立足中国、借鉴国外、挖掘历史、把握当代、关怀人类、面向未来的思路，着力构建中国特色哲学社会科学，在指导思想、学科体系、学术体系、话语体系等方面充分体现中国特色、中国风格、中国气派[①]”。新时代中国特色发展的政治经济学要在中国特色社会主义政治经济学所揭示的内在的本质的经济必然性的基础上，研究新时代中国特色的现代化强国建设的道路，总结我国现代化发展的规律，指导新时代现代化强国建设。

中国特色发展的政治经济学的核心是促进生产力的发展，继续坚持解放、发展和保护生产力。其基本立场在于实现以人民为核心的经济发展，坚持人民主体地位，一切为了人民、一切相信人民、一切依靠人民是新时代中国特色发展的政治经济学始终要坚持的核心立场。

二、中国特色发展的政治经济学的实践定位

新时代中国特色发展的政治经济学的实践定位应该是立足于新时代中国发展的实际、中国经济改革的实践和中国新时代现代化发展的实际，研究中国现代化发展的重大理论问题、重大实践问题，总结概括中国经济以及世界经济现代化发展的重大历史经验教训，提炼升华，探索其中的经济规律，进而上升为系统化的经济学说，这样才能促进中国特色发展的政治经济学的理论创新，才能从学理上阐释中国道路的成功，才能指引新时代中国现代化发展的道路。

从这一实践定位出发，中国特色发展的政治经济学创新的内容应大致包括：一是中国由传统农业国转变为工业国的发展道路。中国的农业工业化与其他国家不一样，改革开放之前通过国家工业化，奠定了工业化的基础。改革开放以后，发挥市场机制的作用，利用民间资本的力量，通过乡镇企业促进了农村工业化，加速了中国工业化的进程。二是中国特色的城乡一体化发展道路。作为发展中国家，中国具有发展中国家二元经济结构的典型特征，因而城乡问题是中国现代化

① 习近平．在哲学社会科学工作座谈会上的讲话［EB/OL］．新华网，2016－05－18.

发展的核心问题之一。“党的十八大提出的‘走中国特色社会主义农业现代化道路，建立以工促农、以城带乡、工农互促的新型工农、城乡关系，形成城乡经济社会发展的新格局’是中国特色社会主义城乡一体化的伟大社会实践。”① 三是中国特色的社会主义市场经济道路。改革开放以来，我国成功地实现了从高度集中的计划经济体制向市场经济体制的转型，建立了社会主义市场经济体制的基本框架，走出了一条中国特色的社会主义市场经济发展道路。中国特色社会主义经济体制把市场经济的一般理论与中国的社会主义制度相结合，既具有市场经济的一般特征，又是与社会主义基本制度相结合的市场经济，是在积极有效的国家宏观调控下，市场对资源配置起基础性作用，能够实现效率与公平均衡发展的经济体制。中国特色社会主义市场经济道路的形成，是采用双轨过渡，从局部到总体，体制内改革与体制外推进相结合，改革、发展与稳定相协调，经济的市场化与政治的多元化相分离等方式建立起来的，因此，中国特色发展的政治经济学必须研究中国特色社会主义市场经济道路，总结其发展规律。四是中国特色的扶贫道路。作为最大的发展中国家，新中国成立以来，特别是改革开放以来，我国消除的贫困人数在世界范围内是最多的，据统计，改革开放以来我国的贫困发生率已由1978年的30.7%下降至2015年的5.7%②。中国的反贫困为人类做出了卓越的贡献，中国特色发展的政治经济学的理论创新必须总结这一经验。

三、中国特色发展的政治经济学的理论基础

马克思主义经济发展理论和中国特色社会主义政治经济学是新时代中国特色发展的政治经济学创新的理论基础。新时代中国特色发展

① 彭国昌．分离与融合：中国特色社会主义城乡一体化发展趋势与路径选择［J］．湖南社会科学，2014（1）．

② 孙久文，唐泽地．中国特色的扶贫战略与政策［J］．西北师范大学学报，2017（2）．

的政治经济学是在马克思主义经济发展理论和中国特色社会主义政治经济学所揭示的内在的、本质的经济必然性的基础上进行理论创新，研究中国特色社会主义现代化发展的道路。

(1) 马克思主义经济发展理论是中国特色发展的政治经济学的理论基础。马克思主义经典作家在研究资本主义经济的过程中，也研究了经济发展的一般规律，形成了系统的马克思主义经济发展理论。这一理论核心包括：①经济发展的终极目标是人的全面发展。马克思主义经济发展理论认为经济发展的目标是人的全面发展，物质资料的生产是人全面发展的基础。马克思人的全面发展理论体现在马克思和恩格斯1845—1846年合作完成的《德意志意识形态》一书中，马克思认为人的全面发展是指人的智力和体力的统一，精神劳动、物质劳动和享受的统一，生存和发展的统一，并使人的潜能和天资、兴趣和才能得到空前未有的充分发展，使人的身心、精神（道德）、才能、个性全面而丰富地发展。人的全面发展是在社会发展中不断得到实现的，马克思把这一点总结为“社会发展的普遍规律”，同时，人的全面发展又推动了社会的全面进步①。②经济发展的动力在于生产力的发展。马克思主义经济发展理论认为生产力是经济发展的动力和最终决定因素。要素生产力和协作生产力是马克思生产理论体系的两个维度。马克思在其生产力理论中，首先论述了要素生产力对经济发展的作用，他在《资本论》第一卷中论述资本主义劳动过程时，就分析了生产要素对生产过程的影响，指出：“在劳动过程中，人的活动借助于劳动资料使劳动对象发生预定的变化。”② 经济发展中的生产要素包括劳动者、生产资料、劳动对象三个部分，其中人是经济发展的主体，也是经济发展的最活跃的要素。生产资料、劳动对象是经济发展的物质要素，是人的劳动借以进行的社会关系的指示器。同时，科学技术

---

① 戴跃侬．人的全面发展理论与马克思主义中国化［J］．马克思主义与现实．2007（5）．

② ［德］马克思．资本论：第一卷［M］．北京：人民出版社，2004：205．

也是生产力，科学技术决定着生产力要素中劳动者的素质，也决定着生产工具和劳动资料的水平。马克思在《资本论》的分工与协作中，还分析了协作生产力对经济发展的作用，协作生产力实际上通过劳动者与生产资料相结合的社会形式对经济发展产生影响。马克思分别研究了简单协作、工场手工业和机器大工业三种协作形式对经济发展的作用。③经济发展的持续性在于按比例协调发展。马克思主义经济发展理论中强调的按比例协调发展包括两个方面：一是国民经济各部门和各个生产环节按比例发展；二是人与自然协调发展。在再生产理论中他把社会生产划分为两大部类，认为两大部类之间相互影响、互为条件、相互制约，两大部类之间只有按比例协调发展，社会再生产才能顺利进行。同时，资本循环依次要经过三个阶段、变换三种职能形式，它们在时间上前后相继，在空间上同时并存，只有这样，资本循环才能顺利进行，这表明国民经济的各个环节必须保持协调关系。同时，马克思主义经济发展理论还论述了人与自然的协调关系，认为人与自然之间存在物质变换关系，在这个物质变换关系中，人与自然之间必须保持协调关系，在经济发展中既要遵循经济规律，又要遵循自然规律。④经济发展的效果取决于经济发展方式。马克思认为生产方式包括外延的扩大再生产和内涵的扩大再生产，前者是指生产场所的扩大，后者则是指生产资料效率的提高，同时，在地租理论中论述了粗放经营和集约化耕作两种方式。这实际上是分析了经济发展的两种方式：一是要素投入驱动型的发展；二是要素使用效率提高型的发展。如果经济发展主要靠要素投入来推动，就是粗放型经济发展方式；如果经济发展主要依靠要素效率的提高，则是集约型经济发展方式。马克思认为提高劳动生产率的途径是变革劳动过程的技术条件和社会条件，从而改变经济发展方式。

(2) 中国特色社会主义政治经济学是中国特色发展的政治经济学的理论基础。中国特色社会主义政治经济学与中国特色发展的政治经济学之间既有联系，又有区别。中国特色社会主义政治经济学是对中国经济改革发展的实践经验进行系统总结而形成的系统化学说，是研究和揭示中国经济发展和运行规律的科学，是最高层次的经济理论。中国特色社会主义政治经济学在方向性、基础性、战略性层面研究中国生产力、生产关系以及生产方式的发展规律和趋势，为新时代中国特色发展的政治经济学的创新提供理论指导。例如，新时代理论，解放、发展和保护生产力理论，创新驱动理论，共同富裕理论，社会主义市场经济理论，新常态理论，供给侧结构性改革理论，五大发展理念理论等，这些都是新时代中国特色发展的政治经济学创新要坚持的基本原则。而新时代中国特色发展的政治经济学是中国特色政治经济学的重要组成部分，新时代中国特色发展的政治经济学的创新可以深化中国特色社会主义政治经济学中经济发展理论的研究。新时代中国特色发展的政治经济学要依据中国特色社会主义政治经济学，研究"什么是现代化发展""现代化发展为了什么""为谁实现现代化发展"等问题。进入新时代，中国经济发展面临一系列的新问题，需要从理论上加以阐释，包括中国特色的市场经济道路、中国的现代化道路、中国特色的工业化道路、中国特色的市场经济道路、中国特色的城镇化道路、中国特色的"三农"现代化道路等，对这些问题的研究既要以中国特色社会主义政治经济学为指导，其研究成果又可以丰富和发展中国特色社会主义政治经济学。

四、中国特色发展的政治经济学的新境界

习近平总书记在全国哲学社会科学工作座谈会上的讲话中指出，构建中国特色哲学社会科学体系应该从我国改革发展的实践中挖掘新材料、发现新问题、提出新观点、构建新理论。同时，应该从学理上"系统总结改革开放以来中国社会主义现代化建设的丰富实践经验，回应我国进入中等收入发展阶段面临的重大发展问题挑战"①。因此，

① 洪银兴. 以创新的经济发展理论阐释中国经济发展［J］. 中国社会科学，2016（11）.

中国特色发展的政治经济学必须开拓新的境界。

(1) 发展观的新境界。五大发展理念是中国特色发展的政治经济学的发展观，开拓了中国特色发展的政治经济学中发展观的新境界，是发展观的一次重大创新。具体表现在：①创新发展体现了发展动力理论的新境界，创新是引领发展的第一动力，发展动力决定了经济发展的速度、效能以及可持续性。②协调发展的理念开拓了发展结构理论的新境界。我国进入中等收入阶段后，经济发展中的不平衡问题更加突出，需要转向协调发展，以增强新时代发展的整体性，使新时代的产业结构、供求结构、区域空间结构以及相应的发展战略趋向均衡。③绿色发展理念开拓了新时代经济发展财富理论的新境界，传统发展经济学的财富仅是指物质财富，绿色发展理念依据人—自然—社会复合生态系统的整体性观点形成新的财富论，进一步强调了自然资源的重要性。④开放发展的理念开拓了经济全球化理论的新境界，开放发展强调从融入全球化到主导全球化的转变，使我国由经济全球化的从属地位转变为主导地位。⑤共享发展的理念开拓了发展目的理论的新境界，体现了人的全面发展思想，要在新时代实现改革和发展成果全民共享。由此可见，五大发展理念开拓了中国特色发展的政治经济学中发展观的新境界，是发展观的一次重大创新。

(2) 发展目标的新境界。党的十九大报告中指出，我国经济已经由高速发展阶段向高质量发展阶段转变，新时代中国特色发展的政治经济学要开拓发展目标的新境界，研究高质量发展。高质量发展要求以提高全要素生产率为目标，通过质量变革、效率变革、动力变革打造中国经济发展的升级版。质量变革是高质量发展的前提和基础，是高质量发展的环境保障。质量变革是指实现产品质量、生产质量和生活质量的提升，其关键是提升生产质量，增加有效供给，减少无效供给，提高供给体系的质量。效率变革主要包括生产效率、市场效率和协调效率三个方面。其中，生产效率强调要素配置效率、企业运行效率和生产组织效率；市场效率关注市场准入效率、市场匹配效率和市场交易效率；协同效率是经济与社会、经济与生态之间的协同运行效率。动力变革是指经济发展动力的调整，包括创新发展动力和结构发展动力。创新发展是高质量发展的第一驱动力，是提升生产能力、提高市场效率、增强企业竞争、实现协调发展的第一支撑力。结构发展动力是高质量发展的战略支撑，须通过产业结构、动力结构和要素结构的全面优化实现高质量的经济发展。

（3）经济发展任务的新境界。新中国成立之后，中国经济发展的目标是实现国家的繁荣富强，也就是实现国家富裕。进入新时代以后，国家富裕的任务已经基本完成，无论是经济发展、经济改革，还是现代化都应当考虑“富民”，即能不能给人民带来利益，能否使人民群众分享经济发展的成果，这既是新时代中国特色发展的政治经济学的任务，又是新时代中国特色发展的政治经济学经济发展任务的新境界。中国特色发展的政治经济学以“富民”为目标，不仅涉及加快经济发展问题，还涉及经济发展成果如何分配，才能使人民群众得到最大收益、最大的社会福利问题①。即一方面要实现经济又好又快发展，“快”是指速度，“好”是指质量，“好”放在前面，是发展观的新境界，也就是经济发展由数量型、速度型转向高质量发展型；另一方面，让人民富裕，不但要扩大中等收入者的比重，还要在收入普遍提高的基础上缩小收入差距，让居民生活质量普遍得到提高。

（4）经济发展模式的新境界。进入新时代意味着我们必须摒弃过去数量型的经济发展模式，探索质量型的发展路径，以提高经济发展质量为核心，把质量当成基础性和关键性的变量，通过转方式、调结构、创新发展，将中国经济引入高质量发展的轨道。实现从高速增长向高质量发展阶段的转型，必须进行发展模式的创新，开拓经济发展

① 洪银兴．以人为本的发展观及其理论和实践意义［J］．经济理论与经济管理，2007（5）．

模式的新境界。新时代背景下的经济发展与过去发展模式最大的区别就是要建立在质量效益的基础上，强调经济结构在诸多领域的全面升级，同时，经济发展方式逐步由粗放型向集约型转变，提高经济发展质量，实现高质量发展。新时代中国经济发展要从单纯的速度提升变为速度与质量效益的同步提升，不能仅以 GDP 为标准，更重要的是要着力解决发展的不平衡和不充分问题，提高居民生活质量，满足人民对美好生活的需求，让居民共同享受经济增长的成果，减少贫富差距和城乡差距。

（5）经济发展动力的新境界。处于低收入发展阶段时，经济发展的主要任务是摆脱贫困和实现快速经济增长，因此经济发展的目标是以规模扩张和要素驱动为动力追求经济发展的规模和数量。进入中等收入国家行列并成为世界第二大经济体以后，我国经济发展的目标由摆脱贫困转向基本实现现代化，由建设经济大国转向建设经济强国，为此，必须实现经济发展动力的转换，从要素驱动彻底转向创新驱动。因此，新时代中国特色发展的政治经济学需要强调经济发展动力的创新，不断强化创新引领新时代发展的动力作用。科技创新是全面创新的引领，应大力推动科技创新成为产业创新的动力，在提升自身在全球价值链上地位的基础上，实现知识创新与技术创新、科技创新与产业创新、产业创新与产品创新的深层次对接。

（6）经济发展动能的新境界。经济发展不同阶段的动能是不同的，当前中国经济正处于新旧动能转换的关键时期，培育经济发展的新动能是适应和引领中国经济新常态的必然要求。培育和发展经济新动能就是要给经济增长注入新的活力、新的动力、新的能量。新动能不仅是经济发展的新引擎，而且是改造提升传统动能、促进质量效益型经济发展的动力。新动能的形成需要供需双侧协调发力。供给方面，通过创新驱动、结构调整、制度变革等手段培育供给侧新动力；需求方面，通过消费、投资、出口需求协同拉动重振需求侧动力。由于新时代经济矛盾1的主要方面集中在供给侧，应将供给侧动力作为新时代现代化发展新动能的核心。概言之，中国特色发展的政治经济学要适应世界新产业革命的趋势，以科技创新为核心，以产业创新为抓手，以制度创新为保障，坚定走创新型经济发展的道路，以创新为抓手实现新动能的培育。

(7) 发展战略的新境界。经过新中国70年，特别是40多年的改革开放，中国经济发展进入了新时代，我们面对的已经不再是单纯的发展问题，而是发展起来以后的现代化问题，相应地，中国特色发展的政治经济学必须进行发展战略的创新，开拓发展战略的新境界。具体而言，在战略思路上，新时代中国特色发展的政治经济学要以促进经济增长转向高质量发展为目标，以知识、技术、信息和人力资本等为先进生产要素，以创新为第一驱动力，构建现代化经济体系，实现以新型工业化为核心的新时代经济现代化，以追求效率、秩序、民主为核心的新时代政治现代化，以城市化和城镇化为特征的新时代社会结构现代化，以人的素质提高和生活方式变革为主体的新时代人的现代化。在战略目标上，新时代中国特色发展的政治经济学要由高速增长目标转向高质量发展目标，要由过去的制度创新转向以建设创新国家和现代化强国为内容的综合创新。战略措施上，新时代中国特色发展的政治经济学要由单一市场化路径转向市场化、工业化、城市化和生态化的协调同步发展，以“强起来”为目标构建新时代对外开放新格局，全面提高对外开放水平。

(8) 发展型式的新境界。美国发展经济学家钱纳里提出了“发展型式”的概念，他认为“发展型式”就是经济发展过程中在重要领域的系统变化。中国过去的发展型式围绕解决贫穷落后问题而形成，这种发展型式以速度为目标，以要素投入为动力，以规模扩张为方式实现经济发展。进入新时代，我国社会的主要矛盾已经转化为人民日益增长的美好生活需要和不平衡不充分的发展之间的矛盾，中国经济面临的不再是发展问题，而是发展起来以后的现代化问题，此时就要依据变化了的问题和主要矛盾，开拓发展型式的新境界。要以发展质量为目标，以创新为驱动力，以效率提升为主要方式，以满足人民对美好生活的需要为终极目的，以现代化为主线进行发展型式的变革。

五、中国特色发展的政治经济学的理论体系创新

“中国是世界上最大的发展中国家，现在也是经济发展最快、最成功的国家，面临的发展问题最多、困难最大，实践经验和可供研究的资料最丰富，是最能够出发展经济学理论的地方，也是发展经济学研究条件最好、最有利的地方。”① 新中国成立以来特别是改革开放以来我国取得了巨大的发展成绩，有许多成功的经验需要总结，并从学理上上升为系统化的经济学说。因此，新时代中国特色发展的政治经济学创新的任务具有二重性：一是总结研究改革开放以来的新问题、新材料，形成系统化的学说以指导新时代的中国经济发展；二是形成系统化的学说，为世界发展经济学贡献中国方案和中国智慧。依据发展经济学的一般范式，中国特色发展的政治经济学理论体系的创新应该包括以下几个层次。

（1）中国特色发展的政治经济学的“中国特色”。这主要包括两个方面：一是新时代中国经济发展的特殊性。从新时代中国经济发展初始条件和主要矛盾的变化出发，从发展目标、发展模式、发展主题、发展道路等方面研究新时代中国经济发展的特殊性。二是在新时代中国经济发展特殊性分析的基础上，研究新时代中国特色发展的政治经济学的“中国特色”。

（2）中国特色的发展条件。经济发展的条件决定了经济发展的方式和模式，以及经济发展的道路。这一层次主要研究四个方面的问题：

① 简新华．创建中国特色发展经济学［J］．生产力研究，2008（18）．

一是中国发展条件与发达国家的比较；二是中国发展条件与其他发展中国家初始条件的比较；三是在比较的基础上研究中国经济发展的特殊禀赋条件、制度条件、市场条件、技术条件、基础设施条件、经济基础条件、文化条件等方面的中国特色；四是中国经济发展面临的特殊问题，从人口、资源、环境、就业、“三农”、贫穷、地区、城乡、工农差别等方面研究中国新常态经济发展面临的特殊问题。

（3）中国特色的发展道路。在中国特色发展初始条件研究的基础上，研究中国特色的发展道路，包括：中国特色的市场化道路、中国特色的改革发展道路、中国特色的工业化道路、中国特色的城市化（城镇化）道路、中国特色的信息化道路、中国特色的“三农”现代化道路、中国特色的开放发展道路，并进一步研究中国经济发展在上述“六化”中的特殊规律。

（4）中国特色的发展过程。这一层次主要研究如何实现新时代现代化发展的问题，依据五大发展理念和新时代主要矛盾的变化，研究五大发展理念的理论贡献，以及在实践上如何推进五大发展。重点研究如何在新时代中国经济发展中落实创新、协调、绿色、开放和共享发展，从而推动中国经济实现高质量发展。

（5）中国特色的发展模式。这一部分主要研究新中国成立以来以及改革开放以来我国所选择的不同于西方但又适合本国国情的经济发展模式。具体而言，一是中国发展模式的演变，包括计划经济时期的经济发展模式、改革开放以来的发展模式和新常态下的经济发展模式。二是中国发展模式的同质性与异质性，比较研究中国较其他国家发展模式的特殊性。三是中国发展模式的转型，依据世界经济发展的趋势，以及中国进入中等收入国家的现实状况，研究新常态下中国经济发展模式的转型。

（6）中国特色的发展战略。经济发展战略是指在一定时期内，国家关于国民经济发展的带有全局性、长远性、根本性的总体构想，及其为此实施的总体规划和方针政策。这一层次主要研究：一是中国经济发展战略的历史演变。主要包括：计划经济时期的赶超战略、改革开放时期的追赶战略、新时代的质量效益战略。二是发展战略的中国特色。从具体国情和发展阶段性特征出发，研究中国发展战略在选择、实施等方面的中国特色。三是新时代中国经济发展战略的转型，如何从长期的追赶战略转向质量效益战略。

（7）中国经济发展的前景。这一层次主要研究：一是中国经济发展对人类的贡献。总结大国发展的经验，总结中国发展模式、道路、体制等方面对世界的贡献。二是中国特色发展的政治经济学对世界发展经济学的贡献。总结概括中国经济发展的实践经验及可在发展中国家推广的理论。三是中国经济发展前景的估计。在对世界上各种关于中国经济发展前景分析的观点进行评价的基础上，估计新时代中国经济发展的未来前景。

六、“发展的政治经济学与新中国70年”丛书简介

“发展的政治经济学与新中国70年”丛书是教育部人文社会科学重点研究基地——西北大学中国西部经济发展研究中心和西北大学经济管理学院理论经济学科共同完成的一套系列丛书，也是我们在理论经济学建设方面的新成果。

西北大学理论经济学科过去以政治经济学的教学与研究见长，后来何炼成教授又提出了中国发展经济学的构想，政治经济学与中国发展经济学成为西北大学理论经济学科的主要研究领域。近年来，我们在研究理论经济学，特别是习近平总书记提出的中国特色社会主义发展政治经济学的过程中，逐渐形成了一个新的思想认识，即中国的问题是发展问题，而发展问题需要运用政治经济学的理论与方法来研究。在这种思想认识的基础上，我们把政治经济学与发展经济学相结合，提出了建立“发展的政治经济学”理论体系的思想认识。

在这一认识的指导下，我们首先开始写文章逐步阐释这一思想。2012 年我和我的学生钞小静在 2012 年第 11 期《经济学家》上发表了《从数量型增长向质量型增长转变的政治经济学分析》，逐渐通过经济增长问题来研究发展的政治经济学。在 2013 年第 5 期《经济学家》上，何爱平教授发表了《发展的政治经济学：一个理论分析框架》，阐释了发展的政治经济学的基本框架。2015 年我和我的博士生马强文又写了《经济发展方式转变的政治经济学分析》，在云南召开的第一届公共经济学论坛上我讲了这篇文章，阐释了发展的政治经济学的基本思想。在 2015 年第 3 期《黑龙江社会科学》上，我发表了《学好用好政治经济学 把握时代发展规律》的文章，指出"中国改革开放所面临的很多问题都是政治经济学问题，都需要用现代政治经济学予以回答。学好用好政治经济学对把握中国经济发展和改革的规律意义重大"。

2016 年，《西部论坛》杂志主编黄志亮教授专访孟捷、周文和我三人，专访稿发表在《西部论坛》2016 年第 5 期上，在我的专访稿《中国经济学的形成基础与体系构建》中，我提出中国特色社会主义政治经济学理论体系构建要抓住"发展"这个主题，中国经济学首先应研究中国发展的经济学，甚至可以称之为中国发展的政治经济学。

我在 2016 年第 6 期《中国高校社会科学》上发表了《"中国发展的政治经济学"理论体系构建研究》的文章，系统阐释了发展的政治经济学的思想，文中指出"当代中国马克思主义政治经济学的构建应该以中国特色经济发展道路为研究对象，主线是发展经济学与马克思主义政治经济学结合而形成的'中国发展的政治经济学'。在理论逻辑上，'中国发展的政治经济学'以马克思主义政治经济学为理论基础，既反映人类经济发展的一般规律，又反映中国经济发展的特殊规律，还能有效解释当代中国经济发展现象、指导中国经济发展实践。在实践逻辑上，'中国发展的政治经济学'要有效解释中国特色的发展道路，抓住‘经济发展’这个主题，并直面中国经济发展的大问题、大矛盾。在发展经济学和政治经济学的结合中构建的‘中国发展的政治经济学’理论体系，应该研究中国经济发展的初始条件、中国宏观经济发展的政治经济学、中国中观经济发展的政治经济学、中国微观经济发展的政治经济学、中国与世界合作发展的政治经济学等五个层次问题”。我在2018年第3期《天津社会科学》上发表了《创新中国特色社会主义发展经济学 阐释新时代中国高质量的发展》的文章，阐释了发展经济学与政治经济学相结合的问题，同时我多次在全国性的学术研讨会上介绍了我的这篇文章的思路。2018年我们给本科生开设了一门课程“中国特色社会主义政治经济学18讲”，把讲授内容组织大家写成文章，在《西北大学学报》连续发表，我的文章和师博教授的文章都体现了发展的政治经济学的思想，文章发表后先后被人大报刊复印资料和中国社会科学文摘转载。

围绕这些文章的思路，我们经过认真研究，提出了组织这套丛书的研究设想，恰好2019年是新中国成立70周年，所以我们把这套丛书的名称定位于“发展的政治经济学与新中国70年”，一方面，这套书是发展经济学与政治经济学相结合的产物；另一方面，这套书是新中国70年的经验总结和概括。

这套丛书包括：《中国特色发展的政治经济学》《发展的政治经济学：理论框架与分析范式》《中国宏观经济发展的政治经济学》《中国中观经济发展的政治经济学》《中国微观经济发展的政治经济学》《中国与世界合作发展的政治经济学》《中国特色发展道路的政治经济学》《中国特色生态文明建设的政治经济学》《中国特色绿色发展的政治经济学》《中国特色的企业发展理论》。

本套丛书得到了西北大学社科处的高度重视，同时，教育部人文社会科学重点研究基地——西北大学中国西部经济发展研究中心和经济管理学院共同完成了这套丛书。在丛书写作的过程中，我从经济管理学院院长转任到了西北大学研究生院院长的位置，但是我仍然担任教育部人文社会科学重点研究基地——西北大学中国西部经济发展研究中心主任，利用中心平台，在西北大学经济管理学院副院长师博教授的协助下，我们继续完成了这套丛书。本丛书的出版感谢西北大学各级校领导的支持，感谢社科处、学科办和研究生院的支持。感谢我的老师南京大学洪银兴教授等师长的支持，我的思路得到了老师们的支持和鼓励。同时，这套丛书的出版也得到了中国经济出版社霍宏涛副总编辑和贺静副编审的大力支持，在书稿修改、封面设计等方面他们也做了大量的工作。

“发展的政治经济学”是我们的一个新的构想，我们期待着学术界同人的关注和批评，我们将在这个领域中不断开拓，争取多出高质量的研究成果。

西北大学研究生院院长

教育部人文社会科学重点研究基地

——西北大学中国西部经济发展研究中心主任

任保平敬序

2019 年 1 月于缥缃居

目 录

第三篇　中观经济发展的政治经济学

第四篇　微观经济发展的政治经济学

第五篇　中国与世界合作发展的政治经济学

导　论

改革开放以来，中国经济持续的高速发展创造了举世瞩目的“中国经济增长奇迹”，而在“中国经济增长奇迹”背后有许多“谜”需要破解。正如习近平总书记在2016年哲学社会科学座谈会上所指出的“当代中国正经历着我国历史上最为广泛而深刻的社会变革，也正在进行着人类历史上最为宏大而独特的实践创新。这种前无古人的伟大实践，必将给理论创造、学术繁荣提供强大动力和广阔空间”。因此，需要建立一套基于中国经济发展背景、经济发展道路、经济运行实践的理论体系来解释“中国经济增长奇迹”，并指导中国新时代下的经济发展实践。我们认为这个理论体系就是在坚持马克思主义政治经济学基本理论、基本立场和基本方法的基础上，把发展经济学与政治经济学相结合而形成的“中国发展的政治经济学”。

第一节　中国特色社会主义政治经济学的主线是发展的政治经济学

从政治经济学发展演变的历史过程来看，马克思、恩格斯经典作家时期的政治经济学是马克思主义政治经济学的1.0版本，这是整个马克思主义政治经济学的理论基础和方法论基础，这个版本研究的问题是如何用社会主义制度代替资本主义制度。列宁、斯大林、毛泽东时期的政治经济学是马克思主义政治经济学的2.0版本，这个版本研究的问题是如何建设社会主义。社会主义国家改革时期以及中国改革开放以来的政治经济学是马克思主义政治经济学的3.0版本，这个版本研究的是如何通过改革开放建立社会主义市场经济体制以解放生产力和发展生产力的问题。习近平总书记提出的要构建的中国特色社会主义政治经济学应该是马克思主义政治经济学的4.0版本，以中国独特的发展道路为研究对象，研究的是中国进入中等收入国家阶段之后的现代化发展问题。

关于构建中国的经济学问题，中国经济学界很早就作过努力，王亚南很早对此就有系统的论述，他认为："我们已经知道在中国经济研究的创建阶段，有接续的两大任务必须完成：①在消极方面，需要对阻碍中国经济认识的诸种理论，特别是同商业资本一样猖獗的那些商人意识，加以无情地批判；②在积极方面，需要依据正确的经济理论，就中国经济过渡的转型性质，采用发展的、全面的以及比较的方法，从中发掘中国经济的若干基本运动的倾向与规则。这两个任务显然不是很容易完成的。"[①] 中国特色社会主义政治经济学是4.0版本的构建，应该采用后一方面的思路，研究中国经济发展道路，主线是发展经济学与马克思主义政治经济学相结合而形成的"中国发展的政治经济学"。"中国发展的政治经济学"回答的是"什么是发展""怎样实现发展""发展为了什么"这三个根本问题，最终目标是实现以人民为核心的发展。

马克思主义政治经济学是以一定的社会生产关系为研究对象的经济学，将社会生产关系及其发展规律生产和再生产中人和人的关系作为自己研究对象的学科。研究任务在于揭示经济运动与运行规律，探索人类经济发展的基本规律与基本走向。政治经济学的一般理论所揭示的社会生产关系及其发展规律，对经济学科中的其他各经济学分支学科的研究具有重要的指导作用；政治经济学所阐明的一些基本原理等，如资本、商品、价值、货币、工资运动的基本规律和基本原理，对经济科学的研究具有重要的指导作用。但是由于人们在生产和交换时所处的条件，各个国家的发展道路各不相同，而在每一个国家里各个世代的发展特征也各不相同。因此，政治经济学不可能对一切国家和一切历史时代都是一样的，作为基本

① 王亚南．中国经济原论[M]．北京：生活·读书·新知三联书店，2012：39－40.

原理的政治经济学必须和一国具体发展阶段的具体发展实践相结合。政治经济学是一门历史科学，它是对一国特殊发展道路总结而形成的经济学理论，当代中国马克思主义政治经济学必须和中国经济发展的道路相结合，和具体发展阶段的特征相适应。

发展经济学是第二次世界大战以后针对发展中国家经济发展而形成的经济学，主要是研究发展中国家在现代化过程中如何实现工业化和城市化、摆脱贫困落后，并且走向富裕的经济学。发展经济学与政治经济学是既有区别，又有联系的，政治经济学是发展经济学的理论基础，发展经济学要以政治经济学的基本原理作指导。政治经济学的一般理论是整个经济科学的基础，发展经济学在政治经济学所揭示的内在的本质的经济必然性的基础上，研究一国特殊的经济发展道路问题。因此，政治经济学具有理论的基础性，而发展经济学具有客观的实用性，发展经济学的研究更接近现实经济生活，它研究人们在客观发展条件制约的范围内对经济发展过程的影响，尤其是人在经济发展活动中所形成的各种选择。发展经济学的研究能够检验政治经济学所揭示的客观经济规律，但是西方发展经济学迄今为止并没有有效地解决发展中国家的经济发展问题。所以，在中国特色社会主义政治经济学构建的过程中，需要在坚持马克思主义政治经济学基本立场、基本观点和基本方法的基础上，把政治经济学与发展经济学相结合，从而形成具有中国特点、中国气派、中国元素、中国风格的中国特色发展的政治经济学。

发展经济学与政治经济学的结合，基于中国经济发展的事实、材料形成中国发展的政治经济学就是中国特色社会主义政治经济学的主线。中国发展的政治经济学的研究对象是中国特色的经济发展道路，其根本问题是处理好政府和市场的关系。正如习近平总书记强调的，“看不见的手”和“看得见的手”都要用好，“该放给市场和社会的权一定要放足、放到位，该政府管的事一定要管好、管到位”。其基本理念是五大发展理念，五大发展理念是马克思主义政治经济学的重要创新成果，也是适应当代中国国情和时代特点的当代中国的马克思主义政治经济学。

第二节　中国特色发展的政治经济学理论体系构建的逻辑

"中国发展的政治经济学"是马克思主义政治经济学与发展经济学相结合而形成的新政治经济学范式，这一经济学范式在研究对象、理论基础、方法论基础、体系结构、实践功能方面同现有的西方经济学各流派有本质的不同；"中国发展的政治经济学"以马克思主义政治经济学为理论基础，将马克思主义政治经济学与发展经济学相结合，既反映人类一般经济发展的规律，又反映中国经济发展的特殊规律，同时能有效解释中国经济发展现象，指导中国经济发展，成为指导中国建立和完善社会主义市场经济体系的经济学理论体系。

一、中国特色发展的政治经济学体系构建的理论逻辑

经济学既是历史的科学，也是关于实践的学科，因为任何经济学理论都是建立在已有经济发展实践的基础上，对已有的事实、矛盾、问题进行总结提升而形成的。"中国发展的政治经济学"理论体系的构建必须直面中国的经济建设、经济改革以及新时代的经济发展实践，只有把马克思主义政治经济学现有经济学的理论基础、方法论、理论框架与当代中国经济发展的现实基础结合起来，才是中国发展的政治经济学建构和发展的坚实基础。如果不基于中国经济的实践基础，那么所形成的经济理论就始终没有中国元素，体现不出中国智慧和中国风格，也就不能讲述中国故事、解释中国经济发展现象，不能回答中国经济发展中遇到的问题，更不能有效指导中国经济发展的实践。就像我们现在的政治经济学，在教学和研究过程中，往往依据于本本，从概念到概念，从理论到理论，脱离经济实践，没有中国历史文化元素，也没有中国现实改革元素，更没有中国经济发展的元素。

政治经济学是一种历史科学，是在对过去经济发展历史道路总结基础上形成的，首先要通过对过去的历史资料的大量收集整理来探索背后的内

在规律。从政治经济学的发展历史来看，不管是古典政治经济学还是经典马克思主义政治经济学，都是对历史资料从具体到抽象，再从抽象到具体的过程中概括提炼出来的基本经济规律。所以，构建“中国发展的政治经济学”理论体系的过程中还要重视对中国经济发展史的研究，尤其是要重视对长时间、大时段经济史的研究，研究中国经济发展过程中的重大理论问题、重大实践问题和重大历史经验的总结，通过重大问题来概括和抽象其中的规律性，从而上升为系统化的经济学说。因此，中国发展的政治经济学要吸收中国经济发展的历史、中国思想史、中国经济史中先进的元素，并把这些中国元素植入政治经济学的框架中。

“中国发展的政治经济学”理论体系的构建也需要借鉴世界各国在经济发展过程中的经验教训。在近代市场经济发展过程中，发达市场经济国家有更长的历史，工业化、城市化也有更长的历史，它们在发展过程中必定有一些经验教训是需要总结和借鉴的。比如说市场经济发展过程中的劳资矛盾问题、收入分配问题、环境污染问题等的产生与化解，对这些经验教训的总结有利于“中国发展的政治经济学”理论体系的构建，也可以为新时代下的中国经济发展提供指导，使新时代的中国经济发展实践避免失误，从而少走弯路。

“中国发展的政治经济学”理论体系的构建，应该植根于中国经济建设的实际、中国经济改革的实践和新时代中国经济发展的实践，应该立足于中国经济以及世界经济发展的重大历史经验教训，对这些经验教训进行总结概括和提炼升华，探索其中的经济规律，从而上升为系统化的经济学说，这样才能构建起科学的“中国发展的政治经济学”，才能阐释中国道路的成功，才能指引未来中国正确的经济发展道路。

总体来讲，我们可以给出一个基本事实判断，那就是“中国发展的政治经济学”正在形成过程中。有一些中国发展的政治经济学的思想在初步形成，但更多的经济研究只观察具体问题，或者只探讨具体政策问题，在这个过程中对中国经济发展没有形成体系化的解释，没有上升为系统化的经济学说。我们现有的中国经济学理论是不系统的，而马克思的《资本论》是基于当时资本主义社会形成的一套系统的政治经济学学说，对目前现实中的许多问题也无法给出满意的解释，所以很多研究者试图转而从西方经济学的理论体系中寻找答案，不仅产生了众多的思想分歧和逻辑矛盾，而且造成了严重的思想混乱。因此，“中国发展的政治经济学”理论体系须在坚持马克思主义政治经济学的立场、观点和方法论的基础上，要在系统化学说、理论和思想上下功夫，形成基于中国传统、中国事实和中国材料的完整的当代中国的政治经济学体系，否则只形成一些初步的体会和粗浅的认识，是不可能形成系统、完整的“中国发展的政治经济学”理论体系的。

二、中国特色发展的政治经济学体系构建的实践逻辑

中国发展的政治经济学体系的构建，一方面需要以问题为导向确定研究对象。中国发展的政治经济学研究的对象应该是中国特色的经济发展道路。中国特色的经济发展道路，包括过去的经济发展道路、现在的经济发展道路以及未来经济发展的道路，具体来讲，包括四个层次：一是中国过去几千年的经济发展的历史道路及其经济思想和制度演进，这是从长时段来研究中国经济发展道路的，因为中国经济发展道路的大历史研究才能正确揭示经济发展的规律，体现中国经济发展的历史传统，这是“中国发展的政治经济学”研究的基础。二是中国社会主义经济制度建立的经济发展道路，即新中国成立后的计划经济时期的发展道路，通过这一时段经济发展道路的研究才能揭示中国社会主义经济建设的规律。三是社会主义经济改革时期的经济发展道路，即改革开放后社会主义市场经济体制的建立和完善时期的经济发展道路，总结中国改革年代的经济发展规律。四是现阶段和未来的经济发展道路，也就是新时代下的中国经济发展道路。中国发展的政治经济学在研究中国经济发展道路一定阶段，并且形成了系统科学的理论体系之后，才能形成具有中国风格、中国气派的经济学说，并在世界范围内加以传播，才能成为能够和世界对话的经济学说，才能用来指导世界经济发展的实践，这需要作很多的努力，需要经历一个从具体到抽象

再到具体的长期发展过程。

另一方面，中国发展的政治经济学体系的构建，要抓住“发展”这个主题，并且直面中国经济发展大问题、大矛盾。中国还是一个发展中国家，中国经济的所有问题都是在发展过程中产生的问题，中国过去发展的基本问题是在从贫穷落后向富裕发达状态转变的过程中表现出来的问题，未来发展的基本问题是研究 GDP 总量达到世界第二、人均 GDP 进入中等收入国家行列之后如何发展的问题。这些问题包括：如何进行经济发展方式的转变，建立起与新阶段相适应的发展方式；如何消除进入中等收入国家之后的体制约束，正确处理政府与市场的关系，进一步激发市场经济主体活力，更好地发挥市场在配置资源方面的基础性作用；如何进行加快推进全方位的制度创新，促进科学发展、持续发展、转型发展以及和谐发展，使中国能够成功地从中等收入国家跨入高收入的现代化国家行列；如何有效地完善收入分配制度，提高居民收入在国民收入分配中的比重，实现居民收入增长和经济发展同步，加强收入分配调节，完善社会保障体系，逐步形成中等收入者占多数的收入分配格局。因此，“中国发展的政治经济学”理论体系的构建还要抓住“发展”这个主题，深入研究我国进入中等收入国家之后进一步的发展问题。

第三节　中国特色发展的政治经济学的方法论

国际货币基金组织于 2016 年 4 月 12 日发布的《世界经济展望》数据显示，中国 GDP 为 10.98 万亿美元，排名世界第 2 位。人均 GDP 为 2267 美元，排名第 76 位。虽然中国已经成为世界第二大经济体，但由于人均水平只有中等收入国家的水平，仍然面临着发展问题，目前仍然是一个典型的发展中国家。在制定经济发展政策时，需要经济发展理论的指导，这个理论就是“中国特色发展的政治经济学”。“中国特色发展的政治经济学”是以“发展”为价值判断和研究主线的政治经济学，是指导未来中国经济发展的政治经济学理论。习近平总书记提出了学习和发展马克思主义政治经济学应遵循的“根本立场”和发展经济的“出发点和落脚点”。根本立场是要坚持以人民为中心的发展思想；发展经济的出发点和落脚点是增进人民福祉、促进人的全面发展、朝着共同富裕的方向稳步前进，这既是“中国特色发展的政治经济学”的基本出发点，又是构建“中国特色发展的政治经济学”理论体系所要坚持的基本原则。

一、中国特色发展的政治经济学的基本问题

中国过去面临的发展问题是如何由一个贫穷落后的国家转变为一个发达的国家，摆脱贫困、实现富裕。随着 2011 年中国 GDP 首次超过日本成为世界第二大经济体，现在的发展问题是如何由一个经济大国向经济强国转变的问题，如何全面实现小康、实现现代化、实现民族复兴。“新的发展阶段、新的背景和新的问题要求发展经济学的研究进行转向。一是要由研究摆脱贫困转向研究跨越‘中等收入陷阱’。二是要由指导经济起飞转向指导经济现代化。就现代化来说，目前对现代化有各种不同的解释，但我认为对发展中国家来说就是要追赶发达国家。三是要由单纯追求国富转向追求民富与国富并重。党的十八大报告中提出了两个倍增计划，立意深远，十年 GDP 总量翻一番和居民人均收入翻一番并列，GDP 总量翻一番是国富，人均 GDP 翻一番是民富。四是要由速度型发展理论转向质量效益型发展理论。”① 因此，当前中国经济发展面对的基本问题是如何跨越“中等收入陷阱”，实现数量型经济增长向质量型经济增长的转变。由允许少数人先富起来转变为让大多数人富裕起来，实现共同富裕和以人为本的经济发展。实现由要素投入驱动转向创新驱动，加快经济增长动力的转换。这些问题既是发展问题，又是一个政治经济学问题，更是中国发展的政治经济学的基本问题。

二、中国特色发展的政治经济学的方法论

中国特色发展的政治经济学在方法论上，除继续坚持马克思主义政治

① 洪银兴．经济发展新阶段的发展理论创新[J]．学术月刊,2011(4)．

经济学的唯物辩证法和科学抽象方法以外，还需要采取以下研究方法：

（1）历史分析方法。任何时代的发展都不可能脱离其传统，正如马克思指出："一切已死的先辈们的传统，像梦魇一样纠缠着活人的头脑。"① 因此，研究中国经济发展必须重视历史分析，李伯重认为我们要创建具有中国特色的社会主义市场经济，一个关键是要弄清什么是"中国特色"。所谓中国特色，就是中国长期历史发展形成的传统。② 吴承明说："经济学理论是从历史的和当时的社会经济实践中抽象出来的，但是不能从这种抽象中还原出历史的和当时的实践。"③ 要对中国经济发展进行历史的经验统计分析，寻找中国经济发展的规律，把这些规律上升为系统化的经济学说。

（2）结构分析方法。结构分析法是指对经济系统中各组成部分及变动规律的分析，研究中国经济发展应当从结构的变化入手，因为随着收入的增长，经济结构也在发生变化。而结构转化涉及利益关系的调整，因而经济结构分析是一个政治经济学问题，在研究经济发展过程中应当运用政治经济学的研究方法，重视从宏观结构、中观结构、微观结构入手进行研究。

（3）制度分析方法。制度在发展中国家经济发展中具有重要作用，制度的落后是经济发展的关键制约。发展中国家技术可以引进，但是制度是不可复制的。因此，发展的政治经济学需要重视制度分析，重视制度创新。需要从所有制制度、基本经济制度、制度结构和制度环境等方面来分析中国新时代经济发展的制度问题。

第四节　中国特色发展的政治经济学理论体系的构成

当前中国的经济发展既是一个发展经济学问题，又是一个政治经济学问题，当代中国经济发展问题的研究需要将马克思主义政治经济学与发展

---

① ［德］马克思．马克思恩格斯选集：第1卷［M］．北京：人民出版社，2012：669－670.

② 李伯重．为何经济学需要历史［J］．读书，2015（11）.

③ 吴承明．经济史：历史观与方法论［M］．上海：上海财经大学出版社，2006：179.

经济学相结合。黄志亮认为中国经济学的理论体系应该包括八个方面的问题。① 我们认为在发展经济学和政治经济学的结合中构建的"中国特色发展的政治经济学"理论体系应该体现逻辑与历史的结合，具体应该研究五个层次的问题。

第一个层次问题是中国经济发展的初始条件及其变迁。经济发展的初始条件就是在经济发展初始时刻应该满足的初始状态，这是经济发展政策制定的出发点。经济发展是有阶段的，不同阶段面对的初始条件是不同的，与此相适应，经济发展的目标以及基本矛盾是不同的，经济发展政策的取向也是不同的。中国经济发展的初始条件研究包括中国经济发展资源禀赋条件及其变化、中国经济发展的制度基础及实现形式的变迁、中国经济发展的根本目标及阶段性目标的变化及其特征、中国经济发展基本矛盾及其变化、中国经济发展政策出发点和取向的变化。

第二个层次是中国宏观经济发展的政治经济学。主要是对宏观发展问题进行政治经济学分析，研究中国经济进入新时代之后宏观经济的变化和运行特征，运用政治经济学的理论与方法研究中国经济发展的宏观框架。包括新时代下中国宏观经济运行及特点、中国工业化的路径及其阶段性变化、中国城市化的路径及其阶段性变化、信息化的路径及其阶段性变化、农业现代化的路径及其阶段性变化、绿色化的路径及其阶段性变化、中国宏观经济政策的变化及其供给侧改革。

第三个层次是中国中观经济发展的政治经济学。主要是对中观发展问题的政治经济学分析，从地方经济、区域经济、产业发展、市场结构、结构转化等方面研究其发展的特征和未来路径，运用政治经济学的理论与方法研究中国经济发展的中观结构及其运行。包括中国地方经济运行及主要特点，中国区域经济的运行及其特点，中国产业结构的形成、特点及其产业政策的演化，中国市场结构及其运行，中国经济结构的转型升级。

---

① 黄志亮．中国经济学的创建及其话语体系——本刊主编专访孟捷、周文、任保平教授[J]．西部论坛，2016(3)．

第四个层次是中国微观经济发展的政治经济学。经济发展是通过微观经济主体的行为来实现的，微观经济主体的活力和状态决定着经济发展的绩效。这个层次主要是对微观发展问题进行的政治经济学分析，研究企业、农户行为以及各类合作经济组织的运行及其特点，在政治经济学的理论与方法基础上研究中国经济发展的微观基础。包括中国微观经济发展的基础及特点、中国农户行为及其变迁、中国家庭行为及其变迁、中国各种所有制企业的运行及其特点、中国合作经济组织的运行及其特点。同时研究贫困和经济发展的关系、贫困的测量指标、贫困人群的特征、中国的扶贫政策及其对世界的贡献。

第五个层次是中国与世界合作发展的政治经济学。合作有利于提高发展的绩效，现代发展经济学正在由以竞争为基础的发展经济学转向以合作为基础的发展经济学，中国经济发展需要实现和世界各国的合作发展。这一层次主要研究开放经济背景下中国与世界合作发展的政治经济学分析，主要研究新阶段中国对外开放的新特征、新阶段开放方式的转变。主要内容包括：大国经济的独立发展及与国际经济的合作共建、中国与世界经济合作的变迁及其特征、新时代下开发发展的新特征、新时代下中国对外开放方式的转变等问题。

以上五个层次构成了完整的“中国特色发展的政治经济学”的基本框架，第一个层次是发展条件的政治经济学分析，研究的是“中国发展的政治经济学”的基本理论层次的问题。第二、第三、第四个层次研究的是发展运行的政治经济学分析。第五个层次研究的是开放发展的政治经济学分析，研究中国如何在与世界的合作中充分利用两个市场、两种资源以实现发展的政治经济学研究。

第一篇

中国经济发展的初始条件

第一章 中国特色经济发展的初始条件及其变化

对经济发展初始条件的讨论，始于和马克思同时代的德国经济学家李斯特，以及其身后的德国历史学派。他们认为，政治经济学和斯密、萨伊等所倡导的世界主义经济学不同，“它正确地了解各国当前的利益和特有的环境，它所教导的是怎样使各个国家上升到上述那样的工业发展阶段”①。在历史学派的影响下，早期发展经济学的代表人物罗斯托等都主张对经济发展的阶段进行划分，因为每一发展阶段所面临的初始条件和禀赋约束是不同的。初始条件和禀赋约束的不同，使得每一阶段的主要矛盾、政策目标和制度安排也应有所差别。本章的任务即是对中国特色社会主义经济发展的初始条件及其变化进行梳理。主要内容包括以下四个方面：第一部分是对现代经济学中影响经济发展初始条件的一般性因素进行归纳；第二部分是对中国特色经济发展的初始条件进行归纳；在前面两部分归纳的基础上，第三部分的重点是理解中国特色经济发展初始条件的变化；第四部分则是在初始条件变化的基础上讨论未来发展战略的选择问题。

第一节 经济发展的初始条件及一般因素

林毅夫在《新结构经济学——重构发展经济学的框架》一文中总结到：分析经济发展的起点是经济体的禀赋特征。处于不同发展阶段的国家，由于初始禀赋结构的差异，也会出现最优产业结构和产业升级路径的

① ［德］李斯特．政治经济学的国民体系［M］．北京：商务印书馆，1961：5.

不同。他将土地（或自然资源）、劳动力、资本（包括物质和人力资本）以及公路、港口、机场、电信系统、电力设施等硬性（有形的）基础设置和制度、规制、社会资本、价值观体系等软性（无形的）基础设置都纳入了初始条件和禀赋约束的范畴[①]。同时，参考任保平等主编的《现代发展经济学》（2013）一书中对经济发展初始条件的分析，我们对经济发展的初始条件的归纳则从以下三个维度，即要素条件、制度条件和文化条件展开。

一、要素条件

要素分析是经济学从古典时代以来的基本特征，劳动、资本（包括物质和人力资本）、土地（或自然资源）和技术都被认为是经济发展的主要影响因素。在早期的发展经济学家那里，资本稀缺被认为是制约经济发展的主要限制条件[②]。他们认为，发展中国家没有可靠的市场价格体系，不能给企业家和微观主体提供足够的约束和激励，使得政府通过“大推进”促进资本积累、打破“贫困的恶性循环”，成为发展中国家工业化阶段“起飞”的必由之路[③]，特别是罗斯托在《经济成长阶段》一书中强调，将投资比例的提升（让投资率高于人口增长率）、主导产业的率先增长，以及政府为资本形成提供制度保证视为经济“起飞”的三个条件[④]。

早期发展经济学家对增长要素的强调，遇到了“两个剑桥之争”、索洛余值等一系列度量问题的挑战。前者主要涉及如何对资本要素进行精确度量的问题，后者主要是研究为什么除了资本要素和劳动要素之外还有大量经济增长的“余值”得不到有效的解释，测度问题和逻辑问题的双重尴尬催生了后来新经济增长理论的兴起。20 世纪 80 年代中期以来，新经济增长理论试图用干中学、人力资本等拓展替代劳动要素，用 R&D、中间产品种类增加和质量升级等拓展替代资本要素。这些拓展在一定程度上打开了索洛余值和经济增长理论的“黑箱”，使现代经济学对经济增长要素的

---

① 林毅夫．新结构经济学——重构发展经济学的框架[J]．经济学(季刊),2010(1):10.

② 林毅夫．新结构经济学——重构发展经济学的框架[J]．经济学(季刊),2010(1):5.

③ [美]迈耶,等．发展经济学前沿:未来展望[M]．北京:中国财政经济出版社,2003:10－11.

④ [美]罗斯托．经济成长的阶段[M]．北京:商务印书馆,1961:27－33.

理解日益深入。

但在经验层面，基于美国或者西方发达国家的经验归纳，能否推广到发展中国家并产生实际价值？著名的“卢卡斯之谜”就提出：为什么资本不从富国流向穷国？印度的资本边际产出大约是美国的58倍，但是资本将从美国流向印度的情形并没有发生。伊斯特利（曾经世界银行的成员）也在《在增长的迷雾中求索：经济学家在欠发达国家的探险与失败》（2005）和《白人的负担：为什么西方的援助收效甚微》（2008）等著作中指出：一方面，国际社会在过去几十年中向发展中国家提供了上万亿美元的援助；另一方面，大部分发展中国家的经济几乎处于停滞状态，与发达国家的差距越拉越大。将资本要素视为经济发展的约束条件，在理论建模和实践检验中遭遇了双重尴尬，让发展经济学家不得不将目光逐步从要素分析转向分析不同发展中国家的制度和结构差异问题。

二、制度条件

无论是传统的结构主义还是以林毅夫为代表的新结构主义，都将发展中国家的经济问题归结于结构刚性导致的要素相对价格的扭曲（相对市场价格），这一点已经成为现代发展经济学中的基本共识。与此相关的实践问题是：这些结构刚性背后的制度因素是什么？通过对这些制度因素背后原因的理解，采取哪些具体的经济政策——管制或者放松管制，可以减少市场价格扭曲带来的资源错配损失？

和新古典经济学家对要素分析的重视所不同的是，诺斯等在《西方世界的兴起》（2009）一书中写道：我们列出的原因（创新、规模经济、教育、资本积累等）并不是经济增长的原因，它们就是增长本身[①]。也就是说，如果一国的资本积累增加，那么此国的经济必然增长。资本积累本身就是经济增长，资本积累和经济增长是同一过程。因此，讨论经济增长的首要任务不是描述资本投入和经济增长之间的关系，而是应该更深入地去

① ［美］诺斯，等．西方世界的兴起［M］．北京：华夏出版社，2009：6.

讨论：为什么一国资本投入在某一时点会增加，而以前没有？为什么国与国之间资本积累（储蓄率）会存在差异？深入挖掘这些现象背后的因素，才可以解释长期经济增长甚至西方世界兴起背后的真正原因。

诺斯等将这些原因归结为经济发展的制度条件差异——对资本所有者、劳动者和研发人员的激励和约束的差异。合理的制度激励是指让要素投入者的成本和收益、权利和责任保持一致性，即通过产权界定和法律保护，尽量减少或避免社会其他成员"搭便车"的行为，从而激发经济主体创造财富的能力。诺斯曾反复强调：有效率的经济组织是经济增长的关键，一个有效率的经济组织和产权制度在西欧的发展正是西方兴起的原因所在。在诺斯之后，对经济发展的初始制度条件考察，也逐步进入现代发展经济学的视野。

三、文化条件

文化是人类共享的价值观念和偏好，它通过家庭、同辈群体、种族群体、阶级和其他群体一代一代地传下来①。正是因为文化对个体偏好、个体行为和社会制度建立、维持和发展有着重要的影响，文化条件才作为经济发展初始条件之一为现代发展经济学所关注。早期的发展经济学家也意识到，发展中国家的停滞和落后与其思想、观念和相关价值偏好等文化因素有着密切的关系。发展中国家这些与生俱来的文化因素，对其资本积累、技术进步和制度变迁都有着明显且深远的影响。

特别值得重视的研究有：刘易斯（1999）在研究经济发展的原因时，把人们对财富的态度、节约的意愿、工作态度、冒险精神放在很重要的位置。佩雷菲特（2001）则把文化作为劳动和资本之外的第三种因素，他研究了荷兰、英国、美国及日本等国崛起的历程，认为文化对竞争的鼓励以及人和人之间信任文化的建立，是这些国家创造奇迹的根本原因。诺斯在其著作《理解经济变迁过程》（2008）一书中也写道：个人形成的能够解

---

① ［美］贝克尔．口味的经济学分析［M］．北京：首都经贸大学出版社，2000：20－21.

释和理解周围世界心智结构的部分是从他们的文化遗产中产生的，部分是从他们面临的局部日常问题中产生……来自不同文化背景的人对同样的事情有不同的理解，从而会做出不同的选择①。

因此，对经济发展初始条件的探讨，不能忽视其文化条件的影响。但讨论文化条件需要注意的是，文化条件中包含正面和负面两种因素。正面因素鼓励竞争、增加人与人之间的协作和信任，从而推进社会进步和经济增长。韦伯在《新教伦理与资本主义精神》（2007）一书中指出，正是西欧的宗教改革把世俗事务与天职联系起来的做法，将禁欲主义转化为限制消费、主张节制和可计算性（理性化）的资本主义精神，为资本积累和资本主义在西欧的崛起创造了信仰条件。格雷夫（2008）认为热那亚人的个人主义的文化一方面缓解了因遵循共同社会规范带来的压力，培养了主动性和创造性；另一方面推动了市场范围的扩展，成为中世纪晚期地中海地区热那亚人商业与贸易崛起的重要因素。

负面文化因素阻碍着要素积累、制度变迁和经济发展。比如韦伯认为，儒教对“君子”理想的追求和对外在的客观目标（职业分工、专业训练和追求利得）的排斥，使儒家文化成为阻碍资本主义发展的一个重要因素②。格雷夫等（2011）也认为，传统中国人与人之间的合作是以血缘关系为纽带，而对血缘关系以外陌生人的普遍不信任，在当代中国的经济制度中仍扮演着重要的角色。缪尔达尔（2001）在南亚诸国进行了 15 年的实地考察和调研之后总结到，从现代化的角度看经济发展，所需要的仅仅是消除不合理的信念及相关价值观念。

第二节 中国特色经济发展的初始条件

对中国特色经济发展初始条件的考察，一方面，要从上述要素条件、

① ［美］诺斯．理解经济变迁过程［M］．北京：中国人民大学出版社，2008：57.

② ［德］韦伯．中国的宗教［M］．桂林：广西师范大学出版社，2007：330－334.

制度条件和文化条件三个维度进行分析，从而符合研究经济发展问题的一般范式和规律；另一方面，必须意识到中国社会主义经济发展的特殊性，这一特殊性不但表现为与西方发达国家自由放任式的市场经济有所不同，还表现为和其他东亚国家政府主导的市场经济模式的差异。

一、中国特色经济发展的要素条件

如前所述，早期的发展经济学家认为政府通过“大推进”促进资本积累、打破“贫困的恶性循环”，成为发展中国家工业化阶段“起飞”的必由之路。但在新中国成立之初，中国经济发展所面临的资本要素约束，远比我们今天想象的困难。1949 年全国工农业总产值只有 466 亿元，人均国民收入为 66.1 元。在工农业总产值中，农业总产值比重为 70%，工业总产值的比重为 30%（其中大部分为手工业），而重工业产值占工农业总产值的比重仅为 7.9%。1952 年人均国民收入 104 元，国有银行期末资产总额 118.8 亿元，存款余额 93.3 亿元，分别占当年国民收入的 20.2% 和 15.8%①。农业产值在整个国民经济中比例过高，人均收入水平普遍过低，以及较少的经济剩余、资本筹集和投入能力严重不足，资本要素的缺乏成为新中国成立之初中国社会主义经济发展的主要约束。

因此，从“一五”期间到改革开放之前，中国社会主义经济发展的首要任务即是通过重工业化战略促进资本积累、打破“贫困的恶性循环”，完成中国工业化的“起飞”阶段。1952—1978 年，工业在整个国民收入中的份额从 19.52% 上升到 49.4%；按照可比价格计算，重工业增加了 28 倍，轻工业增加了 9 倍②。这一快速工业化的背后有两组数据值得重视：一是重工业投资在整个基本建设投资中的比重，除过“一五”期间的 36.2%，其余从“二五”期间到 1978 年一直保持在 50% 左右；二是基本建设投资中重工业和轻工业的投资比持续高位，从“一五”期间重工业和轻工业投资比 5.7∶1，到 1976—1978 年重工业和轻工业投资比位 8.4∶1，

---

① 林毅夫．中国的奇迹：发展战略与经济改革[M]．上海：上海人民出版社，1999：30－37.

② 林毅夫．中国的奇迹：发展战略与经济改革[M]．上海：上海人民出版社，1999：188.

这一数值在1963—1965期间一度超过11.8∶1[①]。

按照新古典经济学的分析思路，诚然这一过程存在着产业结构扭曲和微观激励不足等资源配置低效率的状态。但从发展经济学的视角而言，政府通过短期内“大推进”促进资本要素积累、改善要素条件，才是打破“贫困的恶性循环”、实现中国工业化“起飞”的必由之路。

二、中国特色经济发展的制度条件

如前所述，罗斯托在《经济成长的阶段》一书中，将投资比例的提升(让投资率高于人口增长率)、主导产业的率先增长以及政府为资本形成提供制度保证视为经济“起飞”的三个条件。政府如何为资本形成提供制度保证——这一制度条件在新古典经济学中是被忽视的问题，随着诺斯等《西方世界的兴起》的出版以及新制度经济学的发展，已经成为现代发展经济学的重要内容。

资本要素的缺乏，是新中国成立初期社会主义经济发展的主要约束。在一个农业产值占比过高、人均收入水平普遍过低以及经济剩余较少的经济体中，政府如何进行资本筹措并迅速推进社会主义工业化？林毅夫等(1999)对当时的制度条件进行了总结。他们认为，以扭曲产品和生产要素价格的宏观政策环境、高度集中的资源计划配置制度，以及没有自主权的微观经营机制为特征的“三位一体”模式，是重工业化目标得以实现的制度条件。具体而言，通过合作化运动、统购统销和一系列城乡分割制度，实现了低利率、低汇率、低工资和低生产资料价格[②]。通过扭曲产品价格和生产要素价格，降低了重工业化战略的要素成本，增加了资本供给，从而弥补资本“缺口”。简言之，中国特色经济发展的制度条件为要素“缺口”的弥补提供了重要的保障和基础。

同时不应该忽视的是，新中国成立初期的“一穷二白”不但是在资本要素和资源层面，农业产值和从业人员占比过高决定了快速工业化所需要

---

① 根据林毅夫(1999)第73页表3.2计算。

② 林毅夫．中国的奇迹：发展战略与经济改革[M]．上海：上海人民出版社，1999：38－49.

的劳动力和人力资本也是缺乏的。阿玛蒂亚·森通过对改革开放以前中国婴儿死亡率、预期寿命和成人识字率等发展指标的研究表明，计划经济时代的中国在教育、保健、土地改革和社会变化方面已取得的成就是显著的。这种在追求增长的同时维持了基本社会保障的制度条件，一方面防止了极端贫困的发生，另一方面也对后来的市场化改革和经济繁荣有着重要的意义①。

在1978年改革开放之后，家庭联产承包责任制、乡镇企业和个体经济、经济特区和外商投资等一系列制度领域的“边缘革命”或者说增量改革②，再一次重构了中国特色经济发展的制度基础。改革开放以后的制度重构与计划经济时代截然不同，无论是放权让利还是包产到户，改革都是从赋予市场微观主体自主经营权开始，走了一条重新界定产权之路。与传统意义自上而下的大规模制度变迁不同，这一系列制度创新：①充分考虑了市场微观主体“不断增长的物质文化需求”；②“不争论，大胆地试，大胆地闯”，充分尊重了人民群众的创新精神和劳动价值，从而形成了中国特色经济发展的制度条件——国家引导的改革和微观主体、地方政府自发创新相结合的重要特征，为中国社会主义经济发展和进一步市场化改革提供了必要的制度条件。

三、中国特色经济发展的文化条件

对中国特色经济发展初始条件的探讨，同样也不能忽视其文化因素的影响。中国传统社会的经济合作是以血缘—家庭关系为核心的差序格局，这和现代西方市场经济的起源有诸多不同。西方近代市场经济建立在城市、行会和工场手工业高度发展的基础上，在一定程度上已经超越了血缘—家庭关系，从而实现了个体的自由协作和联合——从简单协作、工场手工业到机器大工业的发展过程。而新中国建立在一个农业和手工业占

---

① ［印］阿玛蒂亚·森. 印度：经济发展与社会机会［M］. 北京：社会科学文献出版社，2006：78－80.

② ［英］科斯，等. 变革中国：市场经济的中国之路［M］. 北京：中信出版社，2013：213－215.

90%、将近90%的人口在农村生活和就业[①]的经济环境中。如何在以小农经济和简单协作为基础的简单商品经济之上建立起现代化的机器大工业乃至中国社会主义工业化？集体主义文化和以家庭—血缘关系为核心的社会合作模式功不可没。

首先，我们必须认识到集体主义文化在中国社会主义经济发展初期的重要作用。除了采取“三位一体”的计划经济模式快速积累资本，深入挖掘并推广传统文化中爱国、敬业和诚信等集体主义文化，也在一定程度上可以克服分散的家庭私有制和个体私有制带来的社会协作困难，从而减少市场价格体系缺乏带来的高额交易费用。此外，正如阿玛蒂亚·森的研究所指出的，中国的经济政策在追求经济增长的同时维持了基本社会保障体系——城市的社会保障建立在有保证的就业和企业的持续社会责任基础上，农村的改革也建立在“家庭责任制”和土地集体所有的基础上。这种集体主义价值观带来的公共服务均等化，对后来的市场化改革和经济发展有着重要的意义[②]。

其次，我们必须肯定以血缘—家庭关系为核心的社会合作模式在中国社会主义经济改革中的重要作用。改革开放40年来，无论是家庭联产承包责任制将土地的使用权界定给农户，还是个体经济和家族企业的崛起，都是再一次对传统文化中以血缘—家庭关系为核心的生产关系的肯定。虽然格雷夫等认为，以血缘关系为纽带的合作关系，会产生对血缘关系以外的陌生人的不信任，限制了大范围委托—代理关系的建立，从而阻碍了市场范围的扩展。但不容忽视的另一个逻辑是，中国传统文化对血缘—家庭关系的强调和重视，可以减少微观治理和社会合作过程中的不确定性，从而避免个体的理性在集体合作层面带来的“囚徒困境”“公共地悲剧”等非效率后果。这正是家庭联产承包责任制、乡镇企业和家族企业迅速崛起并取得成功的重要原因。

---

① 林毅夫．中国的奇迹:发展战略与经济改革[M]．上海:上海人民出版社,1999:30.

② [印]阿玛蒂亚·森．印度:经济发展与社会机会[M]．北京:社会科学文献出版社,2006:100-101.

第三节　中国特色经济发展初始条件的变化

中国特色经济发展的初始条件并不是静止不变的。要素条件随着资本积累、相对数量和相对价格都会不断调整；制度条件随着生产力发展的不同阶段需要作出相应的调整；文化条件的变化是缓慢的，也会随着社会技术进步和生产方式的变化而提出新的时代要求。因此，随着中华民族的发展从站起来、富起来到强起来，中国特色经济发展的初始条件也在不断地变化之中。

一、中国特色经济发展要素条件的变化

中国特色经济发展要素条件的变化，主要表现为劳动和资本相对稀缺性的变化。如前所述，新中国成立初期，巨大的资本“缺口”决定了中国必须采取重工业化战略，保证生产资料优先增长。从马克思的两大部类增长模型看来，生产资料的优先增长必然要求减少当前生活资料的消费，将经济剩余更多地转化为资本和生产资料，从而迅速推进工业化和整个国民经济的高速增长。

生产资料优先增长带来的局限也是显而易见的。一是快速的资本积累使得资本规模迅速扩张，居民消费增长的缓慢是无法避免的。1952—1978年，资本形成总额年均增长率10.4%，1978年资本形成总额是1952年的13倍；而同时期，居民消费年均增长仅4.3%，1978年居民消费是1952年的3倍；特别是农村人均消费，只比1952年高出58%①。二是由于重工业化战略违背了当时劳动力丰裕这一比较优势，重工业化战略并没有带来工业部门劳动力份额和工业化速度的同步提升。1952—1978年，工业占国民收入份额从19.52%上升到49.4%，但在工业部门就业的劳动力份额却只从6%上升到12.5%②。

① ［美］巴里·诺顿．中国经济：转型与增长［M］．上海：上海人民出版社，2010：71.

② 林毅夫．中国的奇迹：发展战略与经济改革［M］．上海：上海人民出版社，1999：74.

居民消费增长缓慢和工业部门劳动力份额占比较低，都是因为重工业化战略违背了要素禀赋的比较优势。在一个劳动力相对丰裕和资本相对稀缺的环境下，优先发展劳动密集型产业才是国民经济和居民消费持续增长的应有之义。1981 年 6 月召开的党的十一届六中全会，把我国社会的主要矛盾表述为人民日益增长的物质文化需要同落后的社会生产之间的矛盾。人民日益增长的物质文化需要——居民消费的增长和劳动力密集型产业的迅速发展——从而成为家庭联产承包责任制、乡镇企业、经济特区和外商投资等一系列改革顺利推进的逻辑基础。

从 1978 年开始，随着乡镇企业的崛起和经济特区的发展，持续的就业规模扩大和劳动力要素在城乡之间、地区之间和行业之间重新配置，劳动力要素的配置效率和收入水平得以大幅度提高。根据蔡昉（2017）的估算，1978—2015 年，城乡就业总规模从 4.02 亿人增加到 7.75 亿人；与此同时，中国农业劳动力的比重从 69.6% 下降到 18.3%[①]。农村剩余劳动力的减少，从而使劳动力要素从丰裕转向短缺——要素相对稀缺性的再一次调整，使得中国经济跨过“刘易斯拐点”进入劳动力工资持续上涨的状态。工资上涨速度超过劳动生产率增速，资本投资回报率大幅度下降，全要素生产率开始下滑，从而使中国经济进入潜在生产率下降、产业结构调整和发展方式转变加速为特征的新常态[②]。

二、中国特色经济发展制度条件的变化

中国特色经济发展的制度条件变化，主要是从改革开放前以计划方式为资源配置主要手段，转向市场在资源配置中起决定性作用的过程。在这一过程中，解放和发展生产力始终是中国特色社会主义经济发展的主要任务。计划经济时代的制度构建主要围绕的是如何为资本形成提供制度保证和国民经济快速“起飞”这一生产力目标。改革开放以来，以家庭联产承包责任制、乡镇企业、经济特区和外商投资等为代表的系列制度条件的变

---

① 蔡昉．中国经济改革效应分析——劳动力重新配置的视角[J]．经济研究，2017(7)：10.

② 蔡昉．中国改革成功经验的逻辑[J]．中国社会科学，2018(1)：42.

化，通过重新界定产权和法制建设，让要素投入者的成本和收益、权利和责任保持了一致性，有效地激励了农民、工人和企业家等微观主体创造财富的动力，从而实现了社会主义解放和发展生产力的基本承诺。

诺斯多次强调，有效率的经济组织是近代西方崛起和经济增长的关键。现代发展经济学认为，经济发展的不同阶段的目标和任务应该有所不同。1978 年之前，中国社会主义经济发展属于为“起飞”作准备阶段，计划经济在提升投资比例、推动主导产业的率先增长以及为资本形成提供制度保证方面的贡献是不容忽视的。在小农经济占主导、家庭经营为主体和国际封锁的外部环境下，计划经济体制在一定程度上降低了社会分工和微观主体之间合作的宏观交易费用；在没有“市场价格体系”参照的前提下，迅速地完成了中国现代化工业体系的初步构建，为改革开放以后国民经济的高速增长奠定了必要基础。

毋庸讳言，计划经济体制下微观经济主体的组织效率是低下的，从而导致了“干多干少一个样，干与不干一个样”等一系列社会其他成员“搭便车”的行为。微观交易费用的降低和微观经济效率的改善，恰恰是 1978 年以来改革开放的逻辑基础。家庭联产承包责任制赋予了农民土地使用权和生产决策权；乡镇企业的崛起和后来的国有企业改革同时肯定了企业家才能在社会主义市场经济发展过程中的重要作用；经济特区的设立和中外合作经济的发展更进一步加快了要素在国际合作中的交流，充分利用了中国在劳动力密集型产业中的人口红利和工程师红利。

在这里，诺斯的“有效率的经济组织”已经具备了双重含义：①微观经济主体自身有效激励的实现（搞对激励）；②微观经济主体之间广泛市场联系的建立（搞对价格）。“搞对激励”和“搞对价格”之间的良性互动，一方面是对马克思关于工场手工业分工和社会分工理论[①]的继承和发

① 马克思认为：“政治经济学作为一门独立的科学，是在工场手工业时期才产生的，它只是从工场手工业分工的观点来考察社会分工……工场手工业的分工要求社会内部的分工已经达到一定的发展程度。相反地，工场手工业分工又会发生反作用，发展并增加社会分工。”（马克思，1975：391 – 404）

展，从而建立了社会主义市场经济理论的政治经济学基础；另一方面，构建微观经济主体之间良性的平等竞争、合作发展关系，也是实践创新、协调、绿色、开放、共享的新发展理念，也为中国特色经济发展的制度条件变化指明了新的方向。

三、中国特色经济发展文化条件的变化

对中国特色经济发展文化条件变化的考察，相比前两个条件变化的讨论，难度要大一些。主要难度在于，文化的共享性和传承性决定了文化在代际是相对稳定的，但文化的相对稳定性并不意味着文化传承一成不变。如前所述，文化条件包含正面和负面两种因素。如何传承那些鼓励竞争、增加人与人之间的信任和协作的因素，同时扬弃那些阻碍要素积累、制度变迁和经济发展的因素——消除不合理的信念及相关价值观念，是发展经济学和许多文化学者都非常关注的问题。正如习近平总书记所指出，对我国传统文化，对国外的东西，要坚持古为今用、洋为中用，去粗取精、去伪存真，经过科学的扬弃后使之为我所用①。

如前所述，中国经济发展过程中以家庭—血缘关系为核心的社会合作模式和集体主义文化在目前比较文化研究中颇受争议。这是因为现代西方经济学是在市民社会和个体理性的基本假设基础上建立起来的。格雷夫等（2011）在“文化与制度分化：中国与欧洲的比较”的一文中写道：中国古代人们之间的合作是以血缘为纽带的家族—等级关系为基础的；而欧洲中世纪以城市为中心的合作关系，在一定程度上超越了家族关系，外部的强制性执行机制起到了很重要的作用——而后者恰恰是现代市场经济非人格化交易的基本特征。由此带来的疑问即是：以家庭—血缘关系为核心的社会合作模式能否转型为非人格化交易的方式？以集体主义为导向的文化能否兼容个体理性基础上建立起来市场经济？

要回答这些问题，我们必须从实践层面和逻辑层面对中国经济发展文

① 习近平．在全国宣传思想工作会议上的讲话［EB/OL］. http://www. people. com. cn,2013 - 08 - 20.

化条件的变化进行考察。在实践层面，无论是改革开放前的计划经济时期还是改革开放以来市场经济时期，以家庭—血缘关系为核心的社会合作模式和集体主义文化都曾发挥过重要作用。在逻辑层面，尽管中国社会主义经济发展的要素条件在不断变化之中，“不患寡而患不均，不患贫而患不安”的文化信念要求我们必须处理好生产与分配、增长与发展等一系列关系。党的十九大报告中指出：我国社会的主要矛盾已经转变为人民日益增长的美好生活需要和不平衡不充分的发展之间的矛盾。对人民群众不断增长的美好生活需要的重视，以及对其与不平衡不充分的发展之间矛盾的重视，恰恰是对中华民族优秀传统文化的传承和发扬。

因此，对中国特色经济发展文化条件变化的考察，目标在于引导人们更加全面客观地认识当代中国、认识中华优秀传统文化、认识中国特色经济发展道路的必然性。正如习近平总书记所指出的，宣传阐释中国特色，要讲清楚每个国家和民族的历史传统、文化积淀、基本国情不同，其发展道路必然有着自己的特色；讲清楚中国特色社会主义植根于中华文化沃土、反映中国人民意愿、适应中国和时代发展进步要求，有着深厚的历史渊源和广泛的现实基础。独特的文化传统、独特的历史命运、独特的基本国情，注定了我们必然要走适合自己特点的发展道路①。

第四节　初始条件变化基础上的发展战略选择

如前所述，每一发展阶段所面临的初始条件和禀赋约束是不同的。初始条件和禀赋约束的差异，使得每一阶段的主要矛盾、政策目标和制度安排也应有所不同。随着每一阶段要素初始条件、制度初始条件和文化初始条件的变化，经济发展战略的调整和选择也是应有之义。重工业化战略的选择和实施，是以资本要素短缺、计划经济体制和集体主义文化导向为基

① 习近平．在全国宣传思想工作会议上的讲话[EB/OL]．人民网，http://www.people.com.cn,2013-08-20.

础的。改革开放以来市场化改革战略的选择和推进，是以劳动力要素密集型产业的快速发展、简政放权和重定产权、鼓励家庭经营和多种所有制共同发展为基础的。

在这一过程中，解放和发展生产力始终是经济发展不变的主题，生产关系的调整始终围绕着解放和发展生产力、解决社会主要矛盾进行。党的十九大报告中指出：我国社会的主要矛盾已经转变为人民日益增长的美好生活需要和不平衡不充分的发展之间的矛盾。随着我国社会主要矛盾的变化，新时代中国特色的社会主义经济发展的战略选择也发生了变化。

（1）在要素条件层面："刘易斯拐点"的到来让我们意识到，仅仅依靠要素数量的持续投入已经无法保证国民经济持续高速增长。新常态不仅意味着经济增长从高速转向中高速，还表明必须把创新摆在国家发展全局的核心位置，将创新驱动发展战略和供给侧改革结合起来；将高质量发展与现代化经济体系建设结合起来。

新时代中国特色社会主义经济发展战略的确立，要求我们重新审视中国社会主义经济发展要素条件的变化，从而切实转变经济增长方式。从依靠传统要素推动经济增长逐渐转向关注创新创业和创造新的生产要素，从依靠某种单一要素或部门推动经济增长到建设现代化经济体系，着力解决新时代背景下我国社会的主要矛盾，为新时代中国特色社会主义经济发展寻找新的动能。

（2）在制度条件层面：自 1949 年新中国成立以来，特别是从 1978 年开始改革开放 40 多年来，中国社会主义经济发展的制度条件也在不断变化之中。计划经济时代的制度构建主要围绕的是如何为资本形成提供制度保证和国民经济快速"起飞"这一生产力目标。改革开放以来，以家庭联产承包责任制、乡镇企业、经济特区和外商投资等为代表的系列制度条件的变化，主要围绕搞对激励（微观经济主体自身有效激励）和搞对价格（微观经济主体之间广泛市场联系的建立）之间的良性互动展开。

新时代中国特色社会主义经济发展战略的确立，要求我们重新审视中国社会主义经济发展制度条件的变化，将协调推进"四个全面"战略布局作为优化新时代中国特色社会主义经济发展制度条件的理论指导和实践指南。从“四个全面”的内在关系看，全面建成小康社会是目标，全面深化改革是动力，全面依法治国是保障，全面从严治党是关键。“四个全面”战略布局是坚持和发展中国特色社会主义道路、理论和制度的战略抓手。协调推进“四个全面”战略布局是新形势下治国理政的战略目标和战略举措，集中展现了以习近平同志为核心的党中央治国理政的执政方略，是推进国家治理体系和治理能力现代化的必然要求①。

（3）在文化条件层面：中国特色社会主义文化是新时代中国特色社会主义理论的重要组成部分，新时代中国特色经济发展战略的确立必须重视中国特色社会主义文化。习近平总书记曾指出，一个国家选择什么样的治理体系，是由这个国家的历史传承、文化传统、经济社会发展水平决定的，是由这个国家的人民决定的。我国今天的国家治理体系，是在我国历史传承、文化传统、经济社会发展的基础上长期发展、渐进改进、内生性演化的结果②。

新时代中国特色的社会主义经济发展战略的确立，要求我们不断深入挖掘学习并总结中国社会主义经济发展的文化条件。从历史传承和文化传统视角重新审视中国特色社会主义经济的发展历程，这样才能将马克思主义政治经济学的基本原理和中国社会主义经济发展的经验总结结合起来，形成具有中国特色、中国风格、中国气派的新时代中国特色发展的政治经济学，形成具有中国特色的经济学话语体系，讲好中国故事，展现真实、立体、全面的中国。

① 国家行政学院经济学教研部．新时代中国特色社会主义政治经济学[M]．北京：人民出版社，2018：86.

② 习近平．在省部级主要领导干部学习贯彻十八届三中全会精神全面深化改革专题研讨班上的讲话[EB/OL]．人民网，http://www.people.com.cn，2014-02-17.

第二章　中国特色经济发展的制度基础及其实现形式的变迁

马克思主义政治经济学强调，经济制度是人类社会发展到一定阶段占主要地位的生产关系的总和，也是构成特定社会形态的经济基础，决定着特定社会形态的政治制度、法律制度等上层建筑。但是如果作为经济制度的生产关系不能适应生产力发展的需要，则会在一定程度上制约生产力的发展，从而导致人类社会进步的速度放缓，甚至倒退。在这种情况下，就要根据生产力发展的需要，认真考虑经济制度的实现形式，从而保障生产关系与生产力之间良性互动，推动人类社会全面发展。自新中国成立以来，为了建设中国社会主义事业、推动生产方式的全面发展，党和全国各族人民展开了不懈的努力和奋斗，最终形成了当前具有中国特色的社会主义的经济制度基础，为社会主义事业的伟大复兴奠定了坚实的经济基础。本章正是通过梳理新中国成立以来经济制度及其实现形式的变迁过程，为清楚认识社会主义经济制度本质特征提供参考。

第一节　新中国成立初期中国社会主义的经济制度建设及其实现形式（1949—1956 年）

1949 年 10 月 1 日，毛泽东主席在天安门广场庄严宣告中华人民共和国成立，标志着中华民族新民主主义革命的胜利。自此开始，在中国共产党人的带领下，全国人民推翻了封建主义、官僚资本主义、帝国主义在中国的腐朽统治，开启了实现社会主义理想目标的奋斗进程。于是共产党人按照马克思政治经济学理论指导，为了克服封建主义、官僚资本主义以及帝国主义遗留下的私有制经济的弊端，积极团结国内外可以团结的一切力量，逐步消除新民主主义时期的私有制经济基础，开始向以全民所有制为经济基础的计划经济体制过渡，即社会主义经济过渡阶段。从经济制度的基本内容来看，这一时期主要分为两个阶段，即国民经济恢复时期的新民主主义私有制经济制度和向社会主义公有制过渡时期的全民公有制经济制度。

一、新民主主义阶段的基本经济制度及其实现形式（1949—1952年）

受连续多年战争、自然灾害等因素影响，中国的生产力发展水平极度落后，党中央基于解放区经济建设的经验，联合各民主党派以及国内外开明人士，为了在旧的国民政府经济体制的基础上恢复国民经济，联合制定了《中国人民政治协商会议共同纲领》（以下简称《共同纲领》），对新民主主义时期的经济建设作了具体部署安排，试图发挥新民主主义社会发展阶段的经济制度优势，为未来社会主义社会的建立奠定坚实的经济基础。在这一时期，中国共产党充分认识到私人资本主义经济以及土地改革等对于新民主主义社会经济发展具有重要意义，正如毛泽东同志在《论人民民主专政》中所强调的那样："为了对付帝国主义的压迫，为了使落后的经济地位提高一步，中国必须利用一切于国计民生有利因素……团结民族资产阶级，共同奋斗。我们现在的方针是节制资本主义，而不是消灭资本主义。"[①] 这也就决定了新民主主义时期，在国民经济的恢复阶段，经济制度的核心仍然是生产资料的私有制，试图通过发挥私有制经济制度的特征，激励市场主体参与到社会主义经济建设的进程之中。

根据这一时期的生产力发展水平，各级政府主要通过以下几种形式建立新民主主义时期的基本经济制度。

---

① 毛泽东．论人民民主专政——纪念中国共产党二十八周年[EB/OL]．人民网，http://www.people.com.cn/GB/historic/0701/6664.html.

首先，土地制度改革。农业是国民经济的基础，而农村生产力的恢复依赖于土地制度的改革。在新民主主义经济恢复阶段，各级政府按照《共同纲领》的指导原则，充分保护农民对土地的所有权。在新中国成立初期还没有实施土地改革的区域，地方政府则积极领导当地人民群众，通过消灭地主阶级、合理分配土地等方式，保障农民对土地的所有权，实现"耕者有其田"的土地改革目标，从而激励农业生产力水平的提高。

其次，企业制度建设。一方面，通过没收和消灭帝国主义、官僚资本主义在华企业和工厂，将其全部纳入中央政府管理体制之下，建立属于社会主义性质的国家资本主义经济制度，保障生产资料归新民主主义政府所有，并由国家于 1949 年 9 月成立中央财政经济委员会负责管理和资源调配；另一方面，鼓励民族资本主义工商业发展，尤其是对于有利于国计民生的民营经济，各地政府均采取鼓励措施，帮助其恢复生产，满足全国人民日常生产、生活物资的需要。

再次，集体经济制度建设。在恢复国民经济发展的过程中，为了给未来社会主义制度建设创造条件，各地政府鼓励农民、个体手工业者，在自愿、互利等原则的基础上组成合作社，从而集中资源，提高农业和手工业者的生产效率。此外，还积极鼓励公私合营经济发展，吸纳民营资本进入国营经济部门，借鉴民营资本家的管理经验和模式，繁荣国有经济的发展，为国有经济的繁荣和壮大创造条件。

最后，政府监管下的市场调控制度建设。在新中国成立初期，帝国主义、国民党政府的干扰，对新民主主义时期经济建设造成了很大影响。于是为了能够保障经济体制的正常运营，国家逐步对关乎国计民生的资源、产品价格实施管控，严格取缔扰乱市场秩序的企业和个人。但在市场价格稳定的基础上，国家鼓励企业和个人按照市场价格进行产品、生产资料的买卖，而且根据生产要素投入情况进行收入分配，保障了市场机制在配置产品、生产资料过程中的基础性作用。

中国共产党领导集体正是在正确认识生产力发展水平较低的情况下，作出只有充分发展新民主主义私有制这一基础经济制度，才能为社会主义经济提供强大经济基础的基本判断，对新民主主义时期我国战后国民经济恢复和发展起到了重要推动作用。有数据显示，1979—1952 年，工业全要素增长率年均增长在 20. 0%，同期农业生产率平均每年增长也在 13. 1% 左右（中国产业体系的制度结构研究课题组，2015）。正是工农业生产的全面恢复，为下一步社会主义工商业改造创造了条件。

二、社会主义公有制经济制度的过渡以及实现形式（1953—1956 年）

随着土地改革的完成，农业生产力得到快速发展，同时国营经济在国民经济中的地位也逐渐凸显，国民经济发展水平也得到了显著提升，以毛泽东同志为核心的党的第一代领导集体，根据经济发展形势判断，从新民主主义向社会主义过渡的时机已经成熟，于是在借鉴苏联经济制度模式的基础上，确立了向社会主义公有制经济过渡的目标，提出“党在过渡时期的总路线和总任务，是要在十年到十五年或者更多一些时间内，基本上完成国家工业化和对农业、手工业、资本主义工商业的社会主义改造”①，为中国经济制度从新民主主义向社会主义公有制经济制度过渡指明了道路。为了在已有经济制度基础上顺利完成社会主义公有制经济的改造，具体采取了以下几种实现形式。

第一，在农业领域向集体化经营管理模式过渡。在土改完成的基础上，首先鼓励农民自愿或在国家扶助的情况下，以土地入股的形式成立农业互助组织，在此基础上，进一步强化土地和农业生产资料的集体所有制，农业生产、经营、管理、分配等均实现集中统一管理，从而保障了新民主主义时期的农民土地生产资料的私有制向社会主义集体公有制的成功过渡。

第二，在手工业领域向合作化生产经营模式过渡。在新民主主义革命时期，个体手工业者虽然采用私有制，但为新民主主义革命的胜利做出了

---

① 过渡时期总路线提出[EB/OL]. 人民网，http://www.people.com.cn/GB/historic/0615/6551.html.

积极贡献，也是社会主义过渡时期的劳动者和贡献者。为了对手工业私有制制度进行改造，在国家资金支持、宣传教育以及手工业者自愿原则的基础上，帮助手工业者组织成立供销生产合作社，实现生产资料的集体所有，而且采取按劳分配的方式对产品剩余进行分配，保障了手工业私有制经济向按劳分配的集体所有制经济的顺利完成。

第三，在工商业领域向国家资本主义经济制度过渡。一方面，按照“和平赎买”的方式，将企业经营利润的部分按照固定年限或比例返还给资本家，允许资本在一定期限内获得相应利润；另一方面，将资本家所有生产资料收归国有，并由国家相应管理部门委派，让资本家参与企业的经营与管理，成为社会主义事业的劳动者，按照劳动所得分配企业剩余利润。最终，通过和平赎买的方式，顺利实现了新民主主义时期资本家身份的转变，不仅保障了资本主义工商业改造的顺利实施，还促进了资本主义工商业向具有社会主义性质的国家资本主义公私合营组织形式成功过渡。

第四，在交换流通领域逐步取消市场机制。在借鉴苏联计划经济体制的经营管理模式下，在农业领域实施统购统销的制度，逐步取消农产品的买卖，实施统一定价、销售。同时，由于完成了对资本主义金融业的改造，中国人民银行成为国内唯一的金融机构，同时关闭天津和北京证券交易所，取缔证券买卖，而且由于对劳动力实行“包下来”的政策，劳动力不能流动，于是劳动力市场基本消失（赵凌云，2009）。

在过渡时期，对农业、手工业以及资本主义工商业的改造完成，标志着社会主义基本经济制度的确立。截至 1956 年年底，全民所有制经济占 32.2%，集体所有制经济占 53.4%，公私合营制经济占 7.9%，社会主义公有制经济合计占 92.9%（刘仲藜，1999）。但是也应该看到，在改造过程中，由于速度太快，经济制度与生产力之间的矛盾冲突有所显现。资料显示，在社会主义改造完成时期，随着市场价格机制的取消，资源错配的现象逐渐增多，不同地区、部门之间的要素供求失衡情况有所加剧，工业与农业全要素生产率也出现了下降，其中 1953—1957 年的农业 TFP 增长率下降了 2.5%，而工业全要素增长率在 1953—1957 年年均下降 0.8%（中国产业体系的制度结构研究课题组，2015）。正是新中国成立初期社会主义经济制度的实现形式与当时生产力水平之间存在差距，从而对下一阶段计划经济体制下社会主义经济发展产生了深远影响。

第二节　改革开放前中国社会主义的经济制度建设及其实现形式（1957—1978 年）

生产资料的公有制是社会主义经济制度的核心特征和重要体现，是对资本主义生产资料私有制的根本否定。随着社会主义三大改造以及“一五计划”的顺利完成，中国基本上确立了全民所有制的生产关系基础，为了充分发挥社会主义公有制经济制度的优越性，促进社会主义生产力的全面发展，中国共产党人带领全国各族人民借鉴苏联社会主义计划经济模式，开始分别采取以下几种形式构建具有中国特色的计划经济体制，以适应全面所有制经济制度发展的需要。

第一，在农村、农业领域实施的人民公社化组织管理。人民公社制度的确立对农村以及农业公有制经济基础的确立起到了决定性作用。从产权形式来看，人民公社是带有全面所有制性质的制度形式，而非新民主主义时期的集体所有制经济，主要原因表现在：首先，人民公社的管理者并非由公社集体选举产生，而是由上一级组织任命；其次，在参与经济活动的过程中，公社基本上是一个封闭的经济系统，仅有部分商品是按照政府指令计划统购统销，基本取缔了农村剩余产品的自由交易，而且农业产品剩余基本实现了按“工分”平均分配的原则；最后，限制农村生产资料、要素市场的交易，禁止农村劳动力自由流动，所有经济活动几乎都按照国家指令计划执行（贾国维，2010）。正是人民公社组织形式的确立，为这一时期工业化、工业体系的建立创造了条件。

第二，在交换流通中以中央计划机制取代了市场机制。从理论上，当时党的领导集体将商品生产、工资制、按劳分配、货币交换均视为资本主义的东西，要从根本上限制商品经济发展，建立以公有制为主体的计划经济，在此条件下取消了一切市场交易场所，全国经济基本上均是按照指令性经济计划安排生产和分配，城市工业部门、农村农业部门之间的生产资料、消费品的交换，也都是按照政府指定的价格进行配置。

第三，户籍制度约束下城市“单位”经济制度的确立。在计划经济体制下，户籍制度名义上是管理人口的政治制度和法律制度，但在广义上更是进行社会资源分配、人口管理的重要经济制度，在该制度约束下，城市粮油供应、医疗保障以及劳动力就业与流动等均受到政府部门的管制（贾国维，2010）。同时，随着社会主义“三大改造”的完成，过渡时期城市工商业企业全部转化为计划经济体制下的“单位”，“单位”成为中国社会主义公有制基础上国家和政府在城市进行资源调配和社会管理的组织形式（刘建军，2000）。在户籍制度约束下，城市人口、劳动力全部被纳入国有企业、集体企业的“单位”组织之中，而且被完全限制流动，特别是城乡劳动力资源的分配被完全禁止。在此条件下，中央为了加大对工业特别是重工业发展的扶植，通过政府定价和农业补贴工业的方式，完成了工业化的资本原始积累，促进了这一时期城市“单位”经济的快速发展。加之“单位”内部成员的生产资料全部按照中央经济指令计划的要求，将生产要素按照国家发展计划进行配置，而产品、消费品则根据“按劳分配”原则实行平均主义的分配，最终保障了城市计划经济体制的正常运行。

在上述制度框架下，社会主义公有制在曲折中得到了一定程度的发展和巩固，而且我国工业发展水平有了显著提升，数据显示，工业产值从1957年的704亿元增加至1978年的4067亿元。但也应该看到，由于以计划经济体制为实现形式的公有制生产关系，并不能完全适应生产力发展的要求，导致中国经济从20世纪70年代开始出现了较大范围的波动和冲击。一方面对农业的大幅剥削，导致农业生产出现阶段性萎缩，特别是在1959—1964年，中国农业生产效率明显下降；另一方面，价格机制扭曲导致工业生产资料配置效率下降，1957—1978年工业投入产出比不足农业的1/2，而且能源效率急剧下降，每单位国民收入所需要的能源消费量从1958年的9.6吨上升至1978年的19.3吨（瞿商，2008），低效率的经济运行体系不仅抑制了我国社会主义建设的步伐，还对我国社会主义公有制经济制度产生了一定的冲击。正是考虑到计划经济实现形式过程中存在的问题和不足，以邓小平同志为核心的中央领导集体，开始认真总结历史经验和教训，从1978年开启了对社会主义公有制实现形式进行改革的进程。

第三节　改革开放以来中国社会主义市场经济制度的确立及其实现形式（1978—2002年）

在认真总结新中国成立30年社会主义公有制经济发展过程中历史经验和教训的基础上，以邓小平同志为核心的第二代党的领导集体，充分认识到中国社会主义初级阶段的主要矛盾是人民日益增长的物质文化需要同落后的社会生产力之间的矛盾。在此主要矛盾基础上，要发挥社会主义生产关系对生产力的促进作用，体现社会主义公有制经济制度的优越性，就必须正确处理好市场经济与公有制之间的关系，尤其是强调市场经济对于生产力发展的积极意义。1997年党的十五大报告中指出："……在社会主义条件下发展市场经济，不断解放和发展生产力。这就要坚持和完善社会主义公有制为主体、多种所有制经济共同发展的基本经济制度。"[①] 于是围绕这一基本纲领，从1978年开始，在党和政府的带领下，全国全面开启了探索并建设社会主义市场经济制度的历史进程。

第一，在农业领域以"包产到户"为特征的农业生产责任制建立并完善。农业土地制度的改革，最为典型的就是1978年"家庭联产承包责任制"的试点和落实，将土地承包给农户，让农户自由决定土地生产与经营活动。随后，在1982年中央"一号文件"《全国农村工作会议纪要》中明确指出，除了土地所有权归集体所有之外，"联产到劳，包产到户、到组，

① 高举邓小平理论伟大旗帜，把建设有中国特色社会主义事业全面推向二十一世纪[EB/OL].人民网（中国共产党历次全国代表大会数据库），http://cpc.people.com.cn/GB/64162/64168/64568/65445/4526287.html.

包干到户、到组”等形式①，都是社会主义集体所有制经济，同时规定农产品除少量按政府规定缴纳之外，全部由农业生产者自由支配，取消了农产品按“工分分配”的方式。通过一系列农村土地制度改革，农户不仅享有农业生产的剩余产品，而且可以通过农产品市场进行自由交易，获取更多丰富的消费品，从而极大地鼓励了农业生产的积极性，农业总产值年均增长超过15%。在农业制度改革最初的10年，即1978—1988年农村经济对经济增长的贡献超过68.73%（张占斌，2009）。农业的快速发展，为改革开放国民经济发展奠定了坚实的物质基础。

第二，以非公有制产权为特征的民营与外资等经济组织形式的恢复和发展。在社会主义初级阶段，非公有制经济对生产力发展水平的提高具有显著的促进作用。为了在改革开放起步阶段繁荣工商业发展，在1982年党的十二大上首次提出个体经济是我国社会主义公有制的有益补充，同年在《宪法》中明确规定“在法律规定范围内的城乡劳动者个体经济，是社会主义公有制经济的补充。国家保护个体经济的合法的权利和利益”②。党的十四大和十六大报告中也多次肯定了民营经济等非公有制经济形式对社会主义发展的积极意义，从而为非公有制经济发展提供了法律和政策保障。在此基础上，我国民营经济得到了快速发展，尤其是在20世纪90年代，民营乡镇企业与外商独资、合资企业的发展有力地促进了地区经济的繁荣，为地方劳动力转移、居民收入水平的提高提供了必要条件。

第三，推进国有企业制度改革，提升国有企业在公有制经济中的主导作用。国有企业是维护和巩固社会主义公有制经济制度、引领社会主义市场经济平稳发展的主导力量。为了适应社会主义市场经济体制建设的需要，中央监管部门积极引导国有企业建立并完善现代企业制度，强调“政企分开、权责明确、产权明晰、科学管理”的经营管理模式，改变了原有

① 全国农村工作会议纪要（1982年“一号文件”）[EB/OL]. 人民网，http://finance.people.com.cn/GB/8215/135583/8145874.html.

② 中华人民共和国宪法（1982年）[EB/OL]. 中国人大网，http://www.npc.gov.cn/wxzl/wxzl/2000-12/06/content_4421.htm.

计划经济管理模式，在保障基本经济职能和社会职能得到充分发挥的情况下，鼓励国有企业参加市场竞争，提高国有企业的市场竞争力和经济效率。另外，通过对国有企业股权结构进行改革，创新国有独资、国有控股、国有参股等具体股权结构形式，保障了国有资本对社会主义市场经济的调控作用得到有效发挥。此外，引导国有资本进入公共品供给领域，弥补市场经济机制在公共领域中的不足，进一步增强国有经济对宏观经济的调控能力。

第四，在生产、消费等环节建立社会主义市场机制，提升经济配置效率。为了克服计划经济模式存在的弊端，充分发挥商品经济对社会主义生产力的促进作用，党中央在 1981 年《关于建国以来党的若干历史问题的决议》中指出，“必须在公有制基础上实行计划经济，同时发挥市场调节的辅助作用。要大力发展社会主义的商品生产和商品交换”①，进一步为市场商品经济的建立开辟了道路。在政策引导下，各类消费品交易市场随着改革开放进程的推进逐渐活跃起来，而且在商品经济繁荣和发展过程中，其在提高社会主义生产力、人民生活水平以及国家竞争力方面的地位和作用愈加突出，于是在 1993 年党的十四届三中全会报告中，党和国家明确提出了建立社会主义市场经济体制的目标，保障市场机制在国家调控下发挥资源配置的基础性作用。经过长期努力建设，在 21 世纪初，市场经济机制几乎在消费品、工业品、农产品等众多领域发挥了重要作用，建立社会主义市场经济体制的目标初步实现。

第五，以按劳分配为主体、多种分配方式并存的分配体系的确立和完善。为了适应市场经济体系建设的需要，在改革开放初期主张通过竞争机制打破计划体制下绝对主义分配体系，允许一部分个体通过劳动先富起来，从而鼓励劳动者提高生产效率。随着商品经济的发展，党在十三大报告中进一步强调社会主义初级阶段的收入分配方式并不是单一的，原则上

---

① 关于建国以来党的若干历史问题的决议[EB/OL]. 人民网(中国共产党历次全国代表大会数据库),http://cpc.people.com.cn/GB/64162/64168/64563/65374/4526455.html.

"以按劳分配为主体，其他分配方式为补充。除了按劳分配这种主要方式和个体劳动所得以外，企业发行债券筹集资金，就会出现凭债权取得利息；随着股份经济的产生，就会出现股份分红；企业经营者的收入中，包含部分风险补偿；私营企业雇用一定数量劳动力，会给企业主带来部分非劳动收入。以上这些收入，只要是合法的，就应当允许"①。在此基础上，通过多元化的收入分配方式，为城乡居民收入水平的提高创造了条件（陈炎兵，2009）。由于所有制形式决定着收入分配方式，随着社会主义初级阶段公有制经济的所有制形式日益多样化，党的十五大报告中明确指出："坚持按劳分配为主体、多种分配方式并存的制度。把按劳分配和按生产要素分配结合起来，……依法保护合法收入，允许和鼓励一部分人通过诚实劳动和合法经营先富起来，允许和鼓励资本、技术等生产要素参与收益分配。"② 正是在党对收入分配制度认识不断深入的条件下，鼓励不同要素参与收入分配，极大地促进了不同要素生产效率的提升，不仅为这一时期居民收入水平的提高创造了条件，而且极大地推动了社会主义生产力的发展，保障了中国特色社会主义经济综合国力的提升。

经过改革开放 20 余年的努力，全国人民收入水平从 1978 年的约 224.9 美元（周天勇，2008），增长至2002 年的约 1100 美元，几乎翻了两翻。此外，伴随着市场化改革进程，1978—1998 年，中国全要素生产率年均增长 2.8%，经济增长率年均增长 9.7%，全要素生产率对经济增长的贡献超过 28.9%（张军、施少华，2003）。正是借助社会主义市场经济取得的显著成效，在 2002 年党的十五大报告中明确指出我国已经初步建立了社会主义市场经济制度。但是，也应该注意到，在建立社会主义市场经济制度过程中，国有企业、收入分配、要素市场等领域制度建设仍存诸多问题，这对下一阶段社会主义市场经济制度的全面确立提出了严峻挑战。

---

① 在中国共产党第十三次全国代表大会上的报告[EB/OL]. 人民网(中国共产党历次全国代表大会数据库)，http://cpc.people.com.cn/GB/64162/64168/64566/65447/4526369.html.

② 高举邓小平理论伟大旗帜，把建设有中国特色社会主义事业全面推向二十一世纪(江泽民在中国共产党第十五次全国代表大会上的报告)[EB/OL]. 人民网(中国共产党历次全国代表大会数据库)，http://cpc.people.com.cn/GB/64162/64168/64568/65445/4526288.html.

第四节　中国社会主义市场经济制度的全面确立及其实现形式（2003—2016 年）

为了提高社会主义生产力发展水平，应对建立社会主义市场经济制度过程中存在的诸多问题，2003 年党在十六大报告中对未来一段时间完善社会主义市场经济体制的目标和任务作了具体部署和安排，为社会主义市场经济制度的全面实现指明了实施方向。

首先，在农业领域完善土地流转制度，改革农业税制。在已有土地承包责任制的基础上，明确规定农户在土地承包期内，可以依法自愿且在有偿情况下进行土地经营权的流转，从而为促进农业生产集约化经营方式、形成农业生产的规模经济提供了制度保障。同时，在 2006 年全面取消农业税，深化农业税制改革，通过降低农业生产成本增加农业收入水平，为活跃农村市场经济提供了有利条件。为了进一步完善农村土地流转制度，2008 年党的十七届三中全会上指出，要“加强土地承包经营权流转管理和服务，建立健全土地承包经营权流转市场，按照依法自愿有偿原则，允许农民以转包、出租、互换、转让、股份合作等形式流转土地承包经营权，发展多种形式的适度规模经营。有条件的地方可以发展专业大户、家庭农场、农民专业合作社等规模经营主体。土地承包经营权流转，不得改变土地集体所有性质，不得改变土地用途，不得损害农民土地承包权益”[①]，从而为农村土地经营多样化形式提供了政策保障，极大地鼓励了农村农业生产的积极性，有效支撑了农业国民经济的基础地位。

其次，大力推进混合所有制经济改革。2003 年党的十六届三中全会报告中指出，为了激发公有制经济的活力，需要“大力发展国有资本、集体资本和非公有资本等参股的混合所有制经济，实现投资主体多元化，使股

① 中共中央关于推进农村改革发展若干重大问题的决定［EB/OL］．人民网，http://cpc.people.com.cn/GB/64093/64094/8194418.html.

份制成为公有制的主要实现形式。……完善国有资本有进有退、合理流动的机制，进一步推动国有资本更多地投向关系国家安全和国民经济命脉的重要行业和关键领域，增强国有经济的控制力”①。同时，为了保障混合所有制经济发展，2004 年新修改的《宪法》中明确指出：“公民合法的私有财产不受侵犯。”实践证明，混合所有制经济模式一方面活跃了民间资本，吸引其参与到社会主义经济发展道路上来，促进了社会主义生产力发展水平的提高；另一方面，也提高了国有经济、国有控股经济在国际市场中的竞争力水平，国民经济对社会主义市场经济的调控能力也在逐渐增强。基于此，2013 年党的十八届三中全会再次指出：“非公有制经济财产权不受侵犯”，而且强调“国有资本、集体资本、非公有资本等交叉持股、相互融合的混合所有制经济，是基本经济制度的重要实现形式”②，最终肯定了混合所有制形式对社会主义经济发展的历史作用。

再次，健全并完善二次分配制度体系。在按劳分配为主体、多种分配方式并存的初次分配制度下，从 2003 年开始，各地围绕职工医疗保障、农村合作医疗保障、失业保险、最低生活保障等二次分配体系的建立、完善，投入了大量的人力、物力，使二次分配体系在保障居民基本生产生活方面发挥了重要作用，尤其是城乡医疗制度、就业保障制度的完善，在很大程度上缓解了初次收入差距、城乡收入差距过大的矛盾，为稳定社会主义市场秩序起到了积极推动作用。为了进一步发挥二次分配的积极作用，党的十七大报告中指出，要“……健全劳动、资本、技术、管理等生产要素按贡献参与分配的制度，初次分配和再分配都要处理好效率和公平的关系，再分配更加注重公平”（胡锦涛，2007），把分配制度的收入调节作用作为社会公平分配的重要手段。此外，会议还强调“要以社会保险、社会救助、社会福利为基础，以基本养老、基本医疗、最低生活保障制度为重

---

① 中共中央关于完善社会主义市场经济体制若干问题的决定[EB/OL]. 人民网(中国共产党历次全国代表大会数据库),http://cpc. people. com. cn/GB/64162/64168/64569/65411/4429165. html.

② 中共中央关于全面深化改革若干重大问题的决定[EB/OL]. 人民网(中国共产党历次全国代表大会数据库),http://cpc. people. com. cn/n/2013/1115/c64094 - 23559163 - 2. html.

点，以慈善事业、商业保险为补充，加快完善社会保障体系”，使社会保障制度的完善成为实现社会安定的重要措施。通过长期努力，城乡收入差距明显缩小，从2009年的3.3倍下降至2016年2.7倍。截至2016年年底，基本养老、失业、工伤、生育保险参保人数已分别达到8.88亿人、1.81亿人、2.19亿人、1.85亿人，基本医疗保险覆盖人数超过13亿人，基本覆盖了全体人民（郑秉文，2017）。通过收入分配制度的确立完善，有力地提高了居民生活水平，增强了全国人民建设社会主义事业的信心。

最后，在金融、要素等领域完善市场机制建设。为了进一步完善社会主义市场经济制度，党的十六届三中全会明确指出要“更大程度发挥市场在资源配置中的基础性作用”，党的十八届三中全会更是强调要“使市场在资源配置中起决定性作用”。为了充分发挥市场在资源配置中的作用，一方面，在金融领域推进利率、汇率市场化改革，扩大外资投资领域，完善“三会一行”的职能，保障金融市场秩序良性运行；另一方面，积极在水、石油、天然气、电力、电信等领域进行价格机制改革，保障基础能源价格随着市场供需能够随时调整，降低政府对能源等价格的干预力度。此外，积极推行统一的市场准入制度，规定各类市场主体只要在法律允许范围之内均可参与竞争，提高市场公开、公平程度，进一步取消市场进入壁垒，营造健全的市场经济制度。

经过10余年市场经济制度的完善，中国经济总量从2011年开始排名居世界第2位，人均收入水平从2003年世界排名的第109位上升至2016年的第73位，而且截至2016年年底有超过80个国家和地区承认了我国的市场经济地位，中国社会主义市场经济综合实力显著提升，为中国社会主义市场经济迎接“新时代”全面发展营造了良好氛围。

第五节 新时代中国特色社会主义经济制度的探索及其实现形式（2017 年至今）

伴随着中国社会主义市场经济体制的建立和完善，社会生产力发展水平实现了跨越式发展，特别是在中国特色社会主义社会发展进入“新时代”的背景下，中国社会的基本矛盾已经从人民日益增长的物质文化需要同落后的社会生产力之间的矛盾转化为人民日益增长的美好生活需要和不平衡不充分的发展之间的矛盾。如果仅仅将中国社会基本经济制度聚焦于公有制为主体、多种所有制经济共同发展之上，显然已不能完全适应新时代经济发展的要求。于是，在 2017 年习近平总书记所作的党的十九大报告中指出，要在新时代中国特色社会主义思想的指引下，“必须坚持和完善我国社会主义基本经济制度和分配制度，毫不动摇巩固和发展公有制经济，毫不动摇鼓励、支持、引导非公有制经济发展，使市场在资源配置中起决定性作用，更好发挥政府作用”（习近平，2017），为未来中国特色社会主义经济制度实现形式的探索指明了实践方向。

按照党的十九大报告的部署和安排，实现中国特色社会主义经济制度的具体形式可能在以下几个方面：第一，完善产权制度，通过产权激励和保护，保障公有制经济、非公有制经济的权益；第二，在国有资产领域，进一步发挥混合所有制优势，深化国有企业改革；第三，在市场准入领域，全面实施市场准入负面清单制度，并通过政府职能改革，打破行政垄断，同时加快要素价格市场化改革，限制自然垄断对市场资源配置的影响，逐步放宽服务业准入条件，建立健全商事制度，保障市场机制在资源配置中的决定性作用得到充分发挥；第四，通过政府职能改革，创新并完善政府调控经济的机制和方式，发挥政府在国民经济发展过程中的引领作用，最终保障经济制度建设为发展社会主义生产力和提高人民生活服务。

通过梳理新中国成立以来我国基本经济制度及其实现形式的发展历程，可以看出，在不同生产力发展水平条件下，需要不同的基本经济制度与生产力发展水平相适应。为了促进我国社会主义生产力的发展，经济制度在建设过程中总是存在许多制约因素，阻碍中国社会主义事业健康发展。不过，在习近平新时代中国特色社会主义经济思想的正确指引之下，中国共产党人领导全国劳动人民，通过集体努力，一定会进一步完善新时代中国特色社会主义经济制度，充分发挥中国特色社会主义经济制度的优越性，推动中国社会主义生产力的全面发展，实现全面提高人民生活水平的阶段性目标。

第三章　中国特色现代化发展的目标及其阶段性变化

现代化是从传统农业社会逐渐向现代工业社会转化的过程，历史上世界上大多数发达国家都通过自身现代化进程实现了从落后走向先进的渐进转化。中国现代化是世界现代化进程中的重要组成部分，其本身现代化进程具备世界现代化历史上的诸多共性，同时在自身不断探索中逐渐演变出超越中西文明、参与全球化的进展方向，体现出鲜明的中国特色。自新中国成立以来，中国特色社会主义现代化经历了改革开放前的探索、改革开放后的发展以及新时代社会主义现代化强国建设三个发展阶段。纵观中国现代化进程，从马克思主义政治经济学角度来看，我国现代化的特色社会主义特征根植于社会主义社会的生产关系、阶级关系和整个社会关系以及它们所产生的文化和价值观中，中国特色社会主义现代化建设的历史性目标伴随着时代历史性条件和自身发展阶段的转变不断演化升级，整体现代化进程以发展生产力、生产方式的系统性变迁，生产关系及社会关系转变以及国际格局变化作为主要线索前进推动，最终以独特的中国式现代化道路实现了社会主义发展中国家的跨越式发展。

第一节　经济发展与现代化

现代化本身发源于西方，“现代化”（ Modernaization）一词最早大约出现在 18 世纪 70 年代的欧美国家，意为通过现代化的过程，传统社会将发生一系列变革与变化。这一词在 18 世纪出现绝非偶然，和产业革命有着必然的内在联系，18 世纪英国工业革命的兴起首先在纺织机械领域萌芽，进而爆发蒸汽机革命，新生产方式带来了原有生产效率的大幅提升，同时给经济、社会、文化、政治带来极大冲击。马克思也肯定："资产阶级在它不到一百年的阶级统治中所创造的生产力，比过去一切时代创造的生产力还要多，还要大。"① 与生产力提升相伴随的生产关系以及社会关系转变促使"现代化"这一概念应运而生。在中国，现代化这一概念大约出现在 20 世纪初的清末洋务运动时期，这一概念的使用要比西方晚近 150 年，因此在世界性的现代化运动中，中国也开端于相对落后的位置。

一、现代化的政治经济学要义

从一般意义上说，现代化的概念有广义和狭义之分，这一概念在经济学以外的社会科学学科使用较多。广义现代化主要是指工业革命以来，生产力发展导致了社会生产方式的大变革，从而引起社会历史发展的大趋势，即以现代工业、科技革命为推动力，实现传统农业社会向现代工业社会的大转变，并因而引起社会组织与社会行为深刻变革的过程；狭义现代化是指把现代先进技术广泛应用于国民经济的各个领域，以迅速赶上先进工业国并适应现代世界环境的进程②。

经济学对现代化概念的界定更加偏向广义现代化，对于现代化的研究也并不完全关注其结果，更加关注现代化进程和落后国家实现现代化的战略。传统现代增长经济学和发展经济学从结构视角分析了不同国家的经济发展，常用"现代经济增长""起飞""经济成长阶段""经济发展"等概念来描述现代化及其进程。其中，比较具有代表性的有库兹涅茨和罗斯托。库兹涅茨使用"现代经济增长阶段"的概念，在考察欧美发达国家近百年现代化进程的基础上，把现代经济增长阶段的发展程度概括为"巨大的结构性变化"，其内容包含产品及资源从农业转向非农业的工业化过程，城市和乡村之间的人口比例发生变化的城市化过程，一国之中各个集团经

---

① 路日亮．现代化理论与中国现代化[M]．银川：宁夏出版社，2010.

② 罗荣渠．现代化新论[M]．北京：北京大学出版社，1993.

济地位发生变化，产品在居民消费、资本形成、政府消费之间的分配方式发生变化，技术、制度以及时代精神的作用[①]。罗斯托的经济成长阶段论则直接使用了“经济现代化”的概念，他界定一国实现经济现代化的过程分为六个阶段：传统社会、为起飞创造条件阶段、起飞阶段、向成熟推进阶段、高额群众消费阶段、追求生活质量阶段。其中，起飞阶段是传统社会和现代社会的分水岭，起飞阶段后进入经济现代化后逐渐出现现代技术在各个领域的推广，经济逐渐出现持续增长、资源向大众化服务及耐用品消费流动、自然与社会冲突、城市交通拥挤等各种现代化社会现象。

相对于传统发展经济学的“增长—发展”范畴，马克思主义政治经济学认为经济发展仅仅是现代化进程带来的物质层面，而潜藏于物质层面内部的生产方式范畴远比“增长—发展”范畴更加贴近和深入现代化的本质。这里，生产方式范畴指的是整个社会的物质生产过程，它决定了整个社会的生产力水平，同时包含着整个社会的生产关系和社会关系。现代化的过程从本质上以社会生产方式的转变为线索，即由现代化生产方式逐渐代替传统落后生产方式的过程。现代化生产方式的特点是以现代机器体系这一工具生产力和劳动分工为基础、生产过程的合理化和相互依存，以及把这个新的社会形式推向全球、创造推动“世界历史”的内在动力。而现代化生产方式的诞生、发展和确立，需要一系列的先决条件，这些先决条件的产生是一个自然历史过程。由于先现代化国家和后起现代化国家所处历史背景、国际环境的差异，各国走上现代化的途径及其现代化的发展方式也是有所不同的。

此外，相对于传统增长与发展经济学对于现代化带来经济发展的重视，基于生产方式范畴下的现代化更加关注现代化过程中人的主体能动性和全面发展。现代化的生产方式能够使落后国家的社会生产力得到大幅跃升，而这里生产力由作为主体的人以自身的活动来引起，调整和控制人与自然之间的物质交换关系的能力形成于人的需要向劳动的转化过程中，在

① 洪银兴．现代化理论和区域率先基本现代化[J]．经济学动态，2012(3)．

现代化生产方式的价值创造和社会交往过程中逐渐形成了新的现代社会关系，也逐渐衍生出符合现代化发展的现代化思想观念。这里，生产力并不是人之外的抽象存在物，而是形成、存在并发展于人的价值创造活动中，体现人的本质力量。伴随着现代化进程的经济、社会、政治、文化发展，作为现代化能动主体的人也将最终实现全面发展。因此，政治经济学角度下的现代化，不仅体现了生产方式由传统手工业向现代机器大工业的转变，意味着人类生产力向更高阶段的跳跃和发展，也意味着社会关系的更新和交往的高度社会化，更意味着人们一系列观念形态的创新，更为重要的还在于，人类作为主体将通过现代化的发生、发展过程充分发扬其主体性，“产生出个人关系和个人能力的普遍性和全面性，实现人与自然的和谐共同发展”①。

二、现代化的社会主义要求

现代化本身发源于西方，但并非资本主义专属，社会主义国家实现现代化建设本身应当具有先天的优越性。根据科学社会主义创始人马克思的观点，发达的资本主义是社会主义的入口，社会主义社会应当建立在资本主义制度无法容纳自身生产力的物质基础上，因此，社会主义国家理想地实现现代化的方式应当是不通过资本主义制度的卡夫丁峡谷②，也即可以超越资本主义生产发展的整个阶段，由前资本主义的生产方式直接进入以公有制为基础的社会主义生产方式阶段。但现实中进入社会主义社会的国家都是经济科技相对落后的国家，而且在空间上与资本主义国家并存。由此，社会主义国家的现代化大多起步晚，伴随着资本主义生产方式兴起和世界多元化交往时代来临，面临如何通过技术革命建立社会主义物质基础，同时在世界现代化进程的一般规律和道路中寻找自己独特的发展路径，实现跨越式发展的问题。

落后社会主义国家要实现后发现代化的跨越式发展，首先要遵循世界

---

① 胡承槐．批判的、综合的现代化理论[J]．浙江社会科学，2017(5).

② [德]马克思．马克思恩格斯选集：第3卷[M]．北京：人民出版社，1995.

现代化进程的一般共识和规律。现代化作为国家和民族发展的必由之路，不同国家现代化进程的起步虽然有早有晚，现代性冲击或来自产业革命或来自外部压力，整体可划分为“早发内生型”和“后发外生型”。大部分西方发达国家属于“早发内生型”，其现代化开端来源于自身生产关系和社会关系矛盾所引发的产业革命。而大部分第三世界发展中国家的现代化晚于西方世界，属于“后发外生型”，其现代性多受外部压力引发进而带来社会生产方式与关系的整体变革。无论是哪一种类型，现代化理论的第一个共识在于必须先有社会制度的改革和创新，才会有技术创新和相应的现代化进程。通过根本的社会制度变革来解放生产力，发展生产力，从而实现生产方式的现代化转变，进而推进经济、政治、社会、文化等多层次的现代化建设。这表明社会主义国家实现现代化建设必须不断坚持深化改革，以改革扫除现代化发展的障碍，实现生产方式和制度的根本变革。此外，现代化理论的第二个共识在于通过以工业化为核心的经济现代化带动全面现代化建设。工业化使得社会生产方式、分配方式、产业结构，进而社会结构、经济基础，进而上层建筑发生变化，同时实现了社会生产力的大幅提升，这将为现代化建设提供充足的物质条件。因此，相对落后的社会主义国家要实现现代化，必须在进入社会主义社会的发展时期后用一个相当长的历史时期去实现工业化和生产的商品化、社会化、现代化，以奠定社会主义社会自身巩固和前进的物质基础。

其次，社会主义国家要走向现代化必须利用社会主义的制度优势，着力发展生产力，不仅应当体现西方现代化先进的技术与物质条件，还应当以社会主义国家的公平与正义作为现代化目标。这里，现代化的社会主义要求具体体现在两大方面：一是共同富裕；二是关注人与社会发展。共同富裕是社会主义的本质特征，也从根本上体现了现代化的社会主义要求。共同富裕对于实现现代化有两层重要意义：首先从生产力角度来看，共同富裕是在发动经济增长时允许一部分人先富起来，从而在很大程度上解决了发展的动力问题，以生产力提升建立基本的物质资料基础。其次，从社会关系来看，在前期生产力提升的基础上进一步推进现代化就要明确提出缩小收入差距的要求，共同富裕就是从允许一部分人先富起来转向大多数人富裕起来，使人民群众在每个发展阶段都能够共享现代化的成果。而为了实现共同富裕，社会主义现代化就要关注城乡一体化和区域协调发展，关注达到中等收入人口的比重，关注社会保障普及率。社会主义现代化的另一特征在于关注人与社会的发展。马克思认为，社会主义所要完成的历史任务就是对社会中的生产关系、阶级关系和整个社会关系以及它们所产生的观念的全面的社会革命，即实现政治、经济、社会、个人、文化等领域的全面现代化。全面现代化的一大本质在于以人为本，更加突出地发挥社会每个成员的潜能，使每个人获得全面发展，人的自由全面发展即人的现代化。从现代化的本源来说，生产方式的系统性变迁最终是以人为推动主体，因此，只有人的素质达到现代水平，现代化才能应运而生，人的现代化是推动现代化的必要过程。正如马克思所设想的未来社会，不仅需要社会生产力的高度发展，而且存在可以自由支配的时间来创造科学和艺术等活动，达到劳动同智育及体育相结合，造就全面发展的人还需发展支持人全面发展的文化、教育和科学。因此，在经济发展基础上重视社会和人的发展，是社会主义现代化独具特色的应有之义。

第二节　中国特色现代化发展的历史演变

现代化是近代历史发展的主线，同样也是近代中国历史发展的基本走向。中国特色社会主义现代化作为世界现代化进程中的“后发外生现代化”类型的独特代表，根据马克思主义唯物辩证法，采取历史与逻辑相一致的方法，考察其现代化发展的历史沿革及阶段性变化。学术界普遍认为中国现代化进程开始于鸦片战争以后，新中国成立 70 年以来，党和国家一直致力于中国特色社会主义现代化道路的探索，在现代化理论方面也不断创新和发展。纵观中国现代化全部 160 多年的历程，我国现代化最早开端于洋务运动，远远晚于西方国家。作为“后发外生型”现代化发展中国家，中国特色社会主义现代化的快速发展起始于新中国成立以后，经历改革开放前的了解摸索、改革开放后的实践探索到当前新时代现代化强国建设的三大阶段，逐渐构建了科学的中国特色社会主义现代化理论，探索建设了独特的中国特色社会主义现代化道路。

一、改革开放以前中国特色现代化的探索

新中国成立伊始，中国共产党提出的发展战略目标是实现工业化，即把中国由一个落后的农业国变为一个富强的工业国。1952 年年底国民经济恢复任务完成后，我国的战略发展目标开始逐步由单一工业化向“四个现代化”转变。以毛泽东为代表的第一代领导人开辟了探索中国社会主义现代化建设的新道路。1954 年召开的第一届全国人民代表大会上首次明确提出了“四个现代化”的战略部署，这一任务在次年又被正式写入党章中。1964 年，“四个现代化”的战略目标以及“两步走”的战略部署正式在第三届全国人民代表大会第一次会议的政府工作报告中得到了进一步阐述，明确指出先是要建立初步工业基础以及完整的国民经济体系基础，进一步着力实现工业现代化、农业现代化、科技文化现代化、国防现代化的“四化”目标，从此“四个现代化”成为我国社会主义建设的战略目标。对于“四化”的实现时间以及战略，周恩来在四届人代会上以更加具体的“三五计划”重新进行了深入阐述，确定在 20 世纪内实现“四个现代化”的目标，并把它规定为我国新时期的总任务。“三五计划”旨在通过 15 年的时间建立基本工业化基础，通过工业化实现经济起飞，推进以工业、农业、国防、科技为基础的“四个现代化”，从而使国民经济快速提升。这里的“四个现代化”是早期领导人对于中国特色社会主义现代化发展目标的雏形，是中国现代化进程第一次迈出自身社会主义道路的积极探索。

二、改革开放以后中国特色现代化的进一步探索

邓小平作为改革开放后的第一届领导人，在继承毛泽东等领导人的思路下继续坚持实现“四个现代化”的奋斗目标，并进一步明确提出了“中国式的现代化道路”的建设目标。1978 年，党的十一届三中全会作出了把党的工作重点转移到社会主义现代化建设上来的重要战略决策。1987 年，

党的十三大根据邓小平的“中国式现代化道路”构想完整描绘出了清晰的中国经济建设“三步走”蓝图，在基于社会主义初级阶段论的基本国情下，指出要通过实施“三步走”的发展战略来实现“到下个世纪中叶，人均国民生产总值达到中等发达国家水平，人民生活比较富裕，基本实现现代化”的奋斗目标①。“三步走”蓝图的第一步要实现人民从物质资料贫困到满足基本温饱的基本目标，GDP 比 1980 年翻一番。第二步要达到人民生活小康，GDP 在 20 世纪末实现第二个翻番。第三步要完成基本现代化以及人民生活实现基本富裕，进入中等收入国家行列。第三代领导人根据实际历史情况，对于第三步战略目标进行了更加详细的规划。第三步的战略实现时间是 2050 年，此时要达到世界中等收入国家水平，全面完成现代化建设，这是以世界发达国家和中等发达国家的发展水平作为参照系的，且现代化内容包括了政治、经济、文化等方面。1997 年党的十五大对于跨度 50 年的目标进行了总体构思，提出到 20 世纪中叶要基本实现现代化，建成富强、民主、文明的社会主义国家。在 2002 年 11 月党的十六大中进一步讨论了这一时期的现代化战略对策，即“以信息化带动工业化，以工业化促进信息化”的新型工业化道路设想。为进一步顺应现代化发展阶段性新要求，胡锦涛提出了科学发展观来指导人口、资源环境趋紧下的中国现代化进程。在党的十七大报告中，将我国现代化的长远目标界定为“建设富强民主文明和谐的社会主义现代化国家”。党的十八大报告更是指出要“全面落实‘五位一体’总体布局，促进现代化建设各方面相协调，不断开拓生产发展、生活富裕、生态良好的文明发展道路”。②

三、新时代中国特色现代化强国建设蓝图的新描绘

党的十九大在新时代的历史定位上顺应新历史阶段具体描绘了中国特色社会主义现代化的宏伟蓝图。现代化是一个国家从落后向先进转化的渐

① 周恩来．周恩来选集：下卷[M]．北京：人民出版社，1984.

② 安锐，伊胜利，徐光远．中共三代领导集体对我国社会主义现代化战略目标的制定[J]．理论探讨，2001(3).

进过程，现代化国家是在多个方面都走在世界前列的国家，新中国成立以来，我们党始终把现代化作为奋斗目标，逐渐形成了中国特色社会主义现代化理论。我国发展进入新时代，这一阶段对现代化建设本身提出了新的时代要求，同时在现代化理论思想的引领上也必须与时俱进。习近平新时代中国特色社会主义思想的提出，对于有关我国社会主义现代化建设在新时代所面临的一系列重大理论现实问题进行了全面的探讨和阐述，同时对实践道路进行了深入的发展和规划。

（1）确立了现代化发展的新目标。在新中国成立初期我国现代化早先追求的是国家工业化的实现，“四化”目标在很长一段时间内成为国家经济工作的主线。改革开放以后，邓小平提出了“小康社会”“中国式的现代化”等新的现代化思路，并规划了“三步走”的现代化发展战略。党的十九大中明确指出，要在21世纪中叶“把我国建成富强民主文明和谐美丽的社会主义现代化强国”，目标上从“现代化国家”变为“现代化强国”，同时在现代化目标上进一步加上了“美丽”二字，确立了现代化的新目标。将“美丽”加进建成社会主义现代化强国的目标，体现了人民对美好生态和美好生活的追求。新时代“富强民主文明和谐美丽”的中国特色现代化道路，表明中国现代化既不是对外侵略攘他人以自肥的现代化之路，又不是对自然索取无度、败坏生态环境的现代化之路。当社会主义现代化强国建设完成，每一个中国人的精神风貌、每一家城市的城市风貌、每一个乡村的乡村风貌、每一家企业的企业风貌，都既是文明的，又是美丽的。

（2）提出了现代化的新内涵。首先，党的十九大报告中提出的现代化是以人民为中心的全面现代化，并非过去单一以经济为中心的现代化。现代化的新内涵得到了全面升华，从GDP为中心转向人的全面发展为中心，现代化的本质是人民的现代化，并且物质现代化服务于人民现代化。因此，实现现代化发展的根本动力在于有效地调动人民的创造性与积极性，这与马克思主义政治经济学对于现代化的深层次理解不谋而合，体现了新时代我国社会主义现代化建设在思想和理念上更加深入本质，同时实现了对西方现代化模式的内在超越。其次，发展成果为全体人民所分享，这是最终实现中国社会主义现代化的根本目标所在。社会主义现代化的根本目标和鲜明特征在于共同富裕，新时代下中国经济的典型特征在于进入新常态，经济增长存量有一定基础但增速放缓，此时生态环境、收入分配、国民福利在当前现代化发展的核心主题中尤为突出。因此，要把改善民生作为中心来全面均衡推进现代化建设，要把民生环境放在社会建设的重要位置，来着力解决与人民利益密切相关的环境问题。

（3）设计了现代化的新路径。党的十九大报告中指出，当前我国实现现代化发展在近期里首先要在建党一百年时全面建成小康社会，进一步要顺势在第二个百年实现社会主义现代化国家的全面建设。通过两个阶段性具体规划描绘了未来2020年到21世纪中叶的发展道路，即“两个15年”来全面建成社会主义现代化强国，“第一个阶段，从二〇二〇年到二〇三五年，在全面建成小康社会的基础上，再奋斗十五年，基本实现社会主义现代化。第二个阶段，从二〇三五年到本世纪中叶，在基本实现现代化的基础上，再奋斗十五年，把我国建成富强民主文明和谐美丽的社会主义现代化强国”①。党的十九大提出的“两步走”战略，是对新时代历史新形势的重新审视。在新时代社会主要矛盾变化下，人民日益发展的新需求出现了变化，这要求现代化需求在新时代的意义不仅是实现现代化，更是以实现小康为“桥头堡”最终走向现代化强国建设，这对于达到中等发达国家的原有目标进行了理念上的升级。

（4）描绘了中国特色社会主义现代化的新蓝图。在具体蓝图规划上，党的十九大报告中对于新时代现代化的时间点和路线图给出了详尽的描绘。其中，远景目标是最终建成“富强民主文明和谐美丽的社会主义现代化强国”。对于我国未来所追求并且最终实现的社会主义现代化展望，从经济、政治、文化、社会、人民生活、生态文明等六个方面进行了具体阐述：“到那时，我国经济实力、科技实力将大幅跃升，跻身创新型国家前

① 陈晋．新时代中国特色社会主义的新目标及其新内涵［J］．中共党史研究，2017（11）．

列；人民平等参与、平等发展权利得到充分保障，法治国家、法治政府、法治社会基本建成，各方面制度更加完善，国家治理体系和治理能力现代化基本实现；社会文明程度达到新的高度，国家文化软实力显著增强，中华文化影响更加广泛深入；人民生活更为宽裕，中等收入群体比例明显提高，城乡区域发展差距和居民生活水平差距显著缩小，基本公共服务均等化基本实现，全体人民共同富裕迈出坚实步伐；现代社会治理格局基本形成，社会充满活力又和谐有序；生态环境根本好转，美丽中国目标基本实现。”

第三节 中国特色现代化的目标及其演变

中国经过40多年的改革开放以及全面小康社会建设，当前实际已经与其他新兴工业化国家一道进入了现代化的轨道。作为后发展社会主义国家，中国特色社会主义现代化的核心目标既与传统西方发达国家实现现代化本质相同，同时基于自身社会主义制度有着鲜明的社会主义特征，且基于自身发展阶段以及历史背景，在具体的现代化目标规划上也有着独特的中国特色。纵观中国的现代化进程，中国特色社会主义现代化在目标的演变上从最早的单一工业化到新时代的全面现代化，最终以“两个一百年”的形式实现全面建成小康社会和全面建设社会主义现代化强国两大根本目标的有机统一，并将“富强民主文明和谐美丽的社会主义现代化强国”作为新时代中国特色社会主义现代化的最终愿景所在。

一、中国特色现代化的关注点

相对于西方发达国家现代化，后发展社会主义国家实现现代化超越本身独具优势，这一方面决定于社会主义制度的制度性特色；另一方面决定于后发展国家的后发优势。根据马克思政治经济学，社会主义现代化不仅应当体现西方现代化先进的技术与物质条件，还应当以社会主义国家的公平与正义作为现代化目标。中国特色社会主义现代化从制度本质上就决定了必须包含人民的共同富裕以及关注人与社会的共同发展的本意，这也决定了中国特色社会主义现代化目标中必须包含对于民生、福利、绿色等的多重现代化发展理念，这也是中国特色社会主义现代化与西方发达国家现代化进程的最大不同之处。而且，中国作为后发国家，实现现代化也相应具有后发优势。这是由于中国作为世界性现代化的后来者，作为早期现代化历史进程的批判吸收者，既可以学习又超越发达国家现代化模式，吸取它们的教训，避免它们的劣势，在更高、更新、更绿色的起点上创新绿色工业化、城镇化和现代化。此外，中国现代化进程还具有鲜明的文化优势。中国有着长达五千年积累和厚重的文化，是中国特有的更为丰富的历史资源和文化资源，中国的现代化不仅源于它们，还要使它们更加开放、更加包容，与世界其他文化相互学习、借鉴、交流、融合，就会成为创新中国特色现代化的巨大的文化优势。中国特色社会主义现代化的三大优势决定了中国在现代化建设关注点上既与传统西方现代化有相同之处，也实现了后发社会主义现代化国家的内在超越。

一是人民生活幸福。这是基于人民生活共同富裕的社会主义根本原则在新时代发展理念下的重新阐述。这一目标在1978年改革开放伊始就被邓小平同志部署在我国现代化建设发展战略的重要地位，明确指出我国基本实现现代化的标准不仅要求人均GDP达到中等发达国家水平，还要求人民生活比较富裕，采取了“共同富裕”来定义这一目标。在党的十四届三中全会上，这一概念被进一步扩展为“兼顾效率与公平，广大人民群众共享改革成果”。党的十九大上，习近平新时代中国特色社会主义思想将其归结为人民美好生活。通常的现代化指标强调人民的生活质量，涉及营养水平、健康水平和受教育程度，经济学更是强调人民富裕。马克思主义政治经济学分析表明中国特色的现代化还要加上共同富裕的要求。“富裕”体现的是整体社会所创造的财富，是社会生产力发展水平的集中体现；“共同”则反映了社会成员对财富的占有方式，是社会生产关系性质的集中体现。“共同富裕”包含着生产力与生产关系两方面的特质，同时从质的规定性上确定了其社会理想地位，使之成为社会主义的本质规定和中国特色社会主义现代化奋斗目标。发动经济增长时允许一部分人先富起来，在很大程度上解决了发展的动力问题。当经济跨越社会主义初级阶段，推进现代化就要明确提出缩小收入差距的要求，从允许一部分人先富起来转向大多数人富裕起来。此时的共同富裕含义不再仅仅是物质财富的积累，还包含以下三个方面：首先是居民家庭财产明显增加，居民的财产性收入随之增加。其次是居民享有的公共财富，特别是社会保障覆盖面扩大，城乡基本公共服务均等化。最后是居民消费水平明显提高，这是人民富裕程度的集中表现。

二是科学技术现代化。这有两个层次：其一，科学技术本身的现代化；其二，生产和服务领域掌握现代科学技术，这是现代化的基础和推动力。“科学技术是生产力”是马克思的重要观点，人是具有创造性的，这也是人与动物的根本区别，参与劳动是人类生存与发展的基础。人类在创造世界的过程中显示了人的本质特征，也正是基于科学技术这一力量推动着社会的发展与进步。这表明从现代化角度界定的科技进步，突出的是人作为基础性的创新力量，必须大力发展原发性的自主技术创新，从根本的生产方式现代化上实现劳动生产力在质和量上的双重提升，以科学技术现代化促进科学的现代化经济体系建设。这一目标从新中国成立初始我国确立“四化”同步的现代化道路时就已经确立，科学技术现代化作为工业化、农业化紧随其后的第三化，占据了我国早期现代化战略的重要地位。随着经济发展阶段的转变，科学技术现代化在我国推进现代化进程中的重要性不断提升，过去由于发展水平等原因我国错过了几次产业革命的机会。而现在经济全球化和科技全球化的互动，使新科技和产业革命的机会对各个国家都是均等的。当前在新能源、生物医药、节能环保等领域产生的新产业革命为我国社会主义现代化建设带来了极大机遇，以知识和人才作为依托，以技术创新为主要驱动力，以发展拥有自主知识产权新技术和新产品为着力点，促进新产业的成长，从而促进整体科学技术的现代化发展。

三是社会发展水平现代化。现代化不只是注重经济发展，更是社会发展，要求经济发展和社会发展统筹推进。社会发展主要关注两个方面：首先是生态现代化。生态和环境不仅影响着居民健康水平，还关系到发展的可持续性。生态现代化的发展要求必须以发挥生态优势推进现代化进程，实现经济发展和环境保护的双赢。国际标准的现代化社会形态是资源节约型和环境友好型社会，相应的环境和生态的国际标准就成为基本现代化的主要评价指标。具体地说，蓝天白云、青山绿水是老百姓能够切身感受到的现代化水平。其次是文化、教育和医疗卫生发展水平的现代化。这方面的发展水平不只是影响人的现代化水平，同时也反映一个国家的软实力。医疗卫生事业和教育事业的发展水平是衡量一个国家文明程度的重要指标，而发展文学艺术及其他文化事业对于普遍提高人民的文化素质，丰富人民的精神生活，为劳动者创造一种健康、文明、欢愉的生活环境具有重大意义。相对于早期现代化发展阶段，我国现代化的核心目标在于缩短同发达国家的经济差距，即以经济现代化为主体推动现代化建设。党的十四大后，随着生态环境的趋紧，“物质文明”和“精神文明”共同发展的理念更加成为时代主流。当前我国进入后发展阶段，我国同发达国家的经济发展水平差距有所缩短，此时在生态、文化、教育及医疗方面的差距也越来越凸显，因此，这些方面的发展越来越成为新时代现代化建设的重点领域。

二、“两个一百年”的发展目标

基于中国特色社会主义现代化的核心关注点，在具体的现代化发展目标上，根据不同历史阶段的国际国内形势和我国发展条件，我国提出相应战略目标与我国推进现代化建设水平实现统一。我国在20世纪末基本实现小康社会后提出了21世纪“三步走”的发展目标，在21世纪第一个十年发展目标顺利完成后，我国的发展目标进一步明确界定为“两个一百年”的发展目标。经过长期的努力，党和国家的事业发生了历史性变革，中国特色社会主义进入新时代。把握历史新方位，顺应时代新特点，党的十九大重申“两个一百年”，并提出“中国梦”，进一步分两个阶段实现全面建成社会主义现代化强国的战略安排。由此，“两个一百年”的现代化发展目标同中华民族伟大复兴的“中国梦”就统一起来，形成以“国家富强、民族振兴和人民幸福”为最终远景，以“两个一百年”为两大发展阶段性目标的新时代中国特色社会主义发展路线。

第一个百年发展目标，即建党一百年（2021 年前后）的经济发展目标是全面建设小康社会、基本实现现代化。这一阶段是实现中华民族伟大复兴的关键阶段，同时也是中国特色社会主义现代化的攻坚阶段。其在经济发展方面的基本要求是：在转变经济发展方式上取得重大进展，在发展平衡性、协调性、可持续性明显增强的基础上，实现国内生产总值和城乡居民收入比 2010 年翻一番。经济体制改革在重点领域和关键领域环节取得决定性成果，形成系统完备、科学规范、运行有效的制度体系，使得各方面制度更加成熟、更加定型。科技进步对经济增长的贡献率大幅提升，进入创新性国家行列。工业化基本实现，信息化水平大幅提升，城镇化质量明显提高，农业现代化和社会主义新农村建设成效显著，区域协调发展机制基本形成。对外开放水平进一步提高，国际竞争力明显增强。全球经济治理参与度大幅提高，提高了我国在全球经济治理中的制度性话语权。

第二个百年发展目标，即新中国成立一百年（2049 年前后）的发展目标是建成富强民主文明和谐美丽的社会主义现代化强国。这一阶段将最终实现中国特色社会主义现代化的全面建设。到那时，我国物质文明、政治文明、精神文明、社会文明、生态文明将全面提升，实现国家治理体系和治理能力现代化，成为综合国力和国际影响力领先的国家，全体人民共同富裕基本实现，我国人民将享有更加幸福安康的生活，中华民族将以更加昂扬的姿态屹立于世界民族之林。在经济发展方面的具体指标主要有：人均 GDP 达到中等发达国家水平。基本实现农业现代化；“互联网 +”推动信息化与工业化深度融合，实现新型工业化；新型战略产业和高新技术产业将成为国家支柱和主导产业，产业技术和竞争力达到世界先进水平，成为科技强国；服务业在三次产业中所占比重达到 70%，服务业部门中的现代服务业在国际上更具有竞争优势。人民生活更加富裕幸福。

居民收入达到中等发达国家水平，居民收入差距大幅缩小，共同富裕目标基本实现；教育、卫生保健、文化、体育、娱乐、生活服务、社会治安得到快速发展，人民生活质量得到显著提高。资源节约型、环境友好型社会基本成型。新能源和清洁能源产业快速发展，资源消耗和碳排放大幅下降；现代化进程从经济向政治、社会、文化、生态等多方面发展，最终实现全面现代化。

两个“一百年”发展目标是我国在全面建设社会主义现代化强国中的两个不同发展阶段，这两个前后继起的发展阶段统一于中华民族伟大复兴的“中国梦”进程中。当前我国正处于两个百年的历史交汇期，能否顺利实现两个百年目标的平稳承接决定了能否最终实现建立“富强民主文明和谐美丽的社会主义现代化强国”的伟大愿景，实现中华民族的伟大复兴。第一个百年奋斗目标的实现，必将为第二个百年奋斗目标奠定坚实的物质基础，抓住“两个一百年”奋斗目标的历史交汇期，就抓住了大有可为的机遇期。按照党的“十三五”规划，在党的十九大到二十大这个历史交汇期，“新四化”的同步铺展、互动提升，将为全面建成小康社会提供多元动力、多级支撑，中国将迎来有温度的发展、有质量的发展、有保障的发展。在这个历史交汇期，机遇如下：“中国制造2025”推动工业制造业转型升级，打造“制造强国”；“互联网+”推动信息化与工业化深度融合，新技术、新概念、新业态方兴未艾；城镇化目标激发更丰富的劳动力资源，激活更广阔的市场空间；提高土地产出率、资源利用率、劳动生产率，走出一条中国特色新型农业现代化道路。在“十三五”规划如期完成、第一个百年奋斗目标如期实现的基础上，经济更加发展、民主更加健全、科教更加进步、文化更加繁荣、社会更加和谐、人民生活更加殷实，“两个一百年”奋斗目标新征程才能实现平顺的转承接续，把我国建设成为富强民主文明和谐美丽的社会主义现代化强国的第二个百年奋斗目标将迎来更加有利的战略态势。

第四节 新时代中国特色现代化发展战略

当前中国进入了新的历史发展阶段，中国特色社会主义也进入了新时代，这是我国发展新的历史方位。立足新时代的时代特征和社会主要矛盾的历史性变化，中国特色社会主义现代化在顶层设计和战略谋划上必须坚持社会主义现代化国家的本质特征，同时结合后发社会主义现代化国家的历史性优势，秉持富强民主文明和谐美丽的现代化经济强国建设目标，以“中国梦”为时代引领，中国特色社会主义现代化发展道路将在开放、绿色、创新、共享与协调几大方面实现新时代下的创新发展。

一、从外向经济到双向驱动的开放现代化

经济全球化一方面是资本主义生产和资本主义市场经济向全球范围延伸的结果，体现了资本家对于剩余价值的无限追求；另一方面也是生产社会化和商品经济国际化发展的结果。因此，社会主义国家要想实现快速经济发展，必须主动融入全球化，用好国内国外两个市场，这也正是开放现代化的本源之义。第三次工业革命对世界分工体系的深化和发展产生了深远影响，中国从20世纪80—90年代开始自觉融入全球分工体系，以开放型现代化发展不断参与全球化产业价值链。在现代化进程中主动对接国际市场，加入产品内分工，基于国际产业链条、产品工序细分进而参与全球化资源配置，促进要素资源完成内引外连，从而加速本国经济融入世界大循环。

新时代下以开放为核心特征的中国现代化道路主要有三大“中国特色”：一是借国际产业转移吸引境外资本进入国内市场，构建外向型经济和内源型经济“双轮驱动”的开放发展格局。在国际产业转移中通过产业升级来促使出口结构和产业结构向高附加值产业和产品转移，在国际经济合作中有效结合技术承接和自主创新，逐渐打破产业结构的低端锁定，积极参与世界价值链重构来促进双向驱动发展。二是要以和平发展方式来深度融入世界经济趋势，在合作共赢的新型国际关系建立下实现兼容并包的

开放式发展。这是立足于时代趋势和国家根本利益的战略考量，也是新时代长远地走社会主义现代化道路的必然要求。新时代下继续推进“一带一路”建设，加强合作国家和地区互利共赢的多领域合作，开展国际产能及装备制造方面项目，促进多元、开放、深入的全面对外开放格局形成，以自我发展为世界发展做出贡献。三是推动公正、合理的国际秩序和全球治理体系的建构，以开放的政治关系积极承担大国责任。首先是在全球经济治理以及公共产品供给中主动参与承担，以共商、共建、共享的核心理念为构建公正合理的全球治理环境发挥积极作用。其次是提升新时代下国际关系中的制度性话语权，通过人民币加入特别提款权、亚投行有效运营等构建广泛的利益共同体，引领国际经济合作新发展方向。

二、兼顾经济增长和环境保护的绿色现代化

绿色现代化从根本上契合了马克思主义绿色财富价值观。自然资源本身就是财富，而与自然资源密切相关的生态及环境与人类生存和发展息息相关，因此，纳入生态环境以及自然资源的中国特色社会主义财富观，明确其生态文明价值是新时代中国社会主义现代化在生态文明建设上的突破性进展。加强建设“美丽中国”，既要“金山银山”又要绿水青山的发展模式更突出体现了新时代中国特色社会主义现代化在追求高质量发展中对于生态文明建设地位的重视。在现代化推进中，协调人口、资源与环境的互利共生是实现可持续发展和高质量发展的重要议题，而如何实现现代化推进和生态环境保护间的良性互动，实现生产和消费模式的生态转型，是推进新时代现代化建设的重大挑战，必须以绿色发展理念为指导，以实现“生态现代化”为核心目标，推进整体经济达到质量效益的共同提高。

新时代下要推进以生态现代化为核心的社会主义现代化的关键在于有效实现“生态经济化”和“经济生态化”。要实现这一目标，我们在现代化进程中就必须着重发展绿色循环经济，使用开放清洁型技术，通过发展模式的绿色转型来建设资源节约型和环境友好型社会。这里要求我们不仅应当从相应的技术转变入手，还应从思想观念、政策规划以及制度构架上

紧跟新时代潮流和现代化发展需求，加快生态文明体制改革。新时代下，我国在绿色现代化道路建设方面的创新发展主要体现在以下两方面：一是秉持以政府为主导的统一规划管理制度。新时代下要实现高质量发展必须兼顾生态利益和经济利益，这就要求生态现代化的推进必须以有效的生态制度建设为前提，政府在主导、落实和完善生态制度建设中必须兼具长远规划和科学管理，实施有效监管，从监管层次实现有力的制度保障。二是划分功能清晰的自然资源资产管理制度。建立有效的国有自然资源资产监管体系，对于不同类型、功能的自然资源建立主体功能区，实施分类管理，进而实现自然资源的有效利用、监管及保护。对于国家自然资源，从传统的资源视角转向资产管理视角，在合规合理的产权规划中统筹生态经济绿色一体化发展。

三、着眼于短期发展和长期趋势的创新现代化

创新现代化一方面要求依靠科技创新实现社会整体生产力的提升；另一方面要求利用知识、技术、企业组织制度和商业模式等创新要素，对物质资本、劳动力资本以及物质资源等有形要素进行新组合，提高创新能力从而形成内涵式增长。新时代下，当前中国特色社会主义现代化已然到了攻坚克难、全面深化改革的新阶段，社会主义现代化建设在实践中应当结合短期任务和长期目标培育发展优势，实现经济发展方式从要素、投资驱动转向创新驱动的时代性转变。

创新是推动时代向前发展的永恒主题，也是新时代中国特色社会主义现代化在实践探索中的核心主题。在以创新为主旋律的新时代现代化发展中，首先是把创新战略上升为国家战略，加快以创新驱动为主导的经济发展方式转变，着力建设创新型国家，提升经济内生增长水平。科技创新作为全面创新的整体先导，肩负着培育经济内生发展新动能、创造高质量有效新供给的历史性责任，进而促进经济发展向创新型经济模式的有序转变，实现经济长期趋势下新旧动能的稳步转换。其次，以制度创新为中国特色社会主义制度不断完善和发展的重要途径，以新时代下现代化探索进程中的实践创新不断促进新理论和新思想的创造以及制度安排的完善化。

中国道路在制度创新方面的集中成就在于以全面深化改革不断推动我国制度供给的与时俱进新发展，制度创新的不断推进能够扫除不同历史发展阶段的制度障碍，促使经济长久保持活力。最后，以深化改革作为制度创新的具体推进。新时代必须直面中国特色社会主义现代化建设在当前阶段的新特征与新情况，通过系统性深入推进供给侧结构性改革来开启全面深化改革，为建立建设新时代现代化强国不断注入鲜活血液。以“认识、适应、引领”为鲜明特征的全面推进新时代经济发展质量、效率、动力改革将成为很长一段时间指引我国现代化建设的重要逻辑。

四、坚持以人民为中心的共享现代化

与资本主义现代化的根本性区别在于，社会主义现代化不以牺牲人自身的发展为代价来实现整体经济的发展和生产，其要义在于最大化地缩短和减轻资本主义模式下的弊端和苦痛。新时代中国要实现的是社会主义而不是其他的什么现代化，因此其本质特征和发展模式也独具社会主义特色。新时代中国特色社会主义现代化秉持人民是推动发展的根本力量的唯物史观，坚持共享发展，实现社会共享以及个人和国家自由全面的共同发展。根据人人参与、人人尽力、人人享有的核心要求，重视民计民生，维护机会公平，从而提升新时代现代化发展的内在激励。

新时代下中国社会主义现代化道路的共享内涵，标志着中国道路在现代化推进中从本质上对于传统西方现代化模式的巨大突破。现代化虽然始于西方世界，但并非仅有西方范式，中国特色社会主义现代化道路的成功正是体现出创新发展的中国智慧。新时代下中国通过自身现代化进程，由过去落后的发展中国家走入世界主要国家前列，中国的强大和崛起不仅仅建立在以经济高速增长奇迹带来的外在成就表面，更是内生于重视吸收国内外历史经验，坚持以人民为本的社会主义本质思想。以人民为本质从根本上体现了发展经济学所追求的经济增长的最终本质，即实现人的实质性自由。从脱贫到基本富裕建立了人发展的物质基础，从基本富裕再到共同富裕进一步解决了福利共享，新时代从共同富裕再到以人为中心的现代化，从而逐步提高人们按照自己的意愿来生活的能力，这也与全面现代化所旨在实现的现代化本质所契合。以共享为新特征的新时代中国现代化发展，正在打破过去西方现代化发展模式对于全球现代化历史的垄断局面。新时代的中国智慧和中国方案为当前正走在现代化进程中、尚未真正实现独立的广大发展中国家树立了新的标杆。

五、以消除不平衡为目标的协调现代化

现代化内涵本身就有协调发展之义，协调现代化强调的是现代化发展的系统性和整体性。唯物辩证法认为事物及其各要素相互影响和制约，现代化作为一个系统的发展过程，需要系统中各个要素的协调联动，系统作为整体是由各个部分构成的，部分和系统之间相互决定并制约。因此，只有现代化各个部分以合理优化结构组成整体，才能更好地发挥现代化的功能。

新时代下中国特色社会主义现代化建设旨在以消除不平衡为目标实现从经济社会到地区城乡多层次协调共同发展，在具体实践探索上主要把握以下方面：一是促进区域协调发展。采取了“有先有后，区域推进”的主导思路，改革开放以来，我国大部分地区实现了非平衡发展，各地区现代化程度参差不齐，在区域发展中允许区域现代化水平的相对差异性，促进区域与区域之间的整体联动，带动区域间要素的自由流动，区域协调发展的整体布局要求达到主体功能约束有效、要素有序自由流动、资源环境足够承载以及基本公共服务均等等特征。二是促进城乡协调发展。在城乡协调发展方面加快农村公共基础设施建设、基础教育投资、乡村振兴建设以及城乡一体化建设等。通过促进城乡协调发展来加速实现城乡一体化以及工业城镇化建设，塑造以乡村经济振兴为潜在增长点的中国经济增长新动力。三是促进经济社会协调发展。新时代在经济发展和社会建设方面应当着力提升发展的协调性和整体性，兼顾国家软硬实力的双提升，加强薄弱领域的突破性建设。在国家综合能力提升方面着重以新型工业化带动经济、社会、政治、文化、生态等多方面协调现代化建设。四是推动物质文明和精神文明协调发展。物质文明和精神文明二者相辅相成，根植于传统

文化领域以及社会主义思想道德建设中。物质文明和精神文明的协调发展在于发展经济的同时加强社会主义思想道德建设，发挥中国传统文化诚信友善精神，在文化领域实现深化改革。五是推动经济建设和国防建设融合发展。国防建设作为新时代现代化进程不断发展完善的外部保障，在现代化推进中不仅要兼顾发展和安全，还要实现富国和强军的有机统一，以国家战略思维来有效带动多领域、全要素、高效益的军民深度融合发展格局的形成。

第四章　中国特色经济发展的基本矛盾及其变化

马克思的唯物辩证法认为世界上的任何事物都是由既相互对立又相互统一的矛盾体构成的，事物是在矛盾运动中不断发展的。社会矛盾又分为基本矛盾和次要矛盾，基本矛盾贯穿于一切社会形态，具有普遍性，并决定着事物的性质。社会的基本矛盾是生产力与生产关系、经济基础与上层建筑之间的关系，对基本矛盾的准确判断与把握是我们党和国家历来制定路线、方针、政策的关键依据。此外，唯物辩证法还指出世界是不断运动的，任何事物都是绝对运动与相对静止的统一，我们必须把握好物质的运动属性，清楚事物是不断发展变化的，在不同的发展阶段，社会经济发展所面临的基本矛盾是不同的，解决问题所需重点关注的问题也不同，必须用发展的眼光看世界。

改革开放以来，基于人民日益增长的物质文化需求同落后的社会生产力之间的矛盾，我们持之以恒地进行了经济建设，在经济建设中我们以市场化改革为目标，以国有经济改革为主线，以经济结构、经济主体、分配方式的多样化为路径创造了中国奇迹。党的十八大以来，以新发展理念为引领，使经济运行处在合理区间；以五大发展新理念指导新阶段的经济发展，使经济发展稳中有进；以“四个全面”战略布局的新战略谋求新发展，使经济发展的空间更加广阔。但是在“五位一体”和“四个全面”布局推进过程中，需要思考当前社会基本矛盾的变化，并依据基本矛盾的变化寻找推进的方向和抓手

党的十九大作出了我国经济发展进入新时代的重大判断，明确指出新

时代背景下，我国社会的基本矛盾已经转变为人民日益增长的美好生活需要同生产力发展不平衡不充分的矛盾，揭示了我国经济发展过程中所面临的主要问题以及主要任务所发生的深刻变革，经过近半个世纪的高速发展，低生产力水平已经不再符合我国现实状况，经济发展的主要任务已经由总量积累转变为质量提升，加快调整产业结构、消耗过剩产能、增强创新能力、培育经济发展新动能是未来经济发展工作的重点。

第一节　新时代之前中国经济发展的基本矛盾

1956 年党的八大将我国国内的主要矛盾界定为“我国国内的主要矛盾已经是人民对于建立先进的工业国的要求同落后的农业国的现实之间的矛盾，已经是人民对于经济文化迅速发展的需要同当前经济文化不能满足人民需要的状况之间的矛盾”,[①] 这一表述说明，这一阶段国内的主要矛盾是先进的社会制度与落后生产力之间的矛盾，全党和人民的主要任务是发展生产力，实现国家工业化。改革开放以来，在 1981 年党的十一届六中全会上，把我国社会的主要矛盾表述为：“在社会主义改造基本完成以后，我国所要解决的主要矛盾，是人民日益增长的物质文化需要同落后的社会生产之间的矛盾。”这一论断为改革开放奠定了理论基础。解决这个矛盾的办法是发展社会生产力，实行大规模的经济建设。依据这一矛盾判断，我国确立了以经济建设为中心的路线，实施了改革开放的战略，此后这一表述一直坚持到党的十九大。

改革开放 40 多年来，我国经济长期处于高速增长的状态，经济增长取得了举世瞩目的成就，工业化水平有了飞跃性的显著提升，成功实现了从贫穷落后的农业国家向生产力发展水平较高的工业国家的转变。在这一阶段，我国经济长期的高速增长得益于资源的重新配置带来的资源利用率的改善以及生产效率的大幅提高，改革开放、市场经济体制的确立以对国际

① 刘相，刘德军．聚焦中共一大到十八大[M]．济南：济南出版社，2015：193.

贸易以及经济全球化趋势的准确把握，使得原本长期处于压抑状态的资源效用得到充分发挥，经济活力被显著激发，我国最终实现了数十年的奇迹增长。具体而言，我们可以从以下方面进行分析。

第一，资本及劳动力资源重新配置所带来的生产效率提升，是我国数十年高速增长的主要原因之一。在对我国的经济增长进行研究时，“人口红利”是一个至关重要的要素，是我国实现飞跃式发展的关键原因之一。首先，是劳动力在产业间的梯度转移。在足够的收入差距的吸引下，农村大量剩余劳动力开始从生产效率低的农业部门向生产效率高的工业部门转移，劳动生产力显著提升。在我国存在大量剩余劳动力、劳动年龄人口与经济活动人口数量均十分庞大、人口抚养比很低的情况下，工资水平被压到相对较低的水平，我国的劳动密集型产业迅速发展起来，并凭借着低廉的成本优势，迅速在世界上取得了竞争优势，我国的工业化进程也随之进入“快车道”，经济开始了飞速发展的步伐。随着劳动力从农业部门向工业部门转移的浪潮，城市的餐饮、住宿、休闲娱乐等服务业部门逐渐发展起来，随之而来的，是劳动力进一步向服务业部门的转移。与工业相比，服务业的劳动力密集型性质更加显著，因而也能够创造更多的就业机会，吸引更多的农业剩余劳动力向外转移，进一步促进了经济增长。

此外，劳动力在区域间的转移极大地促进了我国的城市化进程，是我国经济高速增长的另一个重要原因。一般而言，城市化与工业化进程应该是相辅相成的，工业化是推进城市化发展的动力，城市化是工业化发展的必然结果，也就是说，劳动力在地域之间的转移应当与其在产业间转移的方向是一致的。在我国，与劳动力在三次产业间转移相伴随的是劳动力从中西部向东部沿海地区的转移，使得东部地区的城市化进程发展迅速，甚至出现了一批国际化大都市。马歇尔以来的经济学理论认为，人口与产业在城市聚集可以产生正的技术外部性同时节约交易成本，国内外众多学者的研究也表明，“有活力的城市是经济增长最好的发动机”，城市化所产生的资源配置效率提升效应、产业空间集聚效应、知识溢出效应以及更加深入的专业化分工等，都能在一段时间内有效地推动经济增长。

第二，市场经济体制的确立，是我国经济高速增长的制度保障。从1992年开始，我国逐步建立并不断完善社会主义市场经济，坚持以公有制为主体、多种经济成分共同发展的方针，进一步转换国有企业经营机制，建立适应市场经济要求，产权清晰、权责明确、政企分开、管理科学的现代企业制度；建立全国统一开放的市场体系，实现城乡市场紧密结合、国内市场与国际市场相互衔接，促进资源的优化配置；转变政府管理经济的职能，建立以间接手段为主的完善的宏观调控体系，保证国民经济的健康运行；建立以按劳分配为主体、多种分配方式并存，体现效率优先、兼顾公平的个人收入分配制度；建立多层次的社会保障制度，为城乡居民提供同我国国情相适应的社会保障，促进经济发展和保持社会稳定。市场经济体制建立以后，市场开始在资源配置中发挥基础性作用，各种经济主体在价值规律的作用下，适应供求关系的变化；通过价格杠杆和竞争机制的功能，把资源配置到效益较好的环节中去，并给企业以压力和动力，实现优胜劣汰；运用市场对各种经济信号比较灵敏的优点，促进生产和需求的及时协调；针对市场自身的弱点和消极方面，国家对市场进行有效的宏观调控，极大地激发了各种资源、各个主体的活力，极大地促进了我国经济高速增长。

第三，坚持对外开放、实施外向型发展战略是改革开放以来中国经济30年高速增长的强劲动力。1978年改革开放，2004年加入世贸组织，我国准确地抓住了经济全球化的浪潮，及时搭上了高速发展的世界经济这艘“快艇”，积极参与到国际分工体系中去，在世界经济高速发展的过程中，积极引进外资以及国外先进技术和管理经验，主动承接国际产业转移，基于自身比较优势大力发展劳动密集型与资本密集型产业，成为全球化产业链条中的重要一环，逐步确立了“世界工厂”的地位。在此后的30年间，我国进出口贸易额不断增长，成为世界诸多国家的主要贸易伙伴，强劲的外部需求使得出口与投资和消费共同成为拉动我国经济高速增长的“三驾马车”。1978—2010年，中国货物贸易进出口额年平均增长16.8%，比同期世界平均水平的8.0%高出8.8个百分点，同期国内生产总值的平均年增长率为9.9%，货物出口额平均年增长率达17.2%，高出GDP 7.3个百分点，自加入世贸组织以来，二者发展速度进一步扩大，2001—2010年，我国GDP平均增长提高到10.5%，出口增速相当于GDP的两倍，高达20.3%。此外，对外贸易的迅猛发展还大幅增加了我国的外汇储备以及关税收入，提供了大量就业机会，是支持国民经济高速增长的强劲动力。

第二节 传统经济增长方式的弊端

（1）生产效率低下。我国传统的经济增长方式存在高投入的现象，经济的快速增长主要依靠资本、劳动力以及能源资源等生产要素的粗放投入与规模扩张来实现。据统计，新中国成立70年来，我国GDP增长了34倍，矿产资源消耗却增长了40多倍，同样，投资率一直保持在40%左右，投资效率逐年降低，在"六五""七五""八五""九五""十五"前3年，每增加1亿元GDP需要的固定资产投资分别是1.8亿元、2.15亿元、1.6亿元、4.49亿元、5亿元。我国经济高投入、高消耗、低产出的低效率生产特征十分明显。

（2）经济结构不协调。我国经济结构不协调的问题一直以来都十分突出，严重制约着我国经济增长效益的提升。从农业来看，我国农业基础依然薄弱，现代化程度与机械化程度较低，造成了大量劳动力的隐性失业，农民的收入水平与消费能力提升缓慢，城乡经济二元结构与收入差距不断扩大。从工业来看，虽然我国工业的整体水平有了很大幅度的提升，但劳动与资本密集型的传统产业、低技术含量与低附加值的产业占据主导地位，高新技术产业发展缓慢，高端制造业水平不高，许多关键设备主要依赖进口。据统计，2010年及以前，我国几乎所有的光纤设备、集成电路制造设备、石油化工制造设备、数控机床、医疗设备的95%都依赖进口。从服务业务来看，我国服务业增加值占GDP的比重只有32.2%，不仅低于全世界64%的平均水平，而且低于低收入国家45%的平均水平，服务业的低水平发展也影响了其他产业竞争力的提升，降低了经济增长的整体效益。

（3）重外需而轻内需。改革开放的实施是我国经济增长史上的重要里程碑，坚持对外开放使我国可以利用国际国内两个市场、两种资源促进经济增长。自2001年加入WTO之后，由于出口壁垒和关税的降低，我国出口出现“井喷”式增长，“中国制造”行销全球。一般认为，当一国出口对GDP的贡献高于20%时，就成为出口导向型发展方式；反之，称为内需拉动型发展方式。2008年，我国出口占GDP比重达到35%，已经是典型的“出口导向型”发展，这在促进我国经济快速增长的同时，也增加了我国的潜在经济风险。首先，在国际需求旺盛的情况下，容易引发消费价格膨胀、资产价格泡沫和国际贸易摩擦加剧；此外，我国长期处在低端经济繁荣的状况中，自主创新动力降低，不利于产业结构的升级调整与生产力质量的提升。其次，当国际市场需求极度萎缩、无法支持出口继续增加时，我国企业不得不收缩生产甚至倒闭，使经济增长速度快速下滑，就业和生产过剩的压力很大。受国际金融危机的冲击，2009年一季度我国外贸出口由2008年一季度21.4%的高增长变为-19.8%的负增长，GDP增长速度下滑到6.1%，导致6万多家企业倒闭、大量农民工提前返乡、失业率快速上升。这表明，如果经济发展高度依赖国际市场，由不确定、不稳定因素带来的风险就会很高。全球金融危机就像是一面放大镜，将“重国外需求、轻国内需求”的经济发展方式的弊端充分暴露出来。

第三节　新时代背景下中国经济发展过程中的基本矛盾

经过30多年的高速增长，我国进入重工业化加速时期，各项要素的稀缺性不断增强，要素价格大幅攀升，导致我国国际竞争力的传统比较优势在不断削弱，经济发展所面临的成本推进型通货膨胀压力不断增强，原有的推动我国经济高速增长的动力机制后劲不足，难以为继。进入新时代，我国经济发展的基本矛盾发生了深刻变化，如何准确把握基本矛盾的变化，及时转变思路，寻找新途径，创造新红利，培育新动能，促进经济增长质量提升，成为我国经济发展过程中的当务之急。在转变经济增长方式、由高速增长向高质发展转变的过程中，需要准确把握以下问题。

（1）重塑地方经济增长的动力，以解决区域发展不平衡问题。进入新常态以后，我国地方经济出现了严重的分化现象，一些地方经济保持着稳定的中高速发展态势，而另一些地方经济则出现了负增长，形成了地方经济增长的分化现象。因此，新时代的经济发展有着重塑地方经济增长的动力，以增强地方经济增长对新时代的适应性。

我国经济发展进入新时代，经济增速在总体上呈下降趋势。后金融危机时代，世界经济发展持续低迷，外需疲软；重工业化加速时期，资源稀缺性不断增强，要素需求持续增加，生产成本大幅攀升，成本推进型通货膨胀压力不断增大，经济增长步履沉重；改革开放进入后期攻坚阶段，原有的改革红利基本释放殆尽，深层次改革开始触及利益集团的既得利益，改革阻力空前加大；劳动力、土地等传统比较优势逐渐消失，原有增长动能逐渐消退，但新动能尚未完全培育起来，经济发展动力不足。种种不利因素带来重重压力，导致我国经济增长在现阶段呈现出总体下降的趋势。

但是从地方经济发展的态势来看，在经济增长总体下降的大势下，地方经济增长呈现出分化趋势。众多学者的研究表明，进入新时代以来，我国地方经济增长呈现出现有经济增量“东高西低”、潜在经济增速“东降西升”的趋势。东部地区凭借其资源、区位以及政策优势，经过近半个世纪的发展，积累了庞大的经济总量，部分地区及城市已经与发达国家的经济社会发展水平并驾齐驱，即使在经济发展的“低潮期”，庞大的增长基数依然使其经济增长领跑全国，其主导地位短时间内不会改变。而中西部地区由于原有发展水平较为落后、总量基数较小，虽然部分地区在新时代呈现出良好的增长势头，但其增量水平仍难以同东部地区相抗衡。

东部地区经济增长速度下降，无论是从经典的经济学理论角度，还是从世界发达经济体的增长历史来看，都是经济发展规律作用下的必然结果。林毅夫指出世界各国的经济发展虽然成功经验不可复制，但发展的历史阶段却有迹可循。他的“后发优势”理论认为，发展中国家在制定经济发展策略时可以将发展水平比其高出一个历史阶段，而且可以将曾经的比较优势与其相似的国家作为模仿目标，并在承接产业转移的过程中通过技术模仿、经验学习以及人才引进实现高速增长的跨越式发展。但对于发达经济体而言，由于其缺乏可以模仿和引进的目标，经济发展所需的技术必须通过自主研发与创新取得，经验只能通过自身实践缓慢积累，人才则只能通过长期的教育培训自主培育，经济增速较低，发展进程较缓是必然的。

我国东部地区近半个世纪的经济增长奇迹主要是基于自身比较优势承接产业转移、通过“干中学”提升技术水平，不断学习发达国家先进的管理经验而取得的。但经过几十年的高速增长，东部部分地区的发展水平已经十分接近世界发达经济体，承接产业转移、进行技术模仿与人才引进的空间已经非常小，结构调整、动力转换成为实现下一阶段经济进一步持续稳定发展的重要思路。而西部地区在承接东部地区产业转移的过程中，不断完善基础设施建设，加大人才培育和引进力度，加快转变政府职能，出台各项优惠政策，极大地促进了经济增长。最重要的是新时代背景下“一带一路”倡议的实施，基本奠定了我国在新时代向西开放的战略布局，更是成为西部地区经济起飞的重要契机。

新时代背景下，东部地区加快步伐跨越结构升级、动能转换调整期，推动经济尽快进入下一个持续、稳定、高质增长时期的主要动力来源是：加快供给侧改革，大力发展实体经济，促进传统产业优化升级，支持新兴高技术产业成长，加快淘汰落后产能，提升资源利用效率，实现供需结构均衡；增强自主创新能力，加大科研力度，深化科技体制改革，加强国家创新体系建设，培育经济增长新动能；全面深化改革，打破利益集团固化带来的制度阻碍，提高制度供给能力，增强经济活力。

对于西部地区而言，在承接产业转移、抓住“一带一路”倡议发展机遇期，进一步提升经济增长速度的同时，也应当注重提升经济发展的质量与效益，坚持五大新发展理念，着重加强对生态环境的保护，努力在环境保护、生态友好、持续增长培育的基础上，实现高效率和高质量的经济发展。

（2）提高经济发展的有效供给，以解决供求结构的失衡问题。经济发展进入新时代，我国原有经济发展方式的问题主要在结构失衡方面，一方面存在有效供给不足，另一方面又存在产能过剩，经济发展的基本矛盾是结构问题，而不是总量问题。转变经济发展方式，加快调整产业结构，淘汰落后产能，增强有效供给是关键。一是不断增强自主创新能力，培育经济发展新动力。新时代背景下，原有的追赶型经济发展方式走到了尽头，只有不断增强自主创新能力，提升我国的科技发展水平，以科技引领传统产业优化升级，以创新推动新兴产业快速成长，才能实现高质量的发展，重塑我国经济增长的新动力。此外，世界经济发展进入互联网时代，对数据的获取、挖掘与分析能力成为决定企业、地区和国家竞争力的关键因素，只有增强自主创新能力、提升科技水平，才能准确把握世界经济发展趋势，紧跟世界经济发展潮流，才能不断提升我国经济的发展水平，实现从经济大国向经济强国的转变、从高速增长阶段向高质量发展阶段的转变。二是坚持绿色发展理念，建立全面协调可持续的高质量发展方式。任何导致人与自然对立的发展方式都是不可持续的，在新时代基本矛盾变化的背景下，我国在促进转变传统产业优化升级，加快新产业、新动力的过程中，必须更加注重资源节约与环境保护，建立资源节约型、环境友好型的经济增长方式，正如习近平总书记所讲的“绿水青山就是金山银山”，只有建立一种人与自然和谐相处的经济增长方式，才能实现可持续的高质量发展。

（3）发展“三新经济”，以解决产业结构不平衡问题。目前学术界对“三新经济”的解释有两种：一种是指包括总部经济、街区经济以及楼宇经济在内的经济形式；另一种更为广泛的解释是指新经济背景下，我国经济发展的新产业、新模式和新业态。首先，互联网经济快速发展，经济发展的信息化程度迅速提高。在“互联网 +”时代，信息成为一种关键的新兴生产要素，对海量大数据的迅速高效处理、对消费者个性化需求的深度挖掘、对市场发展趋势的精准预测，成为信息化时代竞争的决胜因素，互联网及信息技术与传统意义上的三次产业之间的融合也在不断深入，成为促进传统产业优化升级、引领新兴产业发展的关键力量。此外，科技、交通以及通信等方面日新月异的进步也使传统意义上的生产模式与消费模式发生了根本性变革。劳动力节约型信息技术的发展使得生产过程的信息化、自动化水平不断提升，劳动分工不断广化、深化和细化，生产过程所需的劳动力数量不断减少，对劳动力素质的要求不断提升；互联网技术的发展催生的虚拟交易使得消费的便利程度空前提高，同时催生了销售、金融、物流以及仓储行业的巨大变革，更加注重交易效率以及用户体验的新业态不断衍生，推动经济从大众化批量生产向个性化高端定制转变。

“三新经济”是兼顾速度与效率、数量与质量的新型经济形式，“三新经济”的发展反映了创新驱动战略的落实，也是经济结构转型升级的主要抓手。新时代中国经济正在经历的变革，表面上看是增速的高低变化，实质是结构的深度调整。急需加快培育新动能，改造提升传统比较优势。要把发展“三新经济”作为新时代下经济增长和结构升级的引擎，延长产业链，发展有竞争力的产业。

（4）以工业化为核心，以解决经济发展动力的不充分问题。经济发展的主体是结构性转变，结构性转变表现为工业化和城市化（城镇化）两个方面。其中，工业化是主体，城市化（城镇化）是工业化的结果。在新时代下，要以工业化的思维促进实体经济的发展，工业化是新时代背景下开发我国经济增长潜力的主要动力。在新时代背景下以工业化的逻辑开发我国经济增长潜力的路径，应是将传统产业的改造和新兴产业的发展有机结合，以现代制造业的发展和现代化为核心，以回归实体经济为思路，构建现代化的产业体系。

新时代背景下，工业化水平的不断提升仍是我国经济增长的主要动力，是我国经济发展的核心任务。当前阶段我国工业化进程中的主要问题体现在两方面：一是结构失衡；二是动力不足。结构失衡首先表现为供需结构失衡，人民群众日益增长的高端个性化消费需求与低端大众化供给之间的矛盾，这一方面导致了部分产业产能过剩、机器设备开工率低、资源浪费严重；另一方面则是消费需求大量外流，没有形成对我国经济增长的拉动力。其次是产业结构失衡，供需结构失衡究其本质是由产业结构失衡导致的。我国经济增长长期以来主要依赖大规模资源投入拉动，产出效率低。进入新时代，高污染、高耗能的落后产能迟迟难以淘汰，占用了大量资源，而创新能力不足以及研发活动高投入与实际生产力之间的转化效率较低等原因严重阻碍了我国新兴高技术产业的成长。最后是需求结构失衡，主要表现为长期以来投资需求旺盛而消费需求相对不足，经济增长主要依赖出口需求而相对忽视内需，以及新时代下对内以低端需求为主而高端需求外流等状况。

动力不足的主要原因在于，我国经济发展进入重工业化发展的后期，各类要素稀缺性不断增强，成本上涨，传统比较优势逐渐消失，经济增长原有动力后劲不足，而由于经济发展水平以及历史原因等方面的限制，我国现阶段科技发展水平较低，创新能力相对不足，拉动经济增长的新动能迟迟没有培育起来，形成我国经济增长动力在新时代下难以为继的局面。

因此，新时代背景下，培育经济发展新动能、推动经济进一步发展的关键仍是坚持工业化。不断提升工业化水平，以发展实体经济，尤其是高端制造业为核心，打造我国经济增长的主体推动力；不断增强自主创新能力，以科技融入传统产业优化升级，以创新引领高技术新兴产业快速成长；不断完善金融体系，改善金融秩序，正确定位虚拟经济与实体经济之间的关系，确保金融发展为实体经济服务。

（5）以活力经济主体的培育为目标，以解决经济活力不充分问题。企业是市场经济的主体，在新时代下要在搞好国有经济、巩固社会主义公有制经济基础的同时造就活力经济主体，特别是大力推进民营经济的发展。

民营经济是增加就业机会，促进农业剩余劳动力向第二、第三产业转移的主力军。改革开放以来，以乡镇企业、私营企业为代表的民营企业快速发展，是我国改革开放初期经济发展中最具活力的部分，提供了大量就业机会，极大地促进了农村剩余劳动力向第二、第三产业转移，是推动我国工业化和城市化进程的重要力量。此外，民营企业产权界定清晰、权责明确，员工晋升奖惩以绩效为标准，企业生产运行效率高，资源得到充分利用；自主决策、自负盈亏的企业组织机制使企业具有很高的生产积极性，在追求利润最大化的过程中敢于承担风险，以市场需求为导向组织生产与研发活动，是企业家精神的发源地，也是提升科技水平与创新能力的主力军，是提升我国企业的竞争力水平、培育经济发展新动力、促进经济持续稳定高质增长的重要力量。

新时代背景下，促进民营企业发展、增强企业活力是进一步提升我国经济发展水平的重要举措。完善金融体系，增强金融为民营企业服务的能力。在民营企业的发展过程中，融资难问题一直是阻碍其发展的一大障碍，民营企业无法从正规金融机构取得贷款，在缺乏营运资金的情况下，只能求助于民间借贷及地下钱庄等高利贷组织，极高的利率水平使企业背上了沉重的债务负担，严重拖累了企业的发展，极端情况下，甚至导致企业倒闭，危害社会稳定。因此，加强金融机构服务民营企业的能力、拓宽民营企业的融资渠道是促进民营经济发展的关键举措之一。此外，转变政府职能、针对民营企业发展出台优惠政策、为民营企业发展创造良好的宏观环境是促进其发展的另一重要举措。增强政府的服务职能，简化行政审批手续，减少行政指令对企业发展的干预；降低企业成立的准入门槛，给予小微企业充分的发展机会和宽松的发展环境，以及与国有经济公平竞争的平台；不断完善公司法律与合同法律制度，加强产权保护，尊重契约精神，降低企业谈判成本；鼓励创新创业行为，培植锐意进取、不惧风险的企业家精神；加强市场监管，完善市场秩序，规范市场行为，减少市场摩擦与恶意竞争；建立高效、便捷的信息流通渠道，尽力防止由于不完全信息而导致的道德风险与逆向选择行为；不断完善各项基础设施，尤其是交通运输的建设，降低企业流通成本。总之，政府应不断强化其为经济发展服务的职能，降低企业在市场上的交易成本，为民营企业的发展创造良好的制度环境和市场环境。

第四节　新时代基本矛盾变化背景下经济发展的路径转型

新时代下我国社会基本矛盾的深刻变化反映的是由低层次矛盾向高层次矛盾的变化，体现了我国经济发展进入新阶段之后，从经济发展初级阶段“数量短缺型”矛盾向经济发展高级阶段“质量缺乏型”矛盾的转变。因此，进入新时代，在社会基本矛盾变化背景下经济发展的路径也需要进行转型。

（1）经济发展战略从数量追赶向质量追赶转型。新时代我国经济尽管进入中速增长，但是依然处在追赶期，只是追赶的目标不同，过去是数量追赶，进入新时代要转向质量追赶。从2011年开始，我国已经成为世界第二大经济体，需要实现从经济大国向经济强国的转变，需要从“长个子”转向“长肌肉”和“长脑子”。“长肌肉”就是要解决收入分配问题，“长脑子”就是从血汗型发展转向智慧型发展。因此，追赶不再是数量追赶，而是要进行质量追赶，从新中国成立以来的追赶战略转向质量效益战略。质量追赶与数量追赶相比，对发展条件、体制和政策环境的要求都有所不同，需要进一步激励产业结构优化升级，加快淘汰落后产能，支持高技术新兴产业的发展；需要进一步加强对研发活动的支持力度，继续加大研发投入，加快国家创新体系改革，形成以市场为导向，激励有效、效率高超的创新体系，营造良好的创新环境，提高基础科研成果向实际生产力转化的效率。

（2）经济发展方向从高速经济阶段向高质量发展阶段转变。新时代意味着中国特色社会主义发展的新阶段，新时代突出的是现代化目标，是现代化强国建设的新时代，新时代有着显著的阶段性特征和发展要求。要求由过去注重速度和数量的粗放型发展方式转向注重质量和效益的集约化发展方式，经济发展的方向要向着集约、复杂分工的高级形态演进。高质量经济发展的新要求体现在：在经济发展理念上，要贯彻新发展理念，淡化对经济增长速度和数量的过分追求，更加重视经济发展的质量与效益。在经济发展动力上，通过质量、效率、动力“三个变革”来培养经济发展的新动能，着力解决不平衡不充分的发展问题。在产业结构上，由资源密集型、劳动密集型产业为主向技术密集型、知识密集型产业为主转变，实现产业结构的高级化和合理化。在产品结构上，由低技术含量、低附加值产品为主向高技术含量、高附加值产品为主转变，突出产品的质量和品牌。

在经济效益上，实现经济效益、社会效益和生态效益的有机结合，由高成本、低效益向低成本、高效益的方向转变。在生态环境上，以生态文明为目标，由高排放、高污染向循环经济和环境友好型经济转变，努力实现绿色发展。

（3）经济结构从多样化向合理化和高级化转型。经过 40 多年的改革开放，我国实现了经济结构的多样化，但是没有实现合理化和高级化。形成了经济结构的低端锁定、资源误配的局面，新时代下中国经济要从经济结构的多样化向高级化转型，实现我国经济增长从以结构多元化求速度转向以结构高级化求质量的转变。首先，改造传统农业，转变传统的小农生产方式，加快农业现代化步伐，不断提升农业生产的机械化、科技化水平；建立完善的农产品信息交流渠道，实现农业生产的市场化程度，以市场需求为导向，减少盲目生产；提高交通运输效率，建立农产品绿色通道，降低农产品的流通成本；加强对农产品的价格调控，防止农产品价格大幅涨跌，影响社会稳定。其次，新时代背景下，进一步提升工业化水平仍是我国经济发展的核心，是促进我国经济增长的引擎，我国应当加快第二产业内部结构优化升级，淘汰高污染、高耗能产业以及各类僵尸企业，大力发展高端制造业，培育新能源、互联网等高技术新兴产业，增加技术含量高、附加值高的工业制成品的生产。最后，进一步提升第三产业的发展水平，由劳动力密集型的低端服务业向注重用户体验的高端个性化定制的现代服务业转变。

（4）经济发展动力从传统动力向新型动力转型。传统的经济增长动力是要素驱动，要素驱动下的资源禀赋条件是要素缺乏稀缺性，但我国经过数十年的发展，原有的构成我国传统比较优势的劳动力以及自然资源等要素的稀缺性不断增强，要素价格不断攀升，企业生产成本不断加大，产品竞争力不断减弱，同时还使得我国经济发展面临的成本推进型通货膨胀压力不断增大，资源的稀缺性已经构成了对经济增长的严重制约。因此，新时代背景下，转变经济发展方式、培育经济增长新动力成为当务之急。从产业结构角度看，拉动我国经济增长的传统动力主要来自劳动、资源以及资本密集型产业，但随着要素稀缺性的不断增强，要素价格不断上涨，这些产业的低成本比较优势不断被削弱，对经济增长的拉动力越来越弱。因此，新时代背景下，在推进经济进一步发展的过程中，应从我国经济发展的比较优势已经发生改变的现实出发，坚持供给侧改革，加快传统产业结构调整，优化投资结构，扭转资源误配，促进区域经济平衡协调发展，实现劳动力数量优势向人力资本质量优势转变。同时进一步加强科研力度，加大科研投入，以国际先进水平为目标增强自主创新能力，提升科技水平，打造一支具有国际先进水平的科研队伍，培育一批具有国际竞争力的创新型企业，促进前景光明、竞争力强的新兴产业快速发展，加快实现经济增长动力从要素驱动、投资驱动转向创新驱动。从经济行为角度来看，我国长期以来的经济增长主要依靠投资、出口和消费拉动，新时代背景下，外需疲软、投资与供需结构失衡，削弱了传统的"三驾马车"的拉动力，是当前我国经济增长速度趋缓的重要原因之一。调整出口结构，由能源资源与初级加工产品的出口向科技含量高、附加值大的深度加工品出口转变；调整投资结构，引导资本由传统产业向高科技产业以及新兴产业转移；调整供需结构，促进产业结构升级，提高生产力发展水平，增强高端消费品的有效供给，是新时代下促进经济增长的三大传统动力升级、培育经济增长新动能的有效举措。

（5）经济发展方式从规模扩张转向效率转型。通过发展创新型经济提升产出效率，通过改革提升制度效率，通过资源整合、要素整合提升要素使用效率。经济发展的方式从规模扩张转向效率提升的关键是要大力发展以知识和技术为主的现代产业部门。首先，进一步深化三次产业之间的结构调整，提升产业结构的高级化水平，继续深化户籍改革，提高户籍人口城市化率，为农民工提供与市民均等的基本医疗卫生等公共服务，延长农民工在城务工时间，提升劳动参与率，进一步促进农业剩余劳动力向第二、第三产业转移，使劳动力资源得到充分利用，促进农业传统部门向城市现代部门的转变，提高全要素生产率与潜在经济增长率。其次，加快三次产业内部结构优化升级，加快农业现代化步伐，建立机械化、自动化、智能化的现代农业部门；进一步促进第二产业内部结构优化升级，大力发展高端制造业与高技术产业；促进产业集群，实现集约化生产，充分发挥规模效应；增强创新能力与科技水平，培育经济发展新动能；加强中心城市建设，充分发挥中心城市的辐射带动作用；全面深化改革，打破利益集团固化对经济发展的阻碍，释放新一轮深层次的改革红利。

（6）社会分工从旧的分工体系向新分工体系的转型。社会分工体系和企业内部分工体系僵化，造成了供给结构失衡，也浪费了大量的资源和能源，造成了这些行业产能相对过剩。促进社会分工的深化，培育新的发展动力，着眼于新领域、新产业、新产品、新业态，以新技术、新机制、新业态、新商业模式等形态出现来培育新动力。使得经济发展的要素从自然资源、劳动力、资本等低端要素转向人力资本、技术、制度、信息等高端要素，使生产要素从较低效率部门向较高效率部门转移、从较低效率工业部门向较高效率工业部门转移，从而形成新的动力体系。

建立符合地区比较优势，富有特色、竞争力强、前景光明的支柱产业和主导产业是地区经济发展的关键所在。新时代背景下，在促进旧分工体系向新分工体系转变的过程中，各地区、各行业都应从我国比较优势已经发生根本性转变的现实出发，结合自身实际，不断增强自主创新能力，提高科技水平，因地制宜地发展互联网信息产业、新能源以及节能环保等新兴高科技产业，培育经济增长新动力。

根据熊比特的创新理论，产品创新是提高创新能力的关键环节之一。新时代背景下，我国经济呈现出产能过剩与有效供给不足并存、消费持续疲软与大量需求外流共有的局面，这一状况从本质上讲是结构问题而不是总量问题。因此，调整产业结构，将更多的资源用于鼓励新产品的研发与生产，促进资源向高端制造业与现代化服务业的流动，提升高端消费品的供给能力，增强满足消费者个性化高端需求的能力，减少需求外流，是新时代背景下促进我国经济进一步持续稳定发展的关键所在。

第二篇

宏观经济发展的政治经济学

第五章　中国的宏观经济运行及特点

宏观经济有序运行需要总供给与总需求的平衡。但在经济运行过程中，供求不平衡才是常态，总供给与总需求的不平衡造成了经济在波动中发展的规律性特征。为了解决宏观经济中的供求不平衡问题，有需求管理和供给管理两类政策调整思路。中国改革开放以来的宏观经济运行也同样遵循在波动中发展的态势，但随着中国经济从传统的高速增长阶段进入高质量发展阶段，宏观经济运行中的主要问题和制约因素从需求侧转向了供给侧。因此，在新时代下做好宏观调控，必须以马克思主义政治经济学作为宏观经济运行的指导思想，将需求管理与供给管理相结合，构建具有中国特色的宏观调控理论及政策体系。

第一节　宏观经济运行中的供给与需求

宏观经济运行中的供需平衡问题是马克思主义政治经济学中的一个重点问题，也是理解我国新时代经济发展中宏观调控的理论基础。西方经济学中也有大量关于宏观经济运行中的供给和需求的分析，但马克思主义政治经济学的宏观经济中的供需平衡与西方经济学中的供需平衡有所区别。马克思不仅讨论部门内部之间供给和需求的物质平衡关系，还关注价值平衡关系。同时，与西方经济学中强调总量的模型不同，马克思主义经济学的供需平衡模型是包含两大部类的结构化模型，所以，马克思主义政治经济学不仅关注供需的总量平衡，还关注供需的结构平衡。

一、宏观经济运行中的总供求及其结构平衡理论

马克思主义政治经济学中的总供给与总需求理论主要是在马克思主义的生产理论中提出的，马克思在分析社会总资本的再生产与流通过程中，深刻地揭示了宏观经济运行的基本规律，并在其中涉及了对于总供给与总需求的分析。

在社会总资本的再生产与流通理论中，社会总产品有两种划分方法：首先，按照价值的类别来划分，社会总产品主要包括三个部分：一是不变资本转移的价值C；二是可变资本V；三是剩余价值M。其次，按照使用价值的标准划分，主要划分为生产资料和消费资料生产部门，与之相对应，社会生产部类也分为生产资料部类和生活资料部类。

社会总资本的再生产和流通的规律，必然要求各个生产部门之间实现供给与需求的平衡。假设不变资本的全部价值一次性转移，通过分析简单和扩大再生产过程中的价值实现问题，就能够明确社会总产品的实现要求每个部类的供给等于社会对该部类产品的需求。

首先来观察简单再生产条件下生产资料部类的供求平衡。从价值角度来看产品的供给是Ⅰ（C+V+M），即用于第一部类中生产过程的不变价值、可变价值和剩余价值之和。而从需求角度来看，整个社会对生产资料的需求为Ⅰ（C）+Ⅱ（C），即生产资料部类和消费资料部类的不变价值之和。如果劳动的价值全部实现，并创造出相应的剩余价值，那么生产资料部类必然是供求平衡的，即一定有Ⅰ（C+V+M）=Ⅰ（C）+Ⅱ（C），进一步可以得出Ⅰ（V+M）=Ⅱ（C）。

基于以上思路，同样可以分析简单再生产条件下消费资料部类的供求平衡。从消费资料部类来看，消费资料的供给为Ⅱ（C+V+M），即用于第二部类生产过程中的不变价值、可变价值和剩余价值之和，而从需求角度看，社会对消费资料的需求为Ⅰ（V+M）+Ⅱ（V+M），即需要用来转化为劳动的不变价值与剩余价值之和。所以，如果消费资料全部转化为劳动，那么就意味着消费资料部类的供求平衡，即一定有Ⅱ（C+V+M）=Ⅰ（V+M）+

Ⅱ（V+M），同样可以得出Ⅰ（V+M）=Ⅱ（C）。

生产资料部类的供给和消费资料部类的供给构成了经济系统中的总供给，也就是Ⅰ（C+V+M）+Ⅱ（C+V+M），同样，生产资料部类的需求和消费资料部类的需求也构成了经济系统中的总需求，也就是Ⅰ（C）+Ⅱ（C）+Ⅰ（V+M）+Ⅱ（V+M）。所以，两大部类内部如果实现了结构平衡，那么一定能够实现总量平衡。总供给与总需求的平衡实质上就是两大部类之间的结构平衡。

以上是基于简单再生产条件下的分析，在扩大再生产条件下，结论依然成立。此时，在生产资料部类，供给依然是Ⅰ（C+V+M），但需求层面，由于要追加生产资料，因此需求变为Ⅰ（C+ΔC）+Ⅱ（C+ΔC），其中ΔC代表追加的生产资料。因此，在生产资料部类的供求平衡就变成了Ⅰ（C+V+M）=Ⅰ（C+ΔC）+Ⅱ（C+ΔC）。在消费资料部类的供给依然为Ⅱ（C+V+M），而需求层面是同样的，在考虑到追加消费资料的情况下，需求变为Ⅰ（V+ΔV+M/X）+Ⅱ（V+ΔV+M/X），其中ΔV代表追加的消费资料，M/X代表资本家的个人消费。因此，消费资料的供求平衡就变为Ⅱ（C+V+M）=Ⅰ（V+ΔV+M/X）+Ⅱ（V+ΔV+M/X）。可以看到，在扩大再生产条件下，由两大部类的结构平衡同样也可推理出总供给与总需求的平衡。

基于马克思主义政治经济学的社会总资本再生产理论，可以发现马克思在论述宏观经济运行的过程中不仅关注实物的平衡，还强调价值的平衡。从价值的角度来说，社会总生产中要求价值补偿，即要求最终产品的价值必须等于不变资本转移价值、可变资本和剩余价值之和，这从本质上来说就是价值的平衡。从使用价值的角度上说，生产资料部类和消费资料部类的产品其使用价值是不同的，所以除了价值平衡外，还必须要求实物在供给与需求上保持平衡，这样才能够实现总供给与总需求的平衡。

二、宏观经济运行中的总供求影响因素

在社会主义市场经济的宏观经济运行过程中，经济发展的内在机制是

市场机制，在市场机制下，市场决策不是由集中的指令性计划决定的，而是由分散的企业所作出的，分散的生产决策不能够保证总供给与总需求总是平衡的，两者的失衡才是经济发展过程中的常态。而在经济发展过程中产生中的“失衡—均衡—失衡—均衡”的波动和循环才是宏观经济运行中不断发生的规律。在这种规律的作用下，就有必要去探讨在经济发展过程中总供给和总需求的决定因素是什么，进一步去探讨宏观经济运行的基本特征。

为了分析经济发展过程中宏观经济总供求的影响因素，我们考虑一个基本的四部门模型来进行分析。这个四部门模型包括企业、居民、政府和国外经济部门。在这个模型中，四部门的行为模式如下：居民户向企业提供劳动并获得工资，所获得的工资分配为三个部分：第一部分用于居民家庭消费；第二部分用于向政府缴纳税收；第三部分用于储蓄。企业生产出社会需要的产品获得利润，利润的一部分向政府缴纳税收，同时再用利润的一部分作为再生产的投入，即转化为下一次生产过程中的不变资本，最后一部分用于企业所有者的私人消费。政府获得来自居民户和企业的税收，形成政府的收入，进一步政府将收入用于财政支出。国外经济部门向本国的居民户、企业和政府提供一部分产品，形成本国国内部门的进口，而本国的企业也会向国外经济部门提供一部分产品，形成本国的出口。

从以上的四部门模型中可以看到，一国的总供给和总需求都来自这四个部门，下面，将分别从总供给和总需求两个角度来分析各自的影响因素。

（1）总供给及其影响因素。国内的最终产品的总供给主要来自两个部门：一个是从国外企业进口的产品和服务；另一个是国内企业生产的产品和服务。国外企业进口的产品和服务是直接由国外经济部门提供的，在一国的总供给中占比较小。而一国总供给的最终形态主要体现为国内企业生产的总产品和服务。从投入的生产资料和劳动来说，能够影响到生产资料和劳动的所有供给方因素，都是总供给的影响因素。从生产资料方面来说，居民户和企业所有者的储蓄水平决定了可以用于下一轮在生产过程中的不变资本投入数量，而不变资本的供给数量和质量是影响总供给的重要因素。从劳动方面来说，劳动者的技能水平、整个社会的就业水平、劳动时间和强度、企业与劳动者之间的关系等因素也能够影响总供给。除了生产资料和劳动力之外，生产技术、管理水平、国家提供的硬性基础设施和软性基础设施，都是能够影响到总供给的重要因素。在既定的投入水平下，总供给也并非一成不变。而能够影响到总供给出现大幅变动的因素，往往是经济当中的“真实”因素，如偶然性的外来自然灾害、由人口结构变化导致的劳动过程内生变化、科学技术因素导致的技术进步周期等。

（2）总需求及其影响因素。在典型的国民经济四部门模型中，宏观经济中的总需求主要来自各个部门的需求，其中，居民户有对于产品和服务的居民消费型需求；企业要生产产品和服务，因此有投资需求；而政府部门有对于产品和服务的政府消费需求，也有基础设施等公共产品的投资需求；国外经济部门对本国产品的需求，则形成了本国产品的出口需求。从总需求的影响因素来看，决定企业投资需求的主要包括宏观经济运行中的利率、税率和企业利润率等因素，也包括企业获得信贷的难易程度和国有企业比重等结构性因素。而决定居民消费需求的因素则主要包括居民的收入状况、福利状况等。除此之外，国民收入的初次分配和二次分配也能够在很大程度上影响居民消费需求，如果分配差距过大，那么基于居民边际消费倾向递减规律，消费需求也会有所降低。决定政府消费和投资需求的主要是国家的财政政策。而决定对国外经济部门的出口需求的因素主要包括汇率、国内外宏观经济波动等因素。能够影响到总需求重大波动的因素，极可能是“真实”因素，如宏观经济中的自然灾害等，也可能是政策性因素，如财政政策和货币政策的变化导致的总需求调整。

（3）总供求平衡及其影响因素。由于总供给和总需求受到多种因素的影响而容易产生波动，总供给和总需求并非永远处于均衡状态，而是经常性处于失衡状态。当总供给大于总需求时，企业存货增加、产能过剩，通常会出现价格总水平的下降、需求不足、失业上升、经济萧条。而当总需求大于总供给时，投资和消费需求旺盛，通常会出现价格总水平的上升，经济往往处于繁荣时期。在总供给基本面没有发生变动的情况下，总需求的波动往往通过相应的宏观经济政策来进行调整，从而使总供求趋向均衡，熨平经济周期。但由于宏观政策存在的内部和外部时滞，宏观经济政策的效果不一定能有效发挥。而如果总供给发生了变动，那么仅靠对总需求进行调整和管理则是不够的，特别是在总供给降低、经济基本面恶化的情况下，仅仅靠总需求刺激的方式管理经济，实现的总供求平衡将是一种“低效的平衡”，即经济收缩和通货膨胀同时存在的“滞胀”情况，此时，将总供给的调整与总需求的调整结合起来，才能够实现高效平衡。此外，宏观经济政策多数是实现总量平衡，但总供求也有可能出现结构不平衡的情况。结构平衡要求各个行业都实现供求平衡。从企业生产决策来看，多数企业的生产决策是由企业作出的，单个企业作决策无法对未来作出准确的判断，在决策时往往具有盲目性。这就有可能造成不同行业同时存在产能过剩和产能短缺的情况。因此，行业间的结构供求平衡也有赖于经济的结构性调整。

第二节　宏观经济运行中的需求管理和供给管理

在宏观经济运行过程中，为了实现总供给和总需求的平衡，在宏观经济管理和调控的取向上形成了需求管理和供给管理两种方式。需求管理主要通过财政政策、货币政策等宏观经济政策调整总需求，通过对总需求的调整来实现总供给与总需求的平衡。而供给管理主要是通过改善经济的供给面，通过调整总供给来实现总供给与总需求的平衡。改革开放 40 多年来，我国从传统的高速增长阶段进入了高质量发展阶段，在新的发展阶段，传统的发展方式受到了诸多约束，宏观经济管理方式也应实现从需求管理向供给管理与需求管理相结合的转变。

一、中国宏观经济运行中的需求管理

需求管理主要是基于凯恩斯主义经济学的政策管理理论，基本经济思

想源于凯恩斯的总需求理论。需求管理理论的运用是针对资本主义经济发展中的“有效需求不足”，凯恩斯认为市场经济固有的缺陷会导致经济危机，原因在于宏观经济运行中的有效需求不足，而国家干预能够弥补市场机制的缺陷，因此凯恩斯主张国家要主动干预经济生活，解决经济中的有效需求不足的问题，要积极通过宏观经济的政策干预刺激消费和投资，扩大有效需求。因此，需求管理主要是指政府通过宏观经济政策增加或减少需求总量，从而实现宏观经济运行过程中的政策目标。

因此，在宏观经济运行过程中，当总需求小于总供给时，通常会出现国民经济收缩、失业率上升和通货紧缩等情况。而如果总需求超过总供给时，通常会出现价格和工资水平上升等情况，导致经济过度繁荣、资产价格上涨，出现经济泡沫。此时，政府往往通过财政政策和货币政策来增加或减少需求总量。

在财政政策方面，在总需求不足的情况下，政府可通过减少税收、增加财政支出的方式增加企业的投资需求和家庭的消费需求，并增加政府消费需求。在货币政策方面，主要是中央银行通过增加货币供给来刺激企业的投资需求，具体来说主要有三类办法：一是中央银行调整商业银行的存款准备金率，这就相当于调整了商业银行进行货币创造的货币乘数，从而使经济中的广义货币存量迅速发生变动，从而增加或减少经济运行中的货币供应量。二是调整中央银行对商业银行的再贴现率，再贴现率的变动会影响商业银行的资金成本，其最终的政策效果会反映到利率层面，通过利率的变动最终刺激企业的投资需求和居民消费需求。三是公开市场业务，即中央银行通过买进或卖出有价证券，通过改变经济运行中的基础货币来调节货币供应量。在实际经济运行中，国家通过财政政策与货币政策相结合的方式，对宏观经济运行中的总需求进行管理。

总需求管理主要包括财政政策和货币政策。但国民收入分配格局的调整也可能会改变总需求的结构，从这个角度来说，分配政策的改变也是间接调整总需求的一种宏观经济运行的管理方式。特别是在国民收入初次分配格局的层面，分配结构与需求结构之间存在紧密的联系，如果收入分配偏向劳动，那么居民消费需求将会有所扩张，进而使生产资料部类和消费资料部类实现结构平衡。

总需求管理的理论和实践基础，都是宏观经济运行中存在总需求不足的问题。但是如果宏观经济运行中的政策不是出在需求侧，而是出在供给侧，那么采取总需求管理将难以奏效。需求管理政策能够有效实施的前提是资源禀赋结构和生产的可能性边界不变，需求管理不可能扩大生产的可能性边界，所以，如果社会生产逼近生产可能性边界，社会实际增长接近潜在增长，那么需求管理的政策效果就会减弱。在 20 世纪 70 年代，由于石油危机，美国经济供给面恶化，此时经济陷入经济增长放缓和通货膨胀并存的滞胀局面。此时，需求管理不能够解决滞胀的问题，其局限性就更加凸显。因此，在这种情况下要促进经济的持续增长就必须扩大社会的生产可能性边界，而扩大生产可能性边界则要依靠供给管理，依靠供给结构的调整，实现技术升级和创新驱动，创造出新的产业、新的供给，从而实现经济结构的再平衡。

中国改革开放 40 多年来的高速增长过程中主要采取的是需求管理政策，主要是通过需求刺激拉动投资、消费、出口这“三驾马车”来推进经济增长。随着中国经济发展从高速增长阶段步入高质量发展阶段，中国经济供给面也发生了变化，在此背景下，需求管理政策的局限性也进一步凸显。具体体现在以下方面：

（1）传统的需求管理导致了经济结构出现失衡。经济结构的失衡主要体现在两个方面：第一方面是需求结构自身的失衡，需求管理主要体现在对投资的刺激，而中国的人口结构和城市化的特征进一步加重了传统高速增长阶段的“高储蓄、高投资”现象，这就导致 20 世纪 90 年代以来中国投资率不断上升，而消费率不断下滑，出现了投资与消费的失衡。2008 年金融危机出现以后，为了应对危机带来的净出口需求缩减，政府启动了“4 万亿”大投资以刺激需求，这一次需求刺激进一步加剧了投资与消费的失衡。经济结构的失衡在另一方面体现为需求与供给的失衡，在总需求扩张的同时，人民收入水平不断提高，居民对高质量产品和服务的需求也明显提高，但在传统的需求管理模式下，经济发展以规模扩张为特征，经济发展的质量并没有得到有效提升，在微观层面产品和服务的质量不能满足人民日益增长的高质量需求，从而出现了高端供给不足和低端无效供给过多同时并存的现象，造成了供给与需求的失衡。

（2）传统的需求管理模式下中国增长的潜力开发殆尽。在传统的高速增长阶段，中国之所以在经济建设层面取得了巨大成就，主要原因来自改革开放以来经济当中出现的体制转轨红利、人口红利、投资红利、资源红利和外资与外贸红利得到了有效发挥。但是，进入新时代后，中国经济发展的条件发生了重大变化，这些传统的经济发展红利逐步消退，依赖传统红利的经济发展方式变得不可持续。这就意味着中国经济增长的潜力出现了变化，影响经济发展的约束因素已经由短期因素转向了长期因素，从需求因素转向了供给因素。因此，在传统需求管理模式下，中国经济增长的潜力已经被开发殆尽。

（3）新时代仅采用需求管理会使政策陷入两难抉择。目前中国经济发展进入了新阶段。在新的发展阶段，一方面是经济增长逐步放缓，企业投资和居民消费的信心都有所不足；另一方面则是传统需求管理模式下积累起来了一系列系统性金融风险，包括房地产风险、地方政府债务风险和影子银行风险等。在这两方面因素叠加的情况下，如果继续采取需求扩张性政策，虽然在一定程度上可能会对消费和投资产生刺激作用，但是会加剧系统性金融风险的积累，一旦风险爆发，那么将使中国经济发展陷入危机。并且，在传统需求管理模式下人们已经形成了需求刺激政策的预期，这就使得宏观的刺激政策不一定能够有效促进实体经济发展，反而只会加速推高资产价格，使得资金在金融系统空转。对实体经济发展的影响有限，却在很大程度上推高了经济发展的风险。因此，在这一系列因素叠加的情况下，传统的需求管理政策陷入困境，需要供给管理政策来配合。

二、中国宏观经济运行中的供给管理

在高质量发展阶段，宏观经济运行和管理不能再追求平抑经济的短期周期性波动，而要更加注重长期发展问题。因此，高质量发展阶段的宏观经济运行方式需要更加注重供给的改善，需要通过改善供给来扩大中国经济发展的生产可能性边界。这就意味着新发展阶段不能仅仅依靠需求管理，还需要供给管理。供给管理更加注重针对宏观经济运行中的结构性问题进行调整和改善，而马克思的总供求理论也更关注结构平衡。因此，除了西方供给学派的理论外，供给管理的理论渊源其中有很大一部分来自马克思的供求平衡理论。

从马克思的供求平衡理论来看，商品按市场价值出售，这需要生产该商品的社会劳动数量与社会实际需求规模相适应，而在现实中，社会需求是随着经济发展阶段不断变化的，可能出现某些商品产量超过社会需求，而另一些商品不能满足社会需求的变化。这是因为，各类产品从价值层面来说虽然是无差别的，都是社会必要劳动时间的体现，但从使用价值层面却存在差别。社会对于各类产品使用价值的需求，会随着经济社会发展和人口结构的变化而不断发生调整，如果经济中的产品结构和产业结构都不能及时调整，就会产生使用价值与社会需求结构不匹配的状况，从而就产生了“无效供给过多”和“有效供给不足”的问题，造成经济供给不出清。要解决这一问题，只能从供给侧出发，调整供给结构来匹配需求的变化。因此，调整宏观经济运行中的供给结构，创造有效供给，清除无效供给，通过对供给结构的调整和改善来扩大经济发展的生产可能性边界，就成为宏观经济运行中更加有效的管理方式。

随着中国经济发展进入新时代，从高速增长阶段步入了高质量发展阶段，我国宏观经济管理方式也需要实现从需求管理向供给管理的转型，这意味着宏观经济管理的目标更加注重长期，更加注重经济的长期可持续发展。当然，供给管理通常需要与需求管理结合在一起，通过供给侧结构的调整，以适应需求侧结构的变化，才能够有效保持宏观经济的稳定，为企业创造良好稳定的宏观环境。与需求管理偏重总量调整不同，供给管理的重点在于结构调整。具体来说，包括以下方面：

（1）供给管理重视调整宏观经济运行中的总供给结构，总供给结构包括劳动力结构、资本结构和技术结构。劳动力结构调整是指经济发展中要注重人力资本的积累和提升，特别是在人口结构逐渐步入老龄化的背景下，需要积极从人口红利转变为人力资本红利。资本结构调整是指从传统的物质资本向新型资本的转化，传统经济发展过程中依靠的是物质资本的扩张，特别是从国外大量引进外资，同时国内高额的储蓄率也造成了很高的资本形成率，但这种以物质资本为主的资本结构导致经济发展仍然以规模扩张为主，产品质量和经济发展质量难以提高。因此，在经济发展的新时代，资本结构调整应积极推动从传统的物质资本转向知识资本，提升经济发展的质量。技术结构调整指的是技术进步的方式要进行转变，传统经济发展过程中技术进步的方式以技术引进为主，进入经济发展新阶段后，中国很多技术领域已经到达技术前沿，此时以技术引进为主的技术进步方式难以为继，因此需要加快从技术引进转变为自主创新，推动技术结构的调整。

（2）供给管理更加重视宏观经济运行中的要素配置效率。改革开放40多年来，中国经济取得了巨大成就，这其中最重要的原因就在于成功推行了市场化改革，其中产品市场的市场化改革已经取得了成功。但相较产品市场，要素市场的改革仍然比较滞后，特别是在基础设施、公共资源、土地自然资源等方面，由于产权界定和外部性问题，大量的资源消耗和成本费用没有被纳入现行的国民收入核算体系之中，这就导致要素市场的定价不能有效反映市场信息，这种不完善的要素市场在一定程度上扭曲了经济结构，抑制了经济增长中资源配置效率的提升。因此，在中国经济进入新时代的背景下，实施供给管理的一个重要方面就是要继续深化改革，特别是积极推动要素市场的市场化改革，建立起完善的要素配给供给机制和要素市场定价机制，以要素市场的完善推动经济实现高质量发展。

（3）供给管理更加重视通过创新驱动来实现全要素生产率的提升。供给管理强调改善经济供给面，扩大生产可能性边界，推动经济增长潜力的提升。因此，供给管理不仅强调资源配置，更加强调新资源的创造，不仅强调配置效率的提升，也更重视技术效率的提升，这也就意味着供给管理的本质是提升宏观经济运行中的全要素生产率。全要素生产率的增长是一国经济竞争力和经济发展质量的重要体现，而全要素生产率的提升主要依赖于创新驱动。因此，要想实现中国经济新时代的高质量发展，就要把提高自主创新能力作为新时代的关键性战略选择，重视制度创新、技术创新、产业创新、战略创新协同作用形成的创新驱动机制，以创新驱动促进新时代中国全要素生产率的提升。

（4）供给管理更加强调宏观经济运行中供给主体结构的优化。从当前经济发展的现实来看，中国现阶段供给主体结构呈现出政府投资强而民间投资弱的特征。在国民经济发展的部分领域出现了“国进民退”的现象，政府投资的作用在于对宏观经济运行的方向提供引导和方向，而民间投资的繁荣才是支撑中国经济实现可持续发展和高质量发展的重要动力，民间投资的发展不仅促进社会经济活力的提升，还是吸纳就业的最重要的渠道。但在传统的总需求管理的发展模式下，中国民间投资发展不足，民间投资和政府投资的失衡是传统经济发展过程中的重要特征。因此，在经济发展的新时代，要积极改善和优化供给主体的结构，积极启动民间投资，以繁荣民间投资作为经济高质量发展的重要推动力。

第三节　改革开放以来中国宏观经济运行的变化

改革开放以来，我国经济发展取得了巨大的成就，是人类历史上第一个超过 10 亿人口的经济体连续维持 40 年超过 8% 的经济增长，这也被称为“中国奇迹”。当然，在市场化改革不断深入的过程中，国内经济结构也在不断调整，中国的产业结构、城乡结构、区域结构都出现了巨大的变化。40 多年来，国际经济形势复杂多变，特别是加入 WTO 之后，中国融入了国际分工体系，外部经济环境对中国经济的影响也越发明显。因此，在国内经济结构调整和国外经济环境多变的背景下，这 40 多年来中国宏观经济运行也出现了几次显著的经济波动。

宏观经济波动是宏观经济运行中常见的现象，其主要是指宏观经济运行中繁荣与萧条相互交替，宏观经济增长率出现的“高—低—高”的循环往复现象。宏观经济波动也被称为经济周期，即包括繁荣、衰退、萧条、复苏四个阶段的典型特征。在我国社会主义市场经济条件下，宏观经济运行也同样体现了这一循环往复的经济周期过程。

如果从经济周期的角度来理解改革开放以来我国的宏观经济运行，按照时间长短划分，一般可分为长周期、中长周期、中周期和短周期。其中，长周期也被称为熊彼特周期或创新周期，其实质是颠覆性技术的更替导致的周期，一轮完整的周期一般在50～60年；中长周期也被称为库兹涅茨周期，该周期主要是以建筑和地产的兴衰为周期标志，也被称为房地产周期，一轮完整的周期一般在20年左右；中周期也被称为朱格拉周期，朱格拉周期是设备更替和资本投资驱动周期，一轮完整的周期一般在10年左右；短周期被称为基钦周期，基钦周期是库存周期，一轮完整的周期一般在40个月左右。

如果通过国内生产总值增长率变化来反映中国经济波动情况，以10年左右的朱格拉周期进行观察，可以发现，中国自改革开放以来经历了三轮经济周期，而在第三轮经济周期结束后，中国宏观经济运行进入了“新常态”的新发展阶段，此时宏观经济运行脱离了传统的需求管理模式下经济周期的传统框架，经济呈现出新的特征。

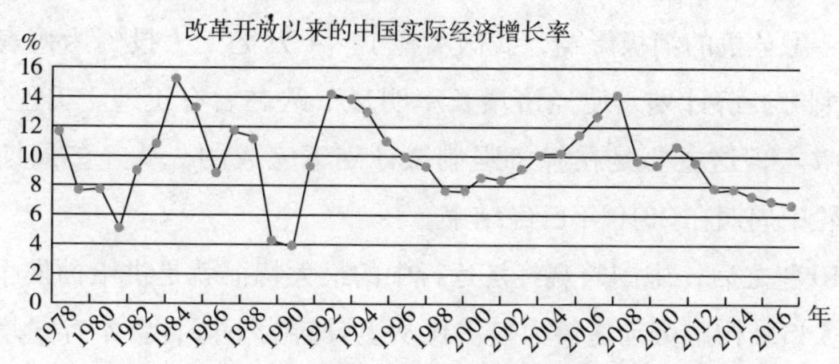

图5－1　1978—2016年中国国内生产总值增长率

如图5－1所示，改革开放以来，中国宏观经济运行的第一轮中周期始于1981年，结束于1990年。1981年中国GDP增长率处于5.2%的低谷，这主要是由于对 1978 年以来的“洋跃进”采取调整的结果，但由此也开始了第一轮的经济周期。1981—1984 年，由于实施了“调整、改革、整顿、提高”的系列政策，在政策刺激下，投资快速提升，中国 GDP 增长率从 5.2% 快速增长至 15.3%，但从 1985 年开始到 1990 年，由于前期快速增长导致通货膨胀，采取了货币政策和信贷政策的“双紧”搭配，之后经济周期步入下行周期，到 1990 年，GDP 增长率跌至历史低谷的 3.9%，此后第一轮经济周期结束。

改革开放以来中国宏观经济运行的第二轮中周期始于 1991 年，完结于 1999 年。1991 年后，为了阻止经济下滑，国家出台了宽松的货币政策，同时邓小平同志南方谈话加速了中国经济市场化改革，极大地释放了生产力，使得 1992 年经济增长率重新站上 14.2% 的高点。但 1993 年后，为了治理上行周期带来的通货膨胀，在财政政策和货币政策方面都实施了紧缩的政策。此后 GDP 增长率一路下滑，至 1997 年亚洲金融危机后下滑速度加快，到 1999 年降至 7.7%，此后第二轮经济周期结束。

改革开放以来中国宏观经济运行的第三轮中周期始于 2000 年，完结于 2009 年。2000 年以后，受益于我国加入 WTO、增加基本建设投资、税制改革等几大政策利好，经济增长率迅速攀升至 2007 年 14.2% 的高点，但随着 2008 年国际金融危机的爆发，在 2008 年就下降接近 5 个百分点，为了应对金融危机的消极影响，我国实施了“4 万亿”大投资为代表的“一揽子”刺激经济计划，使经济增长率明显下跌之后有迅速上升至 2010 年的 10.6%，但这主要是在经济强刺激计划下完成的，从经济周期实质来说，本轮中周期在 2010 年已经结束。

2010 年之后，中国宏观经济运行中的最大特征就是供给面发生了巨大变化，人口结构中劳动适龄人口占比从上升转为下降，资本存量增长率迅速下降，同时前期强刺激政策的一些副作用开始显现出来，因此，经济步入下行通道。到 2014 年，中央提出了中国宏观经济运行进入“新常态”的重大论断，并提出新常态就是经济增长速度换挡期、经济结构调整期和前期刺激政策消化期的“三期叠加”阶段。此后，在 2015 年，中央政府提出了从供给面出发，推动以“三去一降一补”为主要手段的供给侧结构性改革，同时注重扩大社会总需求，逐步实现了由高速增长向中高速增长的平滑“换挡”，使得经济出现了平稳的“L”形走势。

通过对改革开放以来我国宏观经济运行的状态特征进行总结，可以发现一些明显的特征。首先，改革开放以来我国经济一直是在波动中前行的，宏观经济波动带有很强烈的国家主动干预和调节的痕迹，这些对经济进行干预和调节的政策在一定程度上平抑了经济周期的波动，但受限于政策时滞，部分政策也在某种程度上成为影响宏观经济波动的重要因素。其次，改革开放以来我国宏观经济的波动在一定程度上与我国在从计划经济向社会主义市场经济转轨的特征相关，由于我们在转轨过程中采取了渐进式改革的路径，在社会主义市场经济建立的过程中并没有先例可以遵循，在宏观经济调节方面也只能在摸索中前进，因此，部分政策带有试错的特征，难免造成经济的波动。最后，改革开放以来我国宏观经济的波动是主动进行经济调整的外在表现，在我国过去40多年的发展过程中，社会结构急剧变化的过程中产生了大量的社会经济矛盾，而政策的出台只能偏重于对社会主要矛盾的解决，因此，在社会主要矛盾没有发生变化的时候，采取总需求管理快速促进经济规模扩张也是必然选择，但在当前中国经济发展已经进入新时代的背景下，社会主要矛盾也发生了变化，因此宏观调控的目标也应当随之变化，新时代下的宏观调控也必须以解决新时代的社会主要矛盾为目标，推动经济社会实现高质量发展。

第四节 新时代中国特色宏观调控的转型

随着中国经济发展进入新时代，社会主要矛盾已经转化为人民日益增长的美好生活需要和不平衡不充分的发展之间的矛盾。此时，中国宏观调控的目标、手段、方式方法和政策导向也应该随着社会主要矛盾的变化而变化。

首先，在调控目标方面，应该实现从追求经济规模扩张向实现经济高质量发展为特征的转变。在中国生产力水平不高、国民收入水平较低的发展阶段，宏观调控为了促进经济高速增长，但忽视了经济增长质量提升和效率改进。在凯恩斯理论的指导下，传统数量型宏观调控通过刺激要素投入，推动经济在短期内快速增长，实现了经济总量的规模扩张。然而数量型的宏观调控却牺牲了经济结构的优化升级、收入分配的公平性、非生产性公共产品和服务的投入以及生态环境质量。数量型宏观调控虽然能在短期内有效刺激经济，但无法在长期优化经济结构和培育经济增长新动能。新时代中国仍然处于社会主义初级阶段，但生产力水平较改革开放之初已有了显著的上升，为了满足人民日益增长的美好生活需求，宏观调控的目标应该转向高质量发展。高质量的宏观调控要求做到以下方面：一是从经济增长的稳定性、增长动力的强劲性、经济结构的合理化以及经济的开放性的维度进行调控，促进全要素生产率的提升。二是优化教育和公共医疗卫生投入，以不断提升人力资本水平、培育劳动力的就业能力和自我发展能力，服务以人民为中心的利益诉求，实现人的全面发展，促进社会发展质量的提高。三是减少和防治气体污染、液体污染和固体污染，提升环境和资源综合利用效率，通过促进人和自然的和谐发展，促进生态发展质量的提高。

其次，在调控手段方面，应该实现从需求管理向供给管理和需求管理相结合的转变。传统的以需求管理的调控方式来进行宏观调控只适合于短期，而供给管理是从生产方的因素入手进行宏观调控，供给管理才能够真正实现长期可持续发展。新时代中国特色社会主义宏观调控要服务于到21世纪中叶的现代化强国建设，既需要关注短期经济波动，更需着眼于长期经济的高质量发展，因此，应是综合需求管理和供给管理的宏观调控。在需求管理方面，要积极调整生产性和非生产性财政支出的结构，增加科技和教育支出加快建设创新型国家，提升文化支出建设社会主义文化强国，提高医疗卫生支出实施健康中国战略，加大生态环境治理支出建设美丽中国，同时，优化累进制所得税和失业救济，在优化收入分配结构、保障民生的同时，为宏观经济稳定运行保驾护航。而在供给管理方面，要以提高供给质量作为主攻方向，提高供给体系的适应性和创新性。坚持推进以

“三去一降一补”为特征的供给侧结构性改革，减少无效供给，增加有效供给。以供给侧的产业结构优化保障高质量供给，大力发展智能制造业、共享经济产业、绿色低碳经济产业和生产者服务业，加快构筑实体经济、科技创新、现代金融与人力资源协同发展的现代产业体系。增加激励创新的制度供给，增加对高质量创新的补贴、信贷和资格认证等方面的倾斜政策，将创新活动的外部性内部化，激励知识和创新在各区域和各领域的充分外溢，实现从传统的投资驱动向创新驱动转变。

再次，在调控的方式方法层面，应积极实现从总量调控向结构性调控的转型。传统的宏观调控方式主要是总量调控，这是与我国生产力低下的社会现实相符的，但随着中国社会主要矛盾的变化，宏观经济运行中的主要问题已经不再是总量问题，而是结构性问题。一是需求结构不平衡，投资与消费的失衡日益严重。二是产业结构不平衡，高端制造业发展不足，实体经济对经济增长的支撑不足。三是分配结构不合理，总收入中资本收入占比远高于劳动收入占比。针对这些结构性问题，总量调控的作用有限，需要注重结构性调控。要完善市场机制，激发民间投资的活力，将更多的经济社会资源投向创新能力更强、经营品质更高的企业，提升对高质量产品和服务的供给，对接居民消费升级的需求。要加大对先进制造业的支持力度，推动互联网、大数据、人工智能和实体经济的深度融合，技术进步可促进产业迈向全球价值链中高端。要矫正要素市场尤其是资本市场由垄断势力造成的各类扭曲，通过完善要素分配的体制和机制以及加强金融市场监管，预防系统性金融风险。要积极推动要素市场化改革和分配制度改革，调整国民经济的初次收入分配格局，使得社会分配更加公平公正。

最后，在调控的政策导向层面，应该积极实现从强刺激政策导向到宏观审慎政策导向的转变。在中国经济高速发展的前40年，宏观调控主要是以经济的强刺激政策为代表的。但随着2008年世界金融危机的爆发，各个国家都认识到宏观审慎政策的重要性，特别是在中国经济当下面临房地产风险、地方政务债务风险和影子银行风险等多重风险交叠的情况下，就更加需要从宏观的、逆周期的视角，运用审慎政策工具有效防范和化解系统性金融风险，从整体上维护金融稳定。因而，宏观审慎政策必须成为新时代我国金融监管和宏观调控框架改革的重心。要健全货币政策和宏观审慎政策双支柱调控框架，深化利率和汇率市场化改革。健全金融监管体系，守住不发生系统性金融风险的底线，控制跨市场、跨产品、跨机构的风险传染和扩散，维持住新时代下经济的稳定发展。

第六章　中国特色的工业化路径及其阶段性变化

工业化一般是指传统的农业社会向现代化工业社会转变的过程。因此，研究中国工业化的演进进程，对中国工业化的发展进行综合评价，不仅是对传统工业化的总结，而且是为新型工业化道路提供客观依据。本章从纵向和横向分析我国50多年的工业化进程，并进一步分析我国新型工业化道路的实现路径。

第一节　中国特色的二元工业化及其经济效应

发展经济学家认为发展中国家典型的经济特征是“二元经济结构”，中国作为一个发展中国家，不仅是“二元经济结构”，而且由于“二元经济结构”形成了以乡镇企业为核心的农村工业化和城市工业化同时并存的二元工业化格局。我国的工业化发展在改革开放之前是以城市工业为主导的，在制度上规定了农村发展农业、城市发展工业，造成了城乡各自发展的格局，造成了城乡泾渭分明的城乡二元化发展道路。20世纪80年代中期，城乡隔离制度有所松动，但农民进城后的就业和生活条件仍有很大的困难，迫使农民只能在农村发展工业，促进了20世纪80年代农村工业的异军突起，形成了中国工业化发展的“三个世界”的格局，即大城市的工业化是第一世界，中小城市的工业化是第二世界，农村工业化是第三世界，在产业进入制度、融资制度等方面都受到了不同的待遇，把农村工业化限制在狭小的空间中，在我国工业化发展过程中形成了二元工业化的格局，在这种格局中，乡镇工业、城市工业同时并存，在城市工业中传统工业与现代工业同时并存。在中国的二元工业化格局中，城市工业化是其中一元，城市工业化是以国有工业为主体来推动的。以乡镇企业为代表的农村工业化是其中的另一元。改革开放以来，乡镇企业的异军突起促进了乡村工业化的发展，以乡镇企业为首的农村工业化为改变我国的“二元经济结构”开辟了新的发展道路，随着商品化和市场化程度的提高，农村工业化在加速经济体制的改革和完善，协调社会、经济的发展，缩小城乡之间的差距方面发挥了重要作用。

一、中国二元工业化的形成

中国是一个发展中国家，也存在典型的“二元经济结构”。现代部门以现代农业、建筑业和现代服务业为主，生产规模大，使用先进的技术和管理模式。而传统部门是以农业和一部分服务业为主，生产规模小，技术和管理落后，这种二元经济格局不仅是由生产力的低水平造成的，而且与国内一些传统的政策、制度密切相关。

传统经济体制下的城乡分工和重工业优先发展的战略是形成二元经济结构的主要原因。在1978年以前的近30年中，中国城乡的产业分工泾渭分明，农村发展农业，城市发展工业，这就人为地割断了农村内部产业间的联系，也割断了城乡间各种产业的自然联系。并且在计划经济体制下，我国按照“生产资料优先增长”规律采取了优先发展重工业的工业化战略。通过工、农业产品之间的价格“剪刀差”牺牲农业，补偿工业；对农业征高额税，积累大量资本以支持工业的发展；并且国家对农村、农业的投资非常有限。造成农业技术进步缓慢，商品化、专业化程度很低，农民收入下降、生活水平长时间无法得到改善。而对城市，政府利用计划体制的力量以财政、金融、价格、福利等多种方式进行投资，加快工业的优先发展。这就不可避免地加剧了城乡之间的差距。

20世纪50年代以后，我国为了发展工业和避免“城市病”的发生，通过了严格的户籍制度及其相关的配套制度，如就业制度、住房制度、粮食制度、医疗保险制度、教育制度、福利制度等，来严格控制城乡间的人口流动。使城乡之间形成劳动力、资本、生产资料等生产要素互不流动的两个分隔市场。目前，尽管城市中一些制度有所改革，但这些改革的方式和力度仍有着巨大的地区差异。在一些大中城市（如北京、上海等），劳动力进入的门槛仍然很高，即使农村劳动力进入了城市，他们的工资水平、福利条件与城市劳动力相比，仍有很大的差距，并且可能会受到不平等的工作待遇。农村生产的许多农产品是工业发展的原料，农村又是工业产品销售的大市场。但是这些强制性的制度使得农业部门所释放出的劳动力及其他生产要素很难向城市流动，只能在农村内部组合，发展农业。而城市过剩的先进技术、设备、人才也不能向农村转移，因而得不到优化配置，这样不但影响了城市的发展，还加剧了农村的相对贫困。

改革开放之前，我国的工业化是通过国家工业化的方式，以城市工业为主体发动的，通过以城市工业化为重点奠定了工业化的主体。随着改革开放政策的贯彻执行、农村市场的适度开放，农业、农村、农民都要发展。在这种情况下，以乡镇企业为主体的农村工业异军突起，二元经济结构与改革开放政策相互作用，形成了中国二元工业化的特殊格局。20 世纪 70 年代末，城市发展战略的调整使城市经济的吸纳能力有所增强，但仅能解决自身的就业问题。20 世纪 80 年代中期，城乡分离制度有所松动，但农民进城后的就业和生活条件仍有很大的困难。这种城市与农村之间典型的二元经济结构迫使农民只能在农村发展工业，促进了 20 世纪 80 年代农村工业化的巨大发展。2002 年乡镇企业实现增加值为 31. 8 万亿元，占国民生产总值的 31%，占农村社会增加值的 65%，其中乡镇工业增加值为 2. 2 万亿元，占全国工业增加值的 47. 8%。乡镇企业不但合理地调整了农村的产业结构，而且增加了农民收入，大大改善了农民的生活水平。乡镇企业、个体经济、私营经济这些非农产业能够带动农业的发展，同时能够吸纳大量的农村剩余劳动力，缓解了城乡就业压力。在 2001 年的农村劳动力就业中，大约有 33% 的农村劳动力在非农产业部门就业，并且仍有很高的增长趋势。这种典型的农村工业化特征打破了“城市办工业，农村办农业”的传统格局，农村发展工业，使中国的工业化走上了二元工业化的道路。

二、中国二元工业化的经济效应

二元工业化首先具有积极效应，以乡镇企业为内容的农村工业化为改变我国的二元经济结构开辟了新的发展道路，在加速经济体制的改革、协调社会经济的发展、缩小城乡之间的差距方面发挥了重要作用。同时，农村工业化的发展打破了计划经济体制下的城乡壁垒，改善了城乡关系，加快了小城镇建设和城市化步伐，促进了传统社会经济结构的转变。然而在二元经济结构背景下所造成的城市工业化和农村工业化同时并存的二元工业化，在影响我国城乡协调发展、工业产业结构的调整以及我国城市化的进程的同时，也带来了一些不良的经济效应，制约了新型工业化的实现。主要表现在以下几方面。

（1）二元工业化导致了城乡市场的分割。在社会主义市场经济体制下，二元工业化格局的存在，造成了城乡市场的分割，使生产要素特别是劳动力不能自由流动，得不到合理配置，阻碍了全国统一大市场的形成，不利于经济的协调发展。2018 年中国的国内生产总值中农业增加值的比重只占 7.2%，而农业劳动力却占总就业劳动力的 18%，农村人口占全国总人口的 40.42%。尽管 2001 年大约有 33% 的农村劳动力转入非农产业就业，但是仍有大量的剩余农村劳动力等待就业。农村工业技术落后、设备陈旧、管理水平低下、资金短缺并且劳动者的素质也较低，以致只能从事一些简单、粗糙的加工工业、农业工业和手工业等，第三产业及服务业仍然落后。城市工业技术先进、设备新，有较高的管理水平，劳动者的综合素质较高且融资容易，有利于发展资本和技术密集型产业。但是由于二元工业化及其相关制度的影响，城乡双方剩余的资源或在比较成本下能获得更多收益的要素不能互相流动，导致企业在发展过程中人、财、物和科学技术的重复使用，以及资源、资金的严重浪费和环境污染。两个市场不同的工业产业和企业分散，国家不能统一管理，增加了管理费用，阻碍了产业制度向高级化演进的进程。

（2）二元工业化造成了城乡工业的产业趋同。产业结构趋同化及产品的同质性造成了城乡工业间的过度和无序竞争，使资源得不到优化配置。城乡工业的主导部门群存在高度的重合性：机械工业、冶金工业、食品饮料工业、纺织及服装业、化学工业、建材业构成了城乡工业的主体，其中机械工业产值在城市工业产值中所占比例最高，为31.3%，而机械工业在农村工业总产值中占比也居首位，为17.5%。这种产业结构的趋同性，必然会导致城乡企业之间对生产要素盲目的争夺和激烈的竞争。一方面，产业趋同导致了对能源、原材料、技术的争夺。农村工业大部分的原材料和能源、技术来自城市，且农村工业发展迅速，需要不断地吸纳劳动力和资源，甚至会引发工业生产力资源的重新配置和布局的变化。而城市工业未能及时调整产业结构，加快向高级化演进，进一步会导致对这些工业资源的争夺。另一方面，产品的同质性导致对商品销售市场的争夺。产业趋同导致了产品的同质，没有明显的差异性，在吸引消费者时，几乎都是相同的目标群，因此，企业为了提高利润率、扩大市场份额，只能从降低价格上做文章。而这种竞相争夺最终只会陷入恶性价格竞争的怪圈中。在这种产业趋同与产品同质的情况下，安排劳动就业推动产业结构的升级，必然会产生对资金的争夺。同时，我国现阶段的农村剩余劳动力不但要向城市转移，而且要向农村非农产业转移，这需要大量的安排费用，而这种资金的解决可以借用政府和私人融资，由此产生了对融资市场的争夺。

（3）二元工业化导致了城镇化的滞后发展。农村工业的发展能够加速农业生产要素和工业部门生产要素的双向转移，也带动了城市生产要素和农村生产要素的双向流动。但是传统的“离土不离乡，进厂不进城”的做法，致使乡镇企业根植于农村，以农村为主要服务对象，以农民为主要雇员，以农村社区为主要市场，造成积累资金短缺、自身综合素质低，不能快速及时地获取市场信息、了解市场动态，并且布点分散，很难进行专业化经营和规模生产，造成了规模不经济和宏观布局不经济，农村工业不能发挥它的集聚效应和规模效应。积聚效应弱，导致了城镇化发展的滞后，因为许多乡镇企业分散布局于自然村、行政村、乡镇所在地和当地的县城，难以积聚成为城镇，同时，城市化的过程不仅是一个农业人口转变为非农业人口的过程，它还伴随着社会经济形态、经济结构、居民生活方式乃至人们的思想观念等多方面的变化。而城乡分离使城市人口、资金、物资、信息和技术等各种要素不能向农村地区扩散，城市文明也不能向农村推广和普及，农村工业化的发展虽然改变了人们之间的经济关系，但是社会关系并没有发生变化，大大延缓了农村城镇化的进程。2018 年世界城市人口的比重为 40%，而中国城市人口比重为 60%，1978—2018 年，全国农业劳动力份额下降 40 个百分点，而城市人口份额只上升了 30 多个百分点，城市化和城镇化滞后于农业劳动力非农化。城镇化的滞后发展不仅不利于工业现代化，而且不利于农业现代化和农民生活的现代化。

第二节 中国特色工业化的阶段性变化

经济发展是有阶段的，工业化也有阶段性，我国工业化从 1952 年开始经历了三个阶段。

第一阶段：计划经济时期的工业化

中国的工业化进程不同于发达国家的工业化进程，发达国家的工业化进程是在其经济体系内部自发演化而来的，中国的工业化是由外部植入的，中国在列强的入侵背景下开始了近代的工业化进程。但是新中国成立初期中国工业化的水平是很低的，“1952 年全国人均国民生产总值只有 104 元人民币，第一产业在国民生产总值中的比重为 57. 72%，第一产业的就业比重为 83. 54%，同库兹涅茨的产值份额截面和劳动力份额截面相对比，明显处于人均收入 50 美元以下的阶段，属于不发达阶段的初期”。[①] 而中国真正意义上的工业化是从新中国的成立之日开始的，通过“一五”和“二五”计划的重点项目建设，奠定了工业化的基础，开始了现代化意

① 魏后凯 . 21 世纪中国西部工业发展战略[M]. 郑州:河南人民出版社,2000:50.

义上的工业化。1952—1978 年是中国计划经济时期，在这个阶段我国实行的是高度集中的计划经济体制，经济运行基本上由高度集中的计划经济体制来推进。工业化实行重工业优先发展的工业化战略，以国家工业化为中心来推进工业化进程。

计划经济时期的工业化既是我国工业化的全面发动阶段，也是中国工业化的资本形成时期，这一时期我国工业化演进的影响因素有：①体制因素。这一时期国家实行的是高度集中的计划经济体制。通过高度集中的中央计划经济确定工业化的战略、模式和工业的次序及其相关政策。通过制定和实施国民经济发展的“一五”和“二五“计划，通过一系列重大建设项目，奠定了中国的工业化基础。②国家力量。国家工业化是计划经济时期工业化的推进力量，工业化的发展是在计划经济体制下发动的，国家是工业化政策和方向的确定者，国家对工业化进行统一管理、统一生产、统一分配，价格也由政府决定，资源定向分配，以计划为手段，以国家工业化为重点奠定了中国的工业化基础。③工业化模式。实行优先发展重工业的工业化模式，以“生产资料优先增长”作为工业化的理论依据，在工业化的次序上，优先发展重工业，特别是重工业中的燃料、机械和军工等部门。而且这一工业化模式是在城市中实行的，在 1978 年以前的近 30 年中，中国城乡的产业分工泾渭分明，农村发展农业，城市发展工业，为以后城乡产业结构的对立埋下了隐患。④工业化发展的资本形成主要靠农业的积累进行投入。这一时期的工业化不仅是我国工业化的全面发动时期，而且是中国工业化的资本形成时期。资金投入是由国家提供的，而国家的资金主要来自农业的积累，国家集中农业的积累资金投资于城市的国有企业。这在一定程度上可以看出，计划经济体制下的工业化路径是国家工业化，推动因素主要是投资，因而这一时期的工业化可以看作投资推动型的工业化，通过资本形成极大地推动了我国工业化的进程。

但是这一阶段的工业化发展存在一系列严重的问题：①工业化水平低下。因为宏观经济结构的不合理，工业机械设备不够先进，人员素质低下，导致工业化的整体经济效益明显降低。②产业结构严重不合理。在这一期间，农业和工业产值年平均增长速度之比为1∶4.22，第一产业发展滞后，第三产业缓慢。导致各产业内部结构的矛盾很难克服，粮食和消费品供应匮乏，工业发展出现“瓶颈”现象。③工业内部发展趋于失衡。轻工业和重工业产值年平均增长速度之比为1∶1.48。重工业所占比重从1952年的35.5%上升到1978年的56.9%，而轻工业所占比重从64.5%下降到43.1%，从而导致整体工业化水平不高。

第二阶段：经济转型初期的工业化

1979—1992年，是中国由中央集权的计划经济体制向以经济自由化为趋向的市场经济体制转变时期，这一时期经济经济体制的转轨是在保持原有计划经济体制的前提下，引入某些市场因素，试图完善原有的经济体制。

经济转轨初期，在保持计划经济体制不变的前提下，进行经济体制改革，引入市场因素，来完善原有的经济体制，虽然没有彻底改变原有经济体制的性质，但是由于市场因素的引入，使工业化进程的演进发生了新的变化。这一时期工业化演进的影响因素有：①市场因素。在原有计划经济体制下引入市场因素，促进了市场主体的多元化，价格成了反映市场的“晴雨表”，资源可以计划和市场两种方式进行优化配置。由于市场因素的作用，工业化的投资主体发生了多元化，从工业化的投资方式来看，既有以国家投资为主形成的国家工业化，又有以民间投资为主体形成的民间工业化，国家工业化与民间工业化相互结合推动了中国工业化的进程。②工业化战略的转变。计划经济体制下，工业化战略是重工业优先发展战略，这一战略导致了工业结构的失衡。在经济转轨初期，在总结计划经济时期工业化经验的基础上，对工业化的战略进行了调整，工业化发展战略转变为强调轻工业优先发展的战略，工业化战略的转变进一步促进了我国的工业化进程。③工业化结构的调整。工业产业结构调整显著，工农业总产值年平均增长速度之比为1∶2.07；工业内部结构也发生了很大的变化，轻重工业总产值平均增长速度之比为1∶0.76。在重工业稳步增长的同时轻工业整体上也有了较大的发展。④工业化路径的转化。计划经济时期工业化的路径是国家工业化的一元工业化路径。随着改革开放政策的贯彻执行、农村市场的适度开放，农业、农村、农民都要发展，在这种情况下，二元经济结构与改革开放政策相互作用，形成了城市工业化与农村工业化共同发展的二元工业化的特殊格局。

在这一经济转轨初期，经济发展战略由优先发展重工业转变为优先发展轻工业，工业化水平迅速提高，并且出现了新的特点：①在工业化的实现手段方面，市场机制的作用得到了进一步的发挥。体制改革促进非国有经济成长，市场经济体制使得工业化更加灵活，市场因素成为引导工业企业发展的基本机制之一。②在工业化的路径方面，由一元工业化路径转变为二元工业化路径，在国家工业化的基础上，民间工业化得到了进一步的发展。同时，工业产业结构得到合理调整，并且注重工业内部结构调整问题，发展轻工业。③农村工业化与城市工业化并存。改革开放刺激了乡镇企业的兴起，乡镇企业使得农村工业化得到进一步的发展，在吸纳更多农村剩余劳动力的同时，推进了我国的工业化进程。

但是在经济转轨初期，旧体制仍在发挥作用，市场体制调节的力度和广度有限，由此引发了一些新的问题。①基础工业发展滞后。在这一体制过渡时期，政府和企业过度发展加工业尤其是消费品工业，使轻工业高速发展，从而使重工业发展滞后。②地区分工不清，产业结构趋同。到20世纪80年代，中国中部和东部的工业结构相似率为93.4%，西部与东部工业结构的相似率为93.5%，西部与中部的工业结构相似率高达97.9%，[①]这种情况严重阻碍了工业化的进程。

第三阶段：经济转型后期的工业化

1992—2002年，中国经历了第二次改革，进入经济转轨的后期。经转型后期的特征不同于前期的特征，经济转型后期是中国经济的全面转型时期。这一时期的经济转轨不同于经济转轨初期的经济改革，不再是保持原有经济体制不变来引入市场因素，而是开始了由计划经济体制向市场经济

① 马洪，孙尚清．市场经济与经济计划[M]．北京：经济科学出版社，1993：65.

体制的全面转型。

在这一经济转轨中后期，全面的经济和转型使经济调节机制已基本转变为市场机制，国内市场进一步市场化，国民经济运行同世界经济全面接轨，工业经济也不例外。这一时期工业化进程演进的影响因素有：①市场结构因素。这一时期市场结构发生了变化：一是市场结构开始由供给转化为需求因素，特别是1996年以后我国结束了长期以来的短缺经济，进入了过剩经济阶段，市场结构由卖方市场转变为买方市场，市场需求对工业化起到了制约作用。二是国内市场开始与国际市场接轨，工业化的发展不仅要考虑国内市场，而且要考虑国际市场。②技术因素和制度因素。技术创新和制度创新在这一时期发挥了不可替代的作用，从技术因素来看，20世纪90年代以来新的技术革命引起了工业技术的变革，技术进步成为工业化发展的主要因素。从制度因素来看，由于全面的经济转型，制度创新则为工业化提供了有益的发展环境，市场机制成为工业化发展的基础性的资源配置方式，非公有制经济的全面发展，民间工业化作用的进一步增强，从而使工业生产快速增长，工业产品结构调整取得新的进展，出口导向性产品、高技术产品、适应消费结果升级的消费产品产量快速增长，2018年全年工业增加值为36.6万亿元，比上年增长5.8%。③工业产业结构的变化。由于20世纪90年代以来知识经济和信息技术的发展，改变了旧的工业产业结构并形成了新的产业结构，促进了信息产业的广泛兴起，在新工业经济时代发达国家的产业结构中，渗透于国民经济各个领域的信息产业日益成为占主导地位的产业，信息产业在国民经济中的比重不断上升，在这一时期我国工业化的发展中，为了迎接世界信息化发展的挑战，开始发展信息产业，进行工业产业结构的调整。

在经济转型后期，经济调节机制已基本转变为市场机制，国内市场进一步市场化，国民经济运行同世界经济全面接轨，工业化进程演进的特征有：①技术创新和制度创新发挥主要作用。技术创新可提高工业经济的设备水平，制度创新则为工业化提供了有益的发展环境，从而使工业生产快速增长。②第三产业迅速发展。经济全球化使各国开始注重优势产业的发展，第三产业特别是信息技术产业作为主导产业成为趋势。③民营经济推动工业化的发展。民营经济经营灵活，容易根据市场的需求来调节生产，经济效益比较好，可以形成工业化发展的主动力。

但是这一时期我国工业化的发展遇到了一系列的挑战：①新技术革命的挑战。20 世纪 90 年代以来的新技术革命则以信息革命为标志，在新的更高的层次上极大地提高了人类改造和征服自然的能力，促使社会生产由机械化、电气化和自动化向智能化发展。我国力求在高新技术的全球发展中拥有自己的一席之地，为此做了大量工作。但从总体上看，我国工业的技术创新能力还很有限，尤其在拥有自主知识产权的创新方面明显落后。工业技术创新能力弱，驾驭经济全球化的能力弱，经济竞争能力弱；②全球化的挑战。全球化、市场化是目前世界范围内经济发展的主导潮流，中国工业化发展也面临着经济全球化的挑战，经济全球化的本质是市场经济和市场竞争的全球化，在全球化背景下，各国经济的开放度日益加强，市场竞争将更为激烈。而中国作为一个发展中国家，在全球化的竞争中，竞争的劣势是技术劣势和综合实力的劣势，世界工业化发展的全球化趋势加大了中国工业经济在世界市场上的竞争难度。③工业经济竞争力的挑战。总体来看，中国工业的国际竞争力比较弱，与国际工业化水平相比，存在巨大的差距。我国独立核算企业、国有企业、规模以上的非国有企业的平均生产规模都比较小，化学工业、石油加工业、钢铁工业平均规模的国际差距较为突出。工业的劳动生产率工业增加值率与世界先进水平相比也有较大的差距，工业的生产设备、产品质量、研究和开发能力与国际水平相比差距更大。这些差距不仅表现在企业经济规模、工业生产效率、工业生产设备和产品质量上，而且表现在研发能力的差距上。④中国工业加入 WTO 之后面临的各种挑战。中国加入 WTO 之后，工业化的发展面临着更多的挑战，随着贸易权审批制的取消，国内大多数工业品都将面临国内市场与国际市场的接轨，国内的工业生产企业将面临国外产品的更大范围和更直接的竞争。相关服务贸易的开放可能导致国外相关工业品的进口增加。工业生产后续服务领域的开放，会大大加强外资企业和进口产品在国内市场的竞争力。

第四阶段：新型工业化阶段

党的十六大报告中明确提出了我国下一阶段要走的是新型的工业化道路，并指出新型工业化道路就是“坚持以信息化带动工业化，以工业化促进信息化，走出一条科技含量高、经济效益好、资源消耗低、环境污染少、人力资源优势得到充分发挥的新型工业化路子”。

我国新型工业化的发展具有双重目标：一方面要完成工业化的任务；另一方面要提高工业的现代化水平。从这一目标出发，要完成新型工业化还有许多艰巨的任务要完成。这些任务有：①促进工业化进程的深化。从目前我国工业化所处的阶段来看，由于我国正处于工业化的中期阶段，加深工业化仍然是一项十分艰巨的历史性任务，因此，要抓住机遇，加快中国的工业化进程。②加快农业工业化的进程。农业工业化是中国新型工业化不可缺少的内容。由于“我国是在传统农业部门没有得到根本改造时提前发动工业化的”,[①] 同时我国传统工业化的次序是以重工业为主，重工业的发展超过了轻工业，这种工业发展的次序单方面地考虑工业的发展，损害了农业的发展，忽视了工业对农业的带动作用，把农业的发展排除在外，强化了二元经济结构，使大批劳动力滞留在农业领域。在走新工业化道路时必须正确处理好城市与农村、工业与农业的关系，把农业的工业化作为新型工业化不可缺少的内容。③调整工业经济结构。20 世纪 80 年代以来，中国的工业化取得了突出的成绩，进入 21 世纪，提高质量和调整结构将成为新型工业的主要任务。因此，在新型工业化的实现过程中，要加大工业结构调整的力度：一是积极发展高新技术产业，提高高新技术产业在制造业中的比重，重点发展信息技术产业、生物技术产业、新材料技术产业。二是加强传统产业的技术改造，通过竞争机制的作用和优胜劣汰的机制，形成企业技术进步的内在驱动力和外在压力，用高新技术对传统产

---

① 洪银兴．协调农村工业化和农业现代化的途径[M]//转轨阶段改革与发展的秩序．南京：江苏人民出版社,2002:198.

业进行改造和武装。④转变工业经济增长方式。我国传统的工业化是以粗放型的经济增长为基础的，通过扩大工业的规模、提高工业的从业人员比例来实现工业化。而新型工业化是以集约型经济增长为基础的，在经济增长方式上强调利用技术进步提高经济效益。中国以数量扩张为主的发展阶段已经基本结束，从现在起，工业发展必须转向以提高素质为主的新阶段、从粗放发展走向集约发展的新阶段。在实现集约增长的过程中，既要实现快速增长，又要防止经济过热现象出现。在追求科技进步的同时，使企业真正成为科技进步的主体。⑤推动工业化发展的市场化。新型工业化道路是在总结我国传统工业化经验教训的基础上而提出的，在实现机制上强调市场机制的作用。为此在我国新工业化道路的实现过程中，资源的配置更加市场化。必须建设一个统一、开放、竞争、有序的市场体系。进一步放宽国内民间资本的市场准入，逐步发育完善国内资本市场；在市场机制作用发挥的基础上，在新型工业化实现中使政府职能得到切实转变。

从新型工业化的含义出发，与发达国家和中国传统的工业化相比，我国新型工业化的内容有：①以信息化带动工业化。我国是一个后发展国家，在新型工业化的建设中，可以参照和借鉴发达国家工业化和市场化进程中的经验和教训，以信息和技术为动力，在相对较短的时间内完成工业化进程。以信息化带动工业化，从而发挥后发优势来实现生产力的跨越式发展，在完成工业化任务的同时，提高工业的现代化水平。②以可持续发展指导工业化。我国传统的工业化为了在短时期内建立工业化基础，以高投入、资源的高消耗和环境的严重污染为代价发展了工业化。而新型工业化以可持续发展为基础，我国在实现新型工业化的进程中特别强调生态建设、环境保护和资源的有效利用，强调处理好经济发展与人口、资源、环境之间的关系，以降低工业化的社会成本和经济代价。③以技术进步推动工业的现代化。新型工业化的实现过程是现代自然科学技术、现代技术科学和现代社会科学在工业领域广泛地综合运用的过程，强调提高工业领域的科技含量，因此，新型工业化的目标是实现工业的现代化，目的是使新型工业化建立在当代最新科学技术的基础上，使整个国家工业的主要经济指标达到世界先进水平。④实现充分就业。我国的国情是人口多、劳动力成本较低，所以在新型工业化进程中要以充分就业为先导，在新型工业化的实现中我们必须努力克服传统工业化道路的弱点和弊端，在新型工业化的实现中强调充分就业。在工业化的技术路线和主导产业选择上，发达国家由劳动密集型产业向资本密集型、技术密集型的方向迈进，在实现工业化过程中注重机械化和自动化。同时要处理好资本密集型与劳动密集型产业的关系，处理好高新技术产业和传统产业的关系，处理好虚拟经济和实体经济的关系，在推进工业化的同时，也要扩大就业，实现劳动力资源的充分利用。

第三节　新型工业化是中国21世纪经济发展战略的转型

新型工业化是在总结发达国家和中国传统工业化经验的基础上，从中国工业化的现实状况出发，针对世界工业化发展的趋势而作出的战略转型。主要表现在以下几个方面。

一、走新型工业化道路体现了中国经济发展方式的转型。

一方面，进入21世纪，中国经济进入了全面的转型期，其中包括：社会转型，由落后到现代的转型；体制转型，由计划经济体制向市场经济体制的转型；经济增长方式的转型，由粗放向集约的转型；发展方式的转型，由传统工业化向新型工业化的转型。中国的工业化是在传统的计划经济体制下，国家通过农业的高积累来发动的，通过国家集中财力、物力和人力兴办工业企业的方式推动了工业化进程。这种工业化在短时期内加速了中国工业化体系的建立，但是也造成了工业技术水平低，工业发展对劳动力的吸纳能力小，使大量的人口滞留于工业经济领域以外。另一方面，在传统工业化的实现中，为了在短时期内建立工业化基础，忽视了成本—收益核算，以高投入、资源的高消耗和环境的严重污染为代价建立了工业化，造成了资源的过度消耗和生态环境的严重破坏。而目前世界工业化发展的趋势之一是以可持续发展为基础，坚持保护环境和保护资源，把控制人口增长、提高人口质量和追求经济增长放在同等重要的位置，在工业化发展战略上要做到人、环境、资源的协调发展。这给中国的新型工业化带来了严峻挑战。同时，中国是后起的工业化国家，而且中国有 13 亿人口，占世界人口的 22%。要在短短的几十年内加速实现工业化，这必然加大资源的利用规模，使资源、环境、生态和能源问题更为突出。中国经济发展的这些特征说明，传统经济发展理论中的工业化道路已经失去了可行性，必须从中国经济发展的这些基本特征出发，对中国经济发展的路径进行新的设计。因此，走新型工业化道路体现了中国经济发展的转型。

二、走新型工业化道路体现了中国工业经济增长方式的转型

中国的工业化在经济增长方式上是粗放型增长，在粗放型增长方式下，沿着规模扩大的路径来实现工业化。按照西方发展经济学家钱纳里对工业化进程的划分，人均收入水平 560 ~1120 美元进入工业化中期阶段。从我国 2018 年国民经济发展的主要指标来看，我国人均国内生产总值为 900309 亿元（约折合 13.6 万亿美元）。从这些指标来看，目前我国具有各国工业化中期阶段的典型特征，总体上达到了工业化的中期阶段，但是这种粗放型的工业经济增长方式导致了与发达国家的巨大差距：一是在企业规模方面，我国独立核算企业、国有企业、规模以上的非国有企业的平均生产规模都比较小，化学工业、石油加工业、钢铁工业的平均规模的国际差距很突出。二是在工业生产效率方面，工业的劳动生产率、工业增加值率与世界先进水平相比也有较大差距。同时，工业的生产设备、产品质量、研究和开发能力与国际水平相比差距更大，这在技术密集型产业和高新技术产业中表现得尤为突出。三是在研究和开发能力方面，技术开发投入不足，我国大型工业企业技术开发经费支出占产品销售收入的比重近年来一直在 1.2% 左右徘徊，而发达国家和新型工业化国家技术研发经费的支出一般在 3% 以上，世界 500 强中工业企业的投入比重为 5% ~10%，技术密集型和高新技术产业的投入比重达到 10% ~20%。研发投入不足，制约

了我国工业技术水平的提高，影响了我国工业的国际竞争能力。因此，要实现新型工业化还有许多艰巨的任务要完成，不仅要加快工业化进程，而且要提高工业的现代化水平，在完成工业化任务的同时，要叠加信息化的任务。但是提高中国工业的现代化水平，缩小中国工业与发达国家的差距，不能通过传统的工业经济增长方式来完成，必须总结世界各国工业化和中国传统工业化的经验教训，转变经济增长方式。因此，走新型工业化道路体现了中国工业经济增长方式的转型。

三、走新型工业化道路体现了在经济全球化背景下中国经济发展战略的转型

20 世纪 90 年代以来，经济全球化的特征日益明显，特别是中国加入 WTO 以后，中国经济发展开始融入国际分工体系中。在开放经济条件下，经济全球化给中国经济发展带来了一系列挑战：一是经济全球化过程中信息化发展的挑战。经济全球化的根本推动力是新技术革命，新技术革命以信息革命为标志，在新的更高层次上极大地提高了人类改造和征服自然的能力，促使社会生产由机械化、电气化和自动化向智能化发展。但从总体上看，我国工业的技术创新能力还很有限，尤其在拥有自主知识产权的创新方面明显落后。工业技术创新能力弱，驾驭经济全球化的能力弱，在经济全球化背景下的经济竞争能力弱，经济全球化对中国工业化具有根本性的挑战。二是中国经济发展面临生产全球化的挑战。经济全球化的核心内容是生产全球化，在经济全球化诸方面内容中，生产全球化居于核心地位，生产不仅决定流通，而且从根本上决定着资源在全球范围内的流向和力度。在生产全球化发展中，境外生产在越来越大的程度上替代了传统的出口贸易。我国企业基本上还停留在“国内生产、国内销售”和“国内生产、国际销售”的传统状态之中。三是经济全球化加大了中国经济在世界市场上的经济竞争难度。经济全球化的本质是市场经济和市场竞争的全球化，在全球化背景下，市场竞争将更为激烈。而中国传统的经济发展战略是高成本、低效益的数量型发展战略，在这种战略背景下，中国工业竞争

的劣势是技术劣势和综合实力的劣势。因此，在全球化背景下，要转变经济发展的战略思路，既要加速完成工业化任务，又要迎接信息化的挑战。因此，走新型工业化道路体现了在经济全球化背景下中国经济发展战略思路的转型。

四、走新型工业化道路表明了中国经济发展进程的深化

我国经济发展的物质基础、体制条件和外部国际环境表明我国已经具备了走新型工业化道路的基本条件：①改革开放以来的经济发展为新型工业化道路提供了物质条件。从发达国家特别是美国和日本的历史发展经验来看，国民生产总值从1万亿美元到4万亿美元的发展历程，大约都经历了20～30年的时间。改革开放以来，我国用了大约20年的时间，实现了国内生产总值比1980年翻两番的战略目标，实现了总体小康，这不仅给21世纪的经济发展积累了丰富的经验，而且为实现新型工业化道路奠定了雄厚的物质基础条件。②我国经济体制的改革为新型工业化道路创造了体制条件。我国实现工业化进程是在改革开放20多年，具有巨大的体制、机制和市场活力的市场经济条件下推进的，经济体制的转型、市场经济的发展为新型工业化道路创造了体制条件。同时，新型工业化是在全球经济一体化进程中推进的，这就为我国在21世纪经济发展新的阶段中实现新型工业化提供了增长的市场空间。③目前正在实施的全面建设小康社会的目标将为实现新型工业化提供能力条件。全面建设小康社会将使我国经济总量和人民收入水平不断提高。2018年，我国国内生产总值达到900309亿元，人均国内生产总值64644元，我国经济总量和人民收入水平的提高为我国实现新型工业化提供了能力条件。④世界科技和经济发展的趋势为新型工业化道路创造了有利的国际条件。一是世界经济发展的知识化和信息化为新型工业化发展道路提供了外部技术支持，为我国走上科技含量高、经济效益好、资源消耗少的新型工业化发展道路创造了有利的技术条件。二是世界范围内工业经济结构调整、产业的国际转移和升级步伐加快，为我国利用国际分工实现新型工业化提供了资源国际分配的机会。同时，国际资

本流动将使我国利用外资的规模进一步扩大，有利于我国通过扩大利用外资来实现新型工业化。三是中国加入 WTO 以后跨国公司对我国经济发展的影响力迅速增强。加入 WTO 以后，跨国公司、民营经济和国有经济将成为我国经济发展的三支主力，使我国国有经济战略性结构调整获得更大的选择空间，为我国实现新型工业化提供了外部环境条件。

五、新型工业化是从中国国情出发工业化发展的必然选择

我国的国情决定了必须走新型工业化道路，我国的基本国情具有六个显著特征：一是我国经济二元结构特征十分特殊。中国的经济结构不仅具有发展中国家二元经济结构的典型特征，而且是特殊的“双层刚性二元经济结构”，从总体上看是城市与乡村的二元经济结构，而每一元中又分为两层：从城市来看是现代工业与传统工业并存。从农村来看是传统农业与以乡镇企业为代表的现代农业并存。二是我国存在巨大的城乡发展差距。2018 年全国总人口为 139538 万人，其中农村人口为 56401 万人，占总人口的 40.42%，城镇人口为 83137 万人，占总人口的 59.58%。城市居民人均收入为 39251 元，农村居民家庭人均纯收入为 14617 元，农村居民家庭人均纯收入占城镇居民人均可支配收入的 37%。[①] 三是我国人均资源占有量贫乏。我国是世界人口数量最多的国家，但人均资源占有量却低于世界人均水平。人均矿产占有量约为世界人均水平的 1/2，人均耕地、人均水资源约为世界人均水平的 1/3，人均森林仅为世界人均水平的 1/6。四是经济发展的自然条件差、发展成本高。65% 的国土面积为山地丘陵；33% 的国土面积为干旱区、荒漠区；55% 的国土面积不适宜人类生活和生产；17% 的国土面积构成了世界屋脊。如果世界平均的发展成本为 1，则中国发展成本与世界平均值的比为 1. 2∶1. 00。工业发展成本之比为 1. 25∶1. 00，农业发展成本之比为 1. 05∶1. 00，基础设施成本之比为 1. 28∶1. 00。区域开

① 国家统计局. 中华人民共和国 2002 年国民经济和社会发展统计公报 [N]. 人民日报，2019 - 02 - 28.

发成本之比为1.25∶1.00。[①] 五是中国是后起的工业化国家。目前世界工业化国家的总人口为7亿多人，占世界人口的11%，这些国家实现工业化历经200多年的时间。而中国有13亿人口，占世界人口的22%，但中国就是要在短短的几十年内加速实现工业化，这必然加大资源的利用规模，使资源、环境、生态和能源问题更为突出。六是中国人口基数大，截至2018年年底，我国总人口为13.9538亿人，其中城镇人口8.3137亿人，农村人口5.6401亿人，如果继续走其他国家以及中国传统的工业化道路，会影响我国的资源、环境和生态的承载能力，造成人与自然关系的紧张，影响经济发展的可持续性。因此，从中国的国情出发，必须努力克服传统工业化道路的弱点和弊端，走出一条既不同于发达国家，也不同于发展中国家，与中国传统工业化道路完全相区别的新型工业化道路。

第四节 以新型工业化推进工业化路径的转型

从我国工业化的横向和纵向综合评价来看，我国工业化进程不但与发达国家相比有很大的差距，经典工业化的任务没有完成，还遇到了信息化发展的挑战，信息化时代的任务与工业化时代的任务叠加在了一起。因此，在信息化时代的发展目标与工业化时代的发展目标叠加在一起的背景下，要以新型工业化推进我国工业化路径的转型。

一、加快工业技术进步，促进工业经济结构的优化升级

新型工业化是以信息化和技术进步来推动的工业化，我国工业领域中制造业的技术水平普遍落后，难以形成核心竞争力。因此，新型工业化坚持用信息技术、高新技术和先进适用技术改造传统产业，用信息化带动工业化，提高工业的现代化水平和竞争能力，促进工业经济结构的优化升级。

（1）以技术进步来提高工业的生产能力。与世界发达国家的工业化相

① 甄蓁．中国发展成本为何高于世界［N］．北京青年报，2002－03－04．

比，中国制造业的典型特征是没有核心技术、产出水平比较低、劳动生产率比较低。一方面，中国制造业没有核心技术，制造业的研发能力和自主创新能力都不高，真正有原创性和新技术的产品还不够；另一方面，产业结构存在差距，中国技术密集型产业明显落后于发达国家，出口的机械、电子产品大多是附加值低的产品。同时，劳动生产率具有明显的差别。因此，在新型工业化实现中，要以技术进步为核心，提高工业生产力，通过技术进步使工业化在生产能力和规模上上档次，不仅要在总量上保持优势，而且要使一些行业进入世界前列，使一批企业的生产能力和技术水平也走在世界前列。要优先发展以信息技术为先导的高新技术产业，使其在国民经济中的地位和作用不断增强，特别是在信息技术产业领域内，形成具有自主知识产权的核心技术以及核心设备的制造能力，提高信息产业的国际竞争能力；通过技术改造使传统的工业企业实现现代化，提高高新技术产业的比重，在继续保持我国劳动密集型产业比较优势的基础上，用科学技术提高劳动密集型产业的现代化水平，不断提高劳动密集型产业的劳动生产率。提高工业的研发能力，研发能力的提高可以提高技术创新水平和技术的产业化能力，在新型工业化过程中，通过提高研发能力使大型龙头企业的研发能力达到世界先进水平。不断增加研发费用，使部分工业领域的研发能力达到世界先进水平。

（2）加快工业经济结构调整。新型工业化实质上是经济结构的转化，通过经济结构的转化促进经济结构升级，使我国的经济发展和工业产业的发展建立在新的结构基础之上。因此，新型工业化必须通过结构调整来实现。一是要用工业化的生产方式改造传统农业。在新型工业化的实现过程中，要把传统农业的根本改造放在重要位置，提高工业对农业的带动能力。在农业产量稳步增长和农村市场经济进一步发展的基础上，用工业技术设备对农产品进行深加工，增加农业的附加值，推进农业的产业化经营，加快传统农业向现代农业的转变。二是促进乡镇企业的二次创业。乡镇企业是农业工业化的主要形式，20 世纪 80 年代末乡镇企业的异军突起，不仅推动了农业的发展，而且促进了城乡一体化进程。在新型工业化的实现过程中，要支持、引导乡镇企业推进技术进步、结构调整和体制创新，提高乡镇企业的素质和水平。使乡镇企业再创优势，重塑新的机制，推动乡镇企业的二次创业和现代化发展，增强乡镇企业在农业工业化过程中的带动作用。三是调整工业内部的产业结构。工业化进程的一般规律是：轻工业发展阶段→重化工业阶段→高加工度阶段→技术集约阶段。在加强工业内部产业结构的调整时，一方面要选择好工业的主导产业，依据增长潜力、就业功能、带动效应、技术密集度和可持续发展性等因素选择新兴主导产业，促进新兴主导产业的形成和发展，提高新兴主导产业的国际竞争能力。加强新兴主导产业对其他产业和整个制造业发展的带动效应。另一方面要依据利益原则培育中国的战略产业，大力振兴制造业，使制造业成为国民经济的支柱产业。同时，从充分就业的目的出发，发挥劳动力优势，大力发展劳动密集型产业。

（3）实现工业经济增长方式的转变。一是尽快转变经济增长方式，变粗放型为集约型。在国家宏观经济政策中纳入资源环境因素，避免以生态环境为代价追求经济增长，遵循市场经济规律和生态经济规律，以最小的经济发展成本来改进环境质量。二是积极推行清洁生产工艺，从根本上解决生产污染问题。要加强清洁生产技术和科研成果的推广和使用，及时转化为现实的污染治理能力，这是产业结构调整的突破口和载体。要结合企业技术改造，不断增强工业污染防治能力，使企业通过工艺改造实现增产减污；结合节省降耗，减少污染物的产生量和排放量，结合增产节支，提高经济效益和环境效益。三是积极培育和扶持环境保护产业这个新经济增长点，作为调整结构性污染的突破口。重点攻克符合国情的污染治理技术、生态破坏恢复技术和综合利用技术；要积极发展性能先进、高效经济的污染治理设备、资源综合利用设备、节能和节水设备，实施环保工程、农业生态工程等，并作为产业发展的重点，形成环保支柱主产业，发挥技术市场规模优势，增强治污技术装备和能力。注重资源节约型产业的发展，并通过企业升级中的技术改造，把国际上先进的技术吸收进来，把新的技术应用到企业上来，提高企业素质，降低消耗，提高经济与环境效益。在企业中积极推行清洁生产，将废物减量化、资源化和无害化，或消灭于生产过程之中，即要由末端控制改为过程控制实现废物量小化。

二、进行制度创新，创造新型工业化的制度条件

由传统工业化向新型工业化的迈进，标志着一定生产力水平的飞跃，而生产力水平的飞跃又与一定的生产关系紧密结合在一起。从新型工业化和中国 21 世纪经济发展的要求来看，这种制度创新主要表现在：

（1）加快工业经济所有制结构的调整。传统工业化是以国家投资为主体来推动的。改革开放以来，工业经济领域中的国有经济比重已经有所下降，在新型工业化道路的实现中，要以所有制结构的调整作为工业经济制度创新的突破口，形成以国有经济为主导、混合所有制经济为主体、非公有制工业经济大力发展的新所有制格局。大力发展非国有经济，发挥民间投资在新型工业化中的积极作用，特别重视民间工业化的发展。同时在所有制改革中，改变国有工业的垄断地位。利用经济相对紧缩从而加工工业领域竞争激烈的有利条件，加快传统产业的技术改造，促进乡镇工业特别是农村工业提高生产技术水平，降低物质消耗比重，减轻对原料工业部门的需求压力，使工业结构继续高加工度化。

（2）进行市场制度的创新。在市场机制方面，要进一步促进市场的发育。消除市场发育的障碍，变市场直接干预为间接调控，切实打破市场的条块分割。进一步完善市场体系，特别是要促进生产要素市场的发育。在微观上要推进现代企业制度建设的步伐。加快对国有工业企业规范的公司制改革，把国有工业企业改造成为股份公司，改变国有企业产权结构单一的状况，强化产权的激励和约束，并在此基础上完善企业的法人治理结构，以建立完善的法人治理结构和新的国有资产管理体制为前提，使政企职责分开。在政府职能方面，在实现政企分开的基础上使政府的经济调节、市场监管、社会管理和公共服务职能不断完善，由政府发挥间接调节作用，利用市场机制来实现。在宏观经济调节与管理方面，做好新型工业化实现的宏观调节，稳定的宏观经济环境是实现新型工业化的基本条件，

政府应运用财政政策和货币金融政策，通过调节总需求处理好总供给与总需求之间的关系，维护工业经济总量的大体平衡，减少经济波动，保持宏观经济稳定。

（3）促进产业制度的创新。在新型工业化的实现中要进行产业中制度的创新，产业制度的创新是中国新型工业化的重要内容，产业制度的创新既要面对世界工业化的趋势，又要立足于中国工业化的现实状况。一是要做好主导产业的选择。按照发展经济学的一般原理，主导产业具有前瞻效应、旁侧效应和后顾效应，依据主导产业更替的作用机理和中国新型工业化的目标，应当把信息化产业和高新技术产业作为提高工业现代化的主导产业，把重化工、耐用消费品和非耐用消费品作为加速完成工业化任务的主导产业。二是建立我国的生态工业体系。从我国工业经济发展的现状出发，在新型工业化的实现过程中要大力发展生态工业，建立生态工业体系。从生态工艺的要求出发，淘汰老工业工艺，从产品的设计、制造到销售全过程都按照生态工业的要求，进行工艺流程的设计。完善环保产业政策，促进和扶持环保产业的发展。三是进行产业政策的创新。产业政策创新的方向是：①公共产品的供给、高新技术和信息技术产业的发展、产业结构转变、增强产业竞争力等方面。②调整产业援助政策，对企业的退出和转产行为，员工失业、再就业区域性调整进行援助。

三、加快技术进步，推动农村工业化的现代化

新型工业化具有双重任务：一是加快完成工业化任务，二是以信息化推进工业现代化，而完成工业化的途径是农村的工业化。进入21世纪，农村工业化的发展既要面对国内新型工业化发展的背景，又要面对世界工业化发展的趋势。目前发达国家的工业化已经在新工业革命的推动下，开始由旧工业经济时代的工业化向新经济时代的工业化方向发展，这一新的发展方向给全球工业化带来了新的变化，要求各国工业化发展中要不断提高技术水平和信息化水平。我国的农业工业化虽然取得了较大的发展，对国民经济的发展产生了巨大的影响作用，但是农业工业化的总体技术水平

低、竞争力弱，因此在农业工业化的进一步发展过程中要加快技术进步，推动农业工业化的现代化水平。

（1）不断提高农村工业的技术装备水平，在农业工业化发展中“既不能停留在手工劳动为主和作坊式生产的传统工业水平基础之上，又不能用吸收城市工业淘汰设备的办法来实现农村工业化”。要重视技术改造和设备更新，及时淘汰落后设备，及时提高农村工业的技术含量和技术装备水平。

（2）提高农村工业劳动者的素质。人的素质决定着农村工业化发展的水平。农村工业化的发展不仅取决于市场规模的扩大和技术水平的提高，而且取决于知识和人力资本的积累，因此在农村工业化的发展中，要通过大力发展教育事业，提高人力资本投资的规模和效率，从而提高劳动者的素质，提高人力资本的积累水平。为此，要发展农村义务教育和职业技术培训，提高农村劳动力的素质，为其参与社会分工提供条件。转变原有的观念和方法，在人才培养目标、教育体制、教育内容、教育方式、基础教育、发展资金等方面进行全面的教育创新，通过市场机制，由政府办学转向民间办学，使教育产业化。发展高等教育，通过高等教育提高人口素质，带动和实现人口的城市化和产业结构的升级，培育具备参与知识经济分工能力和高层次专业能力的高科技人才，鼓励人员、企业进行技术创新，增加收入，从而促进投资和消费，扩大国内总需求，为农村工业化创造人力资本条件。

（3）促进农村工业企业的组织创新。按照现代企业制度的方向进行产权制度改革，使乡镇企业通过改制和改组成为多元化投资主体，形成股份合作制、股份制、个体私营、中外合资以及各种经济成分联营等多种组织形式的企业财产组织形式，通过产权重构，合理处理共有产权和个人产权的关系，提高产权效益和资产效益。在组织创新的基础上努力提高农村工业企业的管理水平，针对农村工业企业管理水平低的现状，改变我国农村农业企业中的家长式管理、家族式管理和经验式管理的现状，不断提高其管理水平，使农村工业企业实现管理水平的科学化和规范化。

四、发挥民间工业化的作用，缩小区域之间的工业化差距

我国东部沿海地区工业化进程快于中西部地区，这主要归功于沿海地区非公有制经济的发展。工业化过程中的主要内容是农业富余劳动力向非农产业转移的过程。因此，要缩小我国地区之间的差距，就要做到：

（1）中西部应加强自身工业化发展的基础设施建设。加强基础设施建设可为非正规部门经济、非农产业、东部沿海企业、外企的发展提供有力支持和保障。要加强特别是农村的交通运输、通信设施、信息网络以及文化教育等基础设施建设。加大财政对农村教育的投入，积极鼓励和支持社会力量采取多种形式办学，提高农村劳动力的综合素质，促进劳动力的自由流动。

（2）提供各种优惠政策，推动中西部非公有制经济和非农经济的发展。降低市场进入条件，必要时给予适当的经济补偿，简化登记手续；强化政府提供资金、管理、技术、信息、社会保障和服务功能；降低税收，除关系国家安全等少数部门不能进入外，其他经济部门应允许非公有制经济优先进入，全力推动非公有制经济和非农经济的发展。

（3）吸引东部和国外的先进技术和资金，投资中西部建设，避免地区工业的重复建设。提供有利于企业发展的外部环境和社会保障，充分利用外部先进技术来改造和提升中西部的落后和传统技术；把资金用于主导产业和优势产业，使资金的使用效果更快更有效。

五、提高产业集中度、企业经济规模和企业的创新开发能力

从世界范围来看，以跨国公司为主导的经济全球化成为世界工业化发展的一个重要趋势，工业发展的全球化特征日益突出，商品服务、生产要素与信息跨国流动的规模与形式不断增加，在经济全球化过程中，跨国公司成为全球化的主体，跨国公司以其产业集中度、规模效益和企业开发创新能力主导了全球化进程。与国际水平相比，我国工业化的主体工业企业的差距日益突出，表现在：①企业规模小、综合竞争能力弱，我国独立核算企业的平均规模比美国、日本等发达国家以及韩国小得多；②研究开发

能力不足，使大多数工业企业缺乏创新能力。因此，针对我国工业企业的现状，在走新型工业化道路的过程中，要进一步提高产业集中度，提高企业经济规模和企业的开发创新能力：①提高工业产业的集中度。产业集中度的提高依赖于产业组织的调整，在走新型工业化道路的过程中，要通过市场竞争实现产业组织的调整，在企业组织的调整中要加快大型企业集团的并购与联合，在重视资源互补、形成规模经济效益的基础上，提高大型股份公司资产重组的比重。②扩大企业规模。企业规模关系到企业生产设备的技术水平、企业开发机构与科技投入的能力、企业技术创新的水平与能力，特别是从目前全球化发展的趋势来看，企业规模成为衡量企业国际竞争能力的一个重要指标。因此，在新型工业化的实现过程中，要采取积极的措施，促进企业之间的并购、联合与重组，通过并购、联合与重组提高规模经济效益，增强竞争实力。③提高企业的研究、开发与创新能力。我国的工业企业技术落后，劳动生产率相对较低，物耗与能耗并重，在新型工业化的实现过程中，要提高工业化的国际竞争能力，必须要加快工业企业的设备更新能力和技术进步。通过装备工业的发展和先进技术设备引进力度的加大，满足目前一些工业企业技术更新改造的需要。通过企业与社会多种途径大幅提高开发经费的投入力度，采取 WTO 规则下允许的补贴形式，提高企业从事技术开发与创新的积极性。

第七章 中国特色的城市化路径及其阶段性变化

第一节 城市化发展的三个阶段

城市化是工业化的必然结果，城市化的发展和演化需要经历三个阶段，分别是人口的城镇化、城镇的城市化和城市的现代化。

一、人口的城镇化

马克思曾经指出，现代历史就是一部乡村走向城市化的历史。城市化一方面是指人口从农村不断向城市集中的过程；另一方面，城市化还应包括城市文明、生活方式、价值观念向农村地区的扩散。城镇化道路是指实现城镇化过程中的路径选择，这条路包括如何处理城镇化与工业化和现代化的关系、大中小城市和小城镇的关系、市场推动与政府导向的关系等。新中国成立以后，我国以重工业优先发展作为全面开始工业化的发展战略，当时全国20%的人口集中在城市，而工业企业的布局也集中在城市地区，重工业优先发展战略吸引了一部分农村人口从农村流入城市，带动了计划经济时代下城市化和工业化的初步发展。改革开放之后，农村经济和城市经济得到了充分发展的空间，随着乡镇企业和城市民营企业与私营经济的发展，以及20世纪90年代沿海试点城市的开放和外资经济的引进，大量内陆的农业劳动力从农村流入城市。在工资报酬吸引和政策支持的引导下，劳动力在市场机制中完成了自发的资源配置。从吸纳劳动力的角度来看，改革开放后在城市工业化过程中产业结构的演进以劳动密集型的加工制造业和第三产业为主，这些产业因其对劳动力需求的增加从而引起人口从农村向城市的转移，形成了中国现代化以来最大规模的人口迁移。

人口城镇化的直接结果是提高了城镇化率。2011 年城镇化率突破 50%，达到了 51.27%，这一比率逐年增长，目前已经接近 60%。这标志着中国的城镇化取得了巨大成就。根据美国地理学家诺瑟姆（Ray M. Northam）的研究成果，城镇化率在 30% ~70% 为城镇化加速发展阶段，超过 70% 为城镇化成熟发展阶段。我国目前处在从城镇化加速发展阶段向城镇化后期成熟发展阶段演化的关键阶段。要顺利实现向成熟城镇化发展阶段的跃迁，需要走一条新型城镇化道路。与高资源消耗、高经济增长、高碳排放、高污染的传统城镇化相比，新型城镇化是一种高效低碳、生态保护、节约创新、智慧平安的可持续健康城镇化发展模式。城镇化要保持合理的增长水平，不能一味地强调量化的速度，而应当突出城镇化发展质量的评价。因此，在人口城镇化过程中，加强中心城镇建设和中心村建设，分别推进农民市民化和农民社区化。这样可以使部分留守农村的农业人口在不进城的情况下也可以享受到城市市民的各种待遇，可以视作农村渐进城镇化的发展进程，这有利于提高城镇化率的质量。

二、城镇的城市化

党的十八大报告中提出把生态文明理念和原则全面融入城镇化全过程，坚定不移地走集约、职能、绿色、低碳的新型城镇化道路。城镇化成了我国现代化建设的历史任务。城镇的城市化要求走一条中国特色的新型城镇化道路。新型城镇化道路是一条城乡统筹、城乡一体、产城互动、节约集约、生态宜居、和谐发展、大中小城市小城镇及新型农村地区协调发展，互促共进的道路。必须健全城乡发展一体化体制机制，形成以工促农、以城带乡、工农互惠、城乡一体的新型工农城乡关系，让广大农民平等参与现代化进程，共享现代化成果。改革开放以来，中国的城市化建设虽然取得了较大成就，但是离经济社会发展的客观要求仍然有较大距离。

一般认为，一国城市化率只有达到60%才算进入城市化后期阶段，达到70%城市化任务才算基本完成。2015年中国城镇化率为56.1%，2017年为58.5%，2018年为95.58%。从城市化和工业化进程的比较来看，目前我国城市化滞后的现象是比较严重的，未来城市化建设任务仍然艰巨。

首先，城镇化的主体是人，虽然经济转型的40年来农村人口不断向城市转移，但是农民融入城市是一个长期的过程，农民能够在城市中安定地生活，向城市人口转化，需要有就业机会的支撑。如何为进入城市的农村人口提供足够多的就业岗位而不至于让其失业，这是在城镇化建设过程中必须要解决的一个问题。其次，城镇的城市化需要选择合适的城市发展规模，走协调发展的道路。这样才能达到最优的城市规模结构、城市承载力，城市功能才能得到真正的提升，城市之间形成优势互补和产业联动，有利于资源的优化配资。因此，要合理、节约地利用土地，提高各类资源与环境的集约性，通过科学的规划设计来提高城镇化的效率，打造地方特色的城镇功能。最后，城市化建设的一个重要任务是建设宜居型城市，改善人民生活。随着城市规模的扩张，城市在功能上需要加大公共服务的投入来满足日益增长的城市人口的需要。如果忽视公共服务，如教育和公共卫生以及基础设施的供给，那么就会出现大量的城市贫民，其生活状况令人担忧。这是城市规划和政府财政需要科学规划和合理解决的矛盾与问题。

三、城市的现代化

（1）城市现代化的内涵及特征

城市现代化是城市发展的高级阶段。现代化是工业化过程进入高级阶段的社会发展，其特征表现为自动化、信息化技术的广泛应用以及生产力的高度发展。对发展中国家和地区而言，指的是发展中国家以发达国家为目标，通过加速工业化追赶发达国家的过程，通过技术的创新和外溢效应实现工业化的蛙跳式发展，缩短与发达国家之间的差距，技术进步和生产力的发展与经济文化的全面繁荣是现代化的主要标志。因而现代化是社会全面进步和发展的过程，城市的现代化在新时代有其新的特征。首先，城市现代化是一个复合和有机的结构，包括城市的形态、城市的生态、城市的交通、城市的经济和城市的文化以及作为城市主体的人，都是现代化的集合。这些方面处于相互关联的状态，每个方面的现代化会对其他方面的现代化产生影响，如城市形态现代化、交通现代化和生态现代化处于基础地位，其上是城市的文化现代化和人的现代化。其次，城市现代化是处于不断发展中的动态结构系统。从马克思主义关于人类社会发展的规律来看，生产力发展的永续性是由两种力量推动的：一种是内在动力，由劳动者经验积累和科技进步引起的劳动工具更新，以及劳动者自身素质包括智能、技能和体能的提高；另一种是外在动力，即先进的生产关系、上层建筑对生产力的促进作用。因此，由社会生产力以及上层建筑等因素决定的城市现代化也必定是一个永续的动态过程。最后，城市现代化的价值判断改变。人们生存的物质条件和社会环境条件不同，人们的偏好和价值取向亦不同。在城市现代化的早期，由于人们的物质生活条件和交通较不发达，城市污染也比较严重时，人们对城市现代化的价值取向偏重城市的物质方面。在城市现代化后期，由于人们的物质生活条件已经得到较大改善，人们对精神生活有了更多更高的需求，城市的文化品位在城市现代化的判定中的权重会相对增加。

（2）城市现代化的阶段和面临的问题

自18世纪英国工业革命以来，经济现代化经历了两个发展阶段，即工业化和信息化阶段。城市是社会经济和科技发展的中心，社会经济现代化首先是城市经济现代化的过程。工业化与城市化是相生相伴的，所以工业化过程又是城市化过程。在中国，工业化的起点可以追溯到19世纪60年代的洋务运动，至今中国的工业化已经走过了150多年的历史。但自洋务运动至新中国成立之前的近一个世纪，现代工业化的发展是极其缓慢的，新中国成立时现代工业占国民经济的比重不足10%，而大规模工业化是新中国成立以后开始的。在新中国成立后至今的60年工业化历程中，中国工业化在资本积累、产业选择、城市化方面都有自己的特点。在产业选择上，中国选择了具有比较优势的劳动密集型产业，低廉的劳动力成本使这一产业获得了高额的人口红利，得以迅猛发展。在发展的初期阶段，也选择了一些以牺牲环境和资源为代价的高污染、高消耗的产业，由于工业化初期阶段环境和资源成本还比较低，这些产业也获得了较快的发展。但早期的这种高速增长是一种粗放型的经济增长模式，即建立在劳动力报酬低、环境污染大、能源消耗高的基础上的经济增长，是不可持续的经济增长。随着中国经济腾飞、总量增大，经济发展方式的转型越来越迫切，伴随着工业化向高级阶段演进，劳动力成本和能源成本的上升这些因素倒逼了经济增长方式开始朝向注重质量型的经济增长转型。

由于工业化和城市化是相伴相生的，目前中国城市人口占总人口比重为58.52%（2017年），城镇化率的提高有利于扩大内需，提高生产效率，促进资源优化配置，增强经济的辐射带动作用，提高群众享有的公共服务水平。与2012年相比，我国常住人口城镇化率提高了5.95个百分点，城镇常住人口增加了10165万人。同时，城乡居民收入差距继续缩小。2017年，农村居民人均可支配收入实际增速高于城镇居民0.8个百分点，城乡居民收入比由上年的2.72下降为2.71。我国常住人口城镇化率距离发达国家80%的平均水平还有很大差距，这也意味着巨大的城镇化潜力，将为经济发展持续释放动能。一般认为，城镇化率由30%上升到70%的过程为经济快速发展的黄金时期。如果再考虑到目前我国城镇化率中包括了1亿左右的常住城镇的农民工，以及城市基础设施质量、人均拥有量与发达国家相比存在的差距等因素，我国的城镇化进程所蕴含的经济增长动力将更大。

城市经济现代化的动力主要依赖于科学技术，科技对经济增长的作用已经不言而喻，如何使用科技使之成为经济增长的推动力是现代化面临的制度激励问题。这包括：①知识产权保护制度。对知识产权的保护实质上是一定时间内限制他人对这种权利的使用。他人如果要使用这种权利，必须得到权利人的同意，并且权利人有权要求使用者进行相应的经济补偿。在知识产权保护制度下劳动成果预期的权属是非常明确的，人们愿意为制造属于自己的成果而付出劳动。②限制垄断的制度。垄断对技术进步的影响在垄断的不同阶段和范围是不同的。在垄断的初期阶段，在竞争的作用下垄断可能有利于技术进步，但是当垄断进入个别生产者控制整个部门时，生产和资本逐渐集中在少数生产者手中，垄断者依靠较强的垄断势力不必通过技术进步就能获取高额利润时，垄断成为阻碍技术进步的机制。除了自然性垄断和行政性垄断行业之外，在城市工业与商业发展的现代化进程中应当广泛促进竞争，限制不同程度的垄断，规范行业商业行为，打破价格同盟，为城市化和现代化创造新鲜的经济活力。

城市现代化的另一方面表现为城市文化的现代化。城市文化随着城市经济的发展而发展，是一个累积和不断变迁的过程，是城市经济进入较高的发展阶段之后发生的。西方社会在 14 到 16 世纪的文艺复兴时期，地中海沿岸地区的佛罗伦萨等城市出现了欧洲早期的资本主义手工工厂，银行、保险、会计记账与资本主义工商活动也出现了与资本主义匹配的新兴的经济因素。在这样的经济条件下，反映资本主义发展要求的新文化运动得以发生，并在 18 世纪的启蒙运动中又掀起了一场新的文化运动。工业革命后，随着工业化和城市化的不断推进，物质财富积累迅速增长，为文化更高层次的现代化奠定了更坚实的物质基础，工业化过程中教育的发展、知识的积累和技术的进步以及制度的完善为更高层次的现代化奠定了坚实的精神基础。因此，文化现代化不是一个孤立的过程，它是与城市经济的现代化相伴，并不断走向高级化的过程。

在我国新时代的背景下，城市文化现代化必须坚持文化的先进方向。尤其是观念形态的文化应当具有当代性、科学性，并与先进的经济政治制度相联系。因为文化的先进性是在不断地更替、不断地延续的历史过程中实现的，必须既反映事物发展的一般规律，又反映历史发展特定阶段的特殊规律，能够推动一定历史阶段的经济政治向前发展。城市文化的现代化要为塑造城市形象提供文化滋养，体现城市魅力，这是构成城市竞争力的要素，包括观念文化、建筑文化、遗存文化、生态环境文化、礼仪文化等。此外，注重城市公共文化设施建设，提供可供市民进行文化消费的场所或者手段，是城市文化现代化的一部分内容，政府是提供公共文化设施的主体。同时大力发展文化产业，保护城市遗存文化，构架不同群体之间的文化和谐，这些都有利于提高城市现代化向高级阶段演进和发展的水平。

第二节 城市化对经济发展的作用

城市化对经济发展的作用可以从正反两个方面来考察，世界经济历史的轨迹和经验结果表明，城市化极大地促进了社会发展的全面繁荣，对经济一体化和现代化的推动作用十分巨大，但与此同时，城市化在不断发展的过程中也产生了诸如发展不平衡、环境污染和城市病的问题，这可以看作城市化引起的经济发展的成本和代价。

一、城市化促进了经济社会的全面繁荣

一般认为，城市人口达到总人口的50%以上就算基本实现了城市化。城市化速度的差异是由多种因素造成的，除工业经济发展水平外，国民经济结构、农业结构、人口状况、历史传统、自然地理等对城市化进程都有影响。城市化带来的人口从农村向城市移民的结果引起了城市人口的增长。在工业化时期，城市人口的增长主要依靠外来移民，即农村居民向城市的转移。在工业化过程中兴起的制造业城市、海港城市、资源富集城市的发展速度要比传统城市更快，大城市比中小城镇发展得更快，城市规模的扩张直接影响了城市人口的增长速度。但是当大城市达到相当规模、人口趋于饱和以后，发展速度开始趋缓，而中等城市发展的速度加快。由于农村人口大量迁入城市，农村人口的绝对数开始下降，提高了城市化率的水平。

在城市化和工业化过程中兴起的城市，其经济功能大大地加强了，有的城市依靠某一项支柱产业发展起来，如钢铁城、纺织城、化工城、港口城、煤都等。但即使是产业专业化程度很高的城市，某一产业的发展必然

要带动其他相关产业的发展，如基础设施的投资，引起金融业和保险业的繁荣，这些行业的产生和发展又促进了工商业在城市经济中不断兴旺和发达地运转。伴随工业化而发生的城市化，在促进经济和社会发展过程中发挥了巨大的作用。工业和服务业在城市的聚集为第二、第三产业的发展开辟了无限广阔的前景，加快了经济现代化的进程。城市还是现代教育和科学技术的摇篮，人口和智力资源的大量聚集为教育和科学研究的发展创造了优良的环境。城市也是精神文明和现代化生活方式的发祥地，城市居民告别了他们习惯的农村田园生活方式，居民的衣食住行靠市场来供应。随着城市规模扩张，人们的出行方式也发生了变化，对汽车、地铁、公车等代步工具的需求增长也刺激了相应的工业和制造业的繁荣。因此，城市化既是社会生产力发展的结果，反过来也极大地促进了社会的全面进步。

二、城市化促进了城市经济结构的多样性和联系

工业经济本质上就是城市经济，进入工业化时期，城市的社会功能和经济功能大大地增强了。城市原来作为行政和商业中心的作用继续保持，但在发展制造业、建筑业、交通运输业、服务业等方面的作用在前工业社会是无法与之相比较的。工业化的结果使得多数城市的经济结构往往偏重于某一种或者某几种产业，城市的功能并不完全一样。既有专业性突出的城市，又有多种经济并存的城市，还有以服务业和娱乐业为主的休闲型城市。城市经济特色和结构多样性离不开区域经济发展的大背景。在区域经济发展整体理念视野下，坚持以产业兴城为核心构建产业生态圈，把城市和城市当成相互协调的有机体，以城市化差异分工推动产业链的建设。单体城市在发展时，不应一味而绝对地把产业多样性、多样化作为追求的目标，而应当着眼于多中心城市群的构建，形成城市联系体系。在全球化浪潮下，城市已经超越了传统的地方空间，城市体系空间结构更为扁平化，城市间的联系更加紧密，也更为多样，城市体已经由原来的封闭系统转向开放系统，尼尔（Neal，2011）进一步提出城市体系应该从空间规模转向功能关系，强调城市之间的联系。这意味着城市之间仍有主次之分，但并

不表现在规模上，而是体现在城市在网络中所承担的功能上，相互以专业化分工形成功能互补的城市体系，并通过功能相似的城市节点以协作的方式获取网络外部性。

中国庞大的人口数量决定了其基本的城市区域单元将是比单个城市规模更大的城市群。在国家快速交通网络建成的条件下，人力、物流、资金、信息等的空间交汇频繁，城市孤立发展格局将被打破，中国整体性国家城市体系将成为一个由诸多规模不等的城市群组成的集群化城市组织体系。这有利于规模经济的形成和总成本的降低，为未来经济发展提供了重要的动力源泉。

三、城市化激发了城市对农业和经济发展的辐射作用

在每个经济区的中心地带都会有一个地区中心城市和若干个次一级的城市，一个地区的大中小城市构成了一个城市体系，作为地区经济的中心，对周围地区既有引力作用也有辐射作用，作用力的大小与中心城市的规模和功能成正比，一般综合性大城市的辐射功能最强。中心城市对本地区社会经济发展有很强的辐射功能，能带动本地区经济的发展。作为引力中心，它们把各种经济要素，如物化资本、人力资源、原材料等吸引到城里，使城市成为经济发展的增长极。城市作为工业社会先进生产关系、生产力和科学文化的主要载体，把先进的物质文明和精神文明传播到周围地区，发挥着巨大的辐射作用。

城市化对经济的促进作用不仅表现在工业、商业和服务业方面，对农业的促进作用也是巨大的。城市和农村相互推动，又促进了第一、第二、第三产业的全面发展。城市作为农产品的重要市场，随着人口的增长，对农产品的需求不断增加，从而刺激了农业生产的发展。农业按照原来的经营方式已经不能满足城市人口增长对粮食和食品的需求，农业经营者必须采用新的生产技术及新的农具和农业机器改变农业结构，改造传统农业，扩大经营规模，改善经营方式，提高农业生产效率，才能满足城市居民对食品的数量和质量以及品类日益增长的消费需求。这样城市的发展就促进

了农业和畜牧业的技术进步，加快了农业现代化、商品化和专业化的步伐。同时，城市工业为农业提供了新的农业装备、化肥和经营理念，加快了农业的发展。城市工业又通过向农业提供生产资料和管理经验，促进了农业生产的现代化。劳动力从农业部门向非农部门的转移也在相当程度上提高了农业的机械化水平。农业生产效率的提高和农业收入的增长反过来扩大了工业品市场，对工业生产的发展也起到了重要的反作用。农业机械化的推广、对日用工业品需求的增长，也在很大程度上扩大了城市工业品市场的发展。

四、城市化给经济发展带来的问题

（1）引起了不平衡发展的问题

在市场经济条件下，追求高回报率的投资方式导致了不均衡的发展。随着资本变得更具有流动性，资本在一个地方的投资和随后的撤资变得更加容易，这导致了城市繁荣和萧条的循环不断提速。在经济全球化和一体化的背景下，为了寻找更低的生产和制造成本，制造业被输出到国外的同时使得不同国家城市的繁荣与萧条的循环演变为全球范围的城市化问题。资本的城市化进程为劳动力流动提供了方向，劳动力通常按照资本的要求进行流动。制造业更多地被转移到第三世界国家和地区，资本总是寻求在劳动力相对廉价的地点投资而获得更多的利润，这引起了资本和劳动的地理流动。城市化进程与劳动力再生产密切相关。然而，当投资成为过度积累的原因时，剩余资本和过度积累影响了资本循环的顺畅进行，导致贬值和城市实物资本饱和的景象。

世界体系下的经济组织是一个全球系统，分为中心、边缘、半边缘地带。中心地区形成工业生产体系，边缘地区以中心地区决定的价格向中心地区提供原材料，半边缘地带兼有前两者社会经济的混合特征。中心地区和边缘地区之间长期横向分工和资本积累的运动产生的不等价交换体系是维持这种经济组织发展的重要力量。资本主义经济体系在不发达国家打造了众多的“首位城市”，这些城市是边缘国家或地区的第一大城市，人口规模大、劳动力供给供大于求、劳动力结构不平衡、过度城市化现象显著，它们是发达国家资本积累的重要载体。发达国家通过跨国公司在全球范围内进行巨额投资，并相互进行商品和服务贸易，伴随新的外资工厂的建设，发展中国家成为国际经济体系中的分散化生产场所。这引起了两方面的结果：一方面，对发达国家而言，其国内城市产业结构中制造业部门的就业人数下降，即出现了“去工业化”进程；另一方面，发展中国家城市产业结构中第二产业比重不断增长，开始进入工业化进程。跨国公司的资本流动直接决定了一个国家或地区城市经济的发展方向和就业机会的多少，这也引起了地理空间上经济的不平衡发展。

（2）城市病与环境污染的经济代价

工业化是城市化的基础和条件，工业化引起城市化，这意味着工业的发展状况决定城市的命运和前景。随着工业化向更现代的领域发展，城市化也在不同程度上面临新的问题和新的挑战。

城市化使社会变得更加复杂，居民因经济和社会分层而复杂化，各种矛盾和冲突日益显现。城市在创造就业机会的同时也造成了大量的失业。迅速成长起来的城市可能缺乏科学的布局和规划，导致住房问题和城市卫生问题。大多数发展中国家的城市由于人口膨胀造成了一系列的城市问题，如住房缺乏、交通拥挤、环境恶化、犯罪率上升等。随着城市的迅速扩大，人口越来越多，环境变得越来越拥挤和嘈杂，卫生状况恶化，空气污染加剧，发达国家在经历这个阶段之后于 20 世纪 70 年代纷纷出现了“逆城市化运动”，即有产阶级纷纷迁离烦乱的市区到宁静的郊区居住，市中心成为政府机关和商业机构的所在地。但也有学者对这一现象作了见解独到的剖析，认为“逆城市化”是由人口集中在城市和大城市的集中型城市化转变为人口向大都市市区内的郊区和中小城市迁移的分散型城市化，是城市不同类型的转换，并不是指城市文明和生活方式的农村化，它不是城市化的反向运动，不是对城市化的否定，而是城市化发展的一个过渡性现象，是城市文明的普及和城市生活方式的扩散[①]。这一现象在中国表现得并不严重，但我国城市化过程中较为严重的问题在于城市规模扩大、人口迅速增长后对公共产品的需求与公共产品和服务的供给产生矛盾的冲突，以及由此引发的城市现有资源被过度消耗导致的环境污染问题。这些问题给经济发展带来了沉重的经济代价和成本，影响了经济发展的可持续性和经济增长的质量。有针对性地提出改进措施才能改变城市的面貌，改善城市居民的生活，使工业城市逐渐变成更加文明、健康、更有魅力的都市中心。

第三节　中国城市化的历史变迁

新中国成立以后中国城市化进入了一个崭新的时期，改革开放以来我国的城市化更是阔步向前，进入了前所未有的高速发展阶段。回顾新中国成立以来我国城市化的历史变迁过程，大致经过了以下几个发展阶段。

一、城市化的初步发展阶段

1949 年新中国成立时，我国的工业基础和城市化水平还十分落后。据估计，1949 年全国的工业化率仅为 13.75%，城市化率仅为 10.6%。新中国成立后，仅用 3 年时间就将国民经济恢复到抗日战争之前的最高水平。1949—1952 年，我国的重工业和轻工业的年均增长率分别高达 48.8% 和 29%。城市化水平得到相应提高，1952 年全国职工人数比 1949 年增加了 97.5%，城市人口约为 5760 多万人，城市人口占全国总人口比例提高到 11.8%[②]。在这个阶段，中国农村人口开始向城市迁移，重工业优先发展战略带来了工业化的初步发展，导致城市化速度也随之加快。其后的第一个五年计划也取得了惊人的成功：国民收入年均增长 8.9%，工农业总产值年均增长 10.9%，其中工业总产值年均增长率达到 18%。城市化水平也

---

① 王旭."逆城市化"论质疑[J]. 史学理论研究，2002(2):9.

② 杨立勋. 城市化与城市发展战略[M]. 广州:广东高等教育出版社，199(9):100.

有较大提高，城市人口增加到9950万人。设市城市的数目在新中国成立之初时仅有136个，城市人口2700多万人，城市化水平为5%，到1957年年底，我国的城市发展到176个，平均每年递增5个新设城市。这期间我国形成了工业布局向内地发展、城市布局在东部地区不断集中的现象。农村人口大量迁入城市，扩大了原有城市的规模，形成了一批新兴的生产性城市。在国民经济恢复和"一五"期间，出现了一批新兴的工矿业城市，这引起了城市人口比重的上升。1953—1957年工农业总产值平均增长率为18%，城市人口平均增长16%（见表7-1）。随着"三大改造"的完成，初步在城市确立了国有经济的主导地位和公有制为主的经济制度。城市作为工业中心和生产中心的作用表现突出，成为带动经济增长的增长极。但这一时期，由于计划经济体制下国民收入水平比较低，生产力水平也较为低下，城市作为消费服务中心和文化中心的功能较为低弱。

表7-1 1949—1957年城市化水平变动情况

年份	城镇人口总数/万人	城市化率（%）	城市化率比上年增长的百分比
1949	5765	10.64	—
1950	6169	11.17	0.53
1951	6632	11.78	0.61
1952	7163	12.46	0.68
1953	7826	13.31	0.85
1954	8249	13.69	0.38
1955	8285	13.48	-0.21
1956	9185	14.62	1.14
1957	9949	15.39	0.77

二、城乡分割与城市化进程的停滞阶段

1958年后，中国的城市化进入城乡分割阶段，甚至曾经一度出现了严重的停滞。1958年我国颁布了《中华人民共和国户口登记条例》，这项条例是国家机关依法收集、确认、登记有关公民年龄、身份、地址等公民人

口基本信息的法律制度，是国家对人口实行有效管理的一种必要手段。此后，国家又颁布了一系列的配套措施，最终形成了计划经济体制下较为完整的户籍管理制度。这种户籍制度后来演变为一种身份制度，将农村人口和城镇人口分割为不同性质的农业人口和非农业人口，在政策上对这两类人口的就业、教育、医疗、住房、社会保障等实行有差别的社会福利待遇。在这一户籍制度下，农村和城市有了严格的区分，导致农村人口向城市的聚集以及城市对农村的拉动和辐射受到严重的障碍，限制了劳动力的自由流动，也导致了农村相对人口的过剩，造成农业生产效率低下、农业边际生产效率低下和农业的贫弱。而且，这一时期受其他历史因素的影响，城市人口出现了向农村流动的趋势。从城市化的发展来看，不仅城市人口没有出现因对农村人口的吸纳而增加的结果，而且城市在经济方面也没有出现和农村的有效交换与要素流动，这一时期城市和农村处于最严重的分割阶段。

1958—1960 年，全国新设市 44 个，城市人口由 1957 年的 9949 余万人增加到 1960 年的 1.3 亿多人，3 年中城市人口净增 31.4%，城市化水平由 15.4% 迅速上升到 19.7%[①]。1961 年起国家开始推行收缩性的经济计划，大幅度降低重工业生产指标和基本建设规模，强制推行精减职工和减少城市人口的政策。1961—1965 年，城市人口和城镇数量都出现了负增长，城市人口年迁出率为 53.5%，净迁入率为 -17.6%，1965 年城镇人口降至 9885 万人，城市数量减少至 169 个，城市化水平由 1960 年的 19.8% 下降到 1965 年的 17.9%。[②] 1964 年由于中苏、中美关系紧张，我国强调战备的重要性，开始在“三线”建立国防工业。大量的科技、人员、设备被转移到“三线”地区，在一定程度上促进了这些地区的城市化建设，这一情况一直延续到 1978 年。

---

① 姜爱林．论中国城镇化水平的基本判断[J]．太湖论丛，2002(1)．

② 朱铁臻．中国城市化的历史进程和展望[J]．经济界，1996(5)；顾超林，等．建国以来中国新城市设置[J]．中国地理，1998(4)；杨立勋．城市化与城市发展战略[M]．广州：广东高等教育出版社，1999：102．

三、城市化的快速发展阶段

1978 年改革开放以后，中国特色社会主义建设进入新的历史时期，中国城市化在改革开放和社会主义现代化建设的背景下发生了历史性转折。政府推动、实施了一系列促进城市化发展的有力措施，如引进市场机制、鼓励私营经济发展、加强流通领域投资、开放农产品市场以及加快城市住房建设等，为中国城市化建设创造了必要的社会经济环境，同时也使中国人口流动的自由度获得了空前的提高，农村和贫困地区人口向城镇及富裕地区的大量流动形成了历史上人口迁移的高潮。据统计，1979—1991 年，中国城镇人口年平均增长率达到 11%，而 1958—1978 年城镇人口年增长率不到 3%。城市化率从 1979 年的 18.96% 上升到 1991 年的 26.37%（见表 7－2）。这一时期，政府鼓励小城市成长、发展农村乡镇的政策，大力扶植乡镇企业发展，促进了农村的城镇化水平。数千个小城镇涌现出来，数以千万计的乡镇企业更如雨后春笋般破土而出。这一时期，乡镇企业在产值、出口创汇和吸纳农村劳动力方面都发挥了十分重要和积极的作用。一大批农民离土不离乡，进入乡镇企业变成产业工人。在此期间，乡镇企业和小城镇在提高农村城市化水平、增加农民收入、缩小城乡差别方面发挥了巨大的作用。

经济特区开放后，将沿海 14 个城市设置为开放试点城市，使沿海地区的城市化进程有了蛙跳式的发展。在经济成本低和政策环境优惠的吸引下，内地大批人才包括科技与商业人才纷纷“下海”，前往经济特区和沿海开放城市寻求发展机会，数以千百万计的内地农民成群结队地前往东南沿海城市就业，这一人口由内陆向东南沿海迁移的潮流多年来持续不减。

表 7－2　1979—1991 年中国城市化的基本情况

年份	城镇人口/万人	城市化率（%）	城市化率比上年提高的百分比
1979	18495	18.96	1.04
1980	19140	19.39	0.43

续表

年份	城镇人口/万人	城市化率（%）	城市化率比上年提高的百分比
1981	20171	20.16	0.77
1982	21480	21.13	0.97
1983	22274	21.62	0.49
1984	24017	23.01	1.39
1985	25094	23.71	0.70
1986	26366	24.52	0.81
1987	27674	25.31	0.80
1988	28661	25.81	0.49
1989	29540	26.21	0.40
1990	30191	26.41	0.20
1991	30543	26.37	-0.04

四、城市化的飞跃发展阶段

1992 年党的十四大提出了中国经济体制改革的目标是建立社会主义市场经济体制。中共中央十四届三中全会通过了《中共中央关于建立社会主义市场经济体制若干问题的决定》，使中国市场化改革在政策上得到了强有力的保障，社会主义市场体制得以最终确立，中国城市化进程由此彻底摆脱了计划经济的束缚，开始向市场经济全面推进。在这一阶段，随着市场经济的稳步发展和全面的对外开放，新一轮的工业化进程在中国全面展开。东南沿海等经济特区和开放城市继续快速发展。东西部之间、城乡之间的差别和报酬差距也进一步拉大，内地的乡镇企业纷纷解体，大量农村剩余劳动力开始涌向城市。1994 年前后，中国的“农民工大潮”开始在广州、深圳、北京、上海等大城市出现，这些农民工队伍在全国形成了上亿人的流动人口大军。城市人口迁移的速度不断加快，规模也日益扩大，使中国的城市化水平得到了极大提高。

根据世界各国城市化发展的阶段性规律，当一个国家的城市化水平达到 30% 时，这个国家的城市化发展就处在加速发展时期。根据国家统计局

《第五次全国人口普查公报》和《经济和社会发展统计公报》，1996 年城市化水平已经由 1978 年的 17% 上升到 29. 4%，1998 年为 30. 4%，2000 年为 36. 09%，2004 年为 41. 8%。由于部分流动人口难以统计，城市化水平实际上应该更高。由此可见，1997 年年底我国城市化水平超过了 30% 这个分界线，进入加速发展阶段。随着社会主义市场经济的快速发展、产业结构的优化重组以及农民工源源不断地涌向城市，中国城市化水平逐年上升，已颇具规模。2006 年，全国城镇人口达到 57706 万人，占全国总人口的 43. 9%。从区域上看，同时期，中国东部、中部和西部地区的城市化水平分别为 54. 6%、40. 4% 和 35. 7%。从地区上看，北、上、广、深的城市化水平居全国最高之列，均达到 80% 以上。但是从全国范围来看，城市化水平地区差异依然明显，城市化水平较低的地区为贵州和西藏，分别低于 30%，落后于全国平均水平。2010 年，我国城镇化率达到 49. 68%，2011 年城镇化率第一次突破 50%，达到 51. 27%，2002—2011 年实现了每年 1. 35 个百分点的增长，城镇人口平均每年增长 2096 万人。分地区来看，这一时期，西部城镇化的发展速度快于东部，中部又快于西部。中西部地区虽然在这些年来城镇化发展速度较快，但与东部地区的差距仍然较大。

五、城市化的创新发展阶段

2012 年党的十八大报告中指出：“必须以改善需求结构、优化产业结构、促进区域协调发展、推进城镇化为重点，着力解决制约经济持续健康发展的重大结构性问题，推进新型城镇化建设。”新型城镇化是以城乡统筹、城乡一体、产城互动、节约集约、生态宜居、和谐发展为基本特征的城镇化，是大中小城市、小城镇、新型农村社区协调发展、互促共进的城市化。推进新型城镇化有利于有效解决二元结构矛盾突出的问题，有利于推动农业规模化和组织化经营，提高农业劳动生产率和综合生产能力，优化城乡空间布局，促进城市基础设施向农村延伸、城市产业向农村拓展，加快城乡一体化发展步伐。2013 年年底，中央城镇化工作会议在北京召开，这是改革开放以来中央召开的第一次城镇化工作会议，彰显了城镇化在经济社会发展中的极端重要性，也关系到如何在新常态下推动中国经济全面转型升级的时代重大课题。

回顾改革开放以来，我国经历了世界历史上规模最大、速度最快的城镇化进程，取得了举世瞩目的成就，城镇化为城乡居民共享经济社会发展成果提供了巨大的平台。但是，随着经济发展进入新常态，城镇化也面临新的形势、新的挑战、新的困难、新的机遇。一方面，世界经济供给和需求结构发生了深刻变化，我国面临产业转型升级和消化过剩产能的挑战，传统的高投入、高消耗、高排放以工业化为依托的城镇化发展模式不可持续。另一方面，随着国内经济的快速发展和人均收入水平的提高，缩小城乡差距、让城乡居民共享经济建设的成果、实现共同富裕的要求越来越迫切。但随着人口老龄化程度的提高、人口红利消退的影响，不能继续依靠劳动力的廉价供给推动城镇化快速发展，资源环境的约束也日益加剧，不能继续依靠土地等资源的粗放消耗来推动城镇化快速发展。随着户籍制度的逐步改革，外来人口对公共服务均等化的要求不断提高，不能再依靠非均等化基本公共服务压低成本，推动城镇化快速发展。

城镇化是国家现代化的重要标志、现代化的必由之路，也是经济持续健康发展的强大引擎，还是解决“三农”问题的重要途径。解决这些问题依赖于新型城镇化道路的建设，习近平总书记曾经提出，要发展以人为核心的新型城镇化，提高城镇人口素质和居民生活质量，把促进有能力在城市稳定就业和生活的常住人口有序地实现市民化作为首要任务。党的十九大报告中指出，我国城镇化率年均提高 1.2 个百分点，这得益于近年来党中央、国务院就深入推进新型城镇化建设作出了一系列重大决策部署。2016 年我国城镇常住人口比重为 57.35%，城镇常住人口增加了 8116 万人，年均增加 2029 万人。新时代下，城镇化除了速度提高之外，质量也在不断改进，居民生活质量得到改善，城市包容性得到提高，基础设施水平明显提高，形成了一些特色城镇化的建设模式，推动了城镇化的健康发展。虽然距离发达国家 80% 的平均水平还有很大差距，但是新时代我国城镇化进程所蕴含的经济增长动力也将十分巨大。

第四节　中国工业化和城市化的相互影响

城市化和工业化协调推进，是全世界的普遍经验，只有同步推进工业化，城市化才能具有产业基础并获得真正的动力。然而在进入21世纪之前的较长时期内，中国的城市化进程落后于工业化进程，1949年中国的城市化率与工业化率仅仅相差1.93个百分点，其后差距逐步扩大，到1980年已经达到24.81个百分点。1980年后两者的差距有所缩小，但是到1998年，城市化率仍然比工业化率低11.8个百分点（见表7－3）。这说明城市化滞后于工业化的偏差相对缩小，但差距仍然存在。而进入21世纪后，伴随工业化进程的持续推进，城镇化发展也取得了长足的进步，2011年中国城镇化率首次突破50%，我国城镇化水平的飞速提高表明中国已经进入城镇化发展的关键阶段。但由于城镇化滞后于工业化、土地城镇化快于人口城镇化，以及资源环境的日趋紧张，城镇化也面临日益突出的挑战。同时期的工业化水平仍然不断提高，根据美国未来学家丹尼尔·贝尔在其1973年的著作《后工业社会的来临——对社会预测的一项探索》中系统地阐述的后工业社会的思想，后工业社会的主要经济部门包括第三产业和金融业与教育、保健、娱乐等产业，他认为后工业社会的主要特征是在经济方面从产品生产经济转变为服务型经济，知识和技术处于中心地位。根据这一理论以及我国工业化率的水平可以判断我国在经济发展阶段上已经顺利地完成了工业化，进入了后工业化时代。2014年发布的《中国工业发展报告》中指出，中国经济走向新常态的过程也是中国步入工业化后期的阶段，尤其自2014年后我国经济进入新常态，工业化率速度相对放缓，但由于经济总量巨大，工业增加值仍然较高，工业化进入后期阶段，经济社会发展进入由速度向质量和结构调整的方向不断转型。国际经验表明，该阶段往往是曲折和极富挑战性的，我国当前必须高度重视产能过剩、产业结构转型升级和新工业革命三大挑战。要解决这一新的挑战，使城市化和工业化协调发展、相互促进，需要走一条新型工业化和新型城镇化的道路。

表 7－3　我国城市化率与工业化率比较

（%）

年份	1949 年	1953 年	1957 年	1961 年	1965 年	1969 年	1973 年	1980 年	1984 年
工业化率	12.57	19.8	25.4	29.7	31.8	32.3	39.4	44.2	38.9
城市化率	10.64	13.31	15.39	19.3	17.89	17.5	17.2	19.39	17.2
年份	1988 年	1992 年	1996 年	1998 年	2002 年	2006 年	2010 年	2014 年	2017 年
工业化率	38.7	38.6	42.8	42.2	39.42	42.21	40.03	35.83	33.85
城市化率	25.81	27.63	29.37	30.4	39.09	44.34	49.95	54.77	58.52

一、中国特色新型工业化道路的内涵

工业化是指一个国家和地区的国民经济中，工业生产活动取得主导地位的发展过程。工业化道路是对实现工业化的原则、方式和机制的统称。世界各国工业化发展的历史表明，工业化道路不是唯一的，会随着经济社会条件的变化而变化。2002 年党的十六大报告中提出了中国特色新型工业化道路的命题，即坚持以信息化带动工业化，以工业化促进信息化，走一条科技含量高、经济效益好、资源消耗低、环境污染少、人力资源优势得到充分发挥的新型工业化道路。习近平总书记在“2010 经济全球化与工会国际论坛”开幕式上的致辞中指出，中国特色新型工业化道路关于“科技含量高、经济效益好、资源消耗低、环境污染少”的主张，同发展绿色经济、低碳经济、循环经济和实现可持续发展的时代潮流高度契合；中国特色新型工业化道路关于“人力资源优势得到充分发挥”的主张同中国拥有 13 亿人口的基本国情紧密相连。2012 年党的十八大报告中指出，坚持走中国特色新型工业化、信息化、城镇化、农业现代化道路，推动信息化和工业化深度融合、工业化和城镇化良性互动、城镇化和农业现代化相互协调，促进工业化、信息化、城镇化、农业现代化同步发展，为中国新型工业化道路指明了方向。2013 年党的十八届三中全会提出必须健全体制机制，形成以供促农、以城带乡、工农互惠、城乡一体的新型工农城乡关系，让广大农民平等参与现代化进程、共同分享现代化成果，为新型工业化道路在处理工农、城乡关系上注入新内涵。

新型工业化的道路依托中国经济发展方式转型的大背景。传统工业化道路以重工业优先发展为主，忽视了农、轻、重的比例关系，忽视了城乡融合发展，通过要素高投入追求经济总量的增长，科技含量不高，技术创新不足，带来了较大的环境污染问题，人口资源与环境之间协调性较差。新型工业化坚持以创新驱动经济增长带动工业产业转型升级。转变经济发展方式要求增强绿色发展理念，促进经济增长方式由粗放型向集约型转变，构建产业新体系，支持节能环保、生物技术、信息技术、人工智能、新能源和高端装备制造产业发展，激励传统产业优化升级。

二、以新型工业化道路推动城市现代化发展，提高城市经济现代化水平

新型工业化道路强调高技术与高效益并重，在工业化过程中坚持运用高新技术对传统产业进行改造，来大大提升整个国民经济的科技含量。利用后发优势，直接将机械化、电气化、信息化三者有机结合起来同步发展，大大缩短了工业化的时间，特别是在网络基础上发展起来的电子商务，将会大大降低传统产业的流通成本，提高企业经济效益。新型工业化要求走一条自主创新的道路，以自主创新推动现代化进程。着眼于未来部署前沿技术和基础研究，创造新的市场需求，培养新兴产业，引领未来经济社会发展。城市化的主体是人，人力资本的积累对产业创新和城市现代化建设意义重大，人才也是自主创新的根本驱动力，所以在以城市为依托的新型工业化道路和城市现代化建设的过程中，必须深入实施科教兴国战略和人才强国战略，加强创新型人才培养，为城市现代化提供人才支撑和可持续发展的动力源泉。

城市现代化需要优化布局，建立合理的城市结构，完善城市功能。城市规模应当合理布局，大城市模式对城市承载力有较高的要求，公共服务跟不上容易引发城市病等社会问题。科学的城市发展模式应当通过科学规划，引导各地结合当地实际情况走大、中、小城市的协调发展道路。当前，各地城市发展水平存在较大差异，西部地区城市发展水平相对落后，引起了区域经济发展的不平衡。城市化发展需要在区域经济梯度发展之间

找平衡点，将城市作为经济发展的增长极进行全局规划，以新型工业化打造特色产业和支柱产业，以工业化带动产业发展，为城市经济吸引优质生产要素，以促进城市现代化的进程，缩小区域差异。对于城市功能也需要进行科学规划，改变城市面貌，提高城市的宜居性。为了避免城市化建设过程中存在的城市同构现象，需要合理定位城市功能，保存城市特色。以特色定位走优势互补、合理分工的道路，以城市为核心，卫星城市为主体，通过产业互补提高城市化的效益，明确城市的功能定位。此外，城市建设要求节约土地，随着城市边界不断向外扩张，需要对现有耕地进行合理的保护。因此，必须提高土地的利用效率和综合承载能力，推动城市化从粗放型向集约型转变。在资源和环境压力加剧的背景下，集约的城市化建设还应当包含新的因素，这是由新型工业化道路和经济发展转变决定的，如节能型城市、绿色城市的建设、通过建设环境友好型社会来提高城市发展的可持续性。

三、以新型工业化促进农业现代化改造，为城市现代化建设提供基础保障

解决城市化的问题不仅需要从城市和工业的层面来考虑，还需要从农村和农业的层面来解决。城乡对立是病态，它们本是相扶相助的经济配合体，需要重建城乡的有机循环，互相有利配合。[①] 要按照城乡统筹发展的要求，推进城镇化与新农村建设相结合，使农民参与和分享城镇化，使农民成为城镇化进程的主力军。

同时，新型工业化要求转变经济发展方式，增强绿色发展理念，促进经济增长方式由粗放型向集约型转变，由外延型向内涵型转变，并大力发展循环经济，减少资源消耗、环境污染，促进人口、资源与环境的协调，实现人、自然和社会的和谐统一。这一要求对农村传统农业向现代化的改造具有重要意义。农业是工业的基础，也为城市发展提供基础的保障。一

---

① 费孝通．中国城乡发展的道路[M]．上海：上海人民出版社，2016：313.

直以来受我国新中国成立初期重工业优先发展战略的影响，以及农村支持城市、农业支持工业的政策偏向的影响，在循环累积因果效应下逐渐形成了制约中国经济发展的“瓶颈”因素，即城乡二元经济结构。传统工业往往以资源消耗型和高耗能型重工业为主，高投资、粗放式发展不仅导致农村和农业不得不忍受高代价、低效益的发展模式，还消耗了大量的宝贵资源，带来了农村和农业大量的环境污染问题。新型工业化将大力依靠信息技术，依靠创新驱动不断以产业升级促进工业发展，促进传统产业改造升级，建立节能减排效果突出的新型工业产业体系，以此倒逼和带动农村地区的现代化进程和传统农业的现代化改造，从而实现农村环境污染少、能耗低的发展。

党的十六大以来，党中央坚持把“三农”问题作为全党工作的重中之重，中国特色农业现代化道路的探索进入了全新阶段。这一时期，中共中央在科学发展观的指导下，首次明确提出“走中国特色农业现代化道路”，对工农关系进行根本性调整，以促进生产力发展为主。在全新探索阶段，中央制定和实行了工业反哺农业、城市支持农村和多予少取放活的方针，推出包括鼓励发展适度规模经营、探索农业可持续发展新途径、实施社会主义新农村建设战略等一系列支农惠农的政策。

以新型工业化推动农业现代化发展要求转变农业发展方式。大力发展农业现代化经营，着力构建现代化农业产业生产体系，实现农业的多元化经营、区域化布局、专业化生产，大力发展各种类型的农业专业合作组织，尽快建设现代化农业社会服务体系，不断提高农业整体素质、效益和竞争力。保护和利用好有限的农业资源，实行最严格的耕地保护制度，切实加强生态保护和建设。

四、以新型工业化推进城乡一体化建设，实现工农良性互动

工业化、城市化、城乡一体化是相互联系的，具有联动性，不能离开工业化孤立地谈城市化，也不能离开城市化孤立地谈工业化。同时，由于我国特有的城乡二元经济结构的现实，城乡一体化成为城市化的一个重要部分，因此在考虑工业化与城市化的关系和相互影响时，应当纳入城乡一

体化问题和工农互动发展的问题。新型工业化道路摆脱了传统工业化道路以牺牲农村为代价实现工业和城市的发展，将不断创造就业岗位和提升劳动者素质作为发展的目标和动力，充分发挥城乡之间的人力资源优势和工业与农业之间的互补性，最终实现工农良性互动和城乡协调推进，从而走向城乡一体化的目标。

然而在发展工业化和推进城市化的过程中也应当促进工农协调发展。在工业化和城市化的过程中必须保证农村、农业与农民的利益不受损害。防止城市化过程中借用城镇化的名义以低成本占用农民土地，谋取土地利益的问题。为了保护农民与农业的利益，城镇化与城市化必须科学、合理地制定土地补偿政策，让农民能够真正分享城镇化的收益。工业化、城市化不能以损害农业发展为代价，农业是国民经济的基础，是工业化和城市化的保障，城市化进程不能过度占用土地，要在集约经济的前提下保证耕地面积不受损失。同时，在城市化和工业化进程中，需要促进和引导优质生产要素向农业部门流动，通过它们来提高农业生产率，为增产增收和粮食安全提供保障。

第五节　新时代中国的城市化发展

一、推进城市发展由数量扩张向功能提升的升级转型

城市现代化伴随着城市功能提升和质量提升的过程，是城市由低级向高级演进的螺旋式上升过程。城市是经济社会发展和人民生活的重要载体，但由于城市化滞后于工业化水平，城市化过程中的城市建设和发展正面临越来越突出的挑战。我国作为世界上人口数量庞大的典型大国，在城镇化加速发展期间，许多原有城市快速成长，新的城市不断产生，城市集群化发展也逐步浮现。中国大城市的数量将越来越多，规模也将变得越来越大。随着大规模人口在城乡和地区间的转移流动，中国中小城市和小城镇的数量以及人口规模也将发生重要的变化。一些发展条件好、吸引力强

的中小城市和小城镇的规模也将不断扩大，一些发展条件差、吸引力弱的中小城市和小城镇或将出现数量缩减和规模萎缩。中国城市化的分化远未结束，在这个背景下，大城市人口不断积聚、密度不断增加，住房、交通、医疗和教育资源的竞争日益激烈，由此引发了许多大城市中心城区人口超出其承载能力的合理水平，导致“城市病”不断加重。因此，在新时代下坚持城市化与城市建设发展的质量与速度并重，走以人为核心的集约、智能、绿色、低碳的新型城镇化道路已经成为中国城镇化发展的基本诉求与目标原则。

二、新时代高质量城市化发展的具体内容

(1) 以人为本的宜居城市

宜居是城市发展的重要目标，城市建设只有满足了文明进步、安全健康、生态良好、社会和谐、生活舒心、出行便捷等宜居要求，才能提升居民对城市生活的满意度和幸福感，才能不断吸引和汇聚人才，推动城市的可持续发展。近年来，随着全国工业化和城镇化进程的加快推进，中国城市在硬件提升、设施完善等方面取得了显著成效，但城市交通拥挤、环境污染、高房价、生态恶化等一系列问题也日益严重。环境污染不仅直接威胁着居民的身心健康，还对城市宜居造成了极为不利的影响，长期将会削弱城市的吸引力和可持续发展的能力。因此，促进城市社会环境、居住环境、生态环境和市政设施等不断优化和完善、着力提升城市的宜居品质，已经成为当前及未来中国城市建设与发展的重要内容。

在中国经济迈入新时代的背景下，城市建设进入新的阶段后，国家对建设天蓝、草绿、水清的美丽中国以及宜居城市将更加重视，更推动以人为本的宜居城市建设，居民对于健康、安全、舒适等城市宜居品质的需求也将变得更为强烈。在外部压力和内部动力并存的情况下，要求政府通过宜居城市的建设，提高城市内涵的参与积极性和增加投入力度，以城市宜居质量提升城市经济发展的竞争力。一方面，健全宜居城市规划体系，增加城市规划的前瞻性和科学性。通过科学、系统的城市规划，严格控制城

市空间的无序扩张，引导城市节约集约建设，促进城市可持续发展。另一方面，健全城市管理机制。围绕新时代城市管理的新要求，改变传统粗放的管理系统，推动宜居建设管理的精细化，建立健全宜居管理的科学决策机制、监督评估机制、社会参与机制和制度机制保障，全力推动中国城市不断向以人为本的宜居城市迈进。

（2）信息化驱动的智慧城市

目前，智慧城市仍然处于发展探索阶段，概念相对模糊，学者们从不同角度提出了自己的见解。第一种观点强调先进技术的应用，将信息技术与商业等基础信息充分连接，对集体智慧充分利用的城市。第二种观点强调人的参与，从公民参与的范畴探讨了其对于绿色环保和经济增长的作用。第三种观点强调城市的发展，将智慧城市看作工业信息化背景下城市发展的必然产物，认为智慧城市是一个城市规划的新观念，通过信息技术应用确定城市化管理方案，进一步推进城市的宜居程度。综合来看，智慧城市是将互联网等信息技术充分应用于现代城市建设和管理之中，强调以人为本，提高市民生活质量和完善城市管理体系，以实现城市可持续发展的目标。目前，中国智慧城市主要集中在东部沿海地区，这些地区都位于传统经济发达地区，并形成了辐射作用。中西部地区的智慧城市呈以点带面分布，西部地区相对滞后。一线城市如北京、天津、上海、广州、深圳，在建设智慧城市的过程中，侧重于需求和应用，将智慧城市理念运用到城市治理之中，同时，智慧应用可以作为城市发展的突破口，摆脱传统建设模式的弊端，对于解决城市病很有帮助。二线城市如南京、武汉、宁波、苏州、西安、青岛、无锡、昆明等地，强调以产业发展促进智慧城市的建设，以产业发展带动智慧城市发展，以应用带动信息产业的集聚，使工业化和宜居同时发展。对于三线城市如珠海、扬州、佛山等地，大多依托临近大城市等区位优势，建设特色产业。三线城市首先是明确自身定位，根据自身优势来建设和发展产业，在加强基础设施的同时注重依托附近的一线、二线城市，实现协调发展。

智慧城市建设包含的内容主要可以概括为以下几个方面：①智慧城市的信息基础设施。以信息基础设施推动无线城市建设和大数据城市信息资源库的建设。②智慧城市公共管理和服务建设。包括智慧政府、交通、医疗、教育等内容。③智慧城市信息服务于经济发展。大力推动企业信息化运营，提高本土企业的竞争力。④智慧城市人文科学素养的提高。以智能手机推动咨询科技的发展和应用，提高市民对于资讯科技的认知和推广。⑤智慧城市的软环境建设。政府需要提供智慧城市建设和发展的制度支持以及电子化公共服务等。

（3）多元一体的文化城市

现代城市的可持续发展离不开人才的汇聚，而文化是人才凝聚力与创造力的源泉。一座有魅力的城市应该是一个允许各种文化碰撞、交融的地方，社会文化在城市中是开放的，为城市发展注入了新鲜的文化元素。众多保存完好的历史文化遗产展示着城市厚重的历史，构成了城市独特的记忆。多样的文化为创意产业的蓬勃发展提供了强劲的动力，完善的公共文化设施与服务为人们提供了良好的文化活动条件，文化事业才能得到繁荣发达。据统计，中国文化城市的竞争力呈两极分化的态势，少数城市聚集着大量的文化资源，在国内外享有较高的知名度，123 座城市文化的竞争力较高，但仍有 148 座城市的文化竞争力较差，可见现阶段我国城市的文化水平建设有待提升，发展的形势依然严峻。

文化城市的建设包含了“历史文化、现代文化、文化多元性和文化产业”，这要求政府在城市文化建设方面加强职能建设，现代文化、文化多元性和文化产业都可以通过加强城市现代化文化建设来提高整体水平，但是历史文化需要不断地传承才能得到强化与提高，尤其是“非物质文化遗产”的传承需要依托人的身口相传来实现，以人为本，与人融为一体，使这一指标更具有活性。一座城市的历史文化基础是城市文化建设的土壤，发掘本地区文化资源，依托经济实力开发文化产业，将文化资源合理、健康地产业化，实现城市经济效益和文化建设的共同提高与发展。

（4）开放、便捷的信息城市

随着城市化程度的加深和向现代化方向迈进，追求城市交流的便捷与智能化越来越成为城市建设的目标。城市化建设需要与一些新时代因素相衔接，比如，通过推进信息化建设来优化城市设计和布局，改善信息集散功能，提高信息承载能力。信息化和经济全球化深度融合、互动发展，利用先进的信息技术武装城市，实现城市智慧式管理和运行，进而提高城市的发展水平，不仅可以促进城市的交流与发展，而且可以带动整个社会的和谐与可持续成长。建设信息城市是适应世界经济一体化发展、融入全球信息化潮流的需要，已经成为当今城市发展不可逆转的潮流。党的十六大以后，我国作出了以信息化带动工业化、以工业化促进信息化、走新型工业化道路的战略部署；党的十八大更是明确提出坚持走中国特色新型工业化、信息化、城镇化、农业现代化道路，推动信息化和工业化深度融合、工业化和城镇化良性互动、城镇化和农业现代化相互协调，促进工业化、信息化、城镇化、农业现代化共同发展的步伐；党的十九大报告中指出，在世界多极化、经济全球化深入发展的同时，随着以互联网为代表的信息革命新时代的到来，带来的“社会信息化”已经越来越成为一种大的历史发展潮流。我国城市在信息化基础设施、硬件提升、信息工业发展等方面取得了显著成效，涌现出一批以北、上、广一线城市为代表的新型信息城市，各线城市信息化水平呈阶梯式降低，表现为东南沿海领跑，中部、东北、西南、西北落后的格局，分化较大，这说明新时代下我国信息城市的建设仍有较大空间可以提升。总体而言，随着城市化的不断发展，运用信息手段促进城市发展、为城市减负、提高信息城市竞争力，将是未来解决城市发展难题、实现城市可持续发展的有效途径。

(5) 环境友好的绿色城市

中共中央在“十三五”时期要牢固树立“创新、协调、绿色、开放、共享”的发展理念，坚持节约资源和保护环境的基本国策，坚定走生产发展、生活富裕、生态良好的文明发展之路。党的十九大报告中也指出要走一条中国城乡建设绿色发展道路。这对新时代中国绿色、生态城市建设提出了新的目标和要求。绿色发展理念贯彻到城市建设和管理领域则表现为实现城市发展方式的转变，建设生态良好、资源节约的城市生产和生活。相关研究成果表明，从全国整体来看，级别更高、经济更发达的城市的生态竞争力相对更优[①]。新时代城市化建设需要与资源环境承载能力相适应，将城市化给资源环境造成的代价降到最低程度，将资源与生态环境对城市化进程的限制降到最低程度。依据资源环境承载能力，推行资源节约型、环境友好型的生态城市化发展模式。突出城市化发展质量的量化指标，把城市化耗能、污染排放作为约束性削减指标。国家要出台针对生态绿色城市建设的整体规划，实现生态绿色城市建设的全国布局，生态绿色城市规划要与经济发展规划、国土规划相衔接，实现经济、生态、土地等规划的“多规合一”。针对生态薄弱、生态恶化地区的生态建设方案，尽快提高这些地区的生态竞争力，国家要制定财政转移方案，加大对西北、东北和环渤海地区生态基础设施的建设和支持力度，通过加大财政支出、引进先进技术、提高森林和绿地覆盖率等方式提升生态薄弱地区的生态状况，有效率、有质量地加快绿色城市建设的步伐。

① 倪鹏飞，等．中国城市竞争力报告 NO14 新引擎：多中心群网化城市体系[M]．北京：中国社会科学出版社，2016：266.

第八章　中国特色的信息化路径及其阶段性变化

以信息技术为代表的新技术革命，深入到了社会经济发展的方方面面。信息化对工业化、农业现代化、城镇化的影响已经引起了广泛关注。在党的十五大报告中，第一次提出了“大力推进国民经济和社会信息化”的要求，其后，党的十六大报告中进一步提出了“以信息化带动工业化，以工业化促进信息化”，在党的十七大报告中首次提出了“两化融合”的概念。在党的十九大报告中，则明确了“四化”同步的重要性，提出了“推动新型工业化、信息化、城镇化、农业现代化同步发展，主动参与和推动经济全球化进程，发展更高层次的开放型经济，不断壮大我国经济实力和综合国力”。由此可见，信息化已经成为工业化之后经济发展最为重要的影响因素。本章将从信息化对经济发展的影响、中国信息化的发展历程，两化融合的机理三个方面，全面阐述信息化在理论与现实中对中国经济的影响，进而提出新时代中国信息化的路径选择。

第一节　信息化对经济发展的影响

一、信息化对生产的影响

（一）对农业生产的影响

第一，信息化有助于解决农业生产和流通中的信息不对称问题。在农业生产过程中，信息不对称的问题始终难以有效解决。在时间层面，由于农产品的生产周期普遍较长，农产品市场存在跨时期的周期波动，某种农产品当期的高价格会引导农业生产者大量生产该产品，从而导致未来该产品集中上市，供给量大幅增长，农产品价格下降。在区域层面，农产品的生产具有地域性的特点，农产品不便于保存、流通成本高，而一些农产品产区交通不便、信息不畅，都会导致农产品滞销，甚至出现一方面农产品没有销路，另一方面部分城市农产品供给不足、价格高企的情况。这些问题在传统经济中无法得到有效解决，而信息化的发展，能够弥补由于信息不对称造成的各种农业生产困局。农业信息化可以利用大数据、计算机模拟等先进手段，对农产品的需求进行科学预测，从而指导农民根据市场的未来预期，选择农产品生产的种类和规模。另外，农业信息化可以使农产品的交易信息及时反馈，建立农产品收购企业和农户之间的有效沟通机制。

第二，信息化有助于改善农业生产中的资源配置效率。农业生产中运用的资源要素与其他生产活动相同，包括土地、劳动力和资本，但在结构配置上有自己的特点。农业生产中对土地的投入要求比较高，并且农业生产中的劳动力和资本投入之间有很强的替代关系。农业的现代化，要求农业生产更加集约化，农村剩余土地的整合与利用是土地资源配置的有效途径。当农业生产的规模越来越大时，传统的小农精耕细作的生产方式将不能适应农业规模化的要求。利用机械化技术，借助信息化管理，农业生产的效率将大大提升，并能显著降低从事农业生产的劳动力数量，大幅提高农业生产率，吸引资本投入农业领域，从而有效地冲破传统的束缚，将土地、劳动力、资源高效地联合起来，实现农业的现代化发展。

第三，信息化有助于提高农业生产者的知识水平。信息化的推进与普及，拓宽了农民了解外部信息的渠道。以互联网为代表的信息传播方式，改变了传统农业广播和电视节目在农业生产教育上的局限性。农民可以通过网络资料的学习与共享，获得更加及时有效的农业生产信息。通过网络开展远程培训，有助于农业新技术和新知识的传播。利用信息化，开展农产品电子商务经营，浙江等地出现了淘宝村等以电子商务销售为主要销售方式的经济形式。

（二）对工业生产的影响

相对于农业生产，信息化对工业的影响更为突出，因为工业生产的组织方式和生产方式，传统上已经运用了大量的机械控制技术。而随着信息化的推进，信息化与工业化表现出了高度融合的趋势。德国的工业 4.0、美国的制造业回归、中国提出的中国制造 2025，都是着眼于工业化与信息化进一步融合下的传统工业转型与升级。信息化与工业化的融合问题，是本章的重点内容，后文第二、第三部分将深入探讨这方面的问题。

第一，利用信息技术改造传统工业的生产经营流程。利用信息技术优化工业生产和经营管理的全过程，在生产中大量应用计算机控制，工业机器人、工业互联网技术将进一步普及，工业生产的远程监控、远程诊断得以进行。配合大数据与人工智能的应用，工业生产的自动化水平将进一步提高。产业链上、中、下游之间的信息交流更加充分，协同生产的能力会进一步提高。

第二，信息技术发展催生出相关新兴产业。随着信息化的发展，计算机、芯片、智能手机、工业机器人等行业大发展，成为工业行业的重要组成部分。在美国，以苹果、微软、谷歌、高通等为代表的信息技术或信息产品企业，已经取代了汽车、石油、化工等传统行业的地位，成为美国经济的新代表。

第三，信息技术改变或增加了传统产品的属性。信息技术除了改进传统的生产和经营过程，同时给传统的工业产品本身也带来了巨大改变。汽车、家电等传统的工业产品，都大量引入了新的信息技术，使得产品更加智能化。随着产品的智能化，以及 5G 技术的进步，万物互联的物联网时代将有可能实现。届时，经济社会发展中的产品流、物流、信息流将高度融合，整个社会的消费体验将实现再次升级。

二、信息化对分配的影响

信息化提高了生产力，生产过程中的信息化水平越高，所需要的劳动力越少。也就意味着在生产要素的分配上，资本的比例会进一步提高。在信息化初期，一方面，生产率的提高减少了对劳动力的需求；另一方面，扩大再生产的需要又会增加对劳动力的需求。因此，劳动力的总需求并不会发生剧烈的变化。同时，由于中国人口增长速度的减缓、老龄化的加剧，信息化所导致的生产率提升、劳动需求下降，可以应对适龄劳动力不足的状况。然而，随着人工智能的发展、机器人技术的广泛应用，对劳动力的需求可能会出现重大变化，从而导致劳动力的总需求下降，引发失业问题，而失业问题会导致有效需求不足，生产相对过剩反过来又会抑制生产的扩张。

在劳动产品的分配上，信息化提高了劳动生产率，使劳动者的收入普遍提高。信息化对生产力的影响，决定了信息化过程的主要参与行业具有较高的劳动报酬。因此，在分职业的收入方面，软件与计算机行业的人员收入水平远远高于其他行业，并且差距有进一步拉大的趋势。信息化一方面使劳动力的收入普遍提高；另一方面也会加大信息产业与其他行业的行业差距。随着信息化的深入，被高度替代的劳动者，其收入水平的提高更为困难，甚至面临失业的风险。如何应对信息化深入推进过程中劳动力收入的分配问题，将是未来一个时期内要面临的重要课题。当生产过程中不再需要大量的劳动力时，如何解决失业问题和收入分配问题，将是一个严峻的挑战。

三、信息化对交换的影响

交换对应于流通领域。信息化的重要成果，即电子商务和互联网经济，对经济发展的影响首先就表现为对交换领域的影响。货币原本作为支付手段，是解决交换问题的重要制度安排。而电子支付的发展，越来越挑战了纸币在交换媒介中的作用，进一步提高了交换的效率。信息化对交换领域的影响，使中间商的作用日益削弱，流通领域更加扁平化，流通的层级在减少。因此，原本在流通领域提供服务的劳动力，在电子商务和互联网经济发展之下，受到了前所未有的冲击。网络经济使生产者可以更加直接地面对消费者，从事商贸流通的企业，由传统的区域型企业，扩展为全国性甚至全球性企业，规模经济和范围经济的优势在流通领域更加明显。由此导致了消费型地方经济的衰退，而产业聚集地和大平台借助网络经济的优势，进一步加剧了经济发展的地方差距，由此是否会导致地方经济发展的非收敛趋势，还有待进一步研究。

四、信息化对消费的影响

信息化使消费更加便捷，电子商务的发展，使消费者的选择更加多元化。因此，对于消费而言，信息化无疑是有百利而无一害的，但在结构上，网购的兴起，导致了本地商贸企业的衰落，除了一些无法网络邮寄的产品和服务外，传统商贸企业在产品销售的竞争上已无优势可言，线上+线下的O2O模式，既利用了实体消费的体验性，又兼顾网络消费的多元化和成本优势，能缓解网络经济对实体经济特别是零售业的冲击。商业模式将发生重大的变化，而消费者的消费习惯也随之发生变化。消费过程在消费前、消费中、消费后的行为与以往不同了，消费前，人们利用App等移动网络平台，对产品和服务进行先期比较；消费中，利用网络支付手段进行网络支付，甚至在手机等网络端进行购买行为，在消费现场仅仅是提货或直接享受服务；而在消费之后，通过评价体系，对产品和服务的提供者产生硬约束，大大增强了整个社会的信誉水平。

第二节　中国信息化发展的历史变迁

《中国互联网络发展状况统计报告》（第41次）显示，截至2017年12月，中国网民规模已达7.72亿人，互联网普及率达到55.8%，超过全球平均水平（51.7%）4.1个百分点，超过亚洲平均水平（46.7%）9.1个百分点。2017年全年共计新增网民4074万人，增长率为5.6%，中国网民规模继续保持平稳增长。互联网商业模式不断创新、线上线下服务融合加速以及公共服务线上化步伐加快，成为网民规模增长的推动力。信息化服务快速普及、网络扶贫大力开展、公共服务水平显著提升，让广大人民群众在共享互联网发展成果上拥有了更多的获得感。

关于中国信息化发展的历史变迁问题，很多学者开展了多方面的研究，宋周莺和刘卫东（2013）认为中国的信息化大发展始于 2000 年，2000 年以前，中国互联网应用主要局限于科研人员和高学历人员；2000 年以后，随着中国经济的超高速增长、信息产业的迅速扩大，中国互联网普及率激增。因此，他把中国信息化大发展之后的 10 年历程分为三个阶段：一是 2000—2003 年的高速发展阶段，即中国进入全面信息化社会的初始阶段。二是 2004—2008 年的平稳增长阶段，主要表现为互联网应用的全民化，中文网站数量大幅增加，IPV 地址数量平稳增长，互联网普及率达到 22.6%，超过全球平均水平。三是 2009—2010 年的加速发展阶段，中国迈入信息化社会的速度进一步加快，IDI 值年均增长 3.75%。他还对中国信息化的空间变迁进行了研究，并关注了数字鸿沟问题。他的研究认为，在大区域层面上，中国东、中、西、东北四大板块之间的信息化水平存在巨大的空间差距，自东向西呈逐渐降低的趋势；四大板块内部也存在明显差异，东部地区的内部差距最大，西部地区内部差距次之，东北地区和中部地区的区域内部差距较小。2000—2010 年，中国信息化发展的大区域格局没有太大变化，东部地区信息化发展水平一直最高，东北地区次之，西部地区最低；但四大板块之间的数字鸿沟有所缩小。在省域层面上，中国 31 个省、区、市之间的信息化水平相差悬殊；2000—2010 年，随着各省信息化发展水平的提高，省际空间格局也发生了较大变化，数字鸿沟明显缩小。其中，东北三省的 IDI 值排序下降明显，东部十省的 IDI 值排序基本保持稳定并有所上升，中西部省份的 IDI 值排序变化最大。另外，回归分析表明信息化与区域经济紧密相关，即信息化对中国各省、区、市社会经济发展具有重要意义。该研究相对信息技术的发展史来讲，时间跨度较小，难以看出中国信息化发展的阶段性趋势。

姜爱林（2002）以 1978 年改革开放为起点，研究中国信息化发展的历史变迁，提出了四阶段的发展历程。第一阶段是 1978—1983 年的信息化酝酿阶段。1983 年，国家制定新技术革命对策时，首次把发展信息技术纳入国家政策，信息技术开始凸显。第二阶段是 1984—1992 年的信息化起步阶段。在这一阶段，国家相关政策陆续出台，并成立了电子工业部。电子及信息产业被列为优先发展的高技术产业，并较早提出了电子信息技术普及和改造传统产业的设想。第三阶段是 1993—1997 年的信息化全面推进阶段。这一阶段的标志性成果有，成立了国务院信息化领导小组，1994 年正式接入国际互联网（Internet）。第四阶段是 1998—2001 年的信息化加速发展阶段，该阶段的标志性成果包括《国家信息化指标构成方案》的出台、电信业的改革，以及 sohu 等国内互联网和软件企业的兴起。该研究时间跨度较大，资料整理更为翔实，但仅止于 2001 年。

在信息化的历史变迁方面，上述研究很有代表性。但由于研究的时效性问题，以上研究对 2010 年之后的阶段没有涉及。另外，在阶段的划分上，是以信息技术的发展状态为标准的，分为准备、起步、高速发展等阶段。虽然有事实的支撑，但是仍然存在一定的主观性问题。并且在 30 年的跨度里，可以分出这三个阶段，在 10 年的跨度里，也能找到相对的起步阶段和高速发展阶段，发展水平本身就是一个相对概念。因此，本章在这里以信息技术中最为重要的网络技术发展与应用为标准，试图将中国信息化的发展分为三个阶段。第一阶段为前互联网阶段，把 1978 年之后到 1994 年中国正式接入国际互联网之前，作为前互联网阶段。这一阶段主要是传统的电子信息产业发展阶段。第二阶段为互联网阶段，从 1994 年中国接入国际互联网开始至 2008 年。第三阶段为移动互联网阶段，从 2009 年 3G 技术投入应用开始至今。下面我们将分别考察这三个阶段开始的标志、不同阶段主要成果和主导企业、三个阶段之间的联系，以及移动互联网阶段的进一步发展趋势。中国通信与信息企业的广泛参与是中国信息化过程中的突出特点，这说明中国信息化的过程中市场力量的作用得到了充分的发挥，没有企业的蓬勃发展，政府的规划就难以高效完成。

第一阶段：前互联网发展阶段，信息基础设施建设的起步阶段。

1994 年中国接入国际互联网之前，正处于多媒体单个设备的发展阶段。国家开始重视信息产业和信息基础设施建设，确定了统筹规划、联合建设、统一标准、专用网和公用网结合的方针，积极推进信息高速公路建设。当时的主要信息设备为个人电脑、工程工作站、多媒体微机，以及用于电视会议的终端设备、传呼机、蜂窝电话手机等。在1993年提前完成了“八五”计划中关于电子信息产业发展的指标，实现年均增长27%。当时的技术应用前景更关注于信息的传播方面，特别是对多媒体技术的期望很高。虽然美国、日本、欧洲的信息化水平都远远高于中国，但是中国信息产业的发展前景广阔，吸引了摩托罗拉等跨国公司到中国进行生产和销售，仅“八五”期间就新增三资企业3000多家，产生了显著的技术扩散效应。这一时期是微电子技术、信息技术和现代通信技术开始实现融合的阶段，为互联网的发展奠定了基础。1989年，中国开始建设互联网5年目标，开始建设国家级四大骨干网络联网。已经开始有一些中国企业进入该领域，中兴公司、华为公司、联想集团、方正集团等后来中国通信和计算机行业的主导企业，都是在1990年之前成立的。

第二阶段，互联网兴起与广泛应用阶段，产生了一大批信息类高科技企业。

1994年，中国开始正式接入国际互联网。20世纪90年代，互联网的应用主要在IT、教育、科研等领域，由于当时是拨号上网，费用昂贵、速度较慢，还没有得到普及。直到2000年，由于宽带费用的下降，网吧陆续出现，国内主要门户网站相继成立，中国互联网发展进入了一个新的时期。随着互联网的兴起，多媒体信息传输的需求出现爆炸式增长，围绕个人电脑生产、网络通信、软件开发为核心的信息产业得到蓬勃发展。在这一阶段，大量互联网应用企业纷纷成立，使得中国互联网的发展进程和全球互联网的商用时间基本一致。1995年，在中国接入国际互联网的第二年，搜狐的前身“爱特信信息技术有限公司”成立，后于2000年在美国纳斯达克上市。2000年，百度在线成立，它是百度控股的前身，现已占据了中国最大的互联网搜索引擎服务业务。2003年5月，淘宝网正式成立，两年时间内，淘宝网成为中国国内网络购物市场的第一名，占据了中国网络购物70%左右的市场份额，它通过持续的入驻免费政策，击退了收费的

eBay，是中国互联网企业在市场竞争中成功击败国际巨头的典型案例。2012 年淘宝网和天猫网的交易额超过了 1 万亿元人民币，超过亚马逊公司和 eBay 之和。网易、新浪、京东等公司也是在 1995—2005 年的信息产业高速发展 10 年里成立的。

第三阶段，移动互联网发展阶段，“互联网 +”对传统行业的信息化改造。

移动互联网的发展，为万物互联的物联网创造了基础。企业、消费者和政府机构都越来越离不开网络和通信设备。大量的需求应用自发地推动中国信息化向更广的范畴、更深层的应用发展，移动网络、大数据、人工智能、云计算、工业互联网、区块链等新技术的出现，创造出了新的行业和新的业态。传统行业通过“互联网 +”的方式，实现了信息化的改造。移动互联网发展阶段的开端可以从 2009 年算起，这一年我国正式进入第三代移动通信时代，3G 网络的速度足够快，已经能够支撑高流量要求的多媒体信息传递，因此从 2010 年开始，整个信息产业的核心也从传统 PC 设备向智能手机设备转换。2012 年 6 月底，中国网民数量达到 5. 38 亿人，其中手机网民达到 3. 88 亿人，较 2011 年年底增加了约 3270 万人，网民中用手机接入互联网的用户占比由上年年底的 69. 3% 提升至 72. 2% 。而台式电脑用户为 3. 80 亿人，手机网民的数量首次超越台式电脑网民的数量，也意味着移动互联网迎来了它高速发展的时期。2015 年国务院总理李克强在政府工作报告中提出了“互联网 +”行动计划，“推动移动互联网、云计算、大数据、物联网等与现代制造业结合，促进电子商务、工业互联网和互联网金融健康发展，引导互联网企业拓展国际市场”。以移动技术为代表的普适计算、泛在网络的发展向生产生活、经济社会发展各方面渗透。互联网形态、信息通信技术形态不断演变，物联网、云计算、大数据等新一代信息技术作为互联网的延伸和发展，涌现出了 Web2. 0、开源软件、微观装配、创客、众筹等创新模式，基于移动互联网应用的各类企业集中涌现，手机购物已深刻改变了消费者的购物模式。

第三节 中国工业化和信息化的融合机理

随着新一轮信息科技革命的到来，以及传统工业数字化浪潮的推进，工业化与信息化的融合问题向全方位深层次发展，两化融合问题也一直受到学界的关注。

Karmarkar（2010）提出，工业化与信息化融合主要是通过信息技术在传统产业、产品和工艺方面的嫁接，或者在现代信息技术的基础上衍生出新兴产业。Martha 等（2001）认为，工业化与信息化融合的本质是信息技术向制造业渗透，进而导致相互独立的产业之间边界模糊，最终形成产业融合发展。Elsadig（2013）也认为，两化深度融合能够将传统的劳动密集型工业模式转化为知识密集型模式。石喜爱、李廉水等（2017）认为两化融合是在产业层次中发挥后发优势的重要手段之一，是推动中国产业结构优化升级、经济可持续发展的重要推手。两化融合也是产业结构优化升级、促进经济增长的生产要素之一。第一，信息技术的渗透与融合改变了要素配比结构，增强了要素流动性，提高了资源的配置效率，为资金、人力资本等要素在不同企业、产业和地理空间的流动提供了便利。第二，信息技术的渗透和融合促进了要素的集约使用，同时，对部分要素产生了替代效应，提高了要素的使用效率。吕永卫、巴利伟（2014）建立了一个两化融合的多要素机制，认为两化融合受到动力要素（如市场因素、技术进步）、环境要素（如政策因素、信息化普及率）、支撑要素（如标准化建设、资金支持、专业人才）等方面的影响。张辽、王俊杰（2017）在理论综述的基础上，认为两化融合不仅是工业化与信息化相互作用、相互渗透的过程，而且在一定程度上是工业化与信息化发展到一定阶段的必然产物。换言之，两化融合既是整体工业结构转型升级的手段，也是传统工业化道路转变的结果。他认为推进两化融合在理论与实践上也是可行的。理论上，比较优势和赶超理论的观点完全认同实现信息化与工业化整合和优化，有助于利用信息技术为工业化发展注入新的动力，并产生新的商业模式和信息技术成果等；实践上，从信息化发展的历史进程来看，作为工业化发展到一定阶段的产物，现代化的制造技术和信息技术为各产业领域两化融合提供了技术条件，或者说工业化过程中积累的制造技术与信息化进程中产生的信息网络技术之间内在的相互依托、相互促进的关系为两化融合提供了基础条件和必要保证。

现有研究对两化融合发生的合理性和必要性都做了很好的研究，在理论上用比较优势和后发优势理论，对两化融合的机理进行了合理的解释。当然，这些研究的视角带有很强的理论性和普适性，对于中国的信息化和工业化融合而言，如果结合信息化过程的历史变迁，加入更多的中国现实分析，从中国经济发展中的政府和市场关系的视角，可以对中国工业化和信息化两化融合的特殊机理进行更加具体的分析。

一、政府主导的信息化基础设施建设是中国两化融合的基本保障

美国在1993年正式提出了国家信息基础工程，世界各国都作出了相应的反应，建设国家信息高速公路。我国也在1994年也提出了“三金工程”，即金桥工程、金卡工程和金税工程。金桥工程，即建设一个我国的信息化网络平台，建设国家公用信息网，为各类经济社会信息提供基础设施，目的是建立一个覆盖全国的与个国务院部委相联系的覆盖全部城市的国家公用信息网，由光纤卫星微波、无线电厂、多种网络构成，与邮电电信数据网互为备用，并与金融网及其他信息数据专用网互联互通，互为支持，从而实现多媒体信息的传播。金卡工程，主要是为了解决信用卡全国联通发放使用的问题。不同信用卡在不同地区、不同银行、不同计算机网络、不同国家使用中无法互联互通，大大限制了信用卡的发行与使用，国家先期成立了7个市作为试点区域，直至推广至全国。金卡工程是用信息化手段解决金融问题的一次成功尝试，现代金融行业比其他行业更加依赖于信息化的进步，因为金融的核心是金融信息流。金卡工程的实施促进了商业贸易的发展，带动了整个信息产业的全面发展。金税工程由一个网

络、四个子系统构成基本框架。由一个网络，就是从国家税务总局到省、地市、县四级统一的计算机主干网；四个子系统，就是覆盖全国增值税一般纳税人的增值税防伪税控开票子系统，以及覆盖全国税务系统的防伪税控认证子系统、增值税交叉稽核子系统和发票协查信息管理子系统。它主要是利用信息化手段，解决了现实中虚假发票、发票虚开等税收难题。这三个工程都开始于1994年，与美国的互联网建设计划基本同步，从而保证了在信息化方面，特别是互联网的应用方面，我国并不比世界主要发达国家落后，甚至由于中国市场的广阔，一些网络应用更易于在中国成功推行，例如，目前我国在移动支付方面，就走在了世界前列，在基于移动互联网的服务方面，也有很强的创新优势。我国信息化与工业化融合的“瓶颈”，仍然是在关键技术的掌握上，如数控机床、高端芯片、工业控制系统开发等。随着中兴事件的发生，国家进一步意识到核心技术是买不来的。因此，应该类比“三金工程”，为核心技术的开发提供基础支持，充分发挥政府在基础研究领域的支持作用，为信息化与工业化融合提供基础保障。

二、企业在信息化应用中发挥主导作用是中国两化融合的内在动力

在信息化推进的过程中，每个阶段都诞生了大量的企业，它们多以民营企业为主，市场竞争的过程激发了他们的创新精神，使其成为推动中国工业化与信息化融合的主导力量。工业和信息化部中国电子信息产业发展研究院发布的《2015年度中国两化融合发展水平评估报告》显示，根据连续5年的监测和评估，2015年全国绝大部分工业企业使用互联网开展业务，大中型企业普遍使用供应链管理（SCM）、客户关系管理（CRM）等基于互联网的管理信息系统，依托互联网开展的按需制造、众包众设、协同设计等模式不断涌现。从2015年区域两化融合发展水平评估结果来看，代表网络普及和应用水平的基础环境指数为75.38，比2011年增长了23.45，年均复合增长率为7.33%。这说明宽带互联网在工业中的应用基

本普及，工业互联网已经初步形成。2015 年我国重点行业企业装备数控化率提高到 51.3%，ERP、MES 等信息系统普及率分别达到 62.71%、69.67%，跨企业跨平台的 SCM、PLM 等以综合集成、互联互通为特征的信息系统普及率均接近 60%。这说明我国工业企业信息化已从单项业务信息技术应用向多业务多技术综合集成转变，从内部信息系统集成向跨企业互联互通转变，从单一企业信息技术应用向产业链上下游协同应用转变，并正在拓展出工业云、工业大数据等新型商业模式和产业形态。在工业信息系统大型化、集成化和互联互通的基础上，工业生产出现了网络化、虚拟化和协同化新特点，融合信息网络和生产设施的信息物理系统（CPS）开始形成，发展智能制造的条件趋于成熟。当前的良好发展状况与企业的自身努力密切相关。企业在我国两化融合过程中一直占据主导地位，它们主动采取措施实施两化融合，其主要原因是在两化融合过程中，对于企业的生产、管理、经营都带来了极大的便利，是对传统产业的信息化改造。因此，从机制上讲，中国的两化融合过程虽然有政府的大力推动与宏观规划，但最根本的原因是企业对信息化改造的内在需求。企业在信息化工程中，对信息化产品和服务有自主选择权，避免了在政府推动过程中，提供信息化改造服务的企业存在行政垄断的可能性。由政府建设信息化基础设施，由企业自助选择信息化产品和服务，很好地界定了政府和企业的职能边界，这使中国“两化融合”过程能够有源源不断的动力，也减少了政府推动两化融合的资金投入。

三、对标国际发展前沿的战略规划是中国两化融合的战略保障

2009 年 12 月，美国公布了《重振美国制造业框架》，2011 年 6 月和 2012 年 2 月，又相继启动了《先进制造业伙伴计划》和《先进制造业国家战略计划》，推行再工业化和制造业回归。目的在于短期恢复和刺激经济、中期调整产业结构、长期引领工业互联网革命。美国人提出的“工业互联网”，倡导人与数据、与机器人的链接，从而形成开放的、全球化的工业网络，并以此拓展到整个产品生命周期的价值链中，涵盖航空、能源、交

通、医疗，乃至整个智能城市。2011 年，德国政府报告提出了《未来图景“工业 4. 0”》，实际上是德国政府提出的一个高科技战略计划。该项目由德国联邦教育局及研究部和联邦经济技术部联合资助，投资预计达 2 亿欧元。旨在提升制造业的智能化水平，建立具有适应性、资源效率及人因工程学的智慧工厂，在商业流程及价值流程中整合客户及商业伙伴，其技术基础是网络实体系统及物联网。2015 年 3 月 5 日，李克强总理在全国两会上作《政府工作报告》时首次提出了“中国制造 2025”的宏大计划。这是中国对标美国和德国的战略计划，这个计划可以从两化融合深度推进的角度去解读，其核心是指向智能制造，其目标是从实现中国从制造业大国向制造业强国转变，而两化融合是实现这一目标的手段和方式。党的十八大提出了用信息化和工业化两化深度融合来引领和带动整个制造业的发展，这也是我国制造业所要占据的一个制高点。国家层面提出两化深度融合的目标和方向，对于企业发展有很明确的指导作用，同时，国家在相关领域可以采取相应的财政和税收政策，更好地促进企业实现加速转型。

第四节 新时代的中国信息化发展路径

洪银兴（2018）认为，创新驱动的现代化尤其要重视信息化的作用。信息化不仅体现在科技领域，还体现在产业领域。科技领域的信息化就是科技的现代化。当今的信息化发展到人工智能、大数据、云计算、物联网等新科学技术不断涌现的阶段，驱动现代化的科技创新必须进入这些领域的前沿并达到引领水平。产业领域的信息化，不仅要求以计算机和互联网为代表的信息产业迅猛发展，还要求信息技术被高度应用，信息资源被高度共享，从而使得人的智能潜力以及社会物质资源潜力得到充分发挥。新时代中国信息化的发展路径，是原有两化融合的扩展和推进，是坚持走信息化道路实现经济发展方式转型的充分体现。

一、从两化融合向两化深度融合推进

两化融合发展不仅是西方发达经济体再工业化过程中的重点工作，还

是类似于我国这样的发展中国家促进经济发展方式转型、实现高质量发展、克服“中等收入陷阱”和资源环境约束的重要途径。从两化融合的发展现状来看，两化融合在企业中的普及率已经很高，但是两化融合的深度还需要进一步加强。我国现有的发展程度，与中国制造2025中提出的智能制造的发展目标还有一定的差距。随着智能制造的发展，信息化已经不仅仅停留在信息的储存与传递方面，信息开始参与生产决策，大数据结合人工智能，将替代部分简单的人的智力劳动。信息化将从决策过程中的有效工具，变成直接参与决策本身。基于下一代移动互联网、大数据、人工智能、物联网、区块链等新兴的信息技术，两化融合的程度还有进一步加深的可能性和必要性，在新时代的中国信息化过程中，继续坚持推动两化融合，仍将是最重要的目标。因为信息化与工业化的深度融合，深刻改变了整个社会的生产流程和生产方式，本质上是生产力发展的核心动力。在此基础上，机器人等智能化设备的使用带来制造业生产方式改变的同时，生产要素结构也发生了改变，简单劳动力要素需求下降，知识型人力资本需求增加，知识资本和智力资本对制造业保持竞争优势越发重要，拥有不同要素禀赋的国家或地区之间分工格局和竞争优势地位将随之改变。

二、进一步解决信息化与工业化主导下的四化同步问题

四化同步，是在信息化和工业化两化融合基础上提出的概念，这是中国特有的问题，因为中国仍然是一个发展中国家，在应对信息化的同时，我国的工业化、城镇化、农业现代化都还没有完成。这要求我国在推进信息化与工业化融合时，要兼顾四化同步发展问题，目的是避免重复建设，并利用信息化的新技术手段，更好地解决农业现代化和城镇化问题。因此，我国的工业化也不能走“先污染后治理”的老路，提出了新型工业化的概念，四化同步问题就演变为新型工业化、信息化、城镇化和农业现代化的同步问题。从信息化的作用来看，在四化同步过程中，应该发挥信息化的引领作用，将信息化应用于解决城镇化和农业现代化问题。并且要把信息化和工业化融合问题放在四化同步的核心位置，筑牢经济发展的产

业基石。

三、实现从四化同步向五化同步的扩展

在党的十九大报告中，提到了发展绿色经济的问题。绿色经济的发展与绿色化一脉相承，将绿色化引入原先的四化同步发展中，衍生出了五化同步的发展思路。现阶段，我国已步入工业化中后期，在重化工业背景下，制造业对资源的过度消耗必然带来严重的环境污染，但在四化同步的背景下，信息技术深度参与了世界各国产业结构转型升级，给传统产业提升改造及新兴产业的产生创造了新的条件，信息化对农业现代化、城镇化的发展也有促进作用。西方发达国家纷纷利用信息化的成果解决了工业化过程中的资源利用和环境治理问题，尤其对处于重化工业时期的中国，利用信息技术实现生产流程再造、生产工艺优化以及生产要素再配置等，将大大提升资源利用的效率和水平。因此，从四化同步向五化同步，用信息化解决绿色化问题，有助于工业企业摆脱传统资源约束，究其原因在于信息化与工业化相互融合发展能够带来工业企业技术效率的提高。信息化使得企业可以采取全生命周期精益设计理念，大大增强了制造业企业的资源整合能力，在有效提升资源利用效率的同时又降低了环境污染。然而，以信息化来解决资源约束以及环境污染问题并没有在可持续发展理论框架中得到足够的重视，特别是五化同步背景下的绿色技术创新能否和其他四化协同开展，仍然需要进一步的理论研究和实践经验支撑。

四、实现五化同步发展向数字经济转型

任保平（2016）提出了发展经济学与马克思主义政治经济学结合而形成的“中国发展的政治经济学”。“中国发展的政治经济学”回答的是“什么是发展”“怎样实现发展”“发展为了什么”这三个根本问题，最终目标是实现以人民为中心的发展。何爱平（2013）认为在经济发展过程中，发展方式的转型以及政策调整必然引起人们利益关系的变化，基于利益的变化而做出的行为必然会成为发展的动力或阻力，因此，研究各种物质利益关系是发展政治经济学研究的前提。从两化融合到四化同步，再到

五化同步，其核心内容还是围绕信息化对经济发展和社会进步的积极作用。信息化对经济发展的作用可以用中国发展的政治经济学来回答，即信息化对经济社会全领域的渗透，可以解决新时代中国经济怎样实现发展的问题。信息化与现有经济的结合，将重构生产、分配、交换、消费的四大基本环节，必然引起各方物质利益关系的重新配置。信息化作为新的科技革命基础，将会深刻地改变中国经济的特征。在党的十九大报告中，首次明确提出了发展数字经济的目标。数字经济涵盖的内容非常广泛，数字经济的快速发展，意味着信息（数字）成为经济发展中的重要生产要素。经济的特质将发生重大变化，实现从电气时代向数字时代转型。信息化问题也不是可有可无的问题，也不是仅仅和工业化、城市化、绿色化、农业现代化相关联的概念，而是成为超越传统电气时代的必由之路，是用新的科技革命成果对现有经济的彻底改造。

第九章　中国特色的农业现代化路径及其阶段性变化

我国从2010年开始已逐渐步入经济发展的新常态阶段，传统的经济发展模式已经不能适应新时代和新阶段对于解放生产力以及生产力与生产关系相匹配的要求。在现阶段，全面实现小康社会的发展目标要求各产业之间实现平衡发展，在保持既有产业健康发展的同时，更应该着重于“补短板”。在新时代工业化、城镇化、信息化、农业现代化和生态化“五化协同”发展目标中，农业现代化完全滞后于其他四化的发展，农业生产力低下、生产方式落后等问题已经严重制约了农村和整个国民经济的发展。出于国家优先发展重工业的战略需求，从新中国成立到党的十六大的经济发展战略是重工业而轻农业，导致农业现代化的发展水平低下，农业发展方式在新中国成立60多年来基本没有进步，农业现代化的发展已经成为制约经济转型和迈向全面发展的障碍，而农业发展在实现农村经济繁荣、国家粮食安全以及全社会的稳定和国民经济发展方面都有至关重要的作用。因此，实现农业现代化的发展是新时代经济建设必须重点解决的问题。

第一节　农业现代化在经济发展中的地位

工业化、城镇化、信息化、农业现代化和生态化是新时代经济和社会发展的五个主要维度，这五个方面相互协调和平衡发展，才能实现新常态下经济的全面转型，而新时代的农业现代化发展对国民经济有着重要的作用。

一、农业现代化是解放生产力和实现产业升级的基础

党的十九大报告中指出，在经济发展进入新常态的历史背景下，要实现全面进入小康社会的目标，需要进一步解放和发展落后的生产力，并与当前的生产关系相适应，具体表现为实现产业转型和升级。而农业作为长期以来制约整个经济健康发展的因素，必须在转型和升级的过程中重点考虑。农业现代化在新中国成立之后就成为国家发展目标中的重要组成部分，但由于对农业现代化内涵的认识和界定存在争议，农业现代化并没有呈现出明显的进步，农业对经济增长的贡献也处在三大产业的底层。而现代化农业的发展不仅提高了农业本身的生产效率，还为其他产业的转型升级提供了坚实的后盾和保障，农业现代化的发展可以从以下两方面来促进经济增长。

二、农业现代化是开发农村增长潜力、解放农村生产力的必由之路

首先，农业现代化的发展有助于最大限度地开发和释放农村生产力。新中国的经济增长在很长一段时期内主要依靠不平衡发展方式，即通过压制农村发展而快速工业化来实现经济的快速增长。随着新常态下传统工业产品的大量过剩，不平衡发展方式给经济增长带来的激励逐渐式微，开发新的生产力成为当务之急。农业这一传统产业便成为经济增长新的突破口，要实现农业发展方式的转型和生产力的解放就必须要实现农业的现代化发展。

其次，农业现代化发展不仅包含着现代化的农业发展方式，还包含着农村建设的现代化和农民生活的现代化。长期以来的户籍政策使农业和农村发展受阻，农村人口无法自由向城市流动，导致农业剩余劳动力无法转移，从而使农业生产效率低下，农民收入水平远低于城市居民的收入水平。而通过农业现代化的发展，可以使得农村剩余劳动力向城市转移，在减少束缚在土地上的劳动力而提升农业生产效率的同时，为城市建设提供大量劳动力。在农民收入水平上升的同时，农村经济状况也会随之改善，

在全面实现小康的过程中，逐渐缩小落后的农业部门和先进的城市部门之间的差距。剩余劳动力的转移可以促进农村土地流转，为农业适度规模经营创造条件，实现自家庭联产承包责任制之后农业和农村发展的"第二次飞跃"。

三、农业现代化为全面经济转型提供基础和保障

经济全面转型是包括农业在内的各产业的转型，而经过 60 多年的发展，国民经济中的其他产业已经形成一套比较完善和成熟的发展体系，唯独农业的发展呈现出长期停滞的状态。因此，农业现代化的发展是补齐产业体系现代化的最重要领域。

首先，农业现代化为其他产业的发展提供了基本的要素支持。一方面，中国经济发展长期遵循重工业、轻农业的发展方式，农产品价格被人为限制在较低的水平，以此来促进重工业的快速发展。在这个过程中，农业的发展目标除了解决粮食需求之外，主要是为其他行业的发展提供了原材料，满足工业发展的基本要求。另一方面，农业的发展为现代产业和城市化的发展提供了劳动力支持。农业现代化的发展过程必然是一个农村劳动力向城市转移的过程，这不但释放了农村剩余劳动力，还为城市化进程中城市和产业的发展提供了劳动支持。劳动力转移促进了农村人均土地面积增加，同时提高了人均生产效率，为农业适度规模经营创造了条件。另外，进入城市的农村劳动力可以获得高于农业的工资水平，在改善农民生活的同时也接触到城市的先进文化和理念，促进了城乡统筹发展。

其次，农业现代化的发展为城市化过程提供知识支持。早期农业现代化的发展更局限于农业产出的增加和农业自身的发展，与农村的发展和城市发展的联系有限。而自党的十六大之后，农业现代化的发展更强调农业和农村发展在城乡统筹发展中的地位和作用。在农村庞大的人口基数基础上，农业现代化对劳动力从土地上的释放不仅为城市化发展提供了基本的体力劳动者，更为城市化的发展提供了智力和知识支持，农村人口受教育程度和范围的提高为农村城镇化过程和城镇城市化发展提供了大量的人力资本，保证了创新对于农村和城市经济增长的促进作用不断扩大。

第二节　农业现代化是实现农民增收和乡村振兴的前提

农业现代化不仅对产业全面转型升级和解放生产力有促进作用，而且是实现农民增收和乡村振兴的关键。通过农业生产效率和农村公共服务水平的提高，农业现代化对全面实现小康社会的作用不断增强。

一、农业现代化是实现农民增收的发展模式

农业现代化自新中国成立之后就已经提出，在不同的历史时期对其有不同的理解。在传统农业发展模式下，土地以家庭为单位进行分配，虽然这种家庭联产承包的做法能够有效促进农民生产的积极性，提高单位土地的产出水平，然而随着改革开放之后社会经济状况的快速变化，这种模式所带来的生产效率的提升和对农民的激励效果正在逐渐减弱。相反地，这种土地割裂、小农经营的发展模式已经成为农业发展的桎梏，需要以一种新的农业发展模式来代替当前的家庭联产承包责任制，实现农村和农业发展的“第二次飞跃”。一方面，农业现代化所引起的劳动力在城乡间的转移能够释放农村多余的劳动力，强化农村土地的集约化程度，在形成适度规模经营的同时提升农村劳动力的收入；另一方面，流入城市的劳动力也可以脱离土地束缚，积极开拓其他收入来源，在整体上提升农村劳动力的收入水平，为现代化农村建设提供经济基础。

二、农业现代化是实现乡村振兴战略的根本保障

农业现代化的发展不仅促进了农村剩余劳动力的转移，提升了土地利用率和土地生产率，充分发挥了土地作为生产要素的生产潜力。同时，农业现代化的发展更强调对传统农业发展方式、经营方式和管理方式的革新，以及对城乡协调与融合发展的强调。因此，农业现代化的发展是促进乡村振兴战略实现的根本途径。首先，从产业发展方式上来说，农业现代化是对传统分割发展的小农经济的一种革新，以土地集中使用为基础，借鉴农业发达国家的发展经验，以适度规模经营为手段，以市场需求为导

向，发展现代化农业体系；其次，从农业经营和管理方式上来说，农业现代化改变了传统小农经济中自产自销的模式，建立起规模化经营的农业公司，以现代化的科学手段和正规的公司制度来管理农业，将农业从满足自给转变为在市场经济下创造利润的现代产业。

第三节 农业现代化是维持经济和社会稳定发展的来源

农业现代化的发展不仅是促进新时代经济全面转型和补足经济发展短板的必要手段，而且是维持社会安定和经济安全的基本保障。

一、农业现代化是实现粮食安全的重要保证

农业现代化的发展在很大程度上改变了传统农业的生产目标，将以自给自足为生产目标的农业改造为与工业和服务业相同的以盈利为目标的现代产业。对传统农业的改造首先是对传统生产方式的改造，这保证了包括粮食在内的农产品生产的科学性，加之其对于农村土地和劳动生产率的提高作用，使得粮食生产对自然环境的依赖性减弱，确保了粮食生产的稳定性，为我国提供了满足基本生活需求的粮食消费和粮食储备。另外，农产品的稳定产出也为其他产业的发展提供了基础原材料，保证了第二、第三产业的稳定发展。

二、农业现代化是维持社会稳定的重要支撑

新时代背景下，农业现代化的发展与乡村振兴战略的推进相互促进，为实现农村稳定发展和维持社会有秩序地运行提供了保障。农业现代化的不断推进促进了农村土地的整合，释放出了束缚在土地上的多余劳动力，提高了土地生产率。加之户籍制度改革与乡村振兴战略的发展，农村剩余劳动力向城市部门转移的限制逐渐放宽，劳动力流动速度加快，为农村劳动力创造了工资性收入，提升了农村人均收入水平和消费水平，缩小了城乡收入差距，有助于社会稳定运行。此外，农村剩余劳动力的流出也有助于社会治安水平的提高，通过劳动力的城乡转移使农村剩余劳动力获得收

入，使这一部分劳动力在满足基本生活需要的基础上增强了社会整体的稳定发展。

第四节　中国的农业现代化道路变迁

中国的农业现代化发展自新中国成立之后就已经开始，在不同时期对农业现代化的不同理解导致了农业现代化发展的不同特征和发展方式。农业现代化的内涵在新中国成立之后不断扩充和改革，共经历了 4 次扩展。在新中国成立初期，农业现代化主要是指以农业机械化、农业化学化、农业水利化和农业电气化为代表的“四化”发展；在改革开放之后，对农业现代化的发展又有了新的认识，即农业生产技术现代化、农业基础设施现代化和农业经营管理现代化；进入 20 世纪 90 年代之后，农业信息化和农业科技现代化成为农业现代化发展的主要目标；2007 年之后，中国特色农业现代化发展道路基本成型，主要是要在适度规模经营、生态环境可持续、市场竞争力增强和生产技术先进等方面努力。[①] 与内涵转变相适应，农业现代化发展道路和方式先后经历了农业现代化的准备阶段、起步阶段、发展阶段、基本成熟阶段和统筹发展阶段。

第一阶段：农业现代化发展的准备阶段

农业现代化在新中国成立之初就已经被提出，这一阶段对于农业现代化内涵的认识主要是农业机械化、化学化、水利化和电气化，在这种认识的基础上，农业现代化的发展进入准备阶段。

这一阶段主要是指 1949—1956 年，农业现代化在这一时期被正式提出。在这一时期，对传统农业进行现代化的改造主要包括两点：第一是对土地所有制进行改革，变更土地的私人所有为集体和国家所有；第二是进行农业化合作的初步探索，改变传统以家庭为单位的小农经营方式为以集

① 程兆东，王振．关于我国农业现代化内涵拓展和实施中存在问题的思考[J]．农业与技术，2017，37(7)：163－164.

体为单位的农业合作社形式。

首先，土地所有制改革为农业现代化的发展提供了制度保障。新中国成立之前，在中国农村延续两千多年的土地经营和管理都是在私有制基础上建立起来的，私有制的土地制度以家庭为单位开展生产，虽然有助于对农民建立起有效的激励制度，但土地大量兼并所带来的生产率降低也越来越严重。世界经济一体化背景下的农业发展要走规模化生产和经营的道路，形成农业竞争力，而传统的农业生产方式只能局限于自给自足的小农经济中，无法将农业改造成具有竞争力的现代产业，需要对农业进行现代化改造。因此，将土地所有制从私人所有转变为集体和国家所有有助于进一步扩大土地经营和生产的规模，为现代化农业奠定制度基础。

在这一时期，土地制度的改革取得了显著成果。在新中国成立之前，农村土地大多为地主和富农所有，而占农村多数人口的普通农民和佃农只占有极少数的土地，地主和富农的土地面积和人口相对比例为5.625，而普通农民和佃农的这一比例则为0.22，这表明在农村，地主和富农平均所占的土地是普通农民的25.34倍，可以看出，土地在农村成员中的分配两极分化严重。土地改革运动基本完成之后，农业土地在农村不同阶层的分配已经出现了显著变化，土地改革运动把43%的土地分配给了60%的农村人口。[①] 农村中少地和无地的人口得到了土地和其他农业生产资料，尤其是贫农、雇农和中农中的大部分人得到了土地，土地和人口相对百分比为0.99，[②] 该数值接近1，表明农村人口基本拥有了自己的土地，基本上实现了“耕者有其田”。土地所有制改革的另一个成果是粮食产量的提升，通过土地改革运动，1951年的粮食产量比1949年增加了28%，而1952年的粮食产量比1949年增加了40%，[③] 其他重要的农产品产值都相对新中国成立前有较大的提高，这不仅提升了农业的生产力，丰富了人民对于农产品的消费选择和消费数量，更为工业的发展提供了充足的原始积累，为我国

① [美]麦克法夸尔．剑桥中国史:1949—1965[M]．北京:中国社会科学出版社,1996.

② 国家统计局农村社会经济调查队．中国农村统计年鉴[M]．北京:中国统计出版社，2005.

③ 李良玉．建国初期的土地改革运动[J]．江苏大学学报:社会科学版，2004，6(1):39－44.

快速工业化奠定了基础。

其次，农业合作化的开展提高了土地利用率和劳动力生产率，为改造传统农业打下了基础。在1952年的土地改革运动结束之后，农业合作化已经初步展开。农业合作化的开展是进行社会主义农业改造的具体手段之一，也是巩固新生政权的有力手段。首先，传统农业生产和经营方式的局限性决定了农业合作化的必然性。农业生产在新中国成立之前是以家庭为单位，在土地私有制的基础上建立起来的，土地改革运动开展之后，农村生产和经营主体成为分散决策的个体，这虽然有助于提升农民激励和提升劳动生产率，但建立在土地割裂化经营上的小农生产方式对于风险的抵抗能力较弱，需要建立合作经营方式来抵抗风险。其次，快速工业化的战略目标决定了农业合作化的必然性。为了在新中国成立初期快速建立起工业体系，需要从农业中抽取大量的原材料和积累，而这种大量的需求无法通过小农经济的生产获得，农业合作化对生产力的提升可以在短期内快速解决工业需求与农业生产之间的矛盾。最后，巩固政权的政治要求决定了实行农业合作化的必然性。新中国的成立标志着不同于过去两千年的封建制度和近代以来的资本主义制度的社会主义制度的建立，社会主义制度强调土地的国家和集体所有，而土改之后的农村由于生产和经营不善出现了土地的买卖，为了防止土地兼并，保证“耕者有其田”，必须实行农业合作化的经营方式，确保社会主义制度在农村的稳固发展。而在这一阶段要适应社会主义对土地国有和集体所有的要求，农业生产和经营已经开始进行农业合作化的初步尝试。

第二阶段：农业现代化的起步阶段

经历了1949—1956年的土地改革运动和农业合作化，农业现代化的发展在1957—1978年进入了起步和初步的实践阶段。在这一时期，农业现代化的发展由于受到“大跃进”和“文化大革命”的冲击而呈现出停滞和缓慢前进的发展态势。对社会主义建设的错误认识和急进心态，导致在农业现代化的发展过程中出现了许多失误和曲折。

首先，1958—1960年开展的人民公社化和“大跃进”运动阻碍了农业正常发展的速度，造成农产品产量大幅下滑。新中国成立之后基本建立的农业合作化道路为解放农村生产力和提升粮食产量做出了巨大贡献，而对这一成果的过度夸大和对于快速进入共产主义社会的强烈诉求使我国在之后的农业现代化建设上出现了盲目和急躁的情绪。1957 年前后，在对社会主义建设片面认识的“一大二公”原则指引下，农村兴起了改建和合并农业合作社的运动，原来的初级社全面合并为高级农业合作社。截至 1957 年年底，全国已经建立起了高级农业生产合作社 75.3 万个，加入高级社的农户占全国总农户的 96.2%。[①] 20 世纪 50 年代后期，在“共产风”的指引下，人民公社化运动在全国快速展开，截至 1958 年年底，农村已经有公社 2.4 万个，每社农户数已达到 5000 人，[②] 农村已经基本实现了全面公社化。人民公社化运动通过强制性的制度变革解决了农业生产的分割性问题，在一定程度上降低了农业生产的交易费用，在提高总产出的同时，又满足了工业化快速发展与国民经济发展的要求。然而，人民公社化和“大跃进”运动的开展虽然对农村生产关系进行了强制性的转变，但却忽视了生产力的发展滞后于生产关系的事实，最终使得生产出现大幅下滑，出现“假、大、空”和“放卫星”的现象。

其次，1966—1967 年的“文化大革命”对正常农业生产和农业现代化的发展造成了巨大冲击，农业现代化在波动中缓慢前进。在“大跃进”和人民公社化运动的基础上，“文化大革命”对农业生产的阻碍进一步加强。虽然在这一时期，国家对农业的发展基本上采取了减税、加强农业金融扶持力度等措施，使得农业在生产和经营条件上有一定的进步，但“文化大革命”作为一场政治运动，给农业生产带来了巨大的负面冲击，加之国民经济中整体对于工业发展的偏向性政策，更导致了粮食和农产品产量的大幅减少。在这一时期，农业产品产量的变化如表 9-1 所示。

① 王国敏，赵波．中国农业现代化道路的历史演进：1949—2010［J］．西南民族大学学报（人文社科版），2011，32（12）：207-212.

② 林毅夫．制度、技术与中国农业发展［M］．上海：生活·读书·新知三联书店上海分店出版社，1992.

表 9-1 “文化大革命”时期农业总产值增长率

年份	1967	1968	1969	1970	1971	1972	1973	1974	1975	1976	1977
增长率（%）	1.71	1.69	1.36	7.76	4.16	0.13	9.68	4.15	2.74	-0.42	-2.57

资料来源：历年《中国统计年鉴》。

从表 9-1 中可以看出，1976 年和 1977 年两年的农业总产值增长率为负，而在余下的 9 年中，有 7 年（1967 年、1968 年、1969 年、1971 年、1972 年、1974 年和 1975 年）的增长率都低于 5%，只有 1970 年和 1973 年出现了超过 5% 的增长，分别为 7.76% 和 9.68%。总体来看，“文化大革命”时期的农业产值增长相较土地改革和农业合作化时期有明显下降，平均增长率只有 2.76%。

表 9-1 表明在这一阶段，农业生产较“大跃进”时期有显著的衰退，农业发展在波动中曲折前进。而造成这种发展停滞化的原因是多方面的，主要包括：第一，阶段性目标以阶级斗争的政治性目标为主，忽视了生产和经济增长。对社会主义发展的错误判断使得在这一时期内，对于政治斗争过度重视，从而将资源配置在不创造任何经济价值的社会运动上。忽视现实生产力水平和生产规律的蛮干和冒进心态以及国民经济中“重工业、轻农业”的经济发展目标，使得农业生产的生产资料和积累的剩余基本都流向了工业生产领域，降低了农业发展的潜力。第二，农业生产过程中的粗放式、破坏型和浪费式发展方式违背了农业现代化的发展目标。对森林的大量砍伐、土地的掠夺式开发以及水资源的浪费使用给农业生产带来了巨大的隐患，一次性的农业发展方式和思维不仅降低了当下的资源利用率和有效使用水平，更减弱了农业发展的未来潜力。

第三阶段：农业现代化的发展阶段

农业现代化发展在经历了“大跃进”和“文化大革命”的缓慢而曲折的数十年后，终于在改革开放之后迎来了全面发展的阶段。这一阶段主要是 1978—1992 年，以标志着改革开放开始的党的十一届三中全会召开为起点，到党的十四大截止。这一时期农业现代化发展的主要目标是总结在农业现代化的初步实践阶段的错误做法，解除桎梏生产力发展的不合理制度，全面进行以家庭联产承包责任制为主的农业经营和组织方式的改革，并且政府从法律层面上对这种自下而上的内生性制度变迁予以肯定。

首先，在对前一阶段农业发展的总结中得出，盲目建立高级合作社和全面人民公社化扭曲了生产力和生产关系的匹配。人民公社化的建立有助于国家和政府集中人力、物力和财力兴建有利于国计民生发展的大型工程，为下个阶段的发展奠定基础。但不可否认的是，从土改之后建立人民公社到各种初级农业合作社全面向高级合作社合并，农业发展中生产力和生产关系不匹配的现实越来越明显，生产力的发展滞后于生产关系，以及对农村土地制度的改革滞后导致了农业和农村的发展缓慢。具体来说，产权制度的不合理导致了激励机制的缺失，农民被强制性集体劳动，生产资料也归集体所有，微观主体的缺失导致生产的积极性降低，农业生产力低下；配给制度导致商品市场和商品经济被彻底根除，减少了农民对于生活必需品的选择数量和种类，严重降低了农民的生活水平，低水平均等化的消费使农民的生活长期得不到改善，积压的不满情绪增加了人民公社的运行成本；统购统销的价格制度以及工农业“价格剪刀差”的整体经济发展战略使农业剩余全部流向工业领域，农业积累基本被清空，发展效益低下。

其次，改革开放与家庭联产承包责任制的诞生修正了生产关系超越生产力的矛盾，提高了农业生产力。改革开放之后，家庭联产承包责任制在全国得到推广，这种自下而上的诱致性制度变迁为解放农业生产力和农业发展做出了巨大贡献。家庭联产承包责任制度在废除了人民公社之后，作为中国农村新的经营和组织制度为农村的发展带来了潜力，促进了农业现代化的发展。一方面，家庭联产责任制恢复了农民对土地的控制权，使农业生产的微观主体重新建立起来，重建了农业生产的激励和约束机制，极大地调动了农民对于农业生产的积极性，大幅提高了农产品产量。另一方面，伴随着改革开放的进程，商品市场和价格机制被重新建立起来，农业发展中的国家统购统销力度逐渐减弱，农产品生产主要依据市场需求而调整，农产品作为一种正常商品可以进入市场流通和交易，其价格由市场供求决定。在这一阶段，粮食产量从1978年的30477万吨提高到了1992年的44265.8万吨，平均年粮食产量为38206.533万吨。如表9-2所示，1978—1992年的粮食年平均增长率为3.2%，而1956—1977年的粮食年平均增长率为2.3%，1992年的粮食产量相对于1978年增长了45.2%。

家庭联产承包责任制对产权的重置与改革开放对商品市场和价格水平的逐步放开相结合，以自下而上的诱致性制度变迁和自上而下的政策变革相结合，有效解放了农业生产中被束缚的生产力，提高了农村土地和劳动力生产率，同时释放出了被强制附着在土地上的剩余劳动力，为下一步劳动力的城乡流动和城市建设提供了劳动力支持。

表9-2 1956—1992年粮食产量增长率

年份	1956	1957	1958	1959	1960	1961	1962	1963	1964	1965	1966	1967	1968
增长率（%）	4.8	1.2	1.3	-14.2	-15.2	-5.1	13.1	7.3	9.1	7.5	10	1.8	-4
年份	1969	1970	1971	1972	1973	1974	1975	1976	1977	1978	1979	1980	1981
增长率（%）	0.9	13.7	4.2	-3.9	10.2	3.9	3.4	0.6	-1.3	7.8	9	-3.5	1.4
年份	1982	1983	1984	1985	1986	1987	1988	1989	1990	1991	1992		
增长率（%）	9.1	9.2	5.2	-6.9	3.3	2.9	-2.2	3.4	9.5	-2.5	1.7		

资料来源：历年《中国统计年鉴》。

第四阶段：农业现代化发展的基本成熟阶段

经过了农业现代化的发展阶段之后，农业生产基本步入正轨。但随着社会主义经济体制的建立和完善，农业现代化需要进一步发展。这一阶段主要是1993—2002年，在这一时期，农业的发展面临着家庭联产承包责任制对生产的激励作用逐渐减弱的困境，因此需要进行农业产业化来扩大生产规模，进行专业化生产，以克服“小生产和大市场”之间的矛盾。

首先，家庭联产承包责任制的局限作用逐渐凸显，农业经营和组织制度需要进一步改革。家庭联产承包责任制的建立是对农业基本经营制度的第一次变革，它打破了强制农民进行集体劳动的人民公社制度，第一次解放了农村生产力，发展了农业生产。而随着国际经济背景的变化和中国特色社会主义经济制度的建立与逐渐完善，农业作为经济中重要的组成部门需要进一步解放生产力。与此同时，家庭联产责任制对农业生产的激励作用逐渐减弱，而其对农业发展的阻碍作用却在逐渐增强。主要表现在农业规模报酬效益逐渐降低、农产品供给层次低下以及农业交易费用逐渐提高等问题。同时，经过改革开放之后几十年的发展，农业生产资料被分配到以家庭为单位的微观主体手中，集体资产和集体为农户提供公共服务的作用逐渐减弱，需要引入一种新的农业组织和经营方式来进一步解放生产力，促进农业生产的“第二次飞跃”。

其次，农业适度规模经营和农业产业化是解放农业生产力的一条新道路。新中国成立初期，在农业现代化的准备和起步阶段，曾经实行过强制性的集体统一生产和经营制度，但由于生产力严重滞后于生产关系，农业生产中存在大量的冒进和脱离实际的行为。但在这一时期，生产力相对于前两个阶段有了较大的进步，农业机械化程度大幅提高，农业生产力的提高需要与之相匹配的生产关系，农业产业化和规模化经营正当其时。一方面，在这一时期，农村土地制度的改革也为产业化和规模化经营创造了条件，通过延长土地承包期的政策稳定农民对于农业生产的预期，鼓励农民对于继续投入农业生产的热情和积极性。另一方面，建立健全农村土地市场，鼓励土地承包权和经营权的分离，加速土地流转，促进农业适度规模经营的快速发展；农业产业化经营则是在适度规模经营基础上对于农业现代化发展的又一进步。在农业适度规模经营条件下，土地和其他各种生产资料可以集中使用，农业的发展可以脱离过去小范围、低层次的发展，形成产业化的发展模式。同时，通过生产领域和流通领域的结合，把横向一体化和纵向一体化有机地组织起来，① 形成完整的现代化农业生产和经营体系。在承包权归农民所有不变的基础上，通过土地流转与合并和专业化

① 王国敏，赵波．中国农业现代化道路的历史演进：1949—2010［J］．西南民族大学学报（人文社科版），2011，32（12）：207－212.

团队的经营相结合，根据市场需求进行农业生产，以实现对小农生产模式下的风险规避和风险分担、形成规模经济效益、降低交易费用等目标，促进农业向现代产业转变。

第五阶段：农业现代化与城乡统筹的协调发展阶段

在农业现代化发展的基本成熟阶段，现代农业的发展道路已经基本成型，在适度规模经营的基础上形成产业化的组织和经营体系。而自党的十六大开始，城乡二元差距问题已经越来越成为制约农村发展和国民经济整体发展的重要阻碍，在这种背景下，农业现代化的发展不仅肩负着农村经济发展的使命，还是破除二元经济结构和协调城乡关系与工农关系的重要工具。因此，这一时期的农业现代化发展除农业自身不断解放生产力、引进先进技术外，更强调“工业反哺农业、城市支持农村”的城乡协调发展战略。

首先，城乡二元经济结构的不断加深是影响农业现代化和振兴乡村的重要阻碍。城市经济与农村经济的发展完全不同，以工业和服务业为主的城市经济部门市场化程度高、商品经济非常发达，采用先进的生产和组织经营方式，生产效率和抗风险能力均高于农村部门，人均收入水平也远远高于农村人均收入水平。而农村仍以自给自足的生产方式为主，农产品的主要用途依然是用来满足自身消费，市场化和商品化程度十分低。经济差距的扩大给城乡关系带来了消极影响，农村和城市的发展呈现出极端对立的情况。如图 9 - 1 所示，2003—2013 年城市人均可支配收入基本上是农村人均纯收入的 11 倍，虽然在 2014 年之后有所下降，但这一差距仍然维持在 9 倍左右，这表明城乡差距仍然较大。另外，虽然城乡之间的恩格尔系数差距在逐年缩小，但从表 9 - 3 中可以看出，2000—2016 年城市居民的恩格尔系数一直小于农村的恩格尔系数，城市部门从 2000 年开始就已经实现了小康，进入了相对富裕阶段，在 2016 年已经进入了富足的阶段；而农村部门在 2011 年之前都一直处在温饱阶段，2012 年开始才进入小康阶段，农村与城市在发展速度和发展质量上都存在较大差距，这表明我国城乡二元结构显著。

表 9－3 2000—2016 年城乡恩格尔系数

（%）

年份	2000	2001	2002	2003	2004	2005	2006	2007	2008	2009	2010	2011	2012	2013	2014	2015	2016
城市	39.4	38.2	37.7	37.1	37.7	36.7	35.8	36.3	37.9	36.5	35.7	36.3	36.2	35	34.2	34.8	29.3
乡村	49.1	47.7	46.2	45.6	47.2	45.5	43	43.1	43.7	41	41.1	40.4	39.3	37.7	37.8	37.1	32.2

资料来源：历年《中国统计年鉴》。

明显的城乡差距使得农村的劳动力和其他生产资料大量流向城市部门，对农业现代化的发展形成了阻碍。

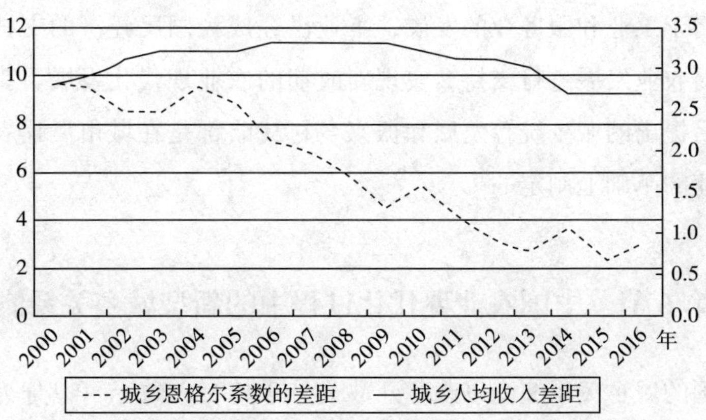

图 9－1 2000—2016 年城乡人均收入与恩格尔系数差距

其次，“工业反哺农业、城市支持乡村”战略在新时代进一步促进农业现代化的发展。世界经济的发展都表现出在不同时期对工农业的发展采取不平衡发展战略的规律，这既是出于经济考虑，更是出于政治和国家安全层面的考虑。我国的发展道路也遵循着这种规律，在新中国成立初期，为了突破资本主义国家的封锁和出于国家安全考虑，需要快速发展工业。在这一时期，工业发展处在初期阶段，占据经济支柱地位的是农业，截至 1956 年，农业仍然占当年国内生产总值的 43.2%。因此，这一阶段的国民经济发展战略主要是通过实行农产品的价格“剪刀差”和统购统销来抽取农业剩余，为国内工业快速发展提供原始积累，这种不平衡的发展战略直接导致了工农和城乡二元发展的格局。在工业发展的中期，农业占国民生产总值的比例进一步下降，1992 年的农业产值占比已经从 1956 年的

43.2%下降到21.6%，而第二产业中工业的产值占比已经从1956年的21.9%上升至38%。在这一时期，工业的发展已经初具规模，基本可以满足依靠自身的积累进行扩大再生产的需求，对农业剩余的需求减弱，农业剩余不再继续流向工业领域，国家对农业的发展实行不干预的政策，农业开始依靠自身剩余进行扩大再生产；在工业化发展的高级阶段，农业占总产值的比重进一步萎缩，从2009年开始，农业产值的比重就下降到9.8%，到2016年已经下降到8.6%。这表明在新时期，农业的发展已经完全滞后于工业和服务业的发展，工业已经成为国民经济的支柱部门，需要开始对农业发展进行支持，实现新时期的农业现代化发展。我国在这一时期先后提出的城乡统筹发展和振兴乡村战略都是在城市反哺农村、工业反哺农业的基础上制定的。

第五节　中国农业现代化过程中的新型城乡关系演变

中国的城乡关系演变以改革开放为分水岭，大致上可以分为两个大阶段和6个小阶段，是以城乡发展不平衡政策为线索，由不同时期城乡发展的侧重点不同而导致的。在改革开放之前，城乡发展处在不平衡的地位，农村的发展被政策所束缚，压低农产品价格、统购统销和限制农村人口自由流动等政策将农村和农业发展的剩余输送到城市和工业部门，城乡二元发展格局形成并不断加深。改革开放之后，市场机制和价格机制被建立起来，同时农村经济发展对整体国民经济发展的阻碍作用逐渐增强，使得国家开始对农村的发展进行倾向性的扶助，主要包括以市场机制调节农业生产和销售、放宽对于农村劳力向城市流动的限制以及建立乡镇企业、户籍制度改革等一系列政策，推动城乡统筹发展。

一、改革开放之前的城乡关系演变

这一时期的城乡关系先后经历了平衡发展的城乡关系、优先发展工业和城市以及城乡二元结构强化时期。三个不同的城乡发展时期主要是由外部的强制性政策所导致的，这虽然是世界各国在发展本国经济和保障国家安全的过程中普遍采取的道路，但由于中国特殊的国情，在城乡关系的处理和调节上还是经历了曲折的发展过程。

（一）城乡平衡发展阶段

新中国成立之后至1952年，这一时期的主要目标是快速恢复国民经济运行的正常秩序，是新民主主义向社会主义过渡的发展阶段。在这一阶段，面对长期以来的农村和城市发展对立以及由战争所造成的国民经济秩序混乱问题，政府首先要做的就是快速恢复国民经济。与农业现代化的发展相适应，首先，通过农村土地改革使广大农民获得土地和其他生产资料，提升农业生产的积极性，同时允许私有制的存在，允许农村富农和城市资本家继续持有适量的私有资产，允许商品经济和商品市场继续发展，实行多种经济成分并存的制度；其次，对于农村劳动、土地、生产资料和农产品的城乡自由流动和交易保持不干预的态度，城市和农村经济都得到恢复和发展。在这一时期，城乡之间是一种平衡的发展关系，城乡交流处于开放和自由的状态，大量农民进入城市，城市化水平有所提高。

（二）城乡二元结构的形成阶段

这一阶段主要是从1953年至党的八大，也是中国第一个经济发展的五年计划时期。这一时期我国开始确立快速工业化的发展目标，并且由于自然灾害导致粮食减产而引起了农村人口盲目向城市流动，农村劳动力减少和城市供给水平无法满足大量人口迁入的压力要求在对农村的政策上相较于前一阶段有所改变。首先，在农业生产上，农村劳动力、自然资源和土地的自由流动开始受到限制，劳动力和生产资料由国家统一调拨和分配，以保持农产品产量的稳定增长，持续为工业发展提供生产剩余；其次，在农业的组织经营方面，建立农村生产合作社，大力推动合作化的生产方式以抵御风险和提升效率。同时，以政府定价和统购统销替代市场定价和自由交易，确保粮食价格的稳定和工业的快速发展。在这些政策的作用下，农村生产剩余被抽离到城市建设和工业发展中，农村维持在满足基本需求的低水平发展阶段上，政策倾向导致了二元发展结构的初步形成。

（三）二元结构的强化阶段

在前一阶段对于农村发展采取限制措施的基础上，这一时期户籍制度的建立和实行完全强化了城乡分割的发展方式。从 1958 年至改革开放之前，城乡之间的对立发展关系不断加深，截至 1978 年，在人均收入方面，城市居民已经是农民的 36 倍，而城市居民人均可支配收入与农民人均纯收入之间的差距已经扩大到 41 倍，二元效应显著。

1958 年户籍制度的正式确立对农村经济发展产生了巨大影响。首先，户籍制度的建立严重限制了农村劳动力和各种资源的自由流动。土地成为农民唯一的经济来源，加之在这 20 多年间发生的“大跃进”、三年困难时期灾害以及“文化大革命”，农民从事生产的积极性被大幅削弱，农业生产效率低下，1978 年，粮食产量仅为 1958 年的 1. 54 倍，粮食产量在 20 年间的平均增长率只有 2. 1%，农业产值为 1958 年的 2. 88 倍，而工业总产值为 1958 年的 3. 88 倍。其次，户籍制度人为地将农民和居民划分为两个不同的利益主体，在户籍制度背后体现的是城乡发展机会的不平等，城市的各种社会保障措施都不能惠及农民。计划经济体制下人为对粮食价格的压低和统购统销的制度安排，与户籍制度一起切断了城乡之间的基本联系，形成了城乡之间相互隔离、封闭的二元经济结构。

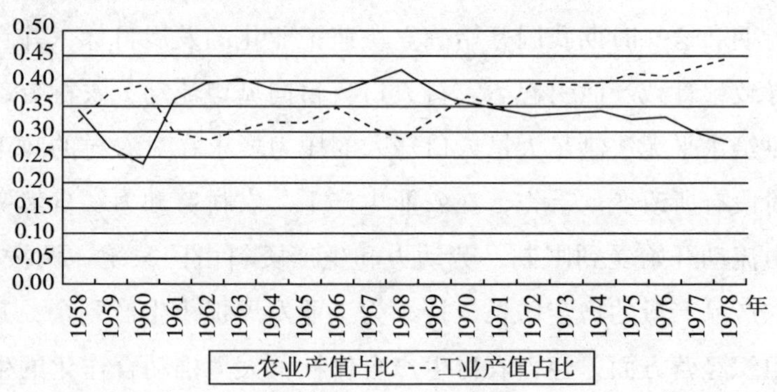

图 9－2　1958—1978 年工农业产值占比

资料来源：历年《中国统计年鉴》。

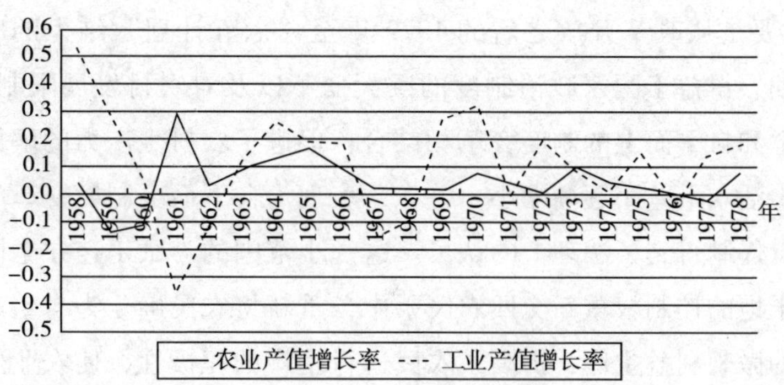

图 9 –3 1958—1978 年工农业产值增长率

资料来源：历年《中国统计年鉴》。

从图 9 –2 中可以看出，在 1958—1960 年，工业产值占比高于农业，在 1960 年之后的 10 年里，农业产值占比开始上升并一直高于工业产值占比，1970 年工业产值占比开始高于农业且差距不断扩大，到 1978 年为止，工业产值已经高于农业 16. 4 个百分点。从图 9 –3 中可以看出，虽然工农业总产值的增长率都呈现出波动变化的趋势，但工业增长基本上围绕 10% 左右的均值水平在波动，而农业由于长期的技术和生产条件保持不变，相对于工业来说波动幅度较小，基本围绕 5% 左右的均值水平波动，这表明农业生产相对稳定，但增长缓慢。农业和工业产值占比差异巨大，并且在增长率上也存在较大差异，这决定了城市和农村发展之间二元发展结构会不断加强。

二、改革开放之后的城乡关系演变

改革开放之后的城乡对立关系相对于改革开放之前有明显的缓和，但城乡发展政策也先后经历了对农业和工业性有偏向性的反复，不平衡发展战略在相当长一段时期内仍然是国家的主要发展战略。2003 年党的十六大召开之后才将城乡统筹发展作为农村发展的基本策略，党的十九大提出的“振兴乡村战略”进一步向平衡发展战略转变，力求实现城市和农村差距的缩小，实现协调发展。

（一）城乡对立发展关系的缓和时期

这一时期基本包含了整个国民经济发展的“五五计划”和“六五计

划”，主要是从改革开放之后的1979年至“六五计划”结束的1985年。这一时期，得益于国家政治制度的巨大变革以及对农村发展限制的放松，自上而下和自下而上的制度变革相结合，促进了农村生产力的解放，城乡居民的生活水平差距逐渐缩小。首先，表现为自下而上制度变革的家庭联产承包责任制得到了法理上的认可。这一小范围的尝试迅速在全国建立起来，将土地的控制权重新交回农民手中，重新将农民确立为与生产效益直接相关的微观利益主体，提高了农民进行生产的积极性，使农业生产力得到释放，土地和劳动生产率得到提高，农村经济快速恢复。其次，自上而下的社会经济制度变革解放了包括城市在内的全社会生产力。改革开放全面变革了新中国成立之后一直坚持的计划经济制度，积极引入市场经济制度，逐渐恢复价格体系和建立商品市场，再加上对农村劳动力、自然资源自由流动限制的减弱，以及对农产品统购统销的改变使得农村剩余劳动力可以向城市流动，解决了农村劳动生产率低下的问题；同时在政治制度方面，人民公社制度的废除把农民从对人民公社组织的人身依附关系中彻底解放出来，使农民获得了支配自身劳动的自由。① 政治和经济制度的双重变革使农民积极参与到市场经济中，工农业产品市场化交换程度的深化、农民在城乡之间的大规模流动对于削弱不平衡的城乡发展关系起到了积极作用。由表9-4可知，虽然城乡人均可支配收入的绝对差在不断扩大，但人均可支配收入的倍数呈下降趋势，已经从1979年的2.53下降到1985年的1.86。

表9-4　1979—1985年城乡人均可支配收入的差距

年份	1979	1980	1981	1982	1983	1984	1985
人均收入倍数	2.53	2.5	2.24	1.98	1.82	1.84	1.86
人均收入绝对差	244.8	286.3	277	265.2	254.8	296.8	341.5

资料来源：历年《中国统计年鉴》。

（二）城乡关系的高位分散阶段

这一阶段是从1986年开始到党的十六大为止，在这一阶段，农村改革

① 谢志强，姜典航．城乡关系演变：历史轨迹及其基本特点[J]．中共中央党校学报，2011，15(4):68-73.

取得了较大成果，农村生产力得到解放，城乡差距有缩小的趋势。但从“七五计划”开始，中国改革的重心再次转向城市，各种生产要素开始向城市和工业倾斜，城市改革步伐明显加快，同时，农村改革政策绩效开始下降，城乡关系在高位重新失衡。①

一方面，改革开放之后，经济体制的改革放松了对农村劳动力和自然资源的流动限制，使农村生产力在一定程度上得到解放，城乡二元关系得到缓解，但这并没有将城乡发展关系引导到平衡发展道路上。相反，在市场经济制度下，市场机制主导资源配置，大量的农村廉价的劳动力和自然资源被城市吸收，农村基本成为城市和工业发展的原材料和劳动力供应地。1984 年国务院《关于农民进入集镇落户问题的通知》允许农民可以自理口粮进入城镇落户，从而导致了乡镇企业的蓬勃发展，这一时期，中国国民经济结构由以前的农村农业、城市工业二元结构转变为城市工业、农村工业、农村农业相结合的新型经济结构。② 乡镇企业的发展有助于城乡对立发展关系的缓和，20 世纪 90 年代之后乡镇企业的发展开始萎缩，大量农村劳动力从乡镇企业转向城市部门，促进了城乡之间的经济联系。

另一方面，农村劳动力和资源的流动伴随着城市化过程中的农民失地问题，农村土地开始被大量征用进行城市工业扩张和住房建设用地。与此同时，还伴随着农业的“小生产和大市场”矛盾的出现。这一时期，国家对农村发展采取了“多取少予”的政策，给农村发展造成了巨大压力。虽然取消了统购统销的安排，但价格“剪刀差”并没有彻底消除，农业产品的价格依旧被人为地压低，农产品价格增长低于工业产品价格增长，农业剩余继续流向城市部门，农民收入增长缓慢。而农村在医疗、教育、卫生等公共服务和社会保障方面更是全面落后于城市。虽然这一时期相继出台的户籍管理制度旨在打破城乡之间的对立发展关系，但市场经济的建立在

---

① 许传红，朱哲．五大发展理念视角下的中国新型城乡关系构建[J]．武汉理工大学学报(社会科学版)，2017，30(2)：54－59.

② 韩俊．中国城乡关系演变 60 年：回顾与展望[J]．改革，2009(11)：5－14.

确保城乡要素合理流动的同时也造成了城市对乡村资源不断吸收从而导致的城乡差距扩大的事实。农民收入增加缓慢，而城市居民收入增加迅速，从图 9－4 中可以看出，1985 年的城市人均可支配收入是农村的 1.86 倍，1986 年为 2.12 倍，2002 年为 3.11 倍，且呈现出总体上升的趋势。同时，在这个阶段，2002 年的农村人均纯收入为 1986 年的 5.84 倍，而城市则为 8.56 倍。从人均可支配收入的平均增长率来看，农村是 11.7%，而城市部门则为 15.1%，可见无论从绝对数值还是相对的增长率来说，城乡之间的差距都在不断扩大。

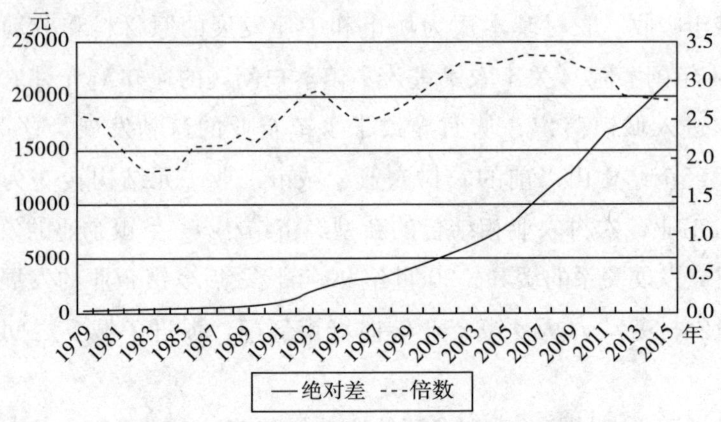

图 9－4　1979—2016 年城乡人均可支配收入差距

资料来源：历年《中国统计年鉴》。

（三）统筹发展的城乡关系阶段

城乡二元的发展模式严重制约了国民经济的健康持续发展，重城轻乡、重工轻农的发展思路和发展战略在这一时期逐渐转变为城乡兼顾、一体化发展与城市反哺农村的发展道路。

2002 年，党的十六大提出了“全面建设小康社会”的目标，并将“统筹城乡社会经济发展”作为处理新阶段的城乡关系的主要指导方针。从 2002 年开始，我国将小城镇建设和大中小城市协调发展作为中国特色城镇化发展道路的重要内容，强调在解决城乡二元发展的问题时要有整体观，强调要“跳出城市看城市，跳出农村看农村”，其中小城镇的建设是这一时期的重点。城市化不可能一蹴而就，因此小城镇建设便成为农村城市化过程的过渡阶段，党的十六大也明确给出了加强小城镇建设对城市化和新农村建设的重要意义。小城镇建设是城镇化向城市化的过渡阶段，小城镇将农村中剩余的劳动力吸收和聚集，为这些劳动力创造农业以外的收入，为下一步实现土地流转和规模化经营创造了条件。小城镇成为联系城乡的枢纽，它不仅与农业和农村有较强的联系，与城市和工业部门的距离也比较近。而在现阶段，小城镇是新型的正在从乡村性的社区变成多种产业并存的向着现代化城市转变中的过渡性社区。[①] 它不但联系城乡，而且是许多乡镇企业的所在地和农产品与工业产品的集散中心，是实现城市化的中间环节，这对于打破城乡二元发展和隔离有促进作用。城乡人均可支配收入的差距在这一阶段呈下降趋势，已经从2003年的3.23下降到2016年的2.72，接近1979年的水平。

发展理念上的转变使城乡对立关系在这一阶段得到缓解。2006年农业税被正式废除，而2007年党的十七大提出了“建立以工促农、以城带乡长效机制，形成城乡经济社会发展一体化新格局”，这标志着国家开始了“工业反哺农业、城市支持农村”的新农村发展战略，自此之后，各种强农惠农政策开始出台并不断完善，公共财政覆盖农村的范围持续扩大，包括对农业生产进行直接补贴、对农村义务教育经费支持进行保障以及实行新型农村合作医疗等在内的各项政策使农村在公共服务和社会保障水平上逐渐缩小与城市的差距。2010年我国经济全面进入新常态之后，传统产业的发展出现减速趋势，而发展新的增长点成为当务之急，发展和开发农村增长潜力成为新的经济增长热点，国家对农村建设的重视程度不断加强，并致力于在这一过程中提高农业现代化和人民生活水平，将农村建设成美丽新家园。

---

① 费孝通．论中国小城镇的发展[J]．经济研究参考，1996(66)：40－43.

第六节 新时代农业现代化道路的发展

新中国成立之后农业现代化的发展先后经历了五个不同的发展阶段，农业和农村的发展与城乡关系的发展相适应。2002 年党的十六大提出了“全面建成小康社会”和“统筹城乡发展”的新目标，为农业现代化的发展提供了新的思路。不同于传统农业发展只局限在本产业内部孤立发展的发展方式，城市部门与农村部门的相互交流和“以城带行、以工促农”的发展方式为新时期农业现代化发展带来了新的资源和经验。在此基础上，2017 年党的十九大进一步在“统筹城乡发展”的基础上提出了“乡村振兴战略”，以精准扶贫来实现农村人口的全面脱贫，进一步缩小城乡差距，降低城乡二元结构对经济带来的危害。

2016 年“十三五”规划的提出将农业现代化的进一步发展作为重中之重，结合党的十九大提出的创新、协调、绿色、开放和共享的发展理念，新时代的农业现代化道路的拓展也应遵循五大发展理念。

一、以创新发展为支撑，促进农业发展方式转变

新时代的农业现代化区别于传统农业发展方式的最大不同之处便是以创新理念促进农业发展方式的全面转变。党的十六大之前的农业发展对于科技的投入力度有限，在经营和生产模式上也没有完全脱离过去发展的轨道，因此在新时代，农业现代化的发展方向主要从以下两方面入手：第一，提升农业技术支撑和技术服务水平，全面促进农业现代化转型。以创新为支撑，大力开拓和发展支持农业现代化发展的高科技和先进技术，使农业生产在硬件条件上实现全面更新，在生产技术和水平方面不断突破，促进农业生产效率的提升，实现农业发展向现代产业转型。第二，改革并创新农业生产和组织经营模式，实现农业生产力和生产关系的相互匹配。新时代的农业现代化发展要求不但要将农业建设为为人民群众提供粮食和食物的基础产业，更要将农业改造为现代化的盈利性产业。因此，要加快

农村土地流转制度的完善，促进农业生产适度规模的形成，实现农业规模经济效应的产生，同时以企业形式组织农产品生产和销售，以现代农业企业的模式促进农业现代化的进一步发展。

二、以协调发展为基础，加快农业产业结构转型

农业与其他各产业的协调发展不但是“十三五”规划的要求，而且是实现五化同步和现代化农业自身发展的必由之路。第一，实现五化同步，促进农业现代化发展。新时代农业现代化的发展应该统筹农业与其他产业、统筹农村和城市的一体化发展。在农业发展过程中，通过以城带乡、工业反哺农业等手段实现其他产业和部门对农村和农业的反哺和支持，提高农业生产效率。同时，借助工业化和信息化的发展成果，对传统农业进行装备和改造，使农业从以自给自足为目标转向以盈利为目标的现代化产业。第二，以市场化为导向，实现农业内部结构优化和全面转型升级。在传统粮食生产的基础上，积极探索市场需求，以现代化农业企业为主导，根据土地资源的禀赋合理配置生产方式和生产结构，实现经济作物和粮食作物的合理安排，优化产业结构，在保证国家粮食安全和人民需要的基础上实现农业产值上升和农民增收。

三、以绿色发展为指标，加强农业可持续发展

绿色发展是党的十九大对经济发展提出的新要求，农业现代化的发展也应该遵从这一原则。以绿色发展为衡量指标，维持农业可持续发展是农业现代化在新时代的重要目标。第一，以绿色农业、生态农业促进农业现代化的新发展。传统农业发展模式只强调产出数量的增加，而忽视农产品质量的提升和农业生产过程对土地和自然环境的影响。这种发展模式导致在农业生产过程中，化肥和农药等被大量使用，土地肥力被过度消耗，形成为提高产出而滥用化肥的不可持续发展方式。新时代的经济发展要求在农业发展过程中重视农业生产对土地和环境的影响，力求将农业生产过程给土地带来的负面影响降到最低。同时，采用先进技术提高农产品的数量和质量，提升农业的国际竞争力，参考农业现代化发展比较成熟国家的发

展模式，因地制宜地发展污染小、产出高、质量好的现代农业。第二，将绿色化和生态水平纳入农业现代化的评价指标中，牢固树立“绿水青山就是金山银山”的发展理念，严格管控生产过程中的各种污染，认真、科学地统筹规划农业空间和生态保护的红线，实施严格的耕地保护和水土保护制度，提升农业生产废弃物的综合利用率，加强农业循环发展水平，增强农业可持续发展能力。

四、以开放发展为形式，提升农业市场竞争力

新时代农业现代化的发展要在全球一体化和开放性的环境下进行，因此，农业现代化的发展离不开与其他农业发达国家和地区的相互交流。农业现代化在新时代要积极融入全球化，抓住“一带一路”的开放机遇，实现农业的开放发展。地方农业发展以现代农业企业为依托，以特色化种植为手段，积极参与农产品交流博览会，主动加强与农业强国和地区的交流，依托快捷的交通网络，坚持“引进来”和“走出去”相结合的发展战略。在“引进来”方面，主要是扩大农业招商合作的创新力度，引入农业发达地区和国家的先进技术、优质人才和资金，加强与农业科研单位合作创新，促进城市人力、物力和财力向农村流动，全面提高农产品质量，形成具有地方特色的农产品品牌；在“走出去”方面，着力发展农产品的出口加工业并积极打造现代都市农业和田园农业，积极开拓农产品销售市场，举办农业交流博览会，扩大农产品宣传力度，形成具有区域知名度的农产品出口品牌。同时，结合大数据和“互联网+”的发展模式，积极建立农产品网上销售平台，以电子交易模式促进农产品的销售和流通，降低农产品交易费用，促进农业现代化的发展。

五、以共享发展为目标，实现农村全面脱贫

党的十九大提出的“振兴乡村战略”为新时代农业现代化的发展提出了新的目标和思路，从“统筹城乡发展”到“振兴乡村战略”的提出，农业现代化的发展已经成为新农村建设的一部分，在新时代农业现代化发展过程中，应该以共享发展为目标，促进农村、农业以及农村和城市部门的

同步发展。第一，农业现代化的发展以农村现代化发展为基础。党的十九大之后，我国已经进入全面决胜小康社会的社会阶段，而农村发展已经成为制约全面进入小康社会的主要障碍，因此在这一阶段，农业现代化的发展和农村的发展是相互依存和关联的。农业现代化的发展为农村劳动力提供了就业机会，提升了经济收入，而乡村振兴的实施为农业现代化提供了必要和配套的技术支持、生态环境、公共设施和医疗卫生等方面的公共服务，农业现代化发展和乡村振兴的开展是相互促进和互为依托的。第二，农业现代化的发展也依托于农村和城镇的统筹发展。“振兴乡村战略”的实施并不只针对现代化农村的发展，更是要消除农村和城发展之间的二元结构，缩小农村与城市的收入和各种公共服务水平的差距。以促进农民增收为立足点，增强城市对农村的反哺力度，促使资源向农村流动，实现农业发展集约化、规模化和社会化，提升农民收入水平。并且以农民脱贫为导向，通过精准扶贫和发展特色农业等方式全面提升农民的生活水平，以城乡均衡发展为准则，以脱贫增收为振兴乡村的目标，在以城带乡中实现农村和农业的现代化发展。

第十章　中国特色绿色发展路径及其阶段性变化

早在党的十七大会议就提出了中国特色社会主义需要进行“生态文明建设”，并强调“树立绿色、低碳发展的理念”，伴随着绿色发展在“十二五”规划中独立成篇，中国正式进入“绿色发展时代”。党的十八届五中全会上，更将绿色发展纳入五大发展理念之中，明确提出要贯彻落实“创新、协调、绿色、开放、共享”的发展理念，其中，创新是第一动力，协调是内生特点，绿色是普遍形态，开放是必由之路，共享是根本目的。在党的十九大会议上，习近平总书记全面阐释了中国特色社会主义道路要加快生态文明体制改革、推进绿色发展、建设美丽中国的战略部署。这意味着中国特色社会主义道路的必然走向和内在要求，就是要通往社会主义生态文明与绿色发展的新时代。绿色经济与绿色发展道路，是遵循经济增长和社会进步的演化逻辑与发展规律，也是 21 世纪中国紧随世界经济社会发展的大方向和大趋势，更是中国特色社会主义新时代高质量发展的路径导向。因此，本章从中国特色的绿色发展的政治经济学理论内涵阐释入手，通过梳理中国特色的绿色发展的不同阶段的实践探索及发展特征，打破阻碍中国特色绿色发展道路实现的桎梏，为新时代背景下中国绿色发展道路发展提供适宜的路径选择，使中国在高质量发展与绿色生态文明充分融合中再现繁荣盛况。

第一节　中国特色绿色发展的政治经济学理论内涵

一、绿色发展的提出及历史渊源

早在农业社会时代，伴随着第一次人口的爆炸性增长，在落后生产力的制约下，为了满足生存的需求，人们开始大面积砍伐森林，通过大量地开垦草原扩大耕种面积，满足日益增长的人口与生存所需基本食物之间的矛盾，在这一时期，人们对这种不恰当的开采自然、破坏自然生产力的行为只是有着最简单、最基本的认识，已经产生一些质疑对自然森林乱砍滥伐、土地过度开垦的声音或是呼吁保护环境的观点，如古希腊的思想家柏拉图、亚里士多德等，提出人类的发展需要与环境的承载力相适宜；古罗马历史学家李维认为长此以往的土地过度开采会导致土壤被侵蚀，土地的生产力将会枯竭，会给人类的生存以及人类社会的发展带来严重的后果和灾难。在这一时代，虽然人们隐隐地意识到了对农业生产与自然环境的高度依赖，但是温饱的现实和生存的现状不容人们对现阶段的生产模式产生过多的批判，甚至在落后的生产力境遇下，生存的欲念远远超过了对自然的敬畏之心。

人类历史上一次伟大的奇迹正是18世纪60年代工业革命的推进，生产技术的嵌入，促使生产力取得了巨大飞跃，劳动工具以机器替代人力，大规模的工厂化生产、煤炭能源的普及使用加剧着对自然环境的破坏，高污染物的排放致使在世界范围内形成一系列的生态危机，如1930年比利时的马斯河谷事件、1943年洛杉矶光化学烟雾事件、1948年美国的多诺拉事件、1952年伦敦烟雾事件等，工业革命迅速发展，人们在生活水平提高带来的喜悦之时，逐渐开始意识到环境被破坏、大气生态被污染的严重性、灾难性以及紧迫性。古典经济学家纷纷提出环境的重要性、资源的稀缺性，以及人口、资源、环境之间势必存在的矛盾。亚当·斯密认为，人口的持续增长会使得自然资源出现短缺；马尔萨斯认为，土地生产力与人口增长之间的不平衡体现了资源的绝对稀缺度，没有自然资源，人类当然是无法生活、生存和发展的；约翰·穆勒指出自然环境的承载力存在绝对的界限，人类社会的进步和社会的发展不能超过这个限度，否则会带来人口、资源环境、社会之间的失衡。

随着全世界工业化进程的加快，越来越多的发展中国家步入工业化阶段，发达国家以及部分发展中国家也进入工业革命的中后期，环境问题、生态灾难、资源短缺已然发展成为世界性乃至全球性的大问题。尤其是20世纪以来，生态问题成为全世界都在关注的核心命题。20世纪70年代初，罗马俱乐部关于人类困境的报告就发出了“增长的极限”的警告，罗马俱乐部提出的经济发展对生态的破坏的警告使人类开始反思经济增长的代价，从而寻求新的发展方式。1980年国际自然保护同盟首次提出了“可持续发展”，1987年世界环境与发展委员会系统性地给予“可持续发展”一个明确且科学的思想和概念，英国环境经济学家大卫·皮尔斯在1989年出版的《绿色经济蓝图》一书中首次提出了“绿色经济”这一名词。“绿色经济”最开始作为环境保护、生态治理的另一种表述出现，一方面讨论了环境保护和治理、生态建设和改善等问题；另一方面强调经济和环境之间的相互关联，即经济和环境两者如何互相影响和彼此作用。从此，绿色发展的概念、内容以及理论逐渐被完善和扩充，绿色发展也成为全世界各个国家共同面对、联合解决的首要难题。

从我国改革开放的40多年历程来看，作为赶超发达国家的新兴工业化国家，依靠资源密集型产业的快速发展拉动了国内生产总值奇迹般的增长。但是对自然资源的不合理开采和利用、没有节制地使用和消耗，导致了自然资源不断减少、能源储量持续短缺，使得我国日益增长的人口数量同短缺的自然资源之间的供需矛盾越发突出。在经济新时代的背景下，我国土壤、水资源、大气、能源供给等方面都面临着巨大的压力，而大气危机、能源危机、环境危机、生态退化危机等多重生态系统困境已成为新时代不可逃避的危机，生态革命与绿色经济发展便顺势成为经济新时代发展的新任务、新使命和新目标。

二、马克思主义绿色发展思路的理论基础

绿色发展理念，是建立在人类社会发展的千百年进程中对人与环境问题的深刻反思、对经济增长与环境资源的充分实践、对改造自然的生产模式的深刻诘问的基础上，提出的具有创新性和时代性的发展理念。绿色发展理念，受国内外环境经济学、生态经济学的丰富理论所影响，厚植于马克思主义绿色发展观思想逻辑根基，虽然绿色发展是 20 世纪 90 年代以来提出的新兴词话，但是，绿色发展不仅顺延了马克思主义思想脉络，而且，绿色发展的思想更传承了马克思绿色发展的理论及内容。梳理马克思主义绿色发展的基本立场、逻辑起点、理论内涵及研究范式，可以为构建中国特色社会主义绿色发展理念的内涵及路径提供理论支撑。

马克思和恩格斯生活在工业革命的兴起时代和发展时期，在工业革命的繁荣硕果产生的同时，他们也充分关注到环境的破坏、污染的加剧以及自然资源的损失。马克思和恩格斯指出，自然资源并非是“取之不尽，用之不竭”的，而是具有稀缺本源属性的，马克思在《资本论》中告诫：自然资源的丰饶度往往会随着社会条件所决定的生产率的提高而相应减低，如森林、煤矿、铁矿的枯竭①。同时，基于历史唯物主义和唯物辩证主义，马克思认为事物是普遍存在联系的，事物及其内在要素之间相互影响，整个世界也是相互联系、相互作用的有机系统。人与自然的关系正是如此，马克思曾提出“人本身是自然界的产物，是在自己所处的环境中和这个环境一起发展起来的”②，这意味着自然界不仅对人类生存和发展有着本源的制约关系，人类以及人类社会对于自然界也存在本源的依赖性，人类不能脱离外部环境和自然生态而独立存在。恩格斯对人与自然的关系也深刻指出：“我们不要过分陶醉于我们人类对自然界的胜利。对于每一次这样的胜利，自然界都对我们进行报复。”③ 这充分阐述了我们为满足生存生产的

---

① ［德］马克思．资本论：第 3 卷［M］．北京：人民出版社，2004：289.

② ［德］马克思，恩格斯．马克思恩格斯选集：第四卷［M］．北京：人民出版社，1995：273.

③ 中共中央马克思恩格斯列宁斯大林著作编译局，编译．马克思恩格斯文集：第 9 卷［M］．北京：人民出版社，2009：259－260.

需要而介入自然界时，要自始至终地尊重自然、顺应自然并保护自然。恩格斯认为“劳动和自然界的结合共同创造了一切财富”。这意味着自然界为劳动提供材料，劳动将自然资源变成财富，自然资源是人类生存和发展的物质基础，更是人类生产资料和生活资料的基本来源。

马克思和恩格斯对人与自然之间的关系进行了较为详尽的阐述，首先，“人本身是自然界的产物，是在自己所处的环境中并和这个环境一起发展起来的”①。马克思认为自然界先于人类以及人类社会存在，人与自然之间的关系是生态资源环境问题的逻辑原点，人与自然的协调性、适宜性及和谐性是最原始、最基本需要遵守的法则和制约。以自然资源是人类生存繁衍以及人类社会进步的前提条件和基础保障，必须正视人类和自然界之间相互影响、相互制约的矛盾运动规律。其次，在人口自身的生产和再生产理论中，马克思认为，当代人在满足自己的需求时必然会消耗一定的自然资源，如果资源消耗无度、环境污染严重，那么就会损害后代发展的生存繁衍以及福利水平，这就涉及了自然资源和生态环境在代内和代际传承之间的公平分配关系。再次，生态环境的生产与再生产理论中，马克思认为人类生产物质资料的过程中会对自然生态环境造成一定程度的破坏，对于轻微的损耗，自然资源可以利用本身的恢复与增殖能力进行自我修复和自我弥补，但是超过一定负荷之后，自然系统自身的抵抗力被彻底破坏甚至失去了再生能力。最后，马克思提出的物质循环与生态理论从更深的一个层次揭示生态系统和经济社会系统相结合构成了复杂的生态经济系统时，生态循环以及物质变换就相互融合成为有机统一的整体，表现为自然生态和社会经济之间的物质交换和能量转化。为促进整体系统的协调持续运作，马克思强调“机器的改良，是那些在原有形式上本来不能利用的物质，获得一种在新的生产中可以利用的形态”，这意味着可通过技术的发展将生产过程中排放的气体、固体和液体进行合理的处理和分解，以适应

① 中共中央马克思恩格斯列宁斯大林著作编译局，编译．马克思恩格斯文集：第 9 卷［M］．北京：人民出版社，2009：38.

生态系统自身的净化机能并参与到自然界的生态环境再生产之中。

因此，马克思主义建立在绿色发展理念的逻辑起点和理论基础体现为：人隶属于自然，应当充分遵循自然规律；促进人与自然和谐相处，维持生态平衡性，平衡世代可持续性；技术的创新和变革，可促进生态资源和物质生产的循环规律，提高循环综合利用能力；把握生态环境与人类经济社会发展之间的共生性、协调性。马克思和恩格斯虽然没有直接提及绿色发展的基本概念，但是开辟了生态环境绿色化的新思路，而这四个方面的基本内容共同构成了马克思主义绿色发展的思想源泉和理论基础，为中国特色社会主义绿色化的发展提供了较为深刻的理论支持。

三、中国特色社会主义绿色发展理念的内涵阐释

中国特色社会主义的绿色发展理念，是在马克思主义绿色发展观形成的基本上，与中国的社会主义伟大实践相结合而形成，并且推动了马克思主义理论的深化和创新，是马克思主义绿色发展观的中国化表现。因此，可以说，具有中国特色社会主义特征的绿色发展理念继承并顺延了马克思绿色发展的基本理论，在历史推送的进程下，突出了社会生态文明新形态的趋势与内涵，传承了社会文明的血脉，升华了和谐的新思想，更开拓了生产力的新视角，创新了财富观的新内容，打开了人类改造自然行为模式的新路径。

自新中国成立以来，中国历代领导人将马克思主义绿色发展理论与中国特色社会主义的伟大实践相结合，在实践探索中，不断拓展马克思主义绿色发展理念的深刻内涵，逐渐发展并形成了具有中国特色的绿色发展理论体系。毛泽东十分重视自然资源的利用，大力倡导资源节约、反对浪费，并且通过新能源的开发来改善生态环境，如修建水利、开展绿化建设等。邓小平则是在认识到生态环境的有用性和重要性的基础上，提出生态环境协调发展的战略思想，并开始将生态建设、环境治理等纳入法制，从基本国策的高度和法制保障的路径引导，并提出将“科学技术是第一生产力”运用在生态建设领域。江泽民则是将邓小平在配置不同要素间的生态

协调思想拓展至代际流动间的生态环境协调。以胡锦涛为核心的党中央领导人首次提出了“科学发展观”，即树立以人为本，全面、协调、可持续的发展观，促进经济、社会以及生态的有机统一。

党的十八大会议进一步确立了社会主义生态文明的创新理论，更强调了要大力推进生态文明建设，致力于建设良好有序的生态运行机制。习近平总书记2013年在党的十八届三中全会上提出，“紧紧围绕建设美丽中国深化生态文明体制改革，加快建立生态文明制度，健全国土空间开发、资源节约利用、生态环境保护的体制机制，推动形成人与自然和谐发展现代化建设新格局”。而“十三五”规划更是将绿色作为五大发展理念之一，坚持绿色富国、绿色惠民。在党的十九大会议上，习近平总书记指出，“我们要建设的现代化是人与自然和谐共生的现代化，既要创造更多的物质财富和精神财富满足人民日益增长的美好生活需要，又要提供更多的优质生态产品来满足人民日益增长的优美生态环境需要，必须坚持节约优先、保护优先、自然恢复为主的方针，形成资源节约和保护环境的空间格局、产业结构、生产方式、生活方式，还自然以宁静、和谐、美丽”。并且，党的十九大会议上强调“要以绿色发展，推进高质量发展，建设美丽中国”。

这充分意味着，具有中国特色的社会主义绿色发展理念在初始概念架构上则做出了突破性进展，认为绿色发展的内涵是继工业文明之后，以生态文明为基本价值取向，在改造客观物质世界的过程中，有意识地克服衍生的负向效应，主动回应人与自然和谐共处的基本关系，推动了经济社会新形态的发展进程。中国特色社会主义绿色发展理念，强调遵循人与自然和谐共处的基本法则，要求形成生态效益、经济效益、社会效益共同发展的绿色经济发展模式，强调以绿色创新为新动力，以绿色低碳循环为主要原则，全面推进生态变迁与绿色动力重构，落实绿色生产方式成为普遍形态，实现绿色化的产业结构转型，注重科学技术投入、低碳循环模式形成、资源使用效率提升、绿色生产路径生成，以实现我国特色社会主义绿色发展的目标指向。至此，绿色发展成为经济增长新时代背景下，中国特色社会主义生态文明发展中新的价值谱系和理论谱系。

第二节　中国特色绿色发展的阶段划分及特征

中国特色的绿色发展是马克思主义绿色发展理论的传承与发展，无论是人与自然的基本关系，或是人本观念的基本立场，抑或是遵循历史发展规律的基本思维，都体现出中国特色社会主义的绿色发展理念是以马克思主义绿色发展观为贯穿主线，以辩证唯物主义和历史唯物主义为训练方式，以充分动态的眼光探索现实世界。这意味着，中国特色的绿色发展理念是秉承历史演变的推进，在实践中总结经验教训，并将实际经验再上升至理论深度，既创新了马克思主义绿色发展理论，又体现出具有中国特色的与时俱进和时代生动性。因此，深刻地了解中国特色绿色发展路径选择，需要顺延中国改革开放以来绿色发展道路的阶段性理论界定、模式选择和发展状态，从历史责任和现实责任双向探索，着眼于绿色发展的理论、制度以及方式的长期动态变化特征，为新时代背景下绿色发展的路径选择提供新的思考。

一、中国特色绿色发展道路的第一阶段：强调意识主导

在工业革命带来的环境污染、资源破坏以及生态灾难的警示下，随着二战以来全球持续性减少的自然资源以及日益加剧的能源危机盛行，生态环境问题成为各国的关注和全球的思考。环境问题、能源短缺已成为人类共同面对的难题。事实上，早在古代儒家哲学思想、道家思想中，就充分体现了绿色发展的意识形态，如儒家主张天人合一，道家认为“道法自然”“崇尚自然”，墨子提出“节俭则昌”，等等。自新中国成立以来，秉承中华民族五千年来的文化积累和优秀传统的继承，以及对现实世界的实践经验，以毛泽东为领导人的党中央意识到了人与自然之间的冲突和矛盾，认为人在改造自然的过程中压迫自然，自然界必然会选择反抗，人们在从自然界中获取生存生活资料的行为力，会引起自然界的反作用力。在这一思考下，毛泽东指出，“天上的空气，地上的森林，地下的宝藏，都

是建设社会主义所需要的重要因素”，因此，开始倡导节约、节俭，反对奢侈浪费，认为“节约是社会主义经济的基本原则之一”，这一导向奠定了近代社会中国特色绿色发展的思想基础。

随着工业化进程的加快，环境生态危机也被广大人民群众切实感受、切身体会着，保护环境、节约资源已逐渐成为广为人知的人间词话。这便形成了中国特色社会主义绿色发展的第一阶段，以意识形态为主导，通过理念上的渗透，以思想上的建设为支撑，将环境与人们实际生活相结合为依托，把环保理念融入社会发展、经济建设以及生存发展之中，让广大群众从思想和意识上深刻认识到，资源的保护、自然的和谐、生态的维和都是与每个人的生存息息相关的，无论是文明进程、历史教训、实际境遇、人文关怀、文化积淀，还是未来展望，都在诉说着绿色发展思想的质变性和绝对性。而以意识形态为导向的绿色发展理念，在中国特色绿色发展道路中扮演着不可替代的重要角色，通过观念、思想、价值观以及认知的构建，培育生态文化、环境道德，从而塑造中华民族的整体价值取向和民族文明新高度，以引导人民自觉的行为遵循，在代际传承和流动之间，使绿色发展理念成为全民共同努力的普遍共识，随着新时代的到来，绿色化生产模式、生活模式、消费模式也成为社会共存的普遍形态，绿色发展初始意识架构的形成，是中国特色社会主义绿色发展道路实现的根本推动力。

二、中国特色绿色发展道路的第二阶段：强调制度支撑

在意识形态初具雏形时，道德范式培养了行为的表达，然而，一国的社会发展、经济建设需要法律的保障、法制的约束，在以意识为导向的基础上，建设绿色发展道路要依靠顶层制度的设计和构建。早在邓小平时期，中国就开始逐渐将生态环境建设纳入中国法律体系，出台了《森林法》《水污染防治法》《大气污染防治法》等一系列法律规定。随着工业化进程的加快，法制体系的设计在绿色发展、生态文明方面越发全面和完善，尤其是自21世纪以来，生态文明成为中国特色社会主义发展的主旋律，“十五”计划中将绿色农业、绿色消费、绿色流通纳入阶段性目标行列，

“十一五”规划中增加了绿色工业、绿色建筑的新内容，“十二五”发展规划进行了新一步的拓展，强调在绿色发展理念的基础上，以绿色生活、绿色消费模式、绿色金融、绿色矿业、绿色采购等新的视角推进绿色发展的新要求，“十三五”规划里，正式将绿色写入五大经济发展理念之中，并要求牢固树立且贯彻落实，将绿色发展定位为“绿色是永续发展的必要条件和人民美好生活追求的重要体现”，更是将绿色发展理念贯穿到中国特色社会主义国民经济发展、社会建设的方方面面，充分表现在绿色制造、绿色农业、绿色基础设施、绿色区域发展、绿色城市、绿色海洋经济、绿色能源资源、绿色产业、绿色生态空间以及绿色制度等方面，绿色理念涉及了中国特色社会主义经济、社会、生态以及人的发展的每一个领域、每一个内容。党的十九大会议的召开，全面阐述了加快生态文明体制改革、推进绿色发展、建设美丽中国的战略部属，给予了绿色发展前所未有的高度重视，在中国特色社会主义的新时代，绿色发展将迎来新的盛放。

绿色发展事关文明兴衰和人类永续长存，不能仅仅停留于自下而上的民众呼吁，或是社会道德的自觉自发形成层面，在人与自然的和谐关系、人改造自然的方式模式、社会经济发展的建设，甚至是自然系统、经济系统以及生态系统的相关耦合，都需要政府的支持、法律的规范、法制的保障以及统筹推进，此时，将绿色发展新理念以法制保障为导向，进行系统化的设计和部署，并且上升至党和国家发展战略的新高度，实现多元互通、激励与约束并存、全方位系统的绿色发展制度体系。在制度保障、法制支撑的构建下，形成自上而下的力量集聚，与全民绿色意识相辅相成，共助推进中国特色绿色发展新进程。

三、中国特色绿色发展道路的第三阶段：强调系统推进

具有中国特色的绿色发展理念，秉承了马克思主义绿色发展观的基本原理，以人与自然的基本关系为伊始，并在此基础上，从更深层次挖掘绿色化路径的促成，这一阶段显著表现在系统化的推进上。中国特色社会主

义绿色发展理念并不是单纯地以结果为导向，“出现污染问题时，我们想办法治理，出现生态危机时，我们找对策应对”，这种末端化治疗是不健全、不完善、不可取的。而中国特色的绿色发展，应是站在生产结构、发展模式的制高点，统筹生产—分配—交换—消费四个相互继起的环节，兼顾产业体系、产业结构、产业发展的所有过程，并不是局限于哪一条产业链的调整和配置。这意味着，中国特色的绿色发展迫切需要建立从粗放型向集约高效型生产模式转型的价值取向，在人类改造自然、从自然界索取物质资料的过程，区别于传统的数量发展中一味地扩大生产规模，在高质量发展的过程中，是要以绿色生产力的嵌入为基本形态，在自然界可承受的范围内，进行低碳、高效、合理、适度、绿色的生产行为。

在中国特色的绿色发展道路的第三阶段系统化推进中，是以建立绿色低碳循环的产业体系，以建立安全高效、清洁节约型能源体系为依托，实现现代化绿色、低碳、清洁、高效的新能源产业发展，嵌入低碳循环以及提质减量化生产方式系统性推进，纠错生态资源的扭曲性配置，从产业体系绿色化入手，降低产能，削弱粗放供给，推进新能源、新产业、新服务的绿色化体系建设。与此同时，还需要完成传统产业生产模式和产业结构向绿色化转型，由于西部地区是中国主要的资源能源开发区，东北地区处于中国传统老工业基地，多年来工业化的发展致使这些地区污染严重，环境治理任务艰巨，不仅要加大生态修复连廊及试验区，而且要加快黑色化产业升级转型速度，增强产业清洁优化、绿色调向的强度和力度，实现各区域内、各产业间的绿色化工程推进，促进新时代背景下中国特色社会主义的高质量绿色供给活力充沛。中国特色社会主义绿色发展理念的系统化推进，以人与自然和谐相处为基本价值导向，以法律法规体制建设为基本保障，要求人与人、人与社会以及人与自然之间各种经济活动实现生态合理性、资源节约性和自然循环性，着力于经济生产力与生态生产力的统一、协调以及可持续。

四、中国特色绿色发展道路的第四阶段：强调全面实现

在中国特色绿色发展道路的第四阶段，也是进入新时代以来具有较高

层次的绿色发展新阶段，在这一阶段中，无论是在绿色发展理念的理论上、方法上还是实践上，都有着显著的拔高和提升，归纳来讲，中国特色社会主义绿色发展道路的第四阶段强调全面实现的新判断。从理论上来讲，中国特色的绿色发展道路，充分遵循马克思主义绿色发展理念，以人与自然和谐共生为基本准则，经济社会的发展绝对不能与自然规律、自然承载力路径相背离，并在此基础上，具有两点理论创新：其一，将生产力的提高扩展为绿色生产力的发展，区别于传统对生产力的释义，绿色生产力发展致力于增强生产力的更新性和可持续性，要求促进代际平等和生态平衡，促进资源循环和资源再利用，绿色生产力的扩展实现了从追求数量型经济增长转向以人的全面福利为核心的质量效益型生态经济社会发展的伟大变革。其二，绿色发展为中国财富观增添了新内涵，财富观由传统的单一物质财富延伸至物质财富和生态财富双视角，评价中国特色社会主义发展的财富积累有了绿色财富的新内容，不仅拓宽了中国特色社会主义政治经济学基本框架，还体现了马克思主义的生态环境思想，更全面反映了经济与生态在演化进程中的交互关系。

绿色发展的全面实现，还表现在方法的选择和路径的设计上，传统对于环境的治理、对于生态补偿措施的实施，依靠着大量的资金、人力以及物质资料，而在新的阶段，方法、模式以及路径也有着本质的差异和不同。在这一阶段，主要致力于技术的投入、创新的驱动，其实，早在马克思主义时期，运用技术改进作用于生态环境的思想已经提出，然而，在新时代的背景下，具有中国特色的社会主义绿色发展新阶段，不局限于单一的技术或是简易的改善，而是全面性、多元性、高层次性、智能性的科技支撑，包括创新绿色发展的体制，创新绿色高端产业化体系，特别激励高新信息技术、互联网技术、智能制造的人才、研发、产品以及市场的引入，从表面上看，促进了资源的再生和再利用，促进了能源的循环和清洁，促进了产业的效率和质量；深层次挖掘，更是在人与自然之间建立了一种更加尊重、更加适宜、更加友善的现代化关系，在绿色发展系统性推进的基础上，促进绿色发展的全面实现，是新时代的新任务，也正是中国特色社会主义绿色发展的最终目标，更是中国踏上高质量发展新征程的现实路径。

第三节　中国特色绿色发展的矛盾及阻碍

中国特色的绿色发展从意识主导、制度保障、系统推进和全面实现四个阶段实现递进式发展和构建，在新时代背景下，为将绿色理念贯穿于生产生活的每个领域、每个方面，促进具有中国特色的绿色发展的持续推进，需要梳理现阶段阻碍中国特色的绿色发展进程的矛盾和桎梏，以问题为导向，以实践为经验，探索破解阶段性阻力的方法和路径，既是马克思主义唯物辩证理论的思维和视角，又是中国特色政治经济学研究的一般规律。基于此，从三个方向阐释中国绿色发展的客观现实困境，以寻求新时代中国特色绿色发展的道路设定。

一、生态环境问题积重难返，绿色治理任务艰巨

长期以来，中国工业化进程的加快、经济增长成果显著是以环境的牺牲、资源的索取为代价，传统经济增长中粗放型的发展模式带来了日益严重的生态问题，可以说，对生态环境的破坏、资源能源的过度开发已超过了自然界可承受范围，生态环境的历史遗留矛盾巨大，我国很多地区的经济高速增长都是以森林的乱砍滥伐、过度耕种为代价的，导致了沙漠扩大、土壤侵蚀、森林功能破坏、物种灭绝等生态危机。尤其是中国的东北地区、西部地区，环境问题岌岌可危，东北地区作为中国传统重工业基地，自改革开放以来，工业化的飞速发展使得对自然界的消耗磨损较为严重，近年来，东北地区森林采育失调，生态功能退化严重，水土流失加剧，矿产资源大幅减少，资源诅咒桎梏亟须打破。而西部地区作为我国主要的能源开发地，我国60%的矿产资源以及大量的煤炭、石油、天然气都是由西北地区开采输出的，这种资源的业态形式虽然是西部地区发展的支柱之一，但是也对西部地区生态环境造成了巨大的损害，西部地区水资源

较为紧缺，森林资源破坏严重、草场质量退化、物种濒临灭绝等危机加剧。在这种境遇下，发展中国特色社会主义绿色进程，就面临较为严重的历史背景和现实阻碍。

与此同时，中国西部地区、东北地区发展仍较为落后，比较优势尚未充分发挥，工业化的发展仍是地区经济增长的主要推动力，消除贫困、建设经济的任务依然艰巨，然而，在生态承载力薄弱、自然敏感性加剧以及环境修复力丧失的情况下，如何权衡生产与资源之间的冲突就成为中国特色社会主义新阶段绿色发展的着力突破口。经济增长存在内在冲动，经济增长模式存在惯性延续，因此，生态资源的需求与自然环境的矛盾普遍存在，这时，需要考量的便涉及生产的起因、经过和结果三个方面的治理行为：其一，起点的治理：绿色生产力的嵌入和配合，可以从源头上阻止对自然界肆意的改造和索取，绿色生产力强调对生产力的保护、生产力的更新和可持续，着力于经济生产力和生态生产力的协调统一。其二，过程的治理：资源的使用效率和质量，提高自然资源的高效、清洁以及循环性，可促使在满足一定生产需求的情况下，减少消耗资源的数量，减弱环境排放污染，从而符合绿色发展理念生产模式。其三，结果的治理：中国需要大力推进生态补偿增长点，构建绿色新生态产业发展链。生态系统受损严重的地区，亟须进行生态连廊的全面修复。要从根源保护，进行系统化、规模化的修复治理，并且要大力打造生态修复示范区建设，分别推进草原、森林、湿地、湖泊、荒漠等生态系统治理与补偿机制，筑牢生态环境安全屏障。

二、绿色发展所需各类要素投入不足

促进中国特色社会主义绿色发展，全面实现产业结构绿色化、生产消费绿色化，需要依托各种要素的输入和支持，资金资本是前提基础，高新技术是核心动力，人才资本是持久保障。只有充分的要素保障，才能保证新时代中国特色社会主义绿色发展的顺利有效推进和建设。首先，需要加大绿色发展的资金投入。生态环境较为严重的地区，如西部地区、东北地区，其区域发展较为落后，资本稀缺，企业发展水平规模较弱，因此，需要保障环境治理重灾区的资金链条完整和资本投入充足，才能完成这些地区的环境治理和生态恢复。其次，提高技术要素的供给。高新科技是培育绿色经济发展多元化、低碳化新动力。如今我国部分产业产能过剩，资源禀赋结构趋于饱和，以高投入为主导动力已不足以支撑长期稳定地发展现阶段的中国经济。在质量型经济新时代，在绿色发展模式的构建下，工业产业生产模式亟须从规模扩张转向效率提升，这就需要大力发展高新技术产业，优化资源配置形式，改进资源配置机制，建立资源配置效率递增机制，提高能源使用效率和全要素生产率。最后，从人才供给角度，由于人力资本是维持经济增长高质量、高效率发展的核心主体，只有培养高新科技人才，才能全面推行绿色制造、绿色产业，因此，壮大绿色科技行业高素质人才的队伍，引导绿色发展领域内产、学、研的充分融合和流动，以提高技术进步对经济增长的贡献度。

在要素投入方面，需要关注以下三个方面。其一，为促进中国各地区产业结构绿色化导向、环境污染全面化治理、生态补偿作用点建立，需要注入大量的资金和资本，在新时代背景下，中国特色社会主义的伟大实现就是要基于人与自然的基本关系，尊重经济—社会—生态的物质循环规律，完成高质量、高效率的绿色产业结构的转型升级，因此，要加大绿色发展的资本投资力度，通过政府鼓励和支持，引导社会资本向绿色产业、生态农业、环保产业流动，并通过金融政策和多样化的金融工具，投资绿色公共服务设施和绿色基础设施。与此同时，加大绿色技术研发资金投入，为创新绿色科技提供物质资料支撑。其二，重点突破绿色产业的核心科学技术，加快开发各类清洁能源、新能源技术在全社会范围内推广，并普及清洁生产、循环经济以及污染物排放处理和降解等生产技术，一方面减少了对自然资源、能源的需求，合理控制能源消耗总量；另一方面提高了工业化废水、废物、废气的处理和循环，从源头上削弱了工业生产的污染程度，促进经济增长可持续。其三，在人才要素输入层面，要大力培育多元的创新经济主体，在绿色创新领域组建一批具有突破引领能力的国家实验室，研究国家绿色科技，整合国家绿色创新资源，在环境保护与治理、绿色产业创新、能源清洁、资源配置与规划等领域发展一批能够提供先进技术的高层次创新人才，以破解新时代中国特色社会主义绿色发展的羁绊和阻碍点，从而推进中国特色的绿色发展的深刻变革。

三、绿色发展的制度规范和法律监管尚未健全

生态失衡、环境污染、资源短缺的危机加剧，严重阻碍着中国特色社会主义迈向新时代全面建设小康社会的伟大革命实现，绿色发展问题成为中华民族永续发展亟待解决的重点。此时，市场的自发调节机制已难以调节经济社会发展与生态环境之间的矛盾，无论是绿色发展在资源配置、资金调控之间的协调问题，或是环境治理和环境监管的难度权衡和力度把握，抑或是保证各类要素的持续投入，还是绿色化措施的具体落实和充分实施，都需要依靠制度的保障和法律的约束。制度被理解为社会成员遵守的行为准则，社会的发展需要通过一个有边界的约束范式来维持并保证每一活动的有效进行，制度的形成是基于长期历史维度，由社会发展不同时点上的意识形态和价值取向共同作用的。因此，中国特色社会主义绿色发展的建设中，随着一国资源要素禀赋的变化、社会新文明的推进以及社会生产形态的改变时，新制度的框架构建和生成就应运而生，与此同时，新制度的规范、法律的全面、监管的严格也就异常重要了。而作为新时代的中国，资源要素红利消失，生态危机加剧，产业结构绿色化转型，环境污染的治理，生产废物、废气的排放监管无一不需要法律的约束和制度的规范。而现阶段，绿色发展的制度虽然在逐渐推进，但不完善、不全面的问题依然存在，绿色发展的科学决策机制尚未形成，产业发展、结构调整以及项目投入等方面的绿色标准仍不完善。与此同时，制度的执行力度和监管强度有待提高，对耕地保护制度、水资源管理制度、生态保护红线管理制度的监督和执法要十分严格，对于生态保护的责任追究制度、环境损害的责任终身追究制度等也要尽快建立健全，对企业的监管，需要明确规定每个部门的责任，加大法律的监督，保障绿色发展法律法规的有效实施，

确保生态治理、产业绿色化等制度的有效落实。

具体来说，包括以下四个方面内容。其一，政府部门大力监管企业“三废”的排放是否符合标准，是否进行了无害化处理，对不符合标准的企业强制改进，同时，严格控制企业碳排放以及引导企业间、产业内废物、建筑垃圾等合理的资源化回收再利用，强化节能意识。其二，法律制度强效保护森林资源和土地资源，通过相关法律法规的构建和执行，恢复土地生产力，加强对土地资源的保护，培育森林资源，阻止森林的大规模缩减和退化，提高森林资源的供给能力。其三，加大环境综合治理程度，严格控制碳排放和污染防治监管。其四，通过法制要求和激励—惩罚双向政策，调整地区产业模式向集约化转型，健全集约化评价机制，严格把控各产业资源投入、污染排放配套标准，大幅提高资源利用的综合效益。通过强制性、绝对性、权威性、高效性和准确性的规范和秩序执行，才能保障中国特色社会主义绿色发展的全面实现。

第四节　新时代中国特色绿色发展的路径选择

绿色发展的全面实现，需要紧密串联并融合五大发展理念的协调统一，即创新是绿色发展的第一动力，协调为绿色发展提供方法和目标，开放为绿色发展提供国家化、全球化的新视野和新机遇，共享则是绿色发展的最终归宿。在对中国特色的绿色发展内涵的诠释以及阶段性变化的归纳的基础上，梳理了新时代背景下，中国特色的绿色发展存在的阻碍和约束，基于此，寻求相应的破解对策以打破阻碍绿色发展全面实现的桎梏，不仅坚定了中国特色绿色发展的决心和信心，促进了具有中国特色的绿色发展理念的贯彻，更为绿色发展成为当代中国的大方向和主色调注入了新的能量。

一、增强科技创新实力，优化资源的配置能力

中国特色社会主义绿色发展的路径实现，首先必须坚持以科技创新为

第一动力，增强科技研发实力，通过提高中国在环境科技方面的创新实力，增强传统产业的绿色化转型能力。由于传统产业的资源配置效率较低，资源整合能力薄弱，绿色经济构建尚未健全，创新技术水平较低，严重阻碍了产业的高级化、高端化、高质化、绿色化的发育和转型。因此，需要促进现存传统产业逐步打破低端桎梏，朝向高质量发展，势必要大力发展绿色科技，突破绿色产业中的核心技术，包括绿色管理创新、绿色科技创新、绿色制度创新等全方位创新机制的建立。通过绿色创新体系的构建和有效的系统性推进，改造传统产业中粗放型的增长机制，发展并打造高端绿色产业集聚。在具有科教实力雄厚、研发能力较强比较优势的地区，打造高质量、高技术、高级化的产业集聚群，充分激发地区教育优势、科研优势，鼓励高校、科研机构持续提高科研创新水平以及大力发展建设科研成果输出，夯实科技基础，厚植创新学科优势，瞄准科技先机，挑战前沿科技问题，整合创新资源，并将科研成果及时转化，加速产、学、研之间的转化和耦合联度，培育新型绿色产业，发展低碳循环经济，促进绿色化产业扎根，并在区域间实现辐射和扩散作用，旨在将中国产业结构发展成为以绿色高端产业为核心，传统产业朝高端化、绿色化并进的新面貌。因此，在经济增长新时代，推行绿色集约化的经济发展模式，要以绿色经济发展理念为核心，以推动绿色发展的创新科技为动力，突出科学技术、互联网技术的重要作用，通过创新科技供给，培育以创新战略为导向的新兴产业，激活新阶段的经济增长新动力，从而加快转变绿色生产方式，促进内涵型扩大再生产以及规模报酬递增机制生成。

其次，通过优化资源配置能力，促进绿色发展的现实路径生成。由于现阶段中国资源禀赋的约束日益增强，以要素投入为主的资源扩张型生产方式已不可持续，亟须提高资源合理配置能力，优化劳动力、资本、技术、管理等要素配置，以提高资源使用效率，优化产业结构。一方面要突破传统制造业和初级工业的局限性，转向发展高附加值、低污染的战略性新兴高技术产业，推动产业结构高级化和协同化发展，形成以高新技术产业为主导，低污染、高附加值工业产业为依托，服务业品质优化的新格局。另一方面，在优化资源配置能力、提升产业结构绿色化转型中，不仅要节约资源使用数量，提高资源生产效率，还要加大产业能源的绿色供给、新业态制度体系的合理供给，促进服务经济和绿色经济的智能化、产业结构的节能化发展，维持人与自然和谐的现代化发展关系，促进中国特色绿色发展的全面实现。

二、促进绿色发展中供给与需求有效对接，保持生产与消费路径一致

为实现中国特色社会主义的绿色发展理念深入贯彻，还需要促进绿色发展中供给与需求的有效对接。绿色发展理念，是新时代党和国家执政的基本理念之一，绿色发展不能脱离中国具体发展情况而独立存在，也不是嘹亮的口号或歌谣，而应建立在中国特色社会主义道路的伟大探索之上，在对中国特色社会主义市场经济的深刻总结和高度概括的基础上，适应市场发展的一般规律，遵循经济增长的必然要求。尤其是在市场为导向的供给和需求之间，绿色发展要充分发挥市场机制效应，实现绿色发展中供给与需求的有效对接。

其一，绿色发展的供给侧改革，在绿色发展的供给端，应推广生产方式的低碳、清洁和减量化，促进工业化和信息化的“两化融合”，及时将信息化、智能化、绿色化引入产业的升级发展之中，通过绿色高新技术的嵌入，实现供给端绿色产业的转型和升级、绿色产品的质量供给，重点打造装备制造业绿色化、发展节能与新能源汽车产业等。一方面，在生产领域要淘汰落后的生产方式，化解产能过剩，消除无效供给，加强绿色化的优质供给；另一方面通过绿色产业的升级和优化，加快建设规模报酬递增机制，生成高质量的绿色产品，消除绿色需求缺口，使绿色发展的供给端形成绿色、高效、节能、循环的生产方式。

其二，将绿色发展的需求端与供给端对接。绿色生产是绿色发展的供给端，而面向需求端，即绿色消费端，要倡导全社会绿色低碳消费方式，在生态文明的进程中，不能只依赖于生产方式的改进来改善人和自然之间

的和谐关系，人们进行活动的方式包括生产和生活，生活消费的行为模式也会在一定程度上破坏环境，不恰当的消费方式也违背了人和自然的和谐共处的初始构建，如食物的大量浪费、交通工具的废气污染、不可降解等材料的大量使用、水资源的浪费、垃圾的乱扔乱弃等。因此，在全社会范围内要积极倡导勤俭节约、绿色低碳的文明消费模式，鼓励消费者购买绿色低碳消费品和环保节能性的消费品，使用环保可循环的生活物品，减少家庭私家车使用，鼓励公共交通工具，普及新型能源动力车辆，减少汽车尾气的排放，以绿色生活、低碳循环消费促进人类社会和自然之间的和谐相处。与此同时，政府要完善绿色发展需求端和供给端的有效连接，保持生产和消费路径一致，这意味着政府部门要充分落实市场资源的配置效应，引导产业以绿色生产为普遍形态，同时要鼓励社会群众向绿色的消费方式转变，实现绿色发展的供求平衡，以绿色供给的高质引导绿色消费，以绿色消费的实际需求推进绿色供给的发展，充分发挥绿色发展的供需双向作用力，领航中国特色的绿色集约式经济发展，以实现新时代中国特色社会主义绿色发展的伟大变革。

三、立足绿色发展全球化，共筑绿色生态国际化新格局

生态环境问题，不仅仅是哪一个国家自己的问题，而是世界各国的问题，是全球化问题。中国作为世界人口大国、经济强国，为解决全球生态问题一直在持续不断地努力，作为后起之秀的中国，科技实力也逐渐跻身世界前列。绿色发展、保护生态环境，无关于国界，无关于制度，更无关于社会经济体系，而是人类发展的永续问题，在全球环境治理、世界环境保护方面，中国也秉承自己的使命和责任，以开放的姿态主动参与世界生态建设，从积极促成《联合国气候变化框架公约》，到习近平主席出席气候变化巴黎大会签署《巴黎协定》，再到 G20 杭州峰会中国与其他国家达成共识要积极推动《巴黎协定》，都意味着中国正立足于绿色发展的全球化视角，积极应对全球气候变化，致力于全球环境责任改善的担当，党的十九大报告中指出，中国要“积极参与全球环境治理，落实减排承诺”，

同时绿色发展也强调“为全球生态安全作出贡献”。中国特色社会主义的建设，不仅局限于国内社会、经济、生态环境的发展，还要致力于对外开放中包容性的思维和方式，在国际世界中，积极践行以马克思主义为指导、具有中国特色的绿色发展的科学理念，主动回应全球生态治理难题，积极参与世界以人与自然和谐共处为基本原则的绿色生态安全建设。

因此，中国特色的社会主义绿色发展的全面实现，也要推进中国参与全球化绿色发展的进程。其一，积极参与国际化绿色科技交流。绿色科技的进步，不仅加快了环境治理的速度和效率，还推动了绿色产业的发展，绿色创新是绿色发展的核心推动力。中国在国际环境合作的开展中，要积极参与国际化绿色科技的交流，将中国制造的绿色科技、取得的先进成果推向世界，也要将世界高新绿色技术、绿色生产方式向国内引流，形成开放的绿色创新世界化新格局。其二，积极应对全球化生态难题。生态环境问题需要长期以来世界各个国家的参与和共同努力，在形成世界合力的基础上，共同应对、共同治理、共同解决。中国积极参与全球化生态难题，主要参与国际绿色发展准则和可持续发展目标的制定，不仅是中国维护世界生态安全的具体表现，而且是中国对全球环境治理的突出贡献。其三，大力宣扬具有中国特色的绿色发展的理论和实践。中国特色的绿色发展道路，不仅要立足于国内的实际情况和实践经验，还要着眼于世界的大背景下，向世界推介中国特色的绿色发展的方法论和价值论，将理论付诸社会、经济、生态建设的实践之中，并将经验和教训上升为理论完善，将具有中国特色的绿色发展致力于世界的大背景下，立足绿色发展理论全球化，不仅是中国特色绿色发展理论与方法的考验，更是新一轮绿色开放、绿色合作的机遇，将中国特色的绿色发展理念、生态文明建设思想推向世界，共筑绿色生态国际化新格局。

第三篇

中观经济发展的政治经济学

第十一章　中国特色的地方经济运行及其主要特点

自1978年改革开放以来，中国经济一直保持高速增长并创造了“中国奇迹”，成为仅次于美国的全球第二大经济体。2017年，中国的经济总量超过80万亿元，占世界经济比重达15%，对世界经济增长的贡献率超过30%，人均GDP也达到9000美元以上。但是，在经济总量增长掩盖下的却是中国地方经济运行差异所造成的区域间发展不平衡不充分问题。中国地方经济运行的特征表现在各地区纵向发展绩效显著提升，但横向区域差距的矛盾仍然突出，并且增长数量差异导致的地区发展质量差异固化。中国地方经济运行绩效是地方政府在一定的分权体制和晋升制度安排激励和约束下，根据地方资源最优配置和利益目标最大化作出经济决策的结果。党的十九大报告中指出，我国经济已由高速增长阶段转向高质量发展阶段，正处在转变发展方式、优化经济结构、转换增长动力的攻关期。作为总量经济的基本构成单元，地方经济无论在实现区域均衡发展还是高质量发展的目标中均具有主体能动作用，地方经济治理也成为解决宏观经济矛盾的基本突破口。因此，对地方经济运行规律作出合理的理论阐释、对其运行状态进行客观的考察，并对其未来宏观调控方向建立起有效的指导框架成为新阶段最重要的研究课题。

第一节　地方经济的内涵和基本运行原理

一、地方经济的内涵

现有文献研究中鲜见对地方经济进行明确定义。广义来讲，地方经济是以一定的行政区划为地理空间，以地方政权为调控主体进行资源配置，并具有鲜明地方特色的功能完备的局部经济发展单元。地方经济与区域经济相区别的是，区域经济强调地理空间的关联性，是指空间上邻近，并具有相似地理特征、经济特征的一个或多个经济单元所组成的地区集合，根据研究对象的不同，可以划分为不同性质、不同规模的经济区域。地方经济强调的是从行政角度对国家经济主体的划分，在中央之下，我国地方行政区域主要划分为省（自治区、直辖市）、市、县、镇（乡）五级，其中，省域经济是最重要的一个层面。地方政府是我国社会主义市场经济中的一个相对比较特殊的市场行为主体，具有一定的管辖权和经济活动参与权，在经济社会活动中起着举足轻重的作用（董少林、蔡永凤，2011）。[①] 省级政府作为中央政府辖下的最高层级政府，起着连接中央与市、县、镇（乡）的至关重要的作用。与县域、市域经济相比，省域经济的地理空间更广，社会经济活动更繁杂，并且，省域经济在其发展过程中具有一定的独立性，在市场对资源配置的基础性作用之外，省级政府及行政机构对本省域内经济发展政策的制定和实施起主导作用，在一定程度上掌握着省域经济发展的基本方向和模式。由于省级政府主导的省域经济运行形式决定了中国地方经济的运行模式的特殊性，本书主要基于省级层面的经济主体考察中国地方经济运行发展的特征。

二、地方经济运行的基本原理

一个层级的地方经济是高一层级地方经济的组成单元，它本身又由更

① 董少林，蔡永凤．地方政府利益的新政治经济学分析[J]．生产力研究，2011（3）：12－13，219.

小层级的地方经济汇总构成，层级累加的地方经济运行最终构成整体国民经济的发展状态。对于一个领土大国，区域之间存在的地理条件差异、资源禀赋差异、制度文化差异、政策倾向差异等会形成显著的地方经济格局，在不同的要素禀赋、制度背景下，地方经济运行绩效是地方政府根据地方资源最优配置和地方利益目标最大化作出经济决策的结果。在纵向时间维度上，地方经济运行形成了各地区自身的增长轨迹和潜力趋势；在横向空间维度上，地方经济运行形成了不同区域的相对发展位次和优劣状态，并最终形成了整体国民经济视角的地方增长趋势差异、区域发展不均衡以及地方经济增长质量状态差异。

第二节 地方经济运行规律的理论阐释

地方经济运行的规律是地方经济主体在内外因素综合作用下所表现的特征状态，从政治经济学的视角分析，地方经济运行是中央与地方、地方与地方的利益关系博弈的结果，在地方经济运行状态的形成过程中，遵循制度安排—激励机制—主体行为—增长绩效的基本逻辑。总体上看，地方经济运行的基础是中央与地方的分权关系机制以及地方与地方的竞争关系机制。

一、中央与地方的分权关系

中央与地方的行政和经济关系是地方经济运行的前提条件，也是地方政府经济行为的激励来源。中央与地方的行政与财政制度安排决定了地方经济行为的动力，正如 Easterly 指出的，只有当经济发展中主要参与者面临正确的激励时，经济繁荣才会降临。“把激励作对”的根本途径是建立良好的游戏规则，即合理有效的制度安排。对于一个国家，尤其是像中国这样的大国来说，中央对整个国家的管理是通过地方政府实现的。中央制定和设立经济社会发展目标和愿景，并通过地方政府的努力支持、落实和执行最终实现目标，中央采取政治和财政方式实现对地方政府行为的激励和约束。首先，中央对地方具有政治激励和约束。中央与地方的政治关系本质上体现为委托—代理关系。中央作为最高权力机关，从国家整体层面及公众利益出发制定宏观经济社会发展目标。为了保证中央意志及国家整体经济发展目标的实现，中央任命地方官员致力于辖区经济社会发展，地方对国家目标的实现程度及辖区内社会经济发展绩效决定了地方官员的政治前途及晋升机会。其次，中央对地方存在财政激励和约束。除了政治管理关系之外，中央与地方之间也有财政收入权力分配关系。中央对地方财产控制权力的下放与回收，能够显著改变地方政府增加财政收入的动力，从而引发地方政府对发展经济行为的调整，即更宽松的财政权力下放更能刺激地方政府产生促进经济增长的行为。最后，中央对地方的财政和政治激励并不是完全分离的，两者之间往往存在相互交织的复杂机制。

二、地方与地方的竞争关系

地方与地方的竞争关系是地方经济运行的现实基础。中央对地方的政治和财政激励一方面直接决定了地方的经济增长行为；另一方面，这种制度安排也间接地促使地方之间形成排他性竞争行为，地方的竞争过程会同时产生正效应和负效应（蒋满元、梁素萍，2010）。[①] 首先，在中央与地方的政治经济分权制度安排下，地方具有一定的财政权利，构成地方发展社会经济的动力。地方政府为了在增长竞争中处于有利地位并获得更多的经济利益和晋升机会，会进行产权改革、招商引资、优质服务等制度创新来扩大资源供给和提高资源配置效率。其次，在中央对地方的晋升制度安排下，地方会产生排他性竞争行为，通过争夺资源、地区保护、规模扩张路径维持自身经济位次，过度竞争可能导致产能过剩、结构扭曲、目标错位的负效应。由于中央通过区域发展绩效考核和人事管理制度对地方政府官员进行激励和约束，个体在进行决策时往往以地区经济发展绩效衡量的干部考核标准决定自身的政治及经济行为。各地方政府官员在经济发展过程中不但考虑纵向历史维度的绝对经济绩效，而且更倾向于关注横向空间维

① 蒋满元，梁素萍．地方政府竞争过程中的双重效应问题探讨［J］．湖北经济学院学报，2010（1）：79－83.

度的相对经济绩效，政治晋升激励下的地方经济之间的竞争行为由此形成，地方之间通过争夺资源、争取优惠、争相晋升的方式形成了对经济位次的过度关注及地方经济发展非平衡格局的固化。

以上分析表明，中央在国家经济社会发展目标下对地方经济形成了显著的增长激励，而作为代理人的地方政府却在政治晋升目标下形成扩大区域发展差距并实现自身脱颖而出的激励。这两方面的共同作用使得地方经济增长与地方发展差距的矛盾成为地方经济运行的显著规律。

第三节 中国特色的地方经济运行特征

中国地方经济特征是在具有中国特色的中央与地方、地方与地方竞争博弈的政治经济关系中，形成的地方经济的运行发展规律。由于地方经济在禀赋条件、观念文化、制度政策等方面存在较大差异，地方经济运行规律具有复杂多变性。本书从地方经济增长趋势、地方经济发展均衡度和地方经济发展质量三个相对重要的方面对中国地方经济的运行特征进行系统分析。

一、地方经济增长趋势差异

对中国地方经济增长趋势的考察是把握特色地方经济运行特征的基本环节。考虑到对地方经济增长趋势差异的把握，既要关注整体角度的地方经济体量水平的变化趋势，也要关注剔除地区人口规模差异的实际人均水平发展趋势。

改革开放以来，中国经济发展迅速，各个地区的经济都呈快速增长状态（见图 11 -1）。就全国而言，1978—2017 年，GDP 总量年均增长 9% 以上，高于世界平均增长速度 3 个百分点。在全国各省（区、市）层面，这种快速增长也是所有地区的普遍现象，从经济总量的角度来看，1978—2017 年，所有省（区、市）的地区生产总值的年平均增长率均超过了 8%。2017 年各省份平均增速为 7.3%，其中，增长最快的是贵州省，增速为 10.2%，增长最慢的甘肃省为 3.6%。无论从全球还是历史视野来看，中国各省（区、市）的经济增长都非常引人瞩目，其所实现的增长纪录堪称奇迹。在各省份的 GDP 总量排名中，1978 年，排在前 5 位的分别是上海、江苏、辽宁、山东、广东，排在后 5 位的分别是新疆、海南、青海、宁夏、西藏。2017 年，排在前 5 位的分别是广东、江苏、山东、浙江、河南，排在后 5 位的分别是甘肃、海南、宁夏、青海、西藏。数据表明，从纵向时间视角来看，改革开放以来我国各省份均获得了显著的经济增长绩效，各地区都在自身原有水平上呈几十倍增长，但从横向空间视角来看，除极个别省份的经济规模位次有显著变动（如福建从第 23 位上升至第 10 位）以外，其他地方经济的相对排序位次并无明显改变，与我国地方经济高速增长相伴的是区域发展相对差异的固化。

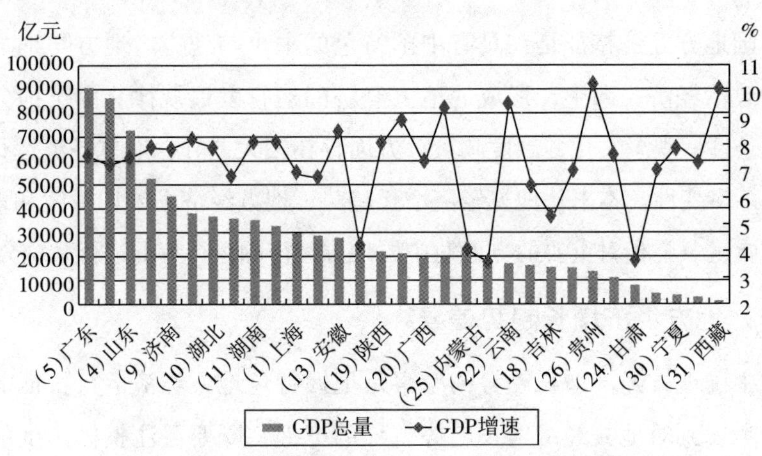

图 11－1　2017 年中国各省份 GDP 总量及增速

注：括号中的数字为 1978 年各省份 GDP 总量排名。

资料来源：根据国家统计局网站数据整理计算获得。

经历了过去40 年的快速增长，各省份的经济规模和人均产出水平都大幅提高（见图 11－2）。从人均角度来看，1978—2017 年，所有省份的人均 GDP 年平均增长率均超过了 7%。2017 年，人均 GDP 最高的 5 个省份分别是天津、北京、上海、江苏和浙江，人均 GDP 最低的 5 个省份分别是西藏、山西、贵州、云南和甘肃。从居民人均收入来看，排在前 5 位的地区与人均 GDP 排在前 5 位的地区完全一致，只是内部排名略有变化，而居民人均收入排在后5位的地区中，除山西的人均GDP略靠前以外，其他4个省份同时也是人均GDP排在最后5位的地区。

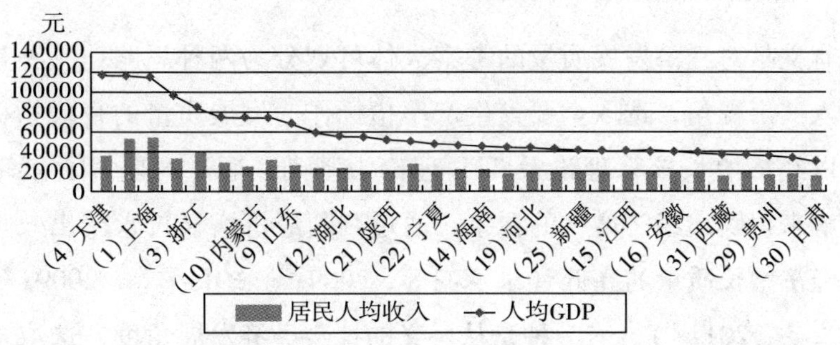

图11－2　2017年中国各省份人均GDP及居民人均收入

注：括号中的数字为2016年各省份人均GDP排名。

资料来源：国家统计局网站。

二、地方经济均衡发展程度

改革开放之后，我国地方经济发展迅速，但是各地区之间的发展不均衡现象也非常突出。如图11－3所示的地方人均消费支出泰尔指数变动趋势表明，1978—2016年，中国地方经济发展差距总体呈“缩小—扩大—缩小”的态势。在20世纪80年代，中国省（区、市）经济差距在微小波动中呈缩小态势，1978年的泰尔指数为0.219，1982年下降至1.81，1988年上升至0.03之后在1991年下降至最低点0.013。然而进入90年代后，地方经济发展差距迅速拉大，1999年泰尔指数达到最高值0.062，2000—2005年

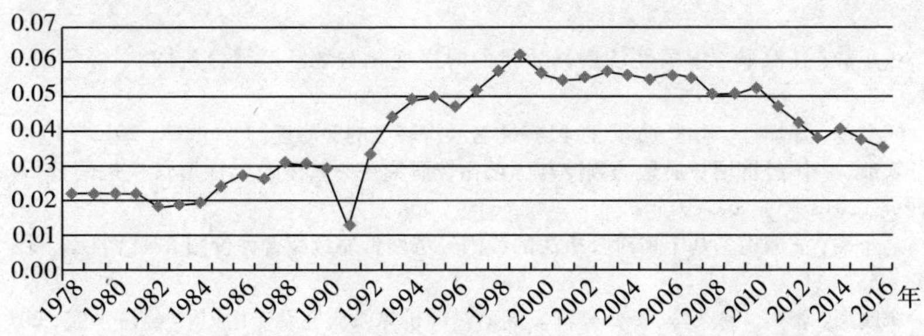

图11－3　1978—2016年中国地方人均消费支出泰尔指数

资料来源：根据历年《中国统计年鉴》及各省统计年鉴数据计算。

基本保持在0.055左右的水平之后，2006开始重新呈区域差距缩小态势。

三、地方经济发展质量差异

现有文献对经济发展质量的考察大体可划分为两种思路：一种是从狭义的投入产出视角，选取全要素生产率指标作为发展质量的替代指标。该类研究以经济增长核算理论及TFP理论为基础，通过对要素贡献率的测算、分解来识别出经济增长的源泉，通过判断经济增长投入产出效率高低引申出经济增长质量的高低（朱承亮等，2009；① 王小鲁等，2009；② 翁媛媛、高汝熹，2011③）。另一种是从广义的社会经济发展角度，选取多维度的指标体系测算出综合指数作为经济发展质量的复合型替代指标（钞小静、任保平，2011；④ 向书坚、郑瑞坤，2012；⑤ 宋斌，2013；⑥ 刘小瑜、汪淑梅，2014；⑦ 宋明顺等，2015；⑧ 任保平、魏语谦，2017⑨）。2015年，党的十八届五中全会提出了“创新、协调、绿色、开放、共享”五大发展理念，这是对我国经济发展阶段和社会矛盾深入思考下形成的思想指引和行动指南，也是迄今为止从生态社会经济全局角度对我国发展思路、发展方式和发展着力点最全面深入论述的理论框架。以上研究虽然对经济发展

① 朱承亮，岳宏志，李婷．中国经济增长效率及其影响因素的实证研究：1985—2007年[J]．数量经济技术经济研究，2009（9）：52－63.

② 王小鲁，樊纲，刘鹏．中国经济增长方式转换和增长可持续性[J]．经济研究，2009（1）：4－16.

③ 翁媛媛，高汝熹．中国经济增长动力分析及未来增长空间预测[J]．经济学家，2011（8）：65－74.

④ 钞小静，任保平．中国经济增长质量的时序变化与地区差异分析[J]．经济研究，2011（4）：26－40.

⑤ 向书坚，郑瑞坤．增长质量、阶段特征与经济转型的关联度[J]．改革，2012（1）：33－40.

⑥ 宋斌，中国经济增长质量的测度与区域比较研究——基于包容性增长视角的分析[J]．宏观质量研究，2013（3）：63－71.

⑦ 刘小瑜，汪淑梅．基于集对分析法的我国经济增长质量综合评价[J]．江西社会科学，2014（12）：48－53.

⑧ 宋明顺，张霞，易荣华，等．经济发展质量评价体系研究及应用[J]．经济学家，2015（2）：35－43.

⑨ 任保平，魏语谦．中国地方经济增长向质量型转换的绩效测度与路径选择[J]．西北大学学报（哲学社会科学版），2017（2）：50－59.

质量进行了不同的界定和测度，但获得了基本一致的结论，即中国地方经济存在较大的经济发展质量差距。

总体上看，经济发展质量较高的是广东、北京、江苏、山东和上海等地区，经济发展质量较低的是黑龙江、甘肃、新疆、青海和宁夏等地区（见图 11－4）。从经济增长数量与经济发展质量的相互关系来看，两者具有显著的一致性，即经济增长数量较高的地区，其发展质量也相对较高；而经济增长数量较低的地区，其发展质量的排序也相对靠后。这一方面表明，经济数量的增长是经济发展质量提高的前提和物质基础，经济较发达的地区能够通过经济增长实现良好的公共服务供给和社会保障建设；另一方面也表明，随着时间的推移，地方间的增长数量差异已经越来越深刻地演化为发展质量的差异。现阶段，各地方主要以创新发展、绿色环保和促进开放来提升经济发展质量，东部地区利用较强的制度创新能力、优良的对外贸易环境以及承接国际产业和技术转移保证了经济发展质量提升，中西部地区较弱的技术水平、要素禀赋条件以及开放环境阻滞了由经济数量增长带动质量发展的通道。

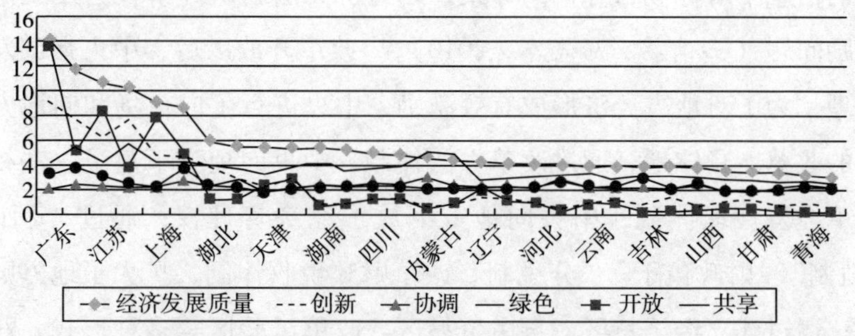

图 11－4　2017 年中国地方经济发展质量指数

资料来源：根据相关研究整理。

第四节　中国特色的地方经济运行机制

通过对地方经济增长态势、区域差异及发展质量的动态演化分析，考察了我国地方经济运行的基本状态。总体上，改革开放以后，我国地方经济在纵向时间维度实现了历史性跨越，各个区域均呈高速增长的特征，与初期的经济规模及人均水平相比均获得了较大提升。然而在横向空间维度，我国区域发展不协调不均衡的问题仍然非常突出，并且各区域经济数量增长差异导致的发展质量差距成为新阶段最显著的特征。中国地方经济运行特征格局的形成是在一定的制度安排激励下，经济主体以利益最大化为目标并调整自身行为而产生的内部驱动效应、外部溢出效应及历史演化效应共同作用的经济社会发展绩效。

首先，从内部驱动效应来看，中国式分权下的“政府主导”或“政府推动”型经济发展模式是我国地方经济高速增长的根本原因。作为幅员辽阔、人口众多、地区禀赋异质性明显的大国，具有信息收集困难、信息传递链条厂、信息噪音化程度大的特征，各地居民和地方政府的偏好也具有高度异质性，这导致中央难以对地方经济进行有效的监控。新中国成立之初，中国建立了高度集权计划经济体制，其中，1952 年以前是高度集中的统收统支财政，1952—1978 年是“统一领导、分级管理”的财政体制。但严重的信息不对称和目标偏离导致计划经济无法解决经济社会发展中的有效激励问题（王俏荔、唐志军，2010）。① 改革开放以后，中央强调发展是硬道理，为了对地方经济形成有效激励，中央进行了向市场和向地方政府分权的改革。具体地，通过改革立法体制，中央向地方下放了立法权；通过改革经济管理体制，中央向地方下放了经济管理权；通过“利改税”“双轨制”“财政包干”“分税制”改革财政税收体制，扩大了地方财政自主权；通过建立经济特区、自由贸易区、改革试验区等多种形式，赋予地方以更大的经济自主权。在权力下放的同时，中央与地方以及地方与地方分权关系的重新调整，使得地方改变了政府内部的组织结构、利益结构和信息结构，也使得地方政府成为一个具有明确利益且相对独立的经济主体，极大地增强了地方政府改革试验和大胆创新的动力。中国地方经济运

---

① 王俏荔，唐志军．大国地方政府竞争与区域经济增长［J］．内蒙古社会科学，2010（3）：97 – 103.

行发展过程中，中央地方分权制度改革和基于经济绩效考评的官员晋升制度激励对地方经济运行具有显著增长效应，极大地推动了地方经济发展的自主权和积极性。中国式分权体制中地方政府成为辖区“经济剩余”的分享者，“为增长而竞争”成为财政资源配置扭曲的激励来源（傅勇，2008）。[①] 地方政府通过控制投资方向和投资规模主导经济运行，并成为地方经济建设的发动者和组织参与者（冯新舟、何自力，2015）。[②] 在这样的制度安排激励下，各地方经济特别是珠江三角洲地区、长江三角洲地区纷纷依赖地理位置优势以及一系列偏向政策实现了辖区内经济的高速增长。

其次，从外部溢出效应来看，建立在中国式财政分权体制和政府间竞争激励基础上的地方政府之间的“标尺竞争”是中国地方经济差距形成的主要原因（蔡玉胜，2005）。[③] 中国在转型时期的分权体制是“政治集权”和“经济分权”的结合，政治权威的集中使得中央政府能够对地方政府行为进行奖惩，追随中央政府的发展意愿和政策导向成为地方政府行为的基本前提，而“经济分权”将各地方经济分解为具有独立决策权和效用目标的小型经济体，创造了地方政府为增长而竞争的“激励”条件（黄阳平，2011）。[④] 政治晋升和财政分权使得地方政府官员在个人政治前途与地方经济发展绩效之间形成了共同的目标激励。因此，地方政府官员为了在区域经济发展竞争中获胜并实现个人的政治晋升，会努力推动本地经济发展。在财政体制的分权化改革中，中央政府给予了地方政府比较广泛的政策制定与执行的自主权，而且国有资产、土地升值、地方融资平台等制度条件

---

① 傅勇．中国的分权为何不同：一个考虑政治激励与财政激励的分析框架[J]．世界经济，2008(11)：16－25.

② 冯新舟，何自力．中国模式中的市场与政府关系——政府主导下的社会主义市场经济[J]．马克思主义研究，2015(11)：50－58.

③ 蔡玉胜．地方政府竞争：地区经济差距变动研究的一个新视角[J]．求索，2005(6)：30－32.

④ 黄阳平．基于空间关系的地方政府支出竞争与区域经济差距研究[J]．财会研究，2011(21)：8－10.

使得地方政府拥有操作经济发展的资源（张宇等，2017）。[①] 地方政府通过良好的基础设施、自然资源、公共服务等公共物品提供，采用招商引资等多种方法建立了“投资激励体系”，引导其他区域各种流动性生产要素流入本区域，造就了地区超强的投资驱动力。各地区在经济发展绩效相对次序的竞争压力下，形成了对地方经济差距的追求，并且较大的地区经济发展差距成为显示部分地区超常经济增长绩效的重要证据。因此，在分权体制下形成的地方竞争型经济发展模式固化了地方经济差距特征。

最后，从历史演化效应来看，差异化的制度安排形成的资源禀赋和技术积累的路径依赖性进一步固化了地区经济发展模式的差异特征，并通过马太效应产生各地方经济在社会、环境绩效等方面的差异，最终导致地方经济发展质量差距。在中国式分权和晋升激励安排下，地方政府对辖区发展负责，不可避免地会对地方经济发展差距产生影响。中央对地方具有辖区经济绩效和官员个人政治前途方面的激励，但中央授予地方的政策及地方官员发展辖区经济的能力不同，在进行增长竞争时便会选择不同的经济增长行为，这导致资本等生产要素的流动在地方经济体之间形成显著的不平衡性。在经济增长竞争相对有利的地区，会形成“政策倾斜度高—官员能力强（增长激励强）—基础设施、营商环境、公共服务改进—投资吸引力强—增长速度快—增长竞争中胜出—政策再倾斜”的良性循环，而在经济增长竞争相对弱势的地区，会形成“政策倾斜有限—官员能力弱（增长激励弱）—注重个人消费，忽视地区基础设施、营商环境、公共服务建设—投资吸引力弱、要素流出—增长速度较慢—增长竞争中失败—政策倾斜度减弱”的恶性循环。总之，在经济增长竞争中，中央和地方、地方和地方之间最基本的关系是通过简单的增长绩效来识别地方经济竞争能力的强弱，但是，在这一过程中，会通过历史演化效应形成经济增长差距之外的其他经济社会环境发展绩效的显著差异。经济增长作为历史演进中被简化

① 张宇，谢地，任保平，等. 中国特色社会主义政治经济学[M]. 北京：高等教育出版社，2017.

抽象出来的简单线性过程，将其前后延伸将涉及推动增长的模式及增长产生的后果。经济发展质量相对较好的地区集中在东部地区，这些地区利用有利的地理优势、投资优势等吸引劳动力、资源要素集聚，在投资驱动经济增长的同时也获得了创新、绿色、开放等能力的相对提升，而中西部地区只能依靠能源资源、廉价劳动力等较低水平的生产要素参与产业分工，要素驱动型经济增长模式虽然也能带动经济增长，却产生了较大的社会、资源环境矛盾。由此可见，各地方的不同增长模式最终形成了增长质量后果差异。

第五节 中国特色地方经济的宏观调控优化路径

改革开放以来，中国地方经济在中国特有的分权体制模式下产生了“增长奇迹”与“深刻矛盾”并存的经济发展绩效。虽然中国的分权式改革给各地方经济带来了显著的增长激励，但是建立在“标尺竞争”基础上的政治晋升制度也加剧了区域经济差距。中国地方经济运行的总体特征表现为增长数量与发展质量不匹配、各地域间经济增长绩效及发展质量差异显著。在落实国家高质量发展、实现区域协调均衡的发展战略要求下，必须对地方经济运行中的宏观调控管理思路及发展模式进行调整，具体包括以下路径。

一、由要素—投资驱动向创新驱动的调控动力转换

长期以来，我国地方经济之间主要依靠要素—投资驱动型的经济发展方式展开竞争，虽然这种经济增长方式能够在短期内提供较强的增长潜力并产生显著的增长绩效，但是随着技术模仿空间的萎缩，经济增长逐渐向生产可能性边界靠近，继续依赖传统的驱动方式必然导致经济增长动力不足而趋于增长停滞。因此，地方政府应在新的发展理念下，将创新作为新时代宏观调控的核心动力，通过全方位的创新供给扩大生产可能性边界，重塑经济增长引擎，从而打破基于传统投资要素动力导致的宏观调控失效

的限制。首先，加强制度创新供给。通过制度创新构建合理优化的制度结构和激励机制，引导区域自发产生经济转型、自主创新、绿色发展的动力和能力。其次，完善技术创新体系。提高各地区企业的技术创新能力，发挥企业在技术创新中的主体地位，并且构建以企业为核心，包括高校、科研院所、社会组织协同创新的多元创新体系。最后，促进产业创新形成。制度创新和技术创新最终都将以产业创新的形式表现，其构成地方经济持续发展的动力，产业创新要以发展高新产业集群、丰富产业组织模式、完善新兴产业链、促进产业融合、提升产业效率为基本内容构建现代产业体系，实现产业结构的升级和优化。

二、由区域梯度发展向区域协调发展的调控战略转换

地方经济增长过程形成于国家经济发展战略的演进变化过程，改革开放以来，我国所施行的区域梯度发展战略也是产生地方经济发展差距的重要制度原因。缩小地方经济发展差距、促进区域协调发展离不开区域发展战略思路的转换。首先，进一步准确定位区域发展的目标。应在国家宏观经济发展战略目标的指导下，进一步对地方经济发展的目标方向重新定位，在准确定位的基础上才能避免单一的数量增长竞争带来的区域资源错配和浪费，通过激励目标框架的调整实现资源配置的最优化，实现地方经济发展的特色化和多元化。其次，甄别区域发展的优势并采取差异化的区域发展模式。初始禀赋及经济发展程度的差异使得地方经济结构存在本质的特征，忽视地方经济特征差异的同质性增长竞争会导致落后地方经济在处于劣势的竞争环境中强化恶性循环效应。应根据现阶段各地方的禀赋结构、产业结构、发展水平等基本条件，甄别阶段性的匹配优势，采取差异化的经济发展模式激发地方经济发展潜力。最后，弥补区域发展面临的基础性障碍。不同地区在各自发展阶段所面临的基础性障碍具有显著差异，如东部相对发达的地区在现阶段面临自主科技创新、制造业价值链提升的“瓶颈”，而西部欠发达地区在基础设施建设、防洪减灾体系、信息网络服务等方面还非常落后。因此，对于东部发达地区应加强创新支持、优化人

才环境、加大对外开放力度，而对于西部欠发达地区则应重视基础设施、基本公共服务体系的建设。

三、由追求增长数量向注重发展质量的调控目标转换

为了便于对地方经济增长绩效进行量化考核，传统的地方经济增长标尺竞争被简化为单纯的 GDP 总量相对位次竞争。在此考核机制下，追求增长数量成为各地方政府宏观调控的唯一目标。单纯追求经济数量增长使得各地方政府注重以要素、投资驱动的经济增长方式，在对资源、资本等传统生产要素的严重依赖并形成产业结构低端锁定、供需结构失衡的同时，也造成生态环境恶化、收入分配不公、区域发展差距扩大、经济增长成果共享性有限等深层次的矛盾。新时代下，地方政府从数量增长向质量发展的调控目标转换包括：首先，改变现有的政府绩效考核机制。从单纯的经济绩效考核向全面科学的经济发展质量和效益考核转变，通过对政府激励和约束方向的调整，迫使地方政府干预经济增长的行为向促进经济高质量发展的目标转换。其次，扩展宏观调控的目标范围。将供需平衡、充分就业、物价稳定等传统的以经济数量为主的宏观调控目标逐渐扩展至经济成果共享、区域协调发展、生态环境优化等更广泛的领域，将经济发展质量的要求具体化到地方政府宏观调控的决策集中，实现地方政府宏观调控目标的多元化和质量化。最后，优化经济绩效的测评标准。不仅从经济成本和经济效益角度衡量经济增长效率的实现程度，还应将环境资本、社会成本、生态效益、社会效益等内容纳入考量，获得经济—社会—环境综合系统运行的成本最小化和收益最大化，通过对经济绩效测评系统的改进优化，实现对经济增长质量和效益目标的宏观调控。

四、由短期需求为主向长期供给为主的调控方式转换

伴随经济增长过程所产生的问题既有短期问题又有长期问题。短期问题如经济波动、总量增长、供需失衡等，解决短期问题的核心在于维持一定的增长速度；而长期问题包括经济结构变化、收入分配差距、区域发展不协调、生态环境恶化等，解决长期问题的核心在于经济发展方式的彻底

转变。在地方政府参与经济增长的实践中，对两方面问题的不同侧重形成了不同的宏观调控方式。过去地方政府竞争的主要目的是地区经济增长数量的相对排名，因此，实施短期内具有较大增长效应的调控方式是地方政府的最优决策，通过需求侧的投资、消费、出口能够实现短期内的高速增长，从而达到政府自身利益与增长目标的最大化。随着中国经济进入新时代，一方面，传统的以短期需求为主的调控方式对宏观经济运行的作用效率出现递减效应；另一方面，新时代下社会主要矛盾发生了深刻变化，“平等参与”“成果共享”“协调发展”“生态文明”“发展质量”等成为人民群众获得感的新体现。建立在短期需求管理基础上的总量调节无法解决新时代新阶段的矛盾，因此，需要从生产端或供给侧入手，探索解决长期问题的宏观调控的有效方式。首先，明确供给调控的核心目标。与需求为主的调控方式以短期经济规模扩大为首要目标不同，供给调控注重对影响长期经济增长的要素进行调节，目的在于解决经济增长过程中产生的深层次矛盾，实现经济发展质量的提升。其次，改善供给体系的质量和结构。在要素供给层面，应从传统的资源能源供给、低成本劳动力供给向技术供给、信息数据供给、高端人才供给转变；在产业供给层面，要清理无效产能和化解过剩产能，同时要加强高效产能、优质产能、绿色产能的供给；在产品供给层面，应减少低技术含量、低质量品质的低端产品供给，加强高技术含量、高品质、自主品牌的高端产品供给。最后，重视经济、社会、生态以及人的全面协调发展这一终极目标。在重视促进地方经济创新发展的同时，也要重点解决社会保障体系、收入分配体系、环境污染治理体系、基础设施建设体系、医疗卫生及教育就业体系等关乎民生福祉的社会发展领域的问题。

第十二章　中国特色的区域经济运行及其特点

改革开放以来，中国经济高速增长，中国区域经济差异扩大化问题日益突出，研究人口、技术、产业、经济活动的空间分布是目前经济发展的重要议题。党的十八大召开以来，国家提出了优化经济发展空间的战略目标，旨在促进各地区协同发展，继续实施西部开发、东北振兴、中部崛起、东部率先的区域发展战略，重点实施“一带一路”倡议以及京津冀协同发展、长江经济带等国家级区域战略。在开放经济条件下，认识、把握区域经济的空间分布状况和中国特色区域经济运行的现状，明确区域经济的特点及经济类型未来转变趋势有利于促进区域协调发展，解决公平与效率问题，保证宏观经济的快速稳定增长。

第一节　区域经济在经济发展中的作用

区域经济活动是中观经济运行的重要内容，在我国经济发展过程中，区域经济是中国经济增长的基本单元，研究区域经济，有利于促进区域经济增长，提出相适应的经济增长宏观调控政策。中国现行的中央、省（自治区、直辖市）、市、县、乡（镇）的行政管理体制，省级、市级、县级、乡镇级具有中观经济的属性特征。

运用政治经济学的理论与方法研究中国区域经济发展的运行及特点，主要采用三大方法：一是历史分析法，回顾区域经济发展形成的历史沿革、中国特色区域经济的层级；二是运用结构分析法，研究中国特色区域经济的空间布局；三是制度分析法，研究中国特色区域发展的战略，把握区域经济发展的政策与走向。

根据任保平（2017）的研究，地方经济应该包括四个层级：第一层级为省级地方经济，主要是各省、区和直辖市的地方经济；第二层级是大区经济，主要是指东北、华北、西北、西南等大区的地方经济；第三层级是重点城市的地方经济；第四层级是县域地方经济，县域经济也是地方经济的主要方面。以上四种区域经济在中国经济增长中具有重要地位，区域经济发展对中国经济增长主要有以下影响：

（1）省域经济是影响中国经济增长的主体。省级经济是中国经济的基石，是以特定行政区域为地理空间，以省级政权为调控主体，具有鲜明地域特色的区域经济。在国民经济中起着承上启下的作用，是连接国家宏观经济与地方中观经济的桥梁。需要根据行政区内的情况作出调整，在政权范围内有效调控。因此，省级经济发展状况决定着全国经济增长的情况，通过各省域 GDP 核算加总，可得到全国经济增长的指标，可见省级经济是中国经济增长的主体。

（2）大区经济是提高中国经济增长的重要单元。经济区域分为行政区域和均质区域，均质区域是指自然要素禀赋具有相似性或相对一致的区域，按照均质区域的划分，我国区域经济可以划分为东部地区、东北地区、西北地区、中部地区、环渤海地区等，这些区域无论从区位还是从自然要素禀赋方面，均具有较高的一致性。因此，研究均质的大区经济是剖析中国经济的重要手段，提升大区经济发展水平是提高全国经济增长的重要单元。

（3）主要城市是提高中国经济增长的极点。城市经济作为全国经济的载体，城市经济增长对省际经济、区域经济及全国经济增长具有带动作用，主要发挥城市的三大效应：第一是极化效应，形成一个省际或区域经济增长的极点，生产要素集聚，加速其经济增长速度并扩大其对资本及人力资源的吸引范围，从而吸引及拉动其他上下游产业及相关的经济活动①。

① 柯善咨，赵曜．产业机构、城市规模与中国城市生产率［J］．经济研究，2014(4)．

第二是扩散效应，所有位于中心城市的周围地区，伴随中心城市的地区基础设施改善及自身经济情况，从中心城市获取物质资本、人力资本，刺激并促进本地区发展经济发展①。第三是示范效应，是指所有具有某种同质发展要素的城市中率先利用这种要素发展的城市对其他城市的示范作用②。

（4）县域经济是推动中国经济增长的重要环节。根据《中国县域经济发展报告（2017）》，当前阶段，县域经济与全国经济一样面临着转型阵痛，距离大中城市较近且易于承接人口与科教资源的县（区），中西部地区交通较好、要素成本低廉的县（市）可能率先转型升级，并引领中国未来县域经济的发展。靠近省会城市、发达经济区，有独特自然资源优势的产业，在承接产业转移方面具有很大优势。在区域协调发展的基础上，中西部地区需要培育更多有辐射能力的增长极，进一步提高产业与经济融合度，增强内生动力，改善营商环境，缩小与发达地区营商环境的距离。党的十九大报告中指出，我国社会矛盾已转化为人民日益增长的美好生活需要与不平衡不充分发展间的矛盾。区域、地域的不平衡发展，是社会主要矛盾的表现。因此，大力发展县域经济、实施乡村振兴战略，有助于解决我国当前社会的主要矛盾。

第二节　中国特色区域经济的层级

改革开放之初，中国区域经济的发展战略是“先富带后富”，东部沿海地区先富起来，产生一定的示范与学习效应，带动边缘与外围，使整个国民经济不断波浪式前进。中国区域经济发展经历了从改革之初效率优先的非均衡发展战略，到21世纪初的相对协调发展转变，城市群成为中国区域总体发展战略的重要载体，中国区域发展的战略重点从东到西、从沿海到内陆的调整和转移，形成了若干巨大城市群。

---

① 孙铁山．中国三大城市群集聚空间结构演化与地区经济增长［J］．经济地理，2016(5)．

② 马胜春，黄基鑫．“一带一路”战略与中国区域经济发展——2015中国区域经济学会年会观点综述［J］．中国工业经济，2015(11)．

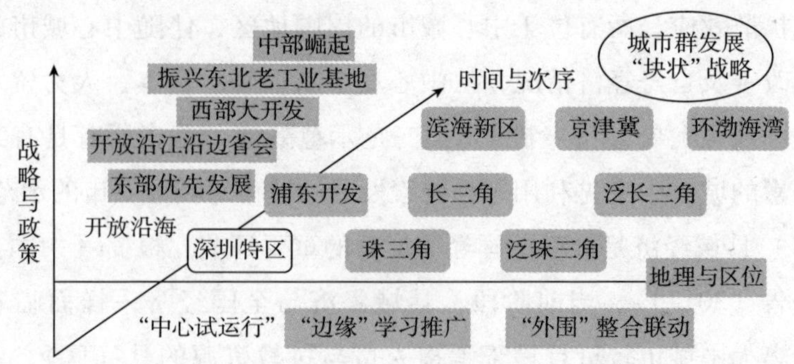

图 12－1　区域经济发展的空间格局

资料来源：孙海鸣，主编．区域经济学［M］．上海：上海人民出版社，2011.

"十二五"期间，区域协调发展机制基本形成，增加了"一带一路"倡议以及京津冀协同发展、长江经济带三大经济带战略，"十三五"规划以来，在现有区域发展总体格局的基础上，将继续深入实施区域总体发展战略。多年的实践证明，"四大战略"也存在一些问题，在一定程度上导致了区域经济联系的割裂，目前推行"三大支撑"带，目的在于打通板块，实现区域经济一体化（见图 12－1）。

本书从国家战略角度对中国区域经济进行了梳理，第一层次：国家区域战略；第二层次：国家级开发开放新区、经济特区；第三层次：综合配套改革试验区；第四层次：重点及次重点区域；第五层次，自由贸易区试验区。

第一层次，主要包括西部大开发、东北振兴、中部崛起与东部开放战略。

第二层次：国家级开发开放新区、经济特区。

（1）国家开发开放新区＋国家综合配套改革试验区

1）上海浦东新区

2005 年 6 月，国务院批准成立上海浦东新区为第一个综合配套改革试验区，浦东新区作为上海建设金融中心、国际航运中心的核心要素，如陆家嘴金融城、外高桥港区汇聚了先进制造业、临港工业、高新技术产业、生产性服务业等现代产业要素。

2）天津滨海新区

2006 年 5 月，国务院批准成立天津滨海新区为国家综合配套改革试验区，滨海新区成为继深圳经济特区、上海浦东新区之后区域经济发展新的增长极，以科技创新引领、高端产业支撑、服务能力提升，推动环渤海经济发展的同时，走新型工业化道路，提高对区域经济的带动作用。

3）重庆两江新区

2010 年 5 月，国务院正式批准成立两江新区，着眼于建设内陆开放经济和现代产业体系，建设成为内陆先进制造业基地与现代服务业基地，建设长江上游金融中心与创新中心，建设内陆重要的开放门户。该政策是西部大开发、综合配套改革试验区政策、国务院 3 号文件的叠加，其政策内容比照上海浦东新区、天津滨海新区政策。

（2）经济特区 + 国家综合配套改革试验区

深圳特区作为中国第一个经济特区，于 1980 年正式成立。2009 年 5 月，《深圳市综合配套改革总体方案》获批通过，方案指出深圳特区旨在“争当科学发展示范区、改革开放先行区、自主创新领先区、现代产业集聚区、粤港澳合作先导区、法制模范区，强化全国经济中心城市和国家创新型城市地位，加快建设国际化城市和中国特色社会主义示范市”。①

第三层次：综合配套改革试验区。

（1）国家统筹城乡综合改革试验区

2007 年 6 月，国家发展改革委下发《国家发改委关于建设重庆市与成都市设立全国统筹城乡综合配套改革试验区的通知》，旨在通过推进改革试验，建设新型城乡形态，形成统筹城乡发展的体制机制，促进城乡经济社会协调发展，最终使农村居民、进城务工人员享有与城市居民同等的权利、均等化的公共服务与同质化的生活条件。

（2）资源节约型和环境友好型社会建设综合配套改革试验区

2007 年 12 月，国家发展改革委批准武汉城市圈、长株潭城市群为资

---

① 摘自《深圳市综合配套改革总体方案》。

源节约型、环境友好型社会建设综合配套改革试验区。旨在走出一条有别于传统模式的工业化、城市化发展新路，是促进经济社会、人口、资源与环境相协调的综合配套改革试验区。

（3）国家新型工业化综合配套改革试验区

2010 年 4 月，国家发展改革委批复沈阳经济区为国家新型工业化综合配套改革试验区。以区域发展、企业重组、科技研发、金融创新四大方面的体制机制创新为重点，推进资源节约、环境保护、城乡统筹、对外开放等体制机制创新，为沈阳新型工业化道路提供配套设施与支撑条件。

第四层次：重点及次重点区域。

国家重点区域战略包括长三角经济特区、珠三角经济特区、京津冀都市圈、成渝经济区、海峡西岸经济区；国家次重点区域战略包括海南国际旅游岛、广西北部湾经济区、横琴新区、山东半岛蓝色经济区；其他重点区域战略包括关中—天水经济区、图们江区域、江苏沿海地区、辽宁沿海地区；环境重点保护区域为黄三角经济区、鄱阳湖生态经济区、大小兴安岭生态保护与经济转型区域、甘肃省循环经济区。以上均为依照国家政策梳理的国家重点战略的重点区域及次重点区域。

第五层次：自由贸易区试验区。

2013 年 4 月—2018 年 4 月，国务院先后批复了上海自由贸易区、广东自由贸易区、陕西自由贸易区等，党的十九大报告中指出，赋予自由贸易试验区更大的改革自主权，在形成全面开放格局、提升政府治理水平、加快培育发展新动能和竞争新优势方面进一步挖掘改革潜力，促进改革创新。陈林（2016）对自由贸易区建设中的经验、误区与对策进行了分析，认为当前自由贸易区存在三个“认识、理论与实践误区”：①误以为自由贸易区负面清单是新鲜事物，存在“洋为中用”的问题；②学术研究只知自由贸易区的贸易，而不知投资的自由；③地方政府将自贸区看作新一轮开发区，唯 GDP 论成败。由此可见，自贸区建设，除了新制度的协调关系，还需要统筹部门关系、企业偏好。

综上可知，经济全球化加速了生产要素的流动与生产组织方式的变化，区域成为国家参与全球竞争与融入全球价值链的重要生产空间。在不同阶段，我国不断优化国家空间治理布局，提高区域治理能力，但区域经济失衡问题仍较突出，迫切需要了解中国特色区域经济运行特点，寻找新的区域经济增长动能。这为我国在新时期深入参与全球价值链分工、新一轮空间治理战略布局指明了方向，结合中国特色区域发展的典型事实，有助于探讨新时期区域政策干预、空间治理体系的现实逻辑。

第三节　中国特色区域经济的布局

近年来，针对我国区域发展中出现的新情况、新特点，认识和把握中国特色区域经济运行的基本情况、特点，对明晰促进区域协调发展的基本思路、针对存在问题精准施策非常有必要，概括地说，本书总结了以下几大方面的新情况及新特点。

一、从“带状”向“块状”转变，多维分化趋势

区域经济发展战略经历了从改革开放之初效率优先发展的非均衡战略，到20世纪、21世纪末的相对协调发展战略，“第十一个五年规划”以来，中国区域发展的重心不断转移，已改变了过去传统的“东、中、西部”条状区域发展思路，国家从不同地区的实际情况出发，陆续批准了天津滨海新区、北部湾经济区、成渝统筹城乡综合配套改革试验区等重点发展区域，批准了海峡西岸经济区、江苏沿海经济带、关中—天水经济区、丝绸之路经济带等。总体国民经济缓中趋稳，发展趋势稳中向好，地区经济分化的迹象日益明显，既体现在各大区域板块内，也打破了四大板块的限制，呈现出南北差异的特点。这意味着地区分化具有普遍性与超传统性特点（范恒山，2017）。这就要求分属不同区域的板块基于板块特点，对发展潜力及趋势进行甄别，从而实施有针对性的政策。全国各地纷纷制定相关规划和政策，极大地拓展了区域经济发展的全球化国际视野，大幅提升了我国区域经济发展的开放意识和开放水平。

二、由“省域经济”向“城市群经济”转变

“十一五”以来，我国将城市群作为推进城镇化的主要形态，传统的“东、中、西部”条状区域发展思路已经改变，以城市群为单位的“块状”区域规划上升为国家战略。传统的“东、中、西部”条状区域发展思路上升为以城市群为单位的“块状”区域规划。《国家新型城镇化规划(2014—2020 年)》中明确指出，要以城市群为主体形态，科学规划建设城市群，推动大中小城市和小城镇协调发展。

从空间上来看，聚集的空间范围不一定是以省份为单位，可能是以自然条件相近、城市等体系完善为主要特征的城市群为单位。部分城市群如长三角与环渤海已超越了省界和市界，城市群内城市之间的联系大大超过了与其所在省份的经济联系。因此，省与省间的经济比较慢慢向城市群间的比较转变，以城市群作为空间竞争单元在当下更为合理。以城市群为空间发展格局基本形成，中国区域发展呈现出多极带动的新格局，2017 年出台的《全国主体功能区规划》将冀中南地区、太原城市群、呼包鄂榆地区、哈长地区、东陇海地区、长江中游地区、北部湾地区、成渝地区、滇中地区、藏中南地区、关中—天水地区、兰州—西宁地区、宁夏沿黄经济区、天山北坡地区作为国家层面的重点开发区域。这些区域经济基础好、资源环境承载能力强、发展潜力大、人口集聚与经济条件好，将在未来在集聚人口与产业方面发挥重要作用。

通过使用帕累托指数、mono 指数和首位度三个指标，黄妍妮、高波(2016）探析了中国城市群空间结构分布与演变特征，重点考察了 2007—2014 年我国十大城市的空间结构与演变特征。研究发现，东部地区的长三角、珠三角、京津冀、海峡西岸和辽中南城市群遵循 zipf 法则分布，西部地区城市群为典型的单中心结构，东部城市群较西部城市群相对均衡。

三、由“行政区经济”向“城市群经济”转变

行政区经济是一种典型按行政区划分的经济形态，带有强烈的政府行为色彩。地方政府通过直接的行政干预影响经济领域的竞争，生产要素跨

行政区流动受到很大的阻碍，中心城市对外围辐射能力较弱，并且伴随地理位置距离，辐射能力呈减弱趋势。行政区经济带有政府行为色彩，会人为扩大地区市场分割，为优化城市群空间结构、促进区域协调发展，“十一五”之后，将城市群为单位的“块状”区域规划上升为国家战略。如长三角城市群，空间范围包括11个省份，约205万平方公里，覆盖了长江中下游与东中西部地区；环渤海地区区域规划空间范围包括北京、天津、河北、辽宁、山东、内蒙古6个省份。这均体现了区域政策的方向性，改变了原来各省份竞相出台行政区域规划，上升为国家战略而带来的区域规划碎片化和盲目攀比现象。

四、区域经济的开放性增强

“一带一路”倡议以及“京津冀协同发展”“长江经济带”等战略的实施，将长期对我国区域经济发展产生深远的影响，这些重大战略不仅直接影响沿带、沿路、沿廊的省份，包括陕西、甘肃、新疆等遍布全国的省份，而且间接影响广大的其他省份的区域经济发展的开放意识和开放水平。

新一轮的在全球范围兴起的区域经济一体化浪潮，正是国际贸易规则对全球价值链引致需求的响应，TPP、TPIP等新的区域贸易层出不穷，国际贸易分工、区域经济一体化出现新的特点。从全球价值链分工视角正确认识区域经济一体发展趋势，从而采取正确的开放战略，进一步提升开放发展的层次与水平，显得尤为重要。

李善同（2017）通过从全球价值链角度分析近年来我国区域发展格局和区域差距，将2012年区域间投入产出表嵌入世界投入产出表生成中国各省和世界主要经济体的投入产出表，研究发现，整体上国内各省份参与价值链分工存在两个主要链条：一是出口拉动的主出口全球价值链GVC；二是驱动的北方省份重化工国内价值链GNC。投资与出口是区域经济波动的主要影响因素，对投资依赖程度越高的省份，经济增速下滑的幅度越大。

五、从全球价值链的角度来分析近年来我国的区域发展格局

分析中国区域发展格局与区域差距，可以从全球价值链角度进行研究。李善同（2018）将省划分为三类：第一类是出口拉动的沿海及周边省份为主的出口全球价值链，更多依靠出口驱动的经济增长模式，主要包括东部沿海省份（珠三角、长三角、福建）；第二类为更多依靠投资驱动的北方省份为主的重化工业国内价值链和经济增长模式，主要包括吉林、辽宁、内蒙古、天津、河北、青海、湖北等省份；其他省份归为第三类。并且研究发现，经济增速大幅下滑主要出现在东北的省份，也出现在华北、西北甚至华中的部分省份。对投资依赖程度越高的省份，经济增速下滑的幅度越大。这就说明，各省份在产业结构转型升级中不仅要注重产业间升级，还要注重投资驱动的重化工分工链条的升级和新的价值链升级。

中国各区域的增加值贸易存在较大差异，传统总值贸易统计高估了中国各区域的贸易顺差，甚至一些区域出现了传统总值国际贸易顺差，倪红福、夏杰长（2016）认为中国各区域融入全球价值链的程度与方式都存在较大差异，国内价值链对中国融入全球价值链发挥着重要作用，在制定相关政策时，需要因地制宜，尽量发挥区域比较优势，促进各区域融入全球价值链。

六、强调区域经济的协同创新发展

新常态下，中国作为世界第二大经济体、第一大货物贸易国，需要统筹国内国外两个市场，将“引进来”与“走出去”相结合，充分发挥“一带一路”比较优势，建设共享利益型的全球价值链，其根本目的旨在强调区域经济的协同创新发展。很多省份在积极探索跨地市行政区域的协同发展，如广东省的深圳、东莞、惠州区域协调发展，山东省的省会城市群经济圈，粤港澳大湾区，甘肃省的兰州、白银一体化发展。吴福象（2016）认为，不断重塑经济地理的格局，首先是城市发展正逐渐演变为区域性城市的一体化与网络化发展，通过打破行政区边界，通过强化资源优势互补、产业错位发展、基础设施共享，谋求城市群协同创新发展道

路。以“一带一路”为主体内容的战略性区域构想，有利于区域发展战略规划、主体功能区与产业布局战略统筹与协调。

第四节　中国特色区域经济的战略及其变化

一、“一带一路”的发展趋势

“一带一路”倡议对我国经济的最直接影响是扩大了区域经济范围。长期以来，我国区域经济发展都是以国内原有发达地区为域位中心，通过产业分工形成一定规模的区域经济优势，辐射、带动其他地区经济发展。

众所周知，我国目前建立的经济特区、开放沿海港口城市和众多特殊政策园区主要集中在东南沿海，广东、福建、浙江、上海等省份成为“领头羊”和最先得益者，而广大的中西部、东北地区却始终扮演着“追赶者”和“配角”的角色，这在一定程度上造成了东西部经济发展失衡、经济区划单一、相对制约的问题。随着时间的推移，传统区域经济的弊端也不断呈现，东部、西部经济发展不平衡现象越来越明显，资金、人才、技术等都集中在东部地区，西部地区的人力、能源等优势始终得不到应有的发挥。因此，在迎接“一带一路”机遇的同时，必须理性对地方经济重新定位。做好本地区规划，有效衔接国家规划。在保持优势特色的同时，积极谋求创新发展，坚持地方经济发展与“一带一路”同步进行。

“一带一路”为我国区域经济发展创造了历史机遇，同时也带来了新的挑战，首先反映在地方经济的重新定位上，需要制定有效的包容性发展战略，有效衔接国家规划。要制定有效的包容性发展战略，做好本地区规划，谋求地区创新发展。其次反映在区域职能的科学分工上，对区域职能的科学分工，要建立在对话协商机制上，因此在确定区域发展规划时，必须将区域定位与发展趋向、产业布局和资源整合等重大事项综合考虑，促进与沿线国家上下游产业链和关联产业的有效衔接，形成优势互补、协同发展。最后为配套服务的快速建设，我国服务业处于快速发展时期，服务是区域经济发达到一定程度的必然需求，同时，服务又是区域经济发展初期的重要吸引力。“一带一路”横跨东西，涉及地区广泛，距离长，人文风俗不同，面临的服务需求旺盛。

二、长江经济带的发展趋势

长江经济带自1990年作为国家经济布局的重要发展轴，对促进经济稳定增长、调整区域经济格局、实现国家东部中部西部联动与人口资源经济协调具有重要意义。作为“一带一路”倡议的重要一级经济带，占据全国五分之一的土地面积与五分之二的常住人口，区域内有三大国家级城市群长三角城市群、长江中游城市群、成渝城市群沿江分布，有124个地级市。党的十九大报告中提出，要“以共抓大保护、不搞大开发为导向推动长江经济带发展”，为长江经济带的发展明确了方向，指明了路径。吴艳常、黄贤金登（2017）采用社会网络分析方法对长江经济带空间格局及一体化趋势进行了分析。长江经济带经济联系网络总体呈“一轴线、两板块、多中心”的经济联系格局，长三角城市群、长江中游城市群、成渝城市群在经济联系网络模式上呈“多中心紧凑、松散与双核极化”三种模式。由此可知，长江经济带中下游地区以城市群为主体，经济联系一体化趋势正在形成。而加强成渝城市群为核心的上游城市群与中下游城市群间的经济联系，是长江经济一体化实现的关键。

王佳宁、罗重谱（2017）认为，长江经济带子在取得快速发展的同时，也面临着生态环境保护压力大，产业同质化竞争严重，重大基础设施建设缺乏整体协调性，人口城镇化水平不高，开放层次、区域联动、社会参与不足等问题。提出在优化长江经济带合作机制的基础上，在战略发展取向方面，一要及时评估利用各类试验区的示范引领效应与价值；二是要在规划方面，推进规划与政策落地；三是优化长江经济带区域合作机制，引领多方主体参与长江经济带；四是要发挥新型智库效用，推进决策科学化，从而加强对政策的第三方评估。

在理解习近平总书记关于坚持“共抓大保护、不搞大开发”，实现长江经济带高质量发展方面，刘志彪（2018）认为，要根据长江经济带城市群落密布、人口众多的事实，将其看作一个宜于人居的经济聚集带，把长江流域人口、市场、产业、城市集中的优势，变成宜于实现新产业、高技术产业、先进制造业、现代服务业高质量发展的黄金经济带①。

三、国家中心城市

准确理解全国主体功能区规划与国家区域发展新战略，支撑未来中国经济增长；同时还要理解行政中心与经济中心职能分离下大都市圈协调问题。国家中心城市，始立于2010年2月，是在直辖市和省会城市层级之上出现的新"塔尖"，集中了中国城市在空间、人口、资源和政策方面的优势。2016年到2018年2月，中华人民共和国住房与城乡建设部发函支持成都、武汉、郑州、西安建设国家中心城市。鉴于中国城市等级体系尚不完善，北京、上海作为世界级城市出现了"大城市病"，"十三五"规划提出"要发展一批国家中心城市、强化区域服务功能"，确定了8个国家中心城市。国家中心城市要完成国家赋予的战略，从中国制造到中国创造，参与全球产业分工，提升产业分工层次，设立各类对外开放的平台，如自由贸易区，统筹建设国际交流区。

李霞、戴胜利（2018）对建设国家中心城市的智慧武汉发展进行了评价，构建了基于七维度神经网络评价模型，实证分析了面向国家中心城市的智慧武汉发展模式，为实现控制、辐射、枢纽与服务功能的国家中心城市战略目标提供决策参考。张占仓（2017）对建设国家中心城市的战略意义与推进政策进行了研究，指出夯实产业发展基础、突出改革创新引领、积极推进供给侧结构性改革、彰显区域文化特色，方可提升国家级中心城市开放水平。

① 摘自长江产经研究院2018年5月7日讨论稿。

第十三章　中国特色的产业结构变迁及其趋势

第一节　产业结构和产业组织在经济发展中的作用

一、产业结构在经济发展中的作用

产业结构对一国经济发展的影响，主要通过影响经济增长方式来体现。纵观各国特别是发达国家经济增长的实践经验，可将经济增长划分为三个阶段：

（1）增长初始阶段。这一阶段最明显的特征是经济增长缓慢，农业在国民经济中占据统治地位，工业与服务业基础相当薄弱。经济结构特征主要表现为单一的“农业化”，多元化的经济结构还处在孕育阶段。同时，科学技术水平非常落后，主要依靠劳动和资本等要素投入来实现经济增长，这一阶段的增长模式称为数量型经济增长模式。

（2）高速增长阶段。这一阶段最明显的特征是经济高速增长，国民经济中农业的主导地位开始逐渐弱化，工业与服务业快速发展，其产值与就业比重不断提高，经济结构的“工业化”特征明显，多元化的经济结构在逐步调整。产业结构的调整使得劳动力、资本等生产要素从效率低的部门逐渐向效率高的部门转移，导致经济效率提高、增长速度加快，高速的经济增长又反过来促进产业结构的调整变动。同时，伴随着经济的快速增长，技术结构也在不断进行调整，这一阶段的增长模式是数量型增长向质量型增长的“过渡模式”。

（3）经济发达阶段。这一阶段，在经济上已经实现了工业化，工业与服务业相当发达，特别是在国民经济中服务业的产值比重与就业比重双双超过了工业，经济结构的“服务化”“高级化”特征显著，经济增长不再只是单纯地依靠增加要素投入，转而依靠结构转型升级、技术进步以及制度创新来实现。这一阶段的增长模式称为质量型经济增长模式。

从上述分析可以看出，不同的产业结构对应着不同的经济发展阶段，且其变动意味着资源的重新配置，这对经济增长模式的转型意义重大，并在很大程度上决定着经济增长质量。若单纯依赖对生产要素的大量投入来换取经济的总量增长，则会导致加工工业的发展速度明显快于农业、能源等基础产业部门，引起产业结构的失衡。同时，数量型的经济增长模式过分注重扩大生产规模，从而导致出现只偏重投资需求、净出口需求对经济增长的带动作用，而忽视消费需求对经济增长的促进作用，最终使得总需求结构的发展不平衡甚至畸形。而且数量型经济增长方式在资源约束日益强化的发展后期，越来越受到资源要素的限制，使经济增长变得不可持续。产业结构作为影响经济增长的一个重要因素，经济增长的不同模式也就是不同产业结构状态的反映。产业结构决定着各种要素是否能够被高效利用和合理配置，若产业结构合理，才能充分利用要素资源，避免浪费；若产业结构不合理、结构不协调，则会出现资源短缺和浪费，经济发展受到严重制约。由此可见，产业结构的调整与优化升级，可以转变经济增长方式、提高经济增长质量，实现数量型增长方式向质量型增长方式的转型。

二、产业组织在经济发展中的作用

产业组织是指产业内企业间的垄断、竞争的不同程度的组合，产业组织主要通过分工、技术进步、市场结构等中间变量影响经济发展。产业组织对经济增长的促进作用主要表现在以下两个方面：一是通过改善产业组织关系，进行科学的专业化分工与协作，能够获得专业化生产带来的附加效益。专业化分工促进了企业生产过程的标准化与简单化，使生产过程易于采用机械化、自动化等大规模、高效率的生产方式，不仅能大幅提高产量和劳动生产率，降低生产成本，还能够提高产品质量和技术创新，加速技术进步。索洛等认为，推动经济增长来源于两个方面：一个是资本、劳动等要素投入的增加；另一个是要素生产率的提高。而要素生产率的提高来源于科学技术的进步，且科技进步是推动经济增长的最主要因素。二是通过企业间的联合与合并，加大企业技术投入，充分利用技术优势互补，改善产品的技术与质量水平，提高国际合作与竞争能力，获得国际分工效益。在世界经济技术互相渗透、国际竞争日趋激烈和我国不断扩大对外开放的条件下，通过优化产业组织结构，可以在我国一些主要产业形成若干个具有相当规模和高技术水平的大企业、大集团，全面参与国际分工和世界范围的资源配置，通过较强的国际竞争能力在国际分工中占据有利地位，同时还可以带动国内一些相关产业的发展。

第二节　产业结构变迁的一般规律

一、配第—克拉克定理

对于产业结构的变迁，许多理论及统计分析都有涉猎，其中最为著名的是配第—克拉克定理。克拉克主要研究劳动力在三次产业之间的转换规律。他通过对主要发达国家劳动力转移的实证研究，得出结论：随着经济的发展，随着人均国民收入水平的提高，劳动力首先由第一产业向第二产业转移，进而再向第三产业转移；从劳动力在三次产业之间的分布状况看，第一产业的劳动力比重逐步下降，第二产业特别是第三产业劳动力的比重则呈现出增加的规律。通过研究他发现，世界各国所处的不同经济发展阶段以及国民收入水平的差异，主要是由产业结构的不同造成的。

二、库兹涅茨对产业结构变迁规律研究的深化

库兹涅茨在其著作《各国的经济增长》一书中，从国民收入和劳动力两个方面，对伴随经济发展而出现的产业结构演变规律作了分析研究，并得出结论：第一，随着第一产业实现的国民收入在整个国民收入中的比重，与第一产业劳动力在全部劳动力中的比重一样，处于不断下降之中。第二，在工

业化阶段，第二产业创造国民收入的比重及占用劳动力的比重都会提高，其中前者上升的速度快于后者。在工业化后期特别是后工业化时期，第二产业的国民收入比重和劳动力比重会不同程度地下降。第三，第三产业创造国民收入的比重及占用劳动力比重会持续不断地处于上升状态，其中在工业化中期、前期阶段，其劳动力比重的上升速度快于国民收入的比重。

这样，在整个工业化时期，产业结构的转换就表现为第一产业创造财富和吸收就业的份额逐渐转移到第二产业和第三产业，其中，在工业化前期，第二产业逐渐成为财富的主要创造者，而第三产业则是吸收劳动力的主要场所；到工业化后期以后，第二产业创造财富的比重也开始下降，第三产业则成为经济发展的主体，既是财富的创造者，也是吸引劳动力的主要场所。因此，在工业化过程中，三次产业的发展是相辅相成的。如果第二产业总量增长很快，而第三产业发展滞后，那么，必然表现为第二产业在 GDP 总额中的比重得到很快增加，但是劳动力转移过程受阻，大量的劳动力滞留于低效率的第一产业，城镇化水平就难以提高。

第三节 中国产业结构的变迁

整个 60 年新中国产业结构变迁的总体特征是：产业结构逐渐由单一化转向多元化，并最终向高级化迈进。笔者按照改革开放的前后两个 30 年，通过两个阶段来具体分析我国产业结构方面的变迁轨迹。

一、改革开放前的产业结构变迁：重工业单一化特征明显

改革开放前（1952—1978 年），我国在较低发展水平上直接跨向工业化，重工业投资扩张导致产业结构严重失衡，虽然在有些发展阶段对产业结构进行了积极的调整和改善并取得了一定成效，但是在重工业优先发展的战略下，产业结构重工业化特征十分鲜明。具体来看，根据三次产业及轻重工业的比例关系的变化，可以将改革开放前的产业结构演进划分为三个阶段（见表 13－1、表 13－2、图 13－1）。

表 13－1　1952—1978 年三次产业产值结构变动情况

（%）

年份	第一产业	第二产业	第三产业
1952	50.5	20.9	28.6
1957	40.3	29.7	30.0
1960	23.4	44.5	32.1
1965	37.9	35.1	27.0
1970	35.2	40.5	24.3
1975	32.4	45.7	21.9
1978	28.1	48.2	23.7

资料来源：《新中国五十年统计资料汇编》网络数据库。

第一阶段（1949—1957 年），新中国成立后的三年经济恢复时期，我国在全面恢复经济建设的同时，也在积极调整农业和工业之间的比例。农轻重的产值比例从 1949 年的 69.95∶22.11∶7.94 转变为 1952 年的 56.9∶27.8∶15.3（龚仰军，1999）。进行以苏联帮助设计的 156 个建设单位为中心的、由限额以上的 694 个建设单位组成的工业建设是我国“一五”时期工业产业政策的重点，这些建设项目中 80% 以上都是重工业。因此，在这样的现实条件下，截至 1957 年，我国农轻重的比例已经达到 43∶31.2∶25.5（武力，2010）。并且，在经济恢复时期和“一五”计划时期，我国重工业增长速度明显较快，农轻重环比增长速度分别为 1∶2.06∶3.44以及1∶2.84∶5.64（中国社会科学院，1998）。

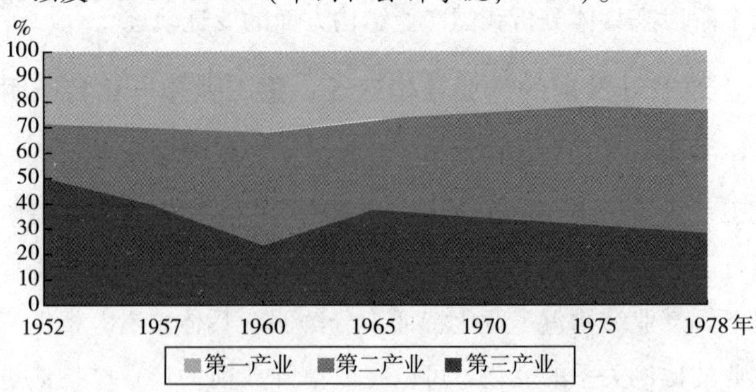

图 13－1　1952—1978 年中国三次产业比重情况

第二阶段（1958—1965 年），“大跃进”时期，在“以钢为纲”的政策指引下，我国的农轻重比例发生了巨大变化。所有产业纷纷为钢铁生产让路，并且，在农业生产率并未大幅提高的情况下，工业生产建设超常规地吸纳了大量农村劳动力，导致 1959 年和 1960 年的农业生产受到重创。据统计，1958—1960 年农业总产值增长率分别为 2.4%、-13.6% 和 -12.6%；农业与工业的产值构成比例由 1957 年的 43.3∶56.7 变为 1960 年的 21.8∶78.2；工业产值中，轻工业与重工业的产值构成比例由 1957 年的 53∶47 变为 1960 年的 33∶67（伍华佳，2007）。由此可见，这一时期，我国产业结构失衡现象十分严重，工业所占比例过高，工业内部结构失衡也很严重，重工业比例过高，并且重工业内部也出现冶炼工业和采掘工业的结构失衡。

1961 年，国民经济进入调整时期，农业和轻工业的基础有所加强，产业结构不合理的状况得到一定程度的纠正。工业总产值中，轻工业和重工业产值比例由 1961 年的 42.5∶57.5 变为 1962 年的 47.2∶52.8；农、轻、重的产值比例由 1961 年的 34.5∶27.8∶37.7 变为 1962 年的 38.8∶28.9∶32.3（武力，1999）。从 1963 年开始，各项经济指标普遍回升。到 1965 年，国民经济稳定增长，工农业结构得到改善。1960 年工业与农业的产值比是 3.6∶1，到 1965 年下降到 2.4∶1（国家统计局国民经济综合统计司，2010），基本上接近当时我国工农业发展的客观要求。在工业方面，通过调整，工业内部结构趋于合理。到 1965 年，轻重工业产值的比例已经上升为 51∶49，大体上各占一半。

第三阶段（1966—1978 年），三线建设导致重工业比重再次升高，农轻重比例由 1965 年的 37.3∶32.3∶30.4 变为 1978 年的 27.8∶31.2∶41.0，产业结构再次扭曲（伍华佳，2007）。

表 13-2　1952—1978 年轻重工业在总产值结构变动情况

（%）

年份	1952	1957	1960	1965	1970	1975	1978
轻工业	64.5	55.0	33.4	51.6	46.2	44.1	43.1
重工业	35.5	45.0	66.6	48.4	53.8	55.9	56.9

资料来源：《新中国五十年统计资料汇编》数据库。

二、改革开放后的产业结构变迁：由多元化逐步向高级化迈进

改革开放后（1978—2016 年），在市场逐步对资源配置起基础性作用的基础上，以及各种产业政策的共同作用下，我国产业结构总体上向着合理化方向演进，三次产业逐渐均衡发展，但是 20 世纪 90 年代末期重工业化趋势再次明显。具体来看，根据三次产业及轻重工业的比例关系的变化，可以从三个阶段划分 1978—2016 年我国产业结构的演进过程（见表 13-3、表 13-4、表 13-5、图 13-2）。

第一阶段（1978—1981 年）为 3 年调整阶段，这一阶段产业政策的重点便是控制重工业发展。三次产业的产值比重由 1978 年的 28.1∶48.2∶23.7 变为 1981 年的 31.6∶46.1∶22.3，农业比重明显上升。在工业内部，这 3 年轻工业产值年均增长率为 14.3%，重工业产值年均增长率为 1.7%（潘士远，2008），轻重工业产值的比例由 1978 年的 43.1∶56.9 变为 1981 年的 51.5∶48.5，资源逐渐流向劳动力密集的产业，产业结构开始得到矫正。

表 13-3　1978—2016 年三次产业产值结构变动情况

（%）

年份	第一产业	第二产业	第三产业
1978	28.1	48.2	23.7
1981	31.6	46.1	22.3
1985	28.2	42.9	28.9
1991	26.9	43.7	29.4
1995	19.8	47.2	33.0
2000	14.8	45.9	39.3
2005	12.6	47.5	39.9
2010	9.5	46.4	44.1
2012	9.4	45.3	45.3
2013	9.3	44.0	46.7
2014	9.1	43.1	47.8
2015	8.8	40.9	50.2
2016	8.6	39.9	51.6

资料来源：国家统计局统计数据库。

从就业结构来看，这一阶段第一产业就业比重逐年降低，年均增长率为 -47.47%，第二、第三产业有小幅提高，改革一开始，长期“隐性化”的农村剩余劳动力开始向非农产业转移。这段时期，民营企业和乡镇企业异常突起，资金可以流动，要素流动性逐步改进，然而，农村劳动力的流动仍受到户籍制度的严格限制，主要是向农业深度发展转移，通过在土地上“精耕细作”，从事农林牧副渔各业。

第二阶段（1982—1991 年），在计划和市场共同调节资源配置的转轨时期，我国产业政策最重要的特点就是第三产业的产值始终处于连续上升态势，而农业和工业的产值都有所下滑。三次产业的产值比重由 1981 年的 31.6∶46.1∶22.3 变为 1991 年的 26.9∶43.7∶29.4。具体到工业内部，轻重工业保持了较为平衡的增长，重工业略有增加，轻工业略有减少，但浮动不大，轻重工业比重基本达到 1∶1。

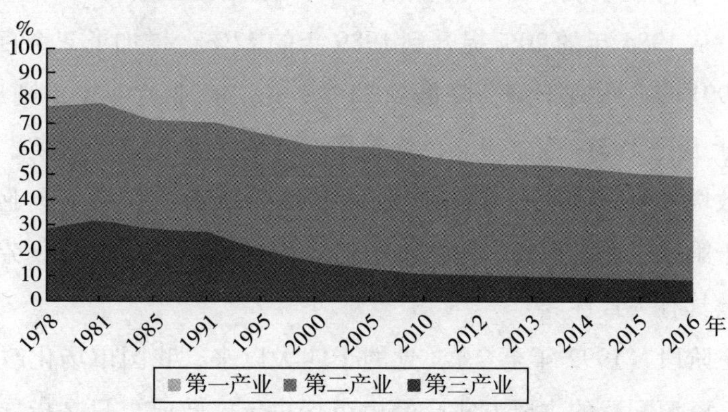

图 13-2　1978—2016 年中国三次产业比重情况

从轻重工业的内部变动比例来看，在轻工业内部，以工业品为原料的比重保持逐年增长趋势。在重工业内部，采掘工业和原料工业发展滞后于加工工业的问题长期存在。改革开放后，加工工业仍然发展过快，基础工业“瓶颈”制约加重的矛盾开始不断凸显，1985 年加工工业的比重高达 53.5%。在国家宏观调控下，到 1990 年，加工工业比重已降为 46.3%，原料和采掘工业比重都有所上升，到 20 世纪 90 年代中期，我国基础工业的“瓶颈”制约才基本缓解（中国社会科学院，2008）。

表 13－4　轻重工业内部结构的变动

（%）

年份	1952	1957	1965	1970	1980	1985	1990
1. 轻工业							
以农产品为原料	87.5	81.6	—	—	68.5	68.9	—
以工业品为原料	12.5	18.4	—	—	31.5	31.1	—
2. 重工业							
采掘工业	15.3	13.1	11.1	11.2	11.3	11.4	11.6
原料工业	42.8	39.5	39.7	38.0	37.8	35.1	42.1
加工工业	41.9	47.4	49.2	50.8	50.9	53.5	46.3

资料来源：中国统计年鉴 1988［M］. 北京：中国统计出版社，1988：35；1990 年数据来源于国家统计局网站。

从就业结构来看，第一产业就业比重从 1984 年的 64% 下降到 1991 年的 60%，下降了仅仅 4 个百分点；第二产业就业比重在 1984—1989 年逐步上升，从 1984 年的 20% 提升到 1989 年的 22%，增加了 2 个百分点，在 1990—1991 年则出现下降，降低到 21%；第三产业就业比重则从 1984 年的 16% 上升至 1991 年的 19%，增长了 3 个百分点。这个时期，第三产业就业人数增加 4639 万人，第二产业只增加 4425 万人，第三产业吸纳就业人数多于第二产业。而且，第一产业劳动力的减少与第三产业劳动力的增加基本上具有一致性。

第三阶段（1992 年至今），党的十四大以来，我国市场化改革已经逐渐深入，资源配置的主要方式已经由市场决定，政府也只是指导性地对经济发展进行宏观调控。具体到产业结构方面，这段时期产业政策的主要特点是第三产业产值大幅上升，第一产业比重持续下降，第二产业稳中有升。具体到工业内部，重工业再次出现快速发展，截至 2010 年，在工业总产值中轻重工业总产值比例为 32.2∶67.8，重工业的比重已经超过了改革前的最高水平。然而，需要强调的是，这两次重工业化的性质是完全不同的。计划时期的高重工业比重根源于赶超战略下的价格扭曲，而目前重工业比重上升是随着要素禀赋结构提升和比较优势的动态变化而产生的（易善策，2013）。

表 13－5　1978—2010 年轻重工业在总产值结构中变动情况

（%）

年份	1978	1981	1985	1991	1995	2000	2005	2010
轻工业	43.1	51.5	47.1	48.4	47.3	39.8	36.1	32.2
重工业	56.9	48.5	52.9	51.6	52.4	60.2	63.9	67.8

资料来源：国家统计局数据库相关年份。

自 1998 年以来，随着我国重化工业的又一轮加速发展，工业发展进入了新的重化工业阶段，产业升级也成为这一阶段工业发展的重要增长点。从表 13－6 中可以看出，近年来我国高技术产业的总产值在全部制造业总产值中的比重的增加幅度还是比较明显的。

表 13－6　制造业中高技术产业的比重

年份	1995	2000	2005	2010
全部制造业总产值/万元	43764.08	153465.07	213843.68	606299.6
高技术产业总产值/亿元	4097.76	10411.47	34367.11	88433.85
高技术产业比重（%）	10.68	14.74	16.07	14.59

资料来源：国家统计局数据库。

从就业结构来看，第一产业就业比重从 1992 年的 59% 下降到 2001 年的 50%，下降了 9 个百分点，从 1997 年开始，劳动力的减少速度大大减慢，比重一直在 50%；第二产业就业比重在 1992—1997 年有所上升，1997 年之后，又逐步回落到 1992 年的水平；第三产业就业比重整体从 20% 上升到 28%，上升了 8 个百分点，但在 20 世纪 90 年代后期增长速度变缓，1998—2000 年这 3 年保持平稳。1992 年社会主义市场经济体制的确立之使得私营经济蓬勃发展，外资也大量进入，在第二产业就业比重变化不大的情况下，第一产业劳动力大量转移到了第三产业中。截至 2011 年，我国的第三产业总就业人数达到 27282 万人，占全国就业人数的比重为 36%，第三产业总就业人数第一次超过第一产业，成为三大产业中吸纳就业人数最多的产业，使我国在就业结构上成为“三、一、二”结构。从三次产业就业比重的变化来看，第一产业减少的就业人数基本上被第二、第三产业所吸纳，第二产业吸纳人数仍然高于第三产业。这主要归因于 2001

年之后，中国加入 WTO，我国凭借低廉的劳动力成本优势迅速成长为世界经济强国，尤其是第二产业产值结构的变化有力地改善了要素的配置，相应的就业结构的变化则直接推动了经济规模的扩张。

第四节 新时代的中国产业结构

党的十九大报告中指出，“我国经济已由高速增长阶段转向高质量发展阶段”，“必须坚持质量第一、效益优先，以供给侧结构性改革为主线，推动经济发展质量变革、效率变革、动力变革”。2018 年中央经济工作会议指出：“推动高质量发展是当前和今后一个时期确定发展思路、制定经济政策、实施宏观调控的根本要求。”高质量发展成为从党的十九大到 2018 年“两会”热议的话题，也成为中国特色社会主义新时代经济发展升级版的新目标。然而，进入中国特色社会主义新时代以后，我国经济发展最大的制约因素是经济结构失衡和产业结构的低端锁定，这种经济结构失衡和产业结构的低端锁定造成了供给结构与需求结构不平衡，以及经济发展中传统产品产能过剩与高端产品供给不足同时存在的矛盾，导致了经济质量问题，制约了产品质量社会属性的实现，影响了产品质量的提高。党的十九大报告中指出：“建设现代化经济体系，必须把发展经济的着力点放在实体经济上，把提高供给体系质量作为主攻方向。”由此可见，为确保供给侧结构性改革得到深化、经济结构调整取得有效进展，必须坚持新发展理念，以马克思主义为指导，改造提升传统动能，大力培育发展新动能，实现产业结构的高质量发展是中国特色产业结构发展的新趋势。而产业结构的高质量发展则包含产业结构迈向中高端，以及提高在国际产业价值链的地位两层含义。

目前世界上产业结构都有一个产业高端化的新动向，进入新常态以来，尽管我们的 GDP 总量已经达到了世界第二，我们的许多制造业产品在世界上排名第一。但是我们的产业与发达国家相比，在产业档次和全球价值链以及绿色化上都有差距。产业结构迈向中高端是指三次产业结构水准要进入中高端、产业技术的连接度要进入中高端、高科技产品要进入全球价值链的中高端，同时，各个产业都要采用新技术。因此，在供给侧结构性改革的深化过程中，需要在以下方面推动产业结构迈向中高端，进而实现高质量发展。

第一，着力推进结构升级，提高产业发展质量。高质量发展的基础和核心是产业发展的高质量。产业发展高质量的关键是推进结构升级，打造产业发展的升级版。一是供给侧的改革需着力推进结构升级，要在打破产业结构的低端锁定上发力，形成产业发展新格局，推动产业向中高端迈进，融入全球产业链、价值链的中高端环节。二是要发展新型产业。发展新型产业才能形成结构性变化，从而培育出高质量发展的新动力。目前全球面临新一轮产业革命，信息技术仍是引领经济社会进步的主要技术力量，互联网、物联网、云计算等新技术的应用，将信息化推向了一个新的历史高度，催生出一批新兴业态。从世界经济发展的趋势来看，新能源、绿色和低碳技术的发展势头迅猛，关系人类健康和粮食安全的生命科技及生物技术成为关注热点。我们必须把握世界产业发展趋势，通过供给侧结构改革，大力发展新兴产业，推进产业结构优化升级。三是促进传统产业转型升级。传统产业的转型升级是供给侧结构性改革的关键，要坚持以市场为导向，依据技术、安全、环保、能耗等标准，加大传统产业内部整合，提高企业技术改造效率。鼓励推动有研发设计能力的企业优化产业链和价值链，引导企业从传统产业升级模式向全球价值链升级模式转变，鼓励企业打造供应链管理平台，提高自身的综合实力和核心竞争力。在企业层面，优化产业组织结构，推进行业兼并重组，支持优势企业通过合资合作、产权流转、股权置换等方式，实施产业链、价值链并购重组，及时淘汰“僵尸企业”，从而带动传统产业转型升级。

第二，发展创新型经济，提高供给体系的质量。实现高质量的产业发展必须把供给侧结构性改革的基点放在创新上，形成促进以创新推动供给侧结构性改革的体制架构，进而实现供给侧结构性改革、产业结构升级和创新驱动有机衔接。三者有机衔接的路径就是发展创新型经济，提高供给体系的质量。创新型经济是以知识和人才作为依托、以创新为动力、以发展新技术和新产品为着力点、以创新产业作为标志的经济。创新型经济的特征是以创新知识密集产业为标志，科技创新和产业创新互动结合，产、学、研、官紧密合作。在产业结构、市场结构、要素供给等多方面进行改革，从产品、服务、技术、要素、模式等方面进行创新，更多依靠产业化创新来培育新的增长点。把发展基点放在创新上，塑造更多依靠创新驱动、更多发挥先发优势的引领型发展。培育发展新动力，创造新供给，推动新技术、新产业、新业态的发展，提升整个供给体系的质量。

第三，大力推进技术创新，提升企业发展质量。一直以来，中国制造业大国的地位，是靠中低端市场上企业的数量和规模叠加形成的。就产品来说，由于普遍缺乏具有核心竞争力的技术，在一些具有高附加值的关键产品部件上，长期缺乏话语权。为此，必须建立和健全符合中国国情的制造业创新体制，通过技术创新加速科技成果的产业化。中国制造2025中提出的重点领域突破发展的关键，就在于技术层面的突破，其手段就是创新。尤其是激发中小企业的技术创新活力，只有通过技术创新，才能把生产工艺、生产过程、市场营销、品牌塑造等结合起来，才能提高企业的效益与发展质量，实现从研发设计到物流和营销等环节的价值增值。而在技术创新中，最核心的因素是人才，因此，必须注重高等教育人才的培养。一方面，建立与我国发展迅速的高等教育相适应的制度与保障措施，保证大批学有所成的高学历人才能够在匹配的岗位上人尽其用，实现人力资本的最大化利用；另一方面，完善技术创新体系，解决知识产权和人的收益分配问题，做到科技成果的产权保护和收益分配明晰化，从本质上提高科技成果的转化率。

第四，将制造业更新换代为智能制造，提升产品质量。西方主要工业国再工业化战略的发展目标就是实现制造业整体上的智能化，而不是对传统产业的重复使用。21世纪，随着信息技术和传统制造业的深度融合，制造业的模块化趋势越来越明显。未来制造业的商业模式将会是围绕解决顾客需求来提供产品或服务。制造业企业在将研发产品推向市场获取利润的同时，将进一步围绕用户提供后续服务，从中获取更多的附加价值，形成以适应个性化需求和批量定制需求为目标的制造业商业模式。即能够随时应对和满足用户多样化、个性化的需求，从而获得尽可能多的产品附加值。这种从为用户提供产品转为向用户提供围绕产品具有增值功能的服务的过程就是制造业服务化，这种服务创新极大地延伸了制造业的价值链。而这些过程的实现，就是以“互联网+技术”为支撑的。从信息发展的角度来看，工业4.0时代的这轮产业变革，中西方是处在同一起跑线上的。因此，对中国的制造业来说，这是一次实现质的飞跃的良好机遇。

第五，推进绿色制造，让绿色经济成为产业发展主流。近几年，随着工业的快速发展，中国的整体环境却在不断恶化。工业污染与环境保护之间存在巨大的矛盾，并严重制约着中国的工业化发展。中国再也不能走西方先牺牲环境发展经济再治理环境的老路，而应该通过立法的方式实现环境管制，让中国工业在环境管制中实现“双赢”。在具体手段上，可通过淘汰落后工艺和技术创新让中国工业走上绿色制造之路，从而使中国经济走上绿色增长之路。实现绿色经济增长，就工业制造业来说，可以从以下几个方面做起：首先，加强对工业废水、烟尘粉尘、二氧化硫和二氧化碳等物质的排放管制强度；其次，建立环境管制交易平台，形成排污权交易市场；最后，建立跨区域的生态发展补偿机制。

第十四章　中国特色的“三农”现代化与乡村振兴

我国的经济发展如今正处在全面建成小康社会和实现社会主义现代化的重要时期，面临城乡发展不平衡、农村和农业发展不充分等突出的乡村问题，严重制约着“两个一百年”奋斗目标及共同富裕目标的实现。习近平总书记上任伊始便强调，“全面建成小康社会，最艰巨最繁重的任务在农村，没有农村的小康，特别是没有贫困地区的小康，就没有全面建成小康社会”①。党的十九大报告中首次提出实施乡村振兴战略，是党中央立足国情，顺应了全国农民对于美好生活的向往②。“三农”现代化是中国通往现代化之路的重中之重，通过实施乡村振兴战略这样的重大举措来推动农业的全面升级，农村的全面进步及农民的全面发展，对于推动实现中国特色的“三农”现代化具有重大现实意义。

第一节　“三农”现代化与中国经济发展的关系

中国特色的社会主义道路包含中国特色新型工业化、信息化、城镇化、农业现代化四化同步。在中国经济发展、社会转型的历史进程中，农业、农村、农民为中国的经济发展做出了巨大贡献，但是受诸多因素

---

① 此话为 2012 年 12 月底，习近平总书记到贫困地区和革命老区河北省阜平县看望困难群众时所讲。参见新华社评论员文章．没有农村小康就没有全面小康[EB/OL]．新华网，2012 －12 －30.

② 习近平．决胜全面建成小康社会 夺取新时代中国特色社会主义伟大胜利——在中国共产党第十九次全国代表大会上的报告[M]．北京：人民出版社，2017：10.

的影响，当前农业现代化的发展成为四化同步的短板。为了推进“三农”现代化，首先我们必须清楚地认识到“三农”现代化与中国经济发展的关系①。

一、“三农”现代化关系国民经济持续健康稳定发展

投资、出口、消费是拉动经济增长的“三架马车”，是实现国民经济持续、快速发展的条件。国民经济结构的不平衡发展，导致供需矛盾尖锐，需求不足。绝大多数是农村需求不足，表现为农民消费积极性不高、消费水平低。主要原因是我国的社会福利保障体系不完善，农民收入增长相较缓慢，结果进一步导致农民即使手中有余钱也不会去消费，而是存起来以应对突发的疾病风险。

在改革开放初期，家庭联产承包责任制的推行，激发了农民的积极性，农村经济发展水平得到了很大的提高，农村居民的收入得以增加，在一定程度上提高了消费水平，增加了消费需求。但之后为了赶超西方发达国家，过度强调工业发展，使得城乡差距进一步拉大。在两次金融危机发生后，国家把扩大消费需求转向了农村，并采取了一系列扩大农村市场、扩大农村居民消费需求的举措。但就实际情况来看，这种刺激并没有带来预期的效果，相反，加剧了生产过剩，引起需求的进一步萎缩。因此，只有农民增加收入，真正富裕起来，才有足够的能力应对未来不确定的风险，才能够充分激发广大农民群众的购买力，从而扩大国内内需，进一步拉动我国经济的持续增长②。

习近平总书记在2013年中央农村工作会议中指出：“中国要强，农业必须强；中国要美，农村必须美；中国要富，农民必须富。”③ 随后在2018年中央农村工作会议中再次强调，“农业强不强、农村美不美、农民富不富，决定着亿万农民的获得感和幸福感，决定着我国全面小康社会的成色和社

① 刘合光．激活参与主体积极性，大力实施乡村振兴战略［J］．农业经济问题，2018(1).

② 张小瑛，靳铭．我国国民经济中的内需不足现象及其对策［J］．理论导刊，2018(2).

③ 徐元早．2012年中央农村工作会议［J］．中考历史，2013(2):5.

会主义现代化的质量”。因此，“三农”问题不仅关系农村的改革、发展和稳定，而且关系到国民经济和社会发展的全局。只有努力提高农民收入、解决农村问题、扩大农村市场、为农民增加更多的就业岗位，整个国民经济的发展才会进入一个良性循环的轨道，才能实现持续健康稳定的发展。

二、“三农”现代化关系国家稳定与社会长治久安

“重农固本，是安民之基。”农村的发展、农业的兴衰、农民的生活都关系着国家的稳定、国家的富强。中国是一个农业大国，农村人口接近9亿人，占全国人口的70%；农业人口达7亿人，占产业总人口的50.1%。农民不仅是社会经济发展的直接动力，还是社会变革和改朝换代的重要力量，中国历朝历代的农民起义都成为扫除社会发展障碍、推进社会进步的重要动力①。

农业是第一产业，是国民经济的基础。农业生产提供的食物等基本生活资料是人类社会生存和发展的首要前提，农业部门创造的剩余产品是社会其他生产部门存在和扩大的重要基础。我国是农业人口占大多数、人均耕地占有量少的大国，如果农业发展严重滞后，14亿人口的吃饭就会成问题。

因此，“三农”问题是中国共产党从新中国成立起就面临的一个重要且基本的问题。邓小平一再告诫我们：“中国有百分之八十的人口住在农村，中国稳定不稳定首先要看这百分之八十稳定不稳定。城市搞得再漂亮，没有农村这一稳定的基础是不行的。”② “农村不稳定，整个政治局势就不稳定，农民没有摆脱贫困，就是我国没有摆脱贫困。”③ 事实以及历史也证明了这一点：“三农”问题所表现出来的矛盾不解决，农民利益得不

① 张天柱．北京市怀柔区大水峪村整治规划的分析[J]．农产品加工(创新版)，2011(2)：22－28.

② 中共中央文献编辑委员会，编．邓小平文选：第3卷[M]．北京：人民出版社，1993.

③ 徐勇，项继权．主持人语：资源性稳定向体制性稳定转型[J]．华中师范大学学报：(人文社会科学版)，2005，44(5)：1－1.

到保障，就容易导致国家和社会陷入不稳定之中。农业、农村、农民问题是关系国计民生的根本性问题，关系国家稳定发展与社会长治久安。

三、“三农”现代化关系我国现代化建设和全面建成小康社会

“务农重本，国之大纲。”发展农业是解决“三农”问题的根本途径，也是加快社会主义现代化建设的重大任务。发展现代农业、让农业成为有奔头的产业，是习近平总书记的“农业梦”。2017 年年底召开的中央农村工作会议指出：“没有农业农村的现代化，就没有国家的现代化。”① 党的十九大报告在实施乡村振兴战略中也特别强调了要“加快推动农业农村现代化”，这都具有非常重大的意义。解决“三农”问题，重要的是解决数量非常庞大的农民的问题，由于我国农民基数大、人力资本水平较低，我国的农村发展也遇到了一种困境，即农村建设投资长期不足，发展环境较差，越来越多的青壮年劳动力选择进城务工，相应的问题如农村老龄化、留守问题日益严重，导致乡村经济发展更加困难，从而导致城乡发展不平衡。城乡发展的不同步是我国实现现代化进程中的一个难点，迫切需要通过解决“三农”问题来解决当前现代化建设中面临的难题。

从党的十五届五中全会提出的“全面建设小康社会”到党的十八大报告中首次正式提出“全面建成小康社会”，意味着我国城乡居民的生活水平及生活质量有了明显的提高，国家的整体经济实力也大大增强。但“全面建成小康社会”的提出也带来了许多新要求，即保持经济持续健康发展，人民生活水平全面提高，资源节约型、环境友好型社会建设取得重大进展②。其中有关“三农”的具体要求有：实现城乡居民人均收入比 2010 年翻一番；农业现代化与社会主义新农村建设要取得显著成效，建立健全覆盖城乡的基本的公共服务体系；加大环境的保护，节约资源和发展循环经济等，这些新的要求无疑凸显了“三农”工作在新时期的重要地位。我国

---

① 董峻，高敬，侯雪静，等. 谱写新时代乡村全面振兴新篇章——2017 年中央农村工作会议传递六大新信号[J]. 中国农技推广，2018(1)：14－15.

② 肖贵清，李戈. 论全面建成小康社会新的目标要求[J]. 山东社会科学，2016(2)：5－12.

现在的城乡发展不平衡所包含的经济、公共服务、公共投资不平衡等现实问题都迫切要求国家着力解决“三农”问题。习近平总书记指出，“全面建成小康社会，最艰巨最繁重的任务在农村、特别是在贫困地区”。[①] 因为现在农村与城市差距越拉越大，农民与城市居民差距也越来越大，所以“三农”问题的有效解决是我国全面建成小康社会的关键。

第二节　中国的“三农”问题

自2013年进入新常态以来，中国经济的发展由高速增长转为中高速增长，经济发展出现新的特征。主要表现为经济结构进入优化调整阶段，经济发展由要素、投资驱动转为创新驱动，中国经济发展进入重要的战略转型期。而农业既是第二、第三产业发展的基础，也是三类产业发展中的短板。

一、农业问题

(1) 农业生态环境问题。在我国目前农业现有的产能里，相当一部分是以牺牲生态环境为代价换来的。从这个角度理解，农业虽不存在过剩产能，但是存在产能透支。拼资源、拼消耗、拼环境的传统农业生产方式仍居主导地位，农业还远未走上绿色发展的路子。

(2)“农业边缘化”问题。在我国工业化与城镇化的进程中，第二和第三产业发展迅速，使得农业在国民经济体系中的地位逐渐下降。改革开放以来，我国农业占GDP的比重逐年下降（见图14－1）。而且近年来农业增加值年均增长速度维持在4%左右，明显落后于第二和第三产业的增长速度（见表14－1）。随着近年来农村青壮年劳动力外出务工，农村甚至出现了“抛荒”土地的现象，更多的则是出现了农村居民以外出务工为主、种植土地为辅的兼业现象。

---

① 中共中央文献研究室，编．习近平关于社会主义经济建设论述摘编[M]．北京：中央文献出版社，2017.

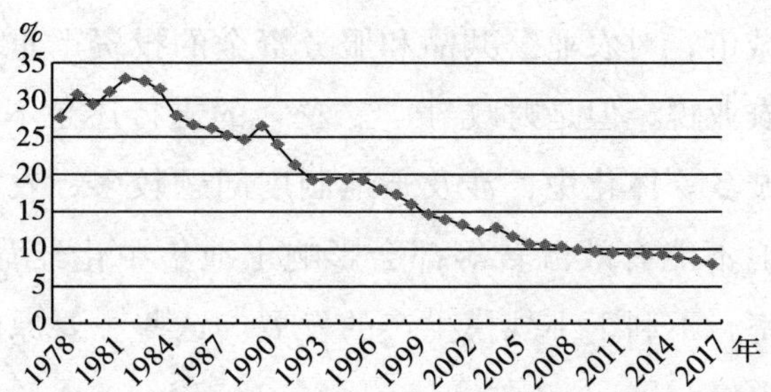

图 14－1　1978—2017 年农业占 GDP 的比重变化趋势

资料来源：国家统计局官网。

（3）农产品质量问题。我国农业总体面临的污染比较严重，农产品增产高度依赖化肥农药等农业化学品，长期过量使用农业化学品不仅会导致出现农村环境问题，而且会生产出不合格的农产品。我国农村地区的各类人才相对比较短缺，大批有文化、有知识的青年涌向城市，农村的科学文化水平不能满足农业现代化的要求，也就导致农业农产品的发展存在着一定的制约因素。农产品质量安全尚未在消费者中建立起足够的信心。

表 14－1　2013—2017 年各产业增长速度

（%）

年份	第一产业	第二产业	第三产业
2013	4	7.8	8.3
2014	4.1	7.3	8.1
2015	3.9	6.0	8.3
2016	3.3	6.1	7.8
2017	3.9	6.1	8

资料来源：国家统计局官网。

二、农村问题

（1）城乡一体化进程缓慢。一是户籍制度。由于户籍制度，使得农民在医疗、就业、社会保障等方面与城镇居民存在非常大的差距。这样不仅阻碍了新型城镇化的发展，还阻碍了农村劳动力的流动，户籍制度不解决，就不利于我国经济的发展和产业结构升级。二是财政体制不平衡。我国现行的分税制阻碍了城乡一体化的发展。目前的财政体制仍然是大多数投向城市，对农业公共品和服务资金的投资严重不足，所以即使已经取消了农业税，但是财政对“三农”的支持还是不够。三是土地制度不完善。城乡一体化中，涉及土地制度问题较多，农村土地产权主体不明晰和土地不能有效流转等都会影响土地集中化经营和规模生产，降低了生产效率，不利于小规模生产的发展。这些主要原因导致了城乡一体化的进程缓慢。

（2）农村社会保障不足。推进新农村建设，要不断改善农村的基本公共服务。与城市保障覆盖的范围相比，我国农村社会保障体系很不健全，农村大多数人还无法享受到社会保障。从卫生养老等公共服务方面来看（见表 14－2），2012—2016 年，城市居民每万人口拥有的职业医师数、注册护士数和卫生技术人员数大约是农村的 2～3 倍，甚至更大。由国家统计局公布的数据可知，城市最低生活保障平均标准和平均支出水平分别是农村的 1～2 倍。我们不难看出，城乡居民在医疗卫生等生活保障方面存在巨大差距，农村社会保障相对于城市来说存在明显的不足。

表 14－2　2012—2016 年城乡卫生医疗资源对比

单位：万人

年份	卫生技术人员		护士数		职业医师数	
	城市	农村	城市	农村	城市	农村
2012	85	34	36	11	32	14
2013	92	36	40	12	34	15
2014	97	38	43	13	35	15
2015	102	39	46	14	37	16
2016	108	40	49	15	39	16

资料来源：国家统计局官网。

（3）农村空心化问题。农民工外出打工数量逐渐增多，许多村庄由于人口大量外流而消失，农村逐渐出现了空心化的现象。根据《中国城乡建设统计年鉴》中的数据，2010—2015 年中国村村庄的数量从 2010 年的 273 万个减少到 2015 年的 264 万个，平均每年约有 1.8 万个自然村庄消失。并且近些年来，农村青壮年外出务工人数逐年增加，由 2011 年的

15863万人增加到2017年的17185万人，呈逐年上升趋势，如图14－2所示。

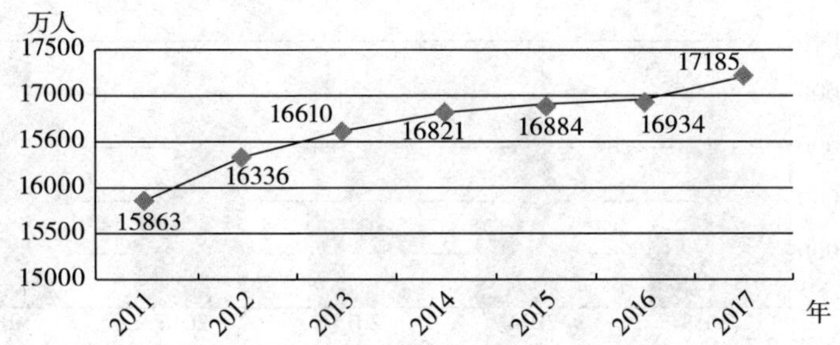

图14－2　2011—2017年外出农民工数量变化

资料来源：国家统计局官网。

农村严重的空心化现象以及妇女、儿童留守问题对村庄治理以及农村社会的稳定提出了新的挑战，不利于农村发展，甚至会导致农业发展“悖论”，不利于国家粮食安全，即“谁来种地”的问题。在空心化村庄的背景下，村民自治进入低水平重复，民主监督和民主管理难以执行。

三、农民问题

（1）农民经济收入困难。近年来，农村居民收入增长明显乏力，农业收入对农民增收的作用逐渐下滑。如今，农民的收入增加主要依靠的是农业纯收入之外的外出务工等第二、第三产业支撑。外出农民工虽然在外打工能够获得比纯农业更高的收入，但是由于受教育水平较低、能从事的工作有限，同城镇居民相比，其收入差距依然较大。从消费支出方面看，如图14－3所示，我国农村居民人均消费支出与城镇居民人均消费支出存在较大差距，并且远低于我国居民人均消费支出。尽管近年来我国农村居民人均消费金额逐年增长，但从增长率上看，我国农村居民的消费水平确实是逐渐下降的，如图14－4所示。

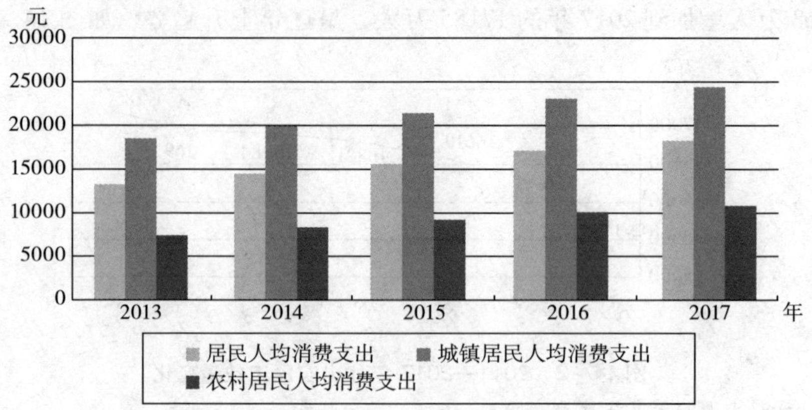

图 14－3　2013—2017 年城乡居民人均消费支出情况对比

资料来源：国家统计局官网。

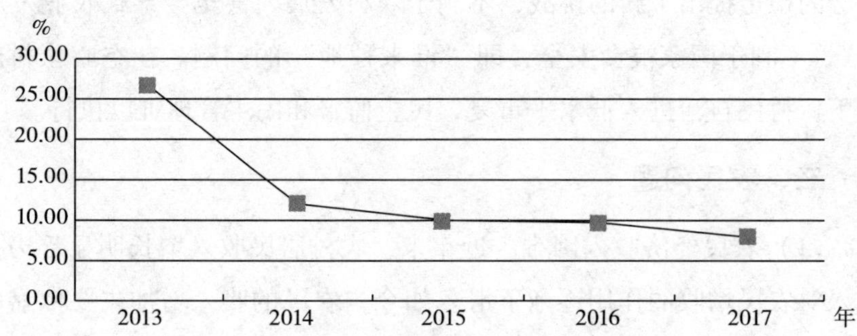

图 14－4　2013—2017 年农村居民家庭人均消费支出增长率

资料来源：国家统计局官网。

（2）农民整体素质不高。一方面，由于教育、医疗等公共服务长期供给不足，我国农村整体劳动力水平偏低，这一现实情况并未得到根本改善。第三次全国农业普查公报统计的数据显示，截至 2017 年 12 月，全国 3.14 亿的农业生产经营人员中，小学及以下文化程度的占 43.4%，初中学历占 48.4%，高中以上的仅占 8.3%；另一方面，越来越多的青壮年农民外出务工，剩下的是老弱妇孺。另外，统计公报还指出，年龄在 35 岁以下的农业从业人员仅占 19.2%，55 岁以上农民占比为 33.6%，导致农村人口老龄化、农村劳动力老弱化并行发生。

（3）农民土地流转后的生存问题。截至 2016 年 6 月底，全国承包耕地流转面积达到4.6亿亩，超过承包耕地总面积的1/3。在一些东部沿海地区，流转比例已经超过1/2。全国经营耕地面积在50亩以上的规模经营农户超过350万户，经营耕地面积超过3.5亿多亩。当土地流转之后，这部分农民靠什么生存，也成为一个新的问题。

（4）农民工市民化问题。农民转移进入城市或者离开农业（农民工市民化）是农地规模经营和农业现代化的基本前提。农民在城市获得稳定的就业与收入是农民工市民化的前提和核心。我国农民工一直处于“半市民化”状态，农民身份没有变，没能享受到平等的企业职工权利，无法与城市居民平等地享受社会经济发展的成果。根据国民经济和社会发展统计公报，2016全国农民工总量28171万人，比上年增长1.5%，其中，外出农民工16934万人，增长0.3%；本地农民工11237万人，增长3.4%。家庭化流动的趋势明显，举家外出的农民工占比已经超过1/5。目前中国农民工市民化是不彻底的，主要表现为“两头都挂”和“两头都不挂”。

第三节 中国特色的“三农”现代化道路

一、探索期（1949—1979年）

新中国成立之初，一穷二白、百废待兴，急需发展却又不得不应对国家安全挑战，于是，优先发展以基础原材料工业、装备制造业和国防工业为代表的重工业，加快城市建设步伐，就顺理成章地成了国家的战略抉择。这样，以农业为代表的非优先发展产业、以农村为代表的非优先发展地区必须服务和服从于优先产业、优先地区发展的需要，其实现途径就是通过以农支工，人为地扩大工农业产品价格的“剪刀差”，以牺牲农业为代价实现了工业初步积累的快速完成。另外，在新中国成立之初，社会主义建设虽有苏联的经验可供借鉴，但中国还要靠自己。因此，最初的12年，土地制度变化的频率高、幅度大、方式多。在此期间，国家又遭遇了三年困难时期，经历了“十年动乱”，农业生产力遭到严重破坏，农业和农村发展举步维艰。到了20世纪70年代后期，各种因素累加的结果是，我国的农业生产能力极其脆弱，农产品供给能力极其低下，农产品短缺程度极其严重，农业生产很难取得突破，国家也因此面临经济风险和政治风险。

二、改革期（1980—1985年）

20世纪70年代末80年代初，从安徽小岗村民的改革开始，逐步破除了长期制约农业发展的制度枷锁，并最终取得了成功。于是，党和政府顺应群众的改革意愿，肯定群众的改革经验，引导群众的创新精神，于1982年1月1日，中共中央发出第一个关于“三农”问题的“一号文件”（《全国农村工作会议纪要》），对迅速推开的农村改革进行了总结，指出包产到户、包干到户或大包干“都是社会主义生产责任制”，是社会主义农业经济的组成部分。1983年颁布第二个“一号文件”（《当前农村经济政策的若干问题》），从理论上说明了家庭联产承包责任制“是在党的领导下中国农民的伟大创造，是马克思主义农业合作化理论在我国实践中的新发展”。1984年、1985年和1986年又连续颁布“一号文件”支持农村改革。

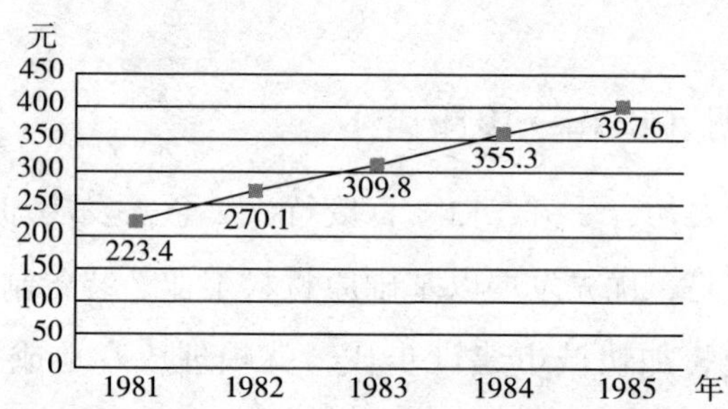

图14－5　1981—1985年农村居民人均纯收入

资料来源：国研网统计数据库。

5个“一号文件”极大地激发了人民群众的劳动热情，极大地解放了长期被束缚的农业生产力，农业进入了历史上少有的繁荣期。这5年，农村居民的人均纯收入也在节节攀高，如图14－5所示。农业产值由1980年的1359.5亿元增加到1985年的2541.7亿元，实现了翻番；受土地承包制推广的影响，在20世纪80年代的前4年，农业生产总值的增长率大幅提升；农民居民家庭人均纯收入由1980年的191.3元增加到1985年的397.6元，也实现了翻倍；农业国内生产总值增长率首次于1981年超过了国内生产总值增长率，如图14－6所示，1982年得以继续超过，除了1990年因特殊事件影响导致农业国内生产总值增长率被动超过国内生产总值增长率之外，这也是新中国历史上迄今为止仅有的两年。这5年，农业的主题是改革和发展。国家对“三农”采取了鼓励改革、总结经验、理论肯定、制度稳固、政策强化的工作模式，以鼓励基层创新激发了农民的改革热情，以制度创新解放了农业生产力，以政策强化增强了农民的信心，以因势利导的工作方法创造了“三农”发展的奇迹。

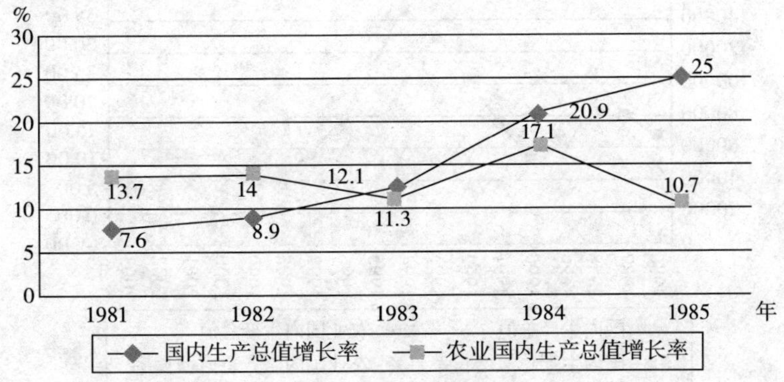

图14－6　1981—1985年国内及农业国内生产总值增长率

资料来源：根据国家统计局网站数据整理计算获得。

三、发展期（1986—2003年）

1984年，国家启动了城市经济体制改革，继而实行对外开放。经济建设和改革开放的重点转向工业和城市。从国家战略层面讲，农业发展进入了自我发展、放任发展的阶段。1986—2003年这18年，国家没有再就“三农”问题下发过“一号文件”。如图14－7所示，1979—1984年，农业国内生产总值比重超过30%；1985年之后，农业国内生产总值的占比逐步缩小，且呈现明显的不可逆的下降趋势（1990年除外），由1986年的26%左右逐步下降到1993年的20%以下；与此同步的是，除了1990年的非正常表现外，1985 年后农业国内生产总值增长率也长期低于国内生产总值增长率。

这一时期农村发生的具有划时代意义的事件有两个：一是乡镇企业如雨后春笋般成长起来；二是产生了前所未有规模的农民工在东、西、南、北之间的流动。由此产生的主要问题有三个：一是耕地被大量撂荒，农业生产资源被大量浪费；二是青壮年农民绝大部分进城务工，农村失去了活力；三是农村管理（社会化管理、党组织管理、生产管理、教育管理等）名存实亡，进一步削弱了农村存在和发展的基础。农业、农民、农村三个问题首次同时出现并交集成了一个不得不直面的问题——“三农”问题。

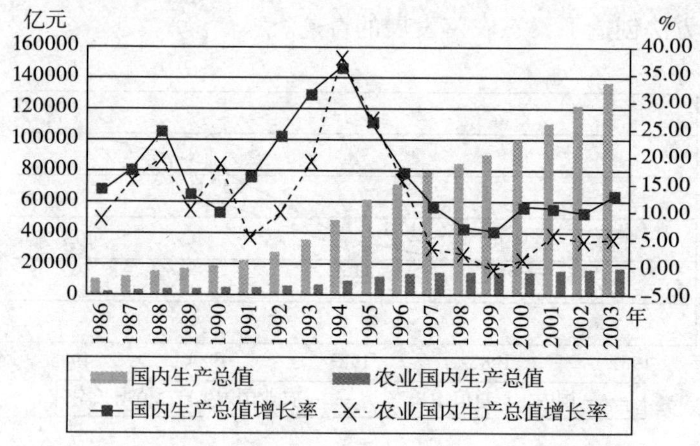

图 14－7　1986—2003 年国内及农业国内生产总值增长率

资料来源：根据国家统计局网站数据整理计算获得。

四、调整期（2004—2012 年）

2004 年 1 月，针对全国农民人均纯收入连续增长缓慢的情况，中央下发改革开放以来关于农业的第 6 个“一号文件”（《中共中央国务院关于促进农民增加收入若干政策的意见》），把如何增加农民收入作为“三农”工作的重点。接下来的 8 年，中共中央、国务院又连续下发了 8 个关于“三农”的“一号文件”，带来了 2004—2012 年粮食生产的九连增。然而，从统计数据看，尽管粮食连续增产、农产品收购价格不断提高、农业直补政策得到落实，农业收入增速却更不如以前。

但是这9年里，具有划时代意义的决策就是：建设社会主义新农村。然而，党和政府出台的主要政策措施则是围绕着增加农民收入、增强农业综合生产能力这两个方面，新农村建设并未切实启动，城乡一体化进程也缺乏一以贯之的宏大思路和决策，从而“三农”问题更加焦灼和难解。

五、飞跃期（2013年至今）

2013年1月31日，以中共中央“一号文件”的形式正式公布了会议讨论通过的《中共中央国务院关于加快发展现代农业进一步增强农村发展活力的若干意见》。文件以“保供增收惠民生，改革创新添活力”14个字概括了2013年农业农村工作目标，从建立重要农产品供给保障机制、健全农业支持保护制度、创新农业生产经营体制、构建农业社会化服务新机制、改革农村集体产权制度、改进农村公共服务机制、完善乡村治理机制等七个方面对2013年的“三农”工作作了全面部署，要求“加大农村改革力度、政策扶持力度、科技驱动力度，围绕现代农业建设，充分发挥农村基本经营制度的优越性，着力构建集约化、专业化、组织化、社会化相结合的新型农业经营体系”①。

2015年2月1日，以2015年中共中央“一号文件”形式发布了修改后的《中共中央国务院关于加大改革创新力度加快农业现代化建设的若干意见》。“一号文件”围绕做强农业、富裕农民、繁荣农村、增添农村发展活力和法治建设等，作了加快转变农业发展方式、加大惠农政策力度、深入推进新农村建设、全面深化农村改革、加强农村法治建设五个方面的工作部署，以破解制约农业持续发展、农民持续增收、城乡共同繁荣的关键性难题。之后中央多次强调推进将“三农”发展的着力点放在技术支撑、绿色理念、产业融合、优化布局、一体共进、体制机制牵引等方面。这些措施和部署充分展现了创新、协调、绿色、开放、共享的新发展理念，推

① 车玉明，董峻．中央农村工作会议在京召开全面部署2013年和今后一个时期农业农村工作[N]．人民日报，2012－12－23.

动“三农”工作向建立、健全和完善体制机制方向迈进。

党的十九大报告中指出，“农业、农村、农民问题是关系国计民生的根本性问题，必须始终把解决好‘三农’问题作为全党工作重中之重”，并提出产业兴旺、生态宜居、乡风文明、治理有效、生活富裕的总要求，坚持农业农村优先发展，加快推进农业农村现代化。我国经济正处在转变发展方式、优化经济结构、转换增长动力的攻关期，推进农业供给侧结构性改革、提高农业农村全要素生产率有利于不断增强我国经济的创新力和竞争力。实施乡村振兴战略为“三农”工作指明了方向，为未来农业农村发展描绘出了蓝图。

第四节　“三农”现代化背景下的乡村振兴

改革开放至今40多年的历程中，党在不同的发展阶段对农村发展的战略思想曾有过不同的侧重与表述。党的十一届三中全会总结历史的经验和教训，提出“经济上保障农民的物质利益，政治上尊重农民的民主权利”，为党和政府处理与农民的关系确立了准则。党的十六届五中全会统揽新世纪国家发展全局，提出了建设社会主义新农村的重大历史任务和统筹城乡经济社会发展的要求。党的十七大基于对“三农”问题在国民经济发展中重要地位的判断，指出要把解决好“三农”问题作为全党工作的重中之重，并致力于打造城乡经济社会发展一体化新格局。党的十八大将解决好农业、农村、农民问题作为全党工作的重中之重，并将城乡发展一体化作为解决“三农”问题的根本途径，明确指出了推动城乡发展一体化的基本方向和着力重点，是党对解决“三农”问题思路的新认识。实施乡村振兴战略，是党的十九大对过去提出的重要农村战略的系统总结和升华，既涵盖了以往各个历史时期党的农村战略思想的核心内容，也顺应了国情变化赋予农村发展以新的内涵。乡村振兴作为新时代中国特色社会主义建设的新战略，反映了党的农村发展战略思想的与时俱进。

一、前提保障

（1）坚持农村基本经营制度不动摇。在“五化”协同的战略背景下，我国的“三农”现代化建设必须以科学有效的体制机制改革为基础。与“三农”现代化建设相配套的政策改革，也必须建立在一定的制度基础上，其中一个重要的制度基础就是农村基本经营制度，即以家庭承包经营为基础、统分结合的双层经营体制。所以，推进“三农”现代化背景下的乡村振兴政策改革，必须以坚持农村基本经营制度不动摇为前提。

（2）坚持农业农村优先发展。党的十九大报告中第一次明确提出“要坚持农业农村优先发展”，是在工农关系、城乡关系认识上的重大创新。农业农村发展与工业城市发展乃至国家经济的发展都是密切相关的。在城乡发展不平衡、农村发展不充分的大背景下，实施乡村振兴战略，加快推进农业农村现代化，就必须坚持把农业农村优先发展落到实处，充分发挥政府“看得见的手”的作用。第一，必须始终高度重视“三农”问题的解决。第二，政府要给予农业农村配套高效的制度设计和政策支撑，建立健全各类机制以鼓励各类资金全面流向农村，为农业农村的发展提供动力支撑。第三，建立和完善促进城乡融合发展的体制机制和政策体系，使城乡关系和工农关系中所蕴含的国民收入分配进一步向对农业农村发展有利的方向调整，使全国范围内的资源配置格局及基本公共服务供给进一步向农业农村倾斜①。

（3）坚持城乡融合发展。党的十九大报告中第一次提出了“城乡融合发展”的论述②，既是城乡统筹、城乡一体化等城乡政策的延续，又顺应了新时代的新要求，并在思路上有进一步的拓宽。根据历史发展规律和改革开放以来的实践经验，坚持城乡融合发展，必须处理好政府与市场的关系，切实把市场和政府的优势充分发挥出来。第一，要充分发挥市场在资

① 熊小林．聚焦乡村振兴战略探究农业农村现代化方略——“乡村振兴战略研讨会”会议综述[J]．中国农村经济，2018(1)：138－143.

② 习近平．决胜全面建成小康社会 夺取新时代中国特色社会主义伟大胜利——在中国共产党第十九次全国代表大会上的报告[M]．北京：人民出版社，2017：10.

源配置中的决定性作用，积极构建城乡统一的要素市场，打通城市先进要素下乡的阻碍，进一步促进城乡要素的自由流动与交换。第二，要充分发挥政府宏观调控的作用，通过建立健全城乡融合发展的体制机制，深化城乡综合配套改革，既要促进城乡要素自由流动，又要强化城乡产业互动，使农村居民也能够分享经济社会发展的成果①。第三，消除城乡发展间的差距，尤其是要通过构建城乡统一的户籍登记制度、社会保障制度及就业管理制度等，进一步保障农村居民的生活水准，为农民持续增收提供保障。

二、重要举措

（1）解决城乡差距的问题。一是加大农村基础设施建设力度。确保基本生活设施的完善，如水、电、交通、住房和通信。二是振兴县域经济，发展县域产业，加快县域转型，提升县域对城乡融合发展和乡村振兴的带动作用②。在经济放缓的新常态下，虽然城乡经济总量差距不断缩小，但城乡经济结构仍然存在很大差异。经济结构的差异源于制度差异，因此城乡一体化主要在于减少制度差异，形成基本的政治制度和完善的体制政策体系。

（2）完善农村社会保障。习近平总书记指出，“要紧紧抓住包括就业、教育、医疗、文化、住房在内的农村公共服务体系建设这个基本保障，编织一张兜住困难群众基本生活的安全网，坚决守住底线③”。农民是目前我国最需要关心的人群，农村学有所教、劳有所得、病有所医、老有所养、住有所居等是最基本的民生问题。在教育方面，结合农村税费改革，建立农村义务教育经费保障机制，实现由公共财政承担农村义务教育教师工

① 叶兴庆．新时代中国乡村振兴战略论纲[J]．改革，2018(1):65－73.

② 吴丰华，韩文龙．改革开放四十年的城乡关系：历史脉络、阶段特征和未来展望[J]．学术月刊，2018，50(4):58－68.

③ 中共中央文献研究室，编．习近平关于社会主义经济建设论述摘编[M]．北京：中央文献出版社，2017.

资、校舍维护和公用经费等办学投入等①。在医疗保障方面，实行新型农村合作医疗制度。在养老保障方面，实行新型农村社会养老保险制度，在制度模式、筹资方式、待遇支付等方面实现城乡一体化。在最低生活保障方面，实行农村最低生活保障制度。在住房保障方面，实施农村危房改造。

（3）实现农业绿色发展。第一，要建立健全法制和相关规章制度。用规章制度约束，不规范使用化肥和农药、违规超采地下水等行为。第二，转变农业发展方式，及时降低农业产能中不健康、不可持续的产能。第三，建立绿色生产方式的内在激励机制。绿色生产的早期市场认可度、成本、农民的积极性等都不高，所以需要政府支持和引导，建立“绿色生态”导向的农业补贴体系，加大这一领域的补贴力度②。同时，可以通过以奖代补、贴息、担保等方式，发挥财政资金的杠杆作用，引导金融和社会资本更多地投向农业和农村。

（4）优化产业结构，提升农业竞争力。在保障粮食安全的情况下，要做好农业结构调整。粮食、经济作物、饲养业的合理比例，种植业与养殖业的结合与循环，第一、第二、第三产业的融合等。一是要做“加法”，增加短缺农产品的生产，如大豆、高端农产品。二是要做“减法”，减少国内供大于求的农产品的生产，如玉米。三是要做“乘法”，推进第一、第二、第三产业融合发展，延伸农业产业链，保障供应链，增加农民收入，为农民提供第三就业空间。四是要做“除法”，以最小的物质投入得到最大的产出，提高农业生态效益和社会效益③。

（5）引导村民积极、主动参与振兴乡村。一是加大乡村振兴的宣传和理解工作，让农民了解什么是乡村振兴战略，让农民感受到乡村振兴对农

---

① 国务院发展研究中心农村部课题组，叶兴庆，徐小青．从城乡二元到城乡一体：我国城乡二元体制的突出矛盾与未来走向[M]．北京：中国发展出版社，2014.

② 陈锡文．实施乡村振兴战略，推进农业农村现代化[J]．中国农业大学学报（社会科学版），2018（1）.

③ 张红宇．乡村振兴战略与企业家责任[J]．中国农业大学学报（社会科学版），2018，35（1）：13－17.

民自身的好处，这样才能鼓励农村积极投入和参与其中。二是大力培育新型职业农民。在政府的支持和引导下，培养更多的技术性农民，让其在“三农”现代化的道路上走在前方，带动更多的农民走上自我发展、主动推进乡村振兴的道路。三是要管理和建设好农民参与本村乡村振兴工作的各种团队，通过团队的力量和团队精神激励农民的自信心，合理分配任务，设定奖罚，激励农民的主动性。

第四篇

微观经济发展的政治经济学

第十五章　中国特色的微观经济发展及其特点

第一节　微观经济活动的地位和特征

一、微观经济活动的地位

20 世纪三四十年代，西方经济学开始把国民经济运行区分为微观经济运行和宏观经济运行，并使用微观经济和宏观经济这两个概念。微观经济运行是指作为国民经济细胞和基本单位的经济主体，在市场上进行经济活动的过程，考察的是这些微观主体的功能，涉及的是经济运行的个量。宏观经济运行是指建立在微观经济单位活动的基础上的国民经济总体的运行过程，考察的是国民经济，作为一个整体的功能，涉及的是具有总量特征的经济运行过程。

国民经济运行中的微观经济和宏观经济两个运行层次，并不是截然割裂为互不联系的部分，而是两者共同构成了整个国民经济运行的有机统一体。微观经济运行是宏观运行经济的基础，总量变动的原因存在于个量变化中；宏观经济运行则在总体上制约微观经济运行，是其有效运行的重要保障。尽管如此，微观经济活动和宏观经济活动各自有着自己独特的运行方式及规律，因而有必要和可能把它们分开作为研究分析的对象。

发展经济学在二战后兴起，面对政治独立而经济落后的发展中国家社会实践的理论要求，以结构主义为核心内容的发展经济学家们从发展中国家市场不完善、极度贫困、资本极度匮乏的实际情况出发，着眼于发展中国家的结构失衡、部门刚性、供给与需求缺乏弹性，以及经济主体的非新古典主义理性行为方式，认为发展中国家经济发展需要的宏大的结构变革（不仅仅是边际调整）是其不完善的市场体系所不可能胜任的，因而强调国家或政府是经济变革的行为主体。他们提倡政府配置资源，以纠正和避免市场失灵，完成经济的结构性转换，并提出了一系列以“唯资本化”“唯工业化”“唯计划化”“内向发展”为特征的政策主张。但以结构主义为核心的发展经济学 1.0 版本最致命的缺陷在于没有微观理论基础，即使有了发展中国家经济实践的“土壤”，也不足以弥补其在建构上存在的重大缺陷。因为结构主义核心内容在于研究宏观层面上重要的相互关系，且经济核心主体只有政府行为，所以缺乏微观层面上的因果关联机制，即缺乏自己的理论之“根”。

后续 20 世纪 60 年代随着发展经济学与新古典经济学的融合，对发展问题的研究寻“根”之旅持续进行，新古典主义发展经济学超越结构主义进行了理论重建，重新认定了发展中国家经济主体的理性行为特征和市场价格机制，以新古典主义经济学为其微观理论基础，立足于发达国家的经济现实去俯视经济落后的发展中国家，并运用新古典分析工具研究发展中国家的经济发展问题。

所以对于中国特色的发展经济学来讲，微观经济活动是该体系的“根脉”。在社会主义市场经济体制条件下，市场是资源配置的基础性手段，各种微观经济单位成为通过市场进行自主经营决策的主体。市场交换关系将这些主体的经济活动连接成国民经济运行整体。微观经济主体的活动和运行是理论的基石，人只有在首先把握住微观经济运行规律的前提下，才有可能进一步分析国民经济整体运行。

二、微观经济活动的特征

微观经济活动是指个量经济活动，即单个经济单位的经济活动。是指个别企业、经营单位及其经济活动，如个别企业的生产、供销、个别交换的价格等。微观经济的运行，以价格和市场信号为诱导，通过竞争而自行调整与平衡。具体来讲，微观经济活动的特征包含四个方面。

一是平等性。构成微观基础的微观主体之间在市场上的地位是相对平等的，不存在任何超经济的强制性权利和义务关系。所以在市场上平等地、对等地发生关系和联系。

二是自主性。各微观主体独立自主地按照自己的真实意愿决定自己的经济行为而不受其他主体的干涉，并由自己独立承担其经济行为的后果。企业层面，企业拥有自主经营、自负盈亏、自我发展和自我约束的自主性特征，即企业拥有经营自主权，可以自主地决定“生产什么”“生产多少”“怎么生产”；同时，扣除成本税收后赢利归企业所有，亏损由企业自己承担；进一步企业的规模扩张、经营链条的延伸、跨行业经营等都是企业根据自身能力和市场状况进行的自主决策；同时企业除了受诸如法律法规、政策、道德等的约束外，还要对成本、风险和收益进行比较而形成自觉的约束机制和风险防范机制。居民也有自主性的特征，个人进行消费、储蓄、投资、就业等经济活动时，根据市场信息和预期，自主地对自己现有的经济资源进行合理配置，以达到自身利益最大化的目的。

三是逐利性。微观经济主体都具有“理性经济人”的特性，所以其一切经济行为都以实现自身利益的最大化为最终目标。所有经济行为均以自身的利益为出发点和归宿点，同时总是在约束条件下选择最优的行为实施。

四是自发性。在经济活动中，微观主体的行为都是自发生成的，具有内生演化的特性，并无外力强制推动。另外，随着市场经济的日益繁荣和交换关系的日益复杂，经济主体不可能完全掌握来自市场的全部信息并加以正确分析，从而不能得出准确的市场预期，所以经济主体在一定理性预期下自发实施经济行为。

微观经济活动主要有三个方面的内容。

一是生产经营者的经济活动。这是围绕一定的产品和服务的生产而进行的，包括生产经营目标和方式的选择、投资生产管理、资金周转技术、创新分配等方面的活动。生产经营者的经济活动是在经营机制作用下发生的。经营机制，为生产经营者的行为机制，包括经营目标和经营约束两个方面，生产经营者的经济活动，也可以说是生产经营者为实现自身的经营目标，在一定的生产经营约束条件下发生的各种行为的总和。

二是居民的经济活动。这是在直接生产和经营领域之外发生的微观经济活动，包括居民获取个人收入，确定收入的使用方向，决定收入分为储蓄和消费的比例，以及进行储蓄、消费和投资选择等方面的经济活动。围绕收入、消费、储蓄及投资所作的自主选择和决策，不仅影响居民自身的物质和文化需要的满足状况，而且关系生产经营者的经济活动能否顺利进行。

三是市场运作过程。多数生产经营者和居民的经济活动离开了市场是无法进行的，不同的生产经营者之间的经济联系，以及生产经营者和居民之间的经济联系，都是通过市场交换关系实现的。因此，由供求机制、竞争机制、价格机制作用所决定的市场运行过程，是微观经济活动发生的前提，也是这些活动的结果。

微观经济运行三个方面的内容都有各自的运行方式和运行机制，但它们又是相互联系和相互作用的，共同构成了完整的微观经济活动。生产经营者与居民的经济活动，影响着市场供求、价格、利率等市场信号的变动，而这些市场信息又调节着生产经营者与居民的经济活动。生产经营者与居民的经济活动，有赖于市场体系及市场组织等市场因素的完善，而市场体系及市场组织等市场因素，又有赖于生产经营者与居民经济活动的规范。因此，微观经济活动实质上就是生产经营者和居民等微观经济主体为了实现各自的经济利益，通过市场进行经济活动，并相互联系、相互作用的过程。

第二节　微观经济运行的主体

一、发展中国家微观经济运行的主体

在标准的新古典经济学模型中，一个市场上所发生的一切会对其他市

场产生影响；在价格调节下，所有市场在理论上存在唯一的均衡。西方发达国家就是在这样的标准范式下运行的但诸多经济落后的发展中国家拒绝这种“一般均衡”的运行思路和框架，因为发展中国家显著的特点即存在经济的结构刚性：首先，发展中国家相当多的生产者、消费者与市场联系不多，自给自足经济在整个经济中占的比重较高；市场分散，远未形成统一的体系。发展中国家市场的不发达和不完善，决定了古典和新古典关于完全竞争市场的假设在发展中国家是不成立的。其次，发展中国家在通常情况下受市场残缺、结构刚性的约束，商品价格、利息、工资对市场变化的反应滞后，微观活动主体不能对市场和价格每一个微小变化都作出反应，价格与市场交易量之间不一定能够发生 一一对应的变化。最后，多维二元结构是发展中国家显著的特征。市场不是均质的，发展中国家中传统的、落后的但占据经济主体位置的农业部门与新兴的、先进的但发展不足的工业部门分化并立。

鉴于此，发展中国家的微观经济运行的主体具有自身的特殊性，主要与工业与农业部门之间的分化、城市与乡村之间的分化息息相关。

一是城市企业。作为微观经济主体之一，在现代部门按照市场方式组织配置资源，在价格机制下进行生产经营活动，生产的目的是利润。在要素使用方面也是按照要素市场决定形成的价格雇用劳动、租借资本和土地等。该微观主体在空间层面主要集中在城市。作为最主要的微观主体——城市企业，有三大特征：①自主的决策机制。发展中国家的城市企业作为现代部门核心的市场主体，面对产品市场和要素市场两类市场，均是在价格机制的“指挥棒”下发现市场信息，发现有利于企业的各种供求、价格和竞争信号，然后自主、有效地进行决策。②有效的激励约束机制。以现代方式组织的企业形式，最大的特征是存在有效的激励约束机制。企业激励的目标是让决策者能尽最大努力作出好的决策，保证企业在良好的业绩中运转；让劳动者尽最大努力去工作，减少偷懒和“搭便车”行为，进而形成企业凝聚力和进取精神。同时，激励的效用却是有限的，并且还存在边际激励效用递减的问题。另外，激励机制也不可能渗透到企业各个角落，这就需要约束机制予以弥补。约束机制有两个层面：市场约束。靠市场完善的规则和激烈的竞争来实现，如经理人市场和劳动力市场的存在使经理人和劳动者始终处于危机感中，这就会约束他们不能过于追求自身利益最大化的行为。内部约束包括：首先是硬预算约束。自主经营与自负盈亏是相统一的，企业自身不进行成本—收益的核算，就可能遭到亏损破产进而被市场淘汰的下场；其次是监督系统约束，特别是城市企业多用公司制的组织形式，对经理人行为的监督是通过董事会、监事会来实现的；而对普通劳动者的行为监督，则设法通过市场度量来实现。③充分的风险机制。现代企业的产生在一定程度上就是回避市场风险的产物，它通过行政协调把市场上的不确定性内化于企业之中，以行政命令的方式替代了市场上的价格交易，把市场风险减少到最低限度，发展中国家的城市企业也具有这样的特性，其面对市场中的各种风险及企业内部风险，为了回避风险，在企业内外部建立规避风险的机制。

二是农村家庭。发展中国家微观主体的另一个核心是居于传统部门的家庭，在空间上主要位于农村。该经济行为主体由于处于传统部门，则其行为组织方式也是传统和落后的。作为传统部门的主体（如农民）是懒惰、固执的，对价格等刺激难以作出灵敏的反应，其行为方式普遍地不是以追求效用或福利最大化为目标。近年来，学者们从不同的角度去进一步探求发展中国家经济主体尤其是农民行为刚性背后的机制。首先，处于贫困状态的农民是以家庭（农户）为单位来作经济决策的。“决策单位并不是个人而是家庭”，这是“理解不发达国家经济行为的关键”[①]。其次，农户既是生产单位又是消费单位，农户的生产决策和消费决策两者不可分割。农户只是部分地或不完全地参与市场：只有在安排好满足自身消费需要的生产之后，才会安排去满足市场需求的生产。最后，发展中国家的农户在信息不完全、市场分割而不完善以及高度的不确定性等相当严峻的约

① J. E. Stig litz. , *Economic Organization*, *Information*, *and Development. In Chenery H. and Strinivasan*, *T. N.* (eds.), Handbook of Development, Vol. 1 [M]. Elsevier Science Publishers, 1988.

束条件下，不完全地参与市场，因而对市场价格可能不是十分敏感，但他们所作的努力仍然是试图在给定的约束条件下增进自身的福利。在这个意义上，他们的行为是理性的。

二、中国微观经济运行的主体

我国作为最大的发展中国家以及社会主义市场经济体，现阶段微观经济主体包括企业、农户和居民。分析微观经济主体的经济活动，就是分析企业、农户及居民的经济属性和经济行为，以及对经济运行的影响。

企业是重要的微观经济主体，从现代企业的一般特征看，企业是产品及劳务的生产经营单位，是从事生产经营活动的最基本的经济组织。生产和经营组织要真正成为企业，必须满足三个基本条件：其一，必须是该组织当事人经济权利的集合，既所有者权利、经营者权利和劳动权利的集合。其二，这种经济权利的集合是在一定的制度安排下实现的，并在内部分工的基础上，形成职权划分和协作关系。其三，必须是自主经营、自负盈亏，具有法人资格，能独立承担财产责任和民事责任的经济实体。

企业从不同的角度可以划分为不同的类型。按所有制形式，企业可划分为国有制企业、集体所有制企业、混合所有制企业、私营企业、中外合资企业、外商独资企业等。按资本组织形式，企业可划分为有限责任公司、股份有限公司、合伙企业、合作企业、股份合作企业、业主制企业等。按技术装备水平，企业可分为现代化企业和非现代化企业。按规模和综合生产能力，企业可分为大型、中型和小型企业。按生产经营品种，企业可分为工业企业、农业企业、交通运输企业、商业企业、金融企业、信息企业等。按企业的生产要素构成比例，企业可分为劳动密集型企业、资本密集型企业和技术密集型企业等。

农户是微观经济的主体之一。我国在农村实行土地承包责任制以后，农户具有充分的生产经营自主权，成为独立进行商品生产和经营的农业经济实体，自主进行投资与经营决策，自主进行生产与消费选择。一方面，农户生产农产品，满足社会需要，同时供给劳动力资金等生产要素；另一方面，购买农业生产所需要的各种生产要素和农户家庭生活需要的各种商品，从而与市场紧密地联系在一起。

居民也是微观经济主体之一。居民的经济行为同企业和农户经济行为相互联系、相互作用，共同形成并调节着市场经济的运行过程。由于就业和分配体制等方面的改革，我国居民在收入和消费选择方面有了更大的自主权，日益成为市场经济运行的微观经济主体。在社会主义市场经济条件下，居民作为微观经济主体，既是消费者，又是劳动力和资金等生产要素的所有者。居民作为消费者，从自身需要出发，并在家庭预算约束下，自主决定消费和储蓄的比率，对不同消费品的购置进行选择。居民作为某些生产要素的所有者，从收入最大化的目标出发，对所拥有的生产要素如何使用进行选择。

第三节　微观经济运行的机制

由于现实的经济系统是分层的，既有整体的宏观国民经济，也有局部的部门经济、产业经济及区域经济等，更有微观的企业经济、家户经济等，与此相应，映射到特定分析空间中的经济学事实是分层的，因而研究经济学事实的经济学理论也有着不同的层次。从根本上说，社会经济系统的运行及其外在表现——经济现象，都是由微观层次上的人的经济行为决定的。每一个经济主体的行为，虽然有着各种不同的动机，但是追求利益的最大化却是一个普遍的、持久的动机。所以，一般认为解释社会经济现象、研究经济运行规律的经济学，主要是研究人类在生产、消费、交换等经济活动中的理性行为，探讨人在利益动机的驱使下，如何在特定的约束条件下实现自身利益的最大化，从而使具有自组织功能的经济系统走向某种均衡状态。从这个意义上说，任何经济学理论，即使是那些不直接研究微观主体行为的经济学理论，都必须以研究微观经济主体的经济行为以及由此形成的系统均衡为基础。换句话说，微观经济理论是任何一种经济学理论都必备的基础。同样，在发展的政治经济学中也概莫能外，微观经济运行的机制是其中的基石。

在市场经济条件下，生产经营者和消费者、企业和居民个人之间的经济联系，是通过市场配置资源、遵循市场交换关系实现的。市场对资源配置的调节作用，决定着微观经济主体的经济活动。由供求机制、价格机制、竞争机制的作用所决定的市场运行过程，是微观经济活动发生的前提，也是这些活动的结果。在社会主义市场经济条件下，微观经济运行当然遵循同样的机理，但是在社会主义经济中，微观经济运行机理具有一定的特殊性。

在社会主义市场经济条件下，企业内部的经济关系具有两重性：一是由生产技术基础决定的，企业成员在物质交换过程中的分工协作关系。二是由企业经济性质决定的，反映企业成员之间权责关系的经济关系。在社会主义公有制企业中，企业成员在生产资料公有制的基础上，为自己和社会的经济利益进行劳动。这是一种自主的联合劳动，互助互利，具有根本一致的利益，而不存在剥削和被剥削的关系。由于企业成员的劳动能力不同、劳动岗位不同、劳动数量和质量有所差异，为使企业成员之间的劳动存在差别，并且引起劳动成果和个人经济利益的差别。因此，公有制企业内部的经济关系，是在劳动力根本一致的原则下，以承认个人利益为前提的一种互助互利的关系。是社会主义公有制企业内部经济关系的实质，同时大量非公有制企业的存在，也是我国微观经济活动的一大特征。我国现阶段的非公有制企业，如私营企业和外资企业，其内部还存在资本雇用劳动关系。与此相应的，企业所有者和经营者与劳动者的关系、企业的劳动管理和分配关系，都打上了明显资本雇用劳动关系的印记。一方面，社会主义市场经济条件下的非公有制企业，又不可能避免地受社会主义基本经济制度的约束，受到社会主义国家的管理和公有制经济的影响，其内部关系也具有某些特点。这些企业的劳动者不是完全丧失生产资料的无产者，他们的合法权益受到国家的保护，至少公有制企业劳动者具有平等的地位，有权监督企业主是否从事合法的经营活动。非公有制企业的所有者，其经营者的理念和行为，也必然受到社会主义基本经济制度的深刻影响，而呈现出不同于一般市场经济条件下的某种特殊性。如果对非公有制企业加以引导，可以培育生长出十分积极的，有利于社会主义经济发展的因素。从农户内部的经济关系看，我国通过农村土地承包责任制，使农户成为微观经济活动主体，其最重要的经济效应就是在集体和农户及农户之间形成了明确的经济利益。由于实行承包，农户收入的多寡，由其所获得的实际产量决定，而产量不仅受到农户在生产经营中所投劳动的制约，还受到所投物质生产要素的数量和质量的影响，决定了农户会根据实际情况，多投入各种生产要素，进行高效益的生产经营活动。因此，农户作为微观经济活动主体，具有较强的动力机制及自我约束机制。可是在我国，作为微观经济活动主体的农户，并非土地私有制条件下的个体农民。我国农村实行土地集体所有制，农户使用的土地的最终所有权属于集体经济组织。农民拥有土地承包权及其转让土地使用权等权利，但并不能否认土地所有权的集体经济性质。农户的微观经济活动不可避免地要受到社会主义农村土地集体所有制的制约，进而会深刻影响农户的生产经营理念和行为。另外，我国农户的内部经济关系与现阶段的各种所有制形式的企业内部经济关系相比，也存在很大的区别。在企业内部，众多的企业成员按照社会化生产的要求，实行复杂的分工协作，他们之间的关系成为社会生产关系的重要组成部分，反映了社会经济关系的性质。而在农户内部，为数不多的家庭成员只进行简单的自然分工。家庭成员之间的经济关系主要是父母和子女之间的抚养与赡养关系，而这种关系是由婚姻关系和血缘关系派生出来的。因此，农户内部的关系不是具有自身特殊利益的不同经济主体之间的利益关系，而主要是家庭成员之间相互作为夫妻父子的天然联系。农户的家庭成员一般都不是作为独立的经济利益主体，而总是把家庭的整体要求与价值取向作为自己的要求与价值取向，与其他家庭成员合为一个整体，与外界建立经济联系。这就是农户内部关系，无须像企业那样，经过特别的经济利益平衡机制（如商品交换、按劳分配等）来调节。

从居民的角度来看，在公有制经济居主体地位的条件下，除了个体户及私营企业主外，广大居民不是生产资料的直接所有者，而只是自身储蓄资金的所有者。居民作为微观经济活动的主体，首先要在经济活动中取得收入，而居民的收入选择是一个复杂的经济过程，会受到各种相关因素的影响，特别是受到经济体制的制约。在取得收入后，要确定收入的使用方向，即进行储蓄和消费的决策。传统计划经济体制下，居民储蓄选择主要是延期消费和当期消费的选择，储蓄资金从本质上说，只具有消费基金的属性。在社会主义市场经济条件下，居民储蓄选择已超出了当前消费与延期消费选择的范围，储蓄资金也不仅是消费基金，它具有一定的获取个人收入的手段的属性。随着居民个人收入水平的提高，居民储蓄会不断增长，将日益成为建设资金的一个重要来源。过年消费选择是居民消费动机与影响居民消费诸因素共同作用的结果，既受制于一定时期国民经济发展总水平，又受到一定时期消费发展总水平和消费结构变动的影响，绝不仅仅是居民满足生活需要的过程，而是与整个经济运行相联系的活动。

作为微观经济主体，企业、农户和居民相互联系的纽带是市场，他们都必须通过市场建立经济联系，从事微观经济活动。农户和居民既是价格的制定者，也是价格的接受者。既决定着市场运作，又接受市场调节。企业、农户和居民之间的经济联系，表现为商品交换关系，因而受价值规律的调节。价值规律支配着企业、农户和居民的生产、储蓄和消费决策，使之符合市场配置资源的要求。在价值规律的作用下，企业、农户和居民之间存在相互竞争关系，包括买卖双方的竞争关系、买者之间的竞争关系，以及卖者之间的竞争关系。

第四节 中国的微观经济及其运行

中国的微观经济运行的主体具有二重性：一是发展中国家的共性；二是社会主义市场经济的特性。具体来讲，中国微观经济运行包含两个层面：城市企业和农村农户。同时，由于中国特殊的转轨特征，微观经济运行主要有以下三个主体。

一是国有企业运行机制。在改革开放的40多年里，始终把增强国有企业特别是国有大中型企业的活力，作为经济体制改革的中心环节。国有企业改革经历了扩权让利、扩大企业自主权（试行了利润留成和两步利改税），实行厂长（经理）责任制，逐步明确了建立现代企业制度的目标，即国有企业战略性改组与国有经济布局调整，以及现代企业制度建设的继续深化、国有资产管理方式的变化和资本市场的改革。总体来说，中国国有企业改革取得了突破性进展：建立并完善国有资产管理体制；国有企业公司股份制改革取得明显进展，现代企业制度趋于健全；建立和完善国有独资公司董事会试点取得重点突破，公司治理结构逐步完善；国有企业布局和结构得到优化；具有国际竞争力的大公司、大企业集团逐步形成和快速发展；建立了现代产权制度，规范了国有企业改制和产权转让。中国国有企业的微观经济运行体制，到目前为止已基本建立了现代企业制度，成为市场经济的微观主体。国有企业基本实现了“产权清晰、权责明确、政企分开、管理科学”为其特征的现代企业运行机制，明确了国有企业的法律地位、性质、作用和行为方式，规范了企业与出资者、企业与债权人、企业与政府、企业与市场、企业与社会、企业与企业、企业与消费者及企业与职工等方面的基本关系。

目前中国国有企业运行机制的优势在于：国有企业产权结构多元化符合现代企业制度的客观要求。产权结构多元化使其他投资主体拥有国有企业的监管权和部分利润的剩余索取权，实现了法人治理结构，使企业经营行为受到众多产权所有者的制约；有利于分散国有资产的经营风险，提高国有企业抵御风险的能力。同时，国有企业运行机制使其在特定的行业具有相对优势。国有企业运行机制的特征使其在运行过程中更注重长远利益和社会利益。自然垄断行业具有显著的规模经济效益，客观上要求这些企业投资规模巨大，从而导致其具有投资回收期长、设备技术专用性强的特点。要求相关企业不能只注重眼前利益、不顾长远利益。战略性资源行业是国民经济的命脉，对整个国民经济的发展和国家安全具有战略意义，其特殊地位要求从事相关生产的企业应注重社会利益，所以在这些特殊的产业中，国有企业仍然处于相对优势地位。

同时，目前中国国有企业运行机制仍存在不足：国有企业的产权机制导致了本身多层次的委托—代理关系。委托—代理层次多，引起很高的代理成本。每个层次的委托—代理，由于委托人和代理人追求的目标不尽一致，加上信息不对称和不完全契约的影响，都会不可避免地带来经营风险和交易费用。国有企业多层次的委托—代理关系必然引起很高的代理成本，影响了经济效益的提高。另外，由于国有企业经理人市场的不完善，不能对经营管理者以有效的激励和约束。完善的经理人市场，通过经理群体之间的充分竞争，给他们带来了巨大的压力和动力。而中国国有企业的经理人市场远未完善，国有企业经营管理者得不到经理人市场有效的激励和约束，委托—代理风险及成本都高于具有较完善经理人市场的民营企业。还有国有企业多元化目标阻碍了其经济效益的进一步提高。国有企业既要追求经济效益，又要兼顾社会利益。既要行使经营者的职责，又要确保国有资产的增值和保值，不能像民营企业一样单纯地以利润最大化为目标，有时为了兼顾社会利益和确保国有资产增值，不得不牺牲自己的经济效益。

二是民营企业运行机制。民营企业运行机制灵活、社会负担轻、产权明确。没有明确的上级主管部门，有充分的自主权、灵活的激励和用人机制，员工进出方便，竞争上岗，职效挂钩。民营企业运行机制包括：①动力机制。主要是通过触发民营企业内部经济利益动机，形成企业运行所需要的内在激励。民营企业是所有者追求自身利益尤其是经济利益的载体。企业财产及其收益的所有权完全归属于所有者，具有独立的不可分割的产权。个人利益与企业利益直接合一，产生人格化、直接性的利益动机。动力机制在市场竞争机制的参与下，推动着企业不断地进行量的扩张和质的更新，引申出积累机制和创新机制。民营企业的积累机制是在动力机制的启动下，为谋求自身经济利益最大化，不断地进行新创价值的再投入，进而发挥资产自我增值的功能。而企业收益和利润的持续增长，是资本有效运营和规模扩张的结果。民营企业创新机制是指企业技术更新与组织更新，主要涉及资源利用配置及企业的组织构造，其需要内在动力机制的启动与外在竞争机制的压力。民营企业创新机制是其动力机制的直接延续，是其积极参与市场竞争、追求自身经济利益最大化的必然结果。②约束机制。是企业主动调整自身行为，使之适应各种约束条件（经济的、法律的等）的内在机制。换言之，它是企业经营机制的自控能力。民营企业财产及其收益的所有权归属于投资者个人，具有完全独立的经济利益，独享收益、独担债务，从而形成最强烈、最直接的经济利益的约束和牵制，使民营企业对其经济行为进行审慎的自我调节。③自主机制。是指民营企业以其自身经济利益为目标，以市场状况为依据，独立自主地进行投资经营、要素配置、收益分配等方面决策的权利或内在功能，其具体包括投资决策自主权、生产经营自主权、利润分配自主权、劳动用工自主权、联营或兼并的自主权等。

中国民营企业运行机制的优势在于：民营企业的产权结构具有一定的优势。民营企业的产权特征决定了民营企业产权结构简单，委托—代理层次少，委托—代理关系仅存在于企业内部。委托—代理风险成本和激励约束成本相对国有企业而言更少。民营企业具有明确的所有权主体。所有权主体拥有自主的企业目标和决策权力，其经营行为不受政府行政体系的直接干预或约束。所有权主体明确具有符合现代产业制度的责权利关系，给相关利益主体以动力和压力。民营企业的动力机制相对灵活，考评依据相对简单。民营企业所有者和经营者能自主、灵活地确定企业合理收入、报酬激励约束的宽幅度和剩余权，从而对激励客体形成了强大的吸引力，以及相应带来的巨大约束力。激励客体责任单一，明确以提高企业经济效益、实现企业利润最大化为职责。因此，对其考评和奖惩依据相对简单，考核和奖惩制度实施具有更大的可行性。同时，相对成熟的经理人市场对民营企业生产经营过程形成了有效的激励和约束，节约了交易成本。所有权与经营权分离的企业，只有经营者拥有企业生产的相关信息，而所有者缺乏相关信息，这引起相应的经营风险和成本。较为成熟的经理人市场，客观上要求民营企业必须依据市场法则来配置资源，选用经营者和职工，确定利益分配方式。要求以市场契约的形式来规范相关利益主体之间的责权利关系。市场契约管理使市场对企业所有者、经营者和员工的高能激励约束作用得到了充分的体现和有效的发挥，是导致民营企业有较高的市场效率的重要原因。

民营企业运行机制存在的不足：个人掌握大部分企业控制权的现象较为普遍。个人知识不可避免地具有这样或那样的局限性，“一股独大”的存在使得相应的经营风险由企业主一人承担。这种承担状况的出现使得企业抗风险能力弱，资金积累、聚积速度较慢。这也是民营企业生命周期短、信誉差的主要原因之一。另外，对经营管理者的动力机制相对单一，不利于形成长期激励约束。民营企业的动力机制主要是满足经营管理者的物质需求。民营企业对经营管理者的动力机制不能满足高层次的需求，难以形成长期的动力机制。还有对企业所有者的监督约束力度不够甚至没有。民营企业的激励约束机制主要是针对企业经营者和一般员工，尽量避免和防范委托—代理问题的出现，而缺乏针对企业所有者本人的监督约束机制。对由于企业主本身经营决策失误或成功，所造成的企业利润的损失或获取没有明确的奖惩规定。对民营企业主激励约束机制的缺乏，也是民营企业竞争力不强的主要原因之一。

三是农户运行机制。所谓农户，即农民家庭，它是由血缘关系组合而成的一种社会组织形式。与绝大多数城市家庭不同的是，在中国农村，农户不仅是一种生活组织，更是一种生产组织；农户的行为也不仅是个体的消费行为，而且是有组织的群体生产行为。作为一种生产组织，在农户内部各家庭成员之中存在共同的利益，并以此作为生产经营活动所遵循的共同目标和行为准则。在这一点上，农户在生产经营活动中所表现出来的组织行为与一般厂商有着相似之处。但是，由于农户内部联系的特点以及农业本身的自然属性，加之中国农业尚处于传统农业的阶段，我国现今的农户行为又有别于一般厂商而表现出自身的种种特征。

一是农户行为表现为自给性生产与商品性生产并存。农民生产的产品首先有一部分要用于满足自己的消费，然后才将其剩余部分拿来出售，以供他人的消费需要。这种自给性生产和商品性生产的相互交叉与融合，是农户生产行为的一个基本特征。二是农户行为表现为经济目标与非经济目标并存。农户作为农业生产的一种组织形式，他的行为与其他生产经营组织一样，具有其经济目标，也是为了取得收入或利润而进行生产，并具有追求收入和利润最大化的动机。然而，他的行为目标并不只局限于经济目标，还有许多非经济目标，如生活的安定和保障、家庭的荣誉与地位等等。这些非经济目标与经济目标一起，共同成为支配农户生产行为的动因。三是农户行为表现为理性行为与非理性行为并存。在农户行为中，首先表现出来的是理性的行为，如根据市场供求及价格变动来组织生产，力争以最小的投入获得最大的产出等。但是在农户的行为中也存在许多非理性行为，例如，在许多地方，农户在边际收益低于边际成本时仍继续追加劳动力等生产要素的投入，当比较收益低于其他生产项目时仍坚持从事粮食生产，等等。当然，农户之所以这样做是由其所处的环境和条件决定的，是他们在该种环境、条件下所能作出的唯一可行的选择。四是农户行为表现为一致性与多样性并存。从整体来看，我国农户的生产行为具有相当的一致性。当某种农产品市场出现供不应求价格上涨时，大批农户一起涌向该产品的生产，使下一年年其产量大增；而当这种农产品转而市场供过于求价格下跌时，各农户又纷纷放弃该产品的生产，使下一年的产量急剧减少。这种一般性，在农户的生产行为中表现得十分突出。但是由于各地的经济发展不平衡，农户内部又分为不同的类型，如纯农业户、兼业户等，在他们之间，其行为又有很大的差异性。纯农业户大都是以土地种植为主，生产内容单一，要素转移困难，因而对市场变化反应迟钝。通常是无论市场如何变化，他们仍保持对土地的投入，并努力争取获得最大的产量。而兼业户则在种植业以外还从事其他生产项目，因而可以对市场变化作出灵敏的反应，根据比较收益和机会成本来确定资源在种植业和其他生产之间的分配。

第十六章　中国特色的农户行为（家庭）及其变迁

农户不仅是农村经济活动中最重要的经营决策单位，在农业生产生活中处于主导地位，还是非农产业生产的主要劳动力供给和产出品的需求主体。随着中国经济体制改革的不断深化，经济社会发展中的物质利益格局发生了重大调整，中国农户的行为与动机也发生了巨大变迁，一方面表现为由小农经济向市场经济的转变，由纯农业生产向兼业生产的农户生产行为的转变；另一方面表现为由基本温饱需求向高级需求提升的农户消费行为的变迁。

第一节　农户及其经济活动

农户，即农民家庭，作为进入农业社会后以家庭契约关系为基础的最基本的经济组织，主要依靠家庭劳动力从事农业生产，且家庭拥有剩余控制权的基本的社会经济组织单位。农户作为生产单位，既是一个家庭又是一个企业，同时出现在生产和消费活动中。为了维持生计，农户会保持不同程度从市场推出农产品与维持生存的能力，会将一部分农业产出直接消费，而非全部供给于市场，这种不完全参与市场的农户特征，限制了市场原则在农民经济中的作用。舒尔茨（1964）指出农户经济发展更多地依靠自身的劳动力，而不是雇用劳动力，生产的产品主要是为了满足家庭自身的需求而不是追求利润最大化。

农户的经济活动是指农户在特定的社会经济环境与物质利益关系下，

为了实现自身经济利益而对外部经济信号作出的反应，进行各种选择与决策。鉴于农户的具有部分参与市场并更多依靠自身劳动力的特征，农户的生产行为与消费行为都具有一定的特殊性。

关于农户行为的理论研究，起源是传统经济理论中企业理论和消费理论对农户经济行为的局限性分析。传统经济学将农户视为一般经济主体，分析在一定的要素禀赋条件下的利润最大化的农户生产决策以及一定收入水平下的效用最大化的农户消费决策。随着研究的深入，关于农户行为的理论分析逐渐形成基于农户行为目标及其约束条件的差异的三个代表观点。一是以舒尔茨为代表的基于"理性经济人"假设的分析，认为在一个竞争的市场机制中，农户决策行为与资本主义企业决策行为并无差别，也是以利润最大化为目标。传统农业增长的停滞不是源于农户生产积极性和激励机制缺失以及市场机制的不完善，而是传统农业生产方式中生产要素边际收益递减所导致。因此，应在现存组织和市场中确保合理成本下，通过优化现代生产要素的供应来改造传统农业。二是以苏联经济学家恰亚诺夫为代表的"实体经济学派"，其认为农户追求的是较低风险分配与较高生活保障，由于农户的劳动投入不以工资的形式表现，无法计算成本，而投入和产出常常不可分割，所以在追求最大化上农户选择满足自身消费需求和劳动辛苦程度之间的平衡，不是利润和成本之间的平衡，而并非成本—收益间的比较。由于农户经济发展依靠的是自身的劳动力，而不是雇用劳动力，且农户生产的产品主要是为满足家庭自己需求而不是追求市场利润最大化，因此，农户的决策行为存在两个不同于资本主义企业的行为，农户的分化是由于家庭周期性的劳动者和消费者比例的变化，而不是商品化带来的农民分化。三是以美国学者黄宗智等为代表的"历史经济学派"，其认为农户是"半无产化"的农业生产者，并非生计生产者或最大利润追逐者。农户会在边际报酬十分低下的情况下继续投入劳动，可能是因为农户没有边际报酬概念或农户家庭受耕地规模的制约，家庭劳动剩余过多，由于缺乏好的就业机会，劳动的机会成本几乎为零等因素引起，即农户的非理性行为与不完善的市场环境导致了农户生产决策的低效。

有别于古典经济理论的研究，政治经济学对个体行为的研究注重在更大的经济制度运转方式下对其的引导和限制，特别是对生产资源的所属关系及产出的分配关系的研究，即基于一定的发展阶段中生产资料的所有、使用和收益关系及产出的分配关系，以及一定的生产社会关系下对微观主体行为。发展政治经济学认为经济发展的过程是社会变革和政策调整的过程，而任何社会变革和社会政策的调整都会引起利益格局的变化，随着利益格局的变化，各社会经济主体的行为博弈也会随之发生变化，与此相应的制度安排也需要作出调整，并通过制定激励机制来规范主体行为。

第二节 中国农户行为及其变迁特征

基于发展政治经济学对经济主体行为的分析范式，中国农户行为的变迁是随着我国经济体制改革引起的利益格局变化引起的。因此，中国农户行为及其变迁特征的分析应基于经济体制改革引起的生产方式与分配关系转变。

一、中国农村经济体制改革下社会生产关系和生产方式的变迁

我国农户行为的目标、约束以及作出决策和选择的能力都与经济制度环境有着密切的关系。特别是 1978 年以来逐步深化的农村经济改革对我国农户的行为变迁有着决定性影响。具体来看，我国农村经济体制改革历史轨迹划可以分为几个阶段。

第一个阶段是 1978—1984 年的农村经济体制改革的启动阶段。该阶段，一是对农业生产的基本经营制度进行了改革，将人民公社经营体制改革转变为符合市场经济发展要求的家庭联产承包责任制。二是提出更加完整和清晰的劳动力与土地产权，不仅使农户拥有控制自己努力程度、劳动时间、劳动力作用方向以及产品和生产资料的控制权，还使农户可以自主决策土地的经营时间和经营方式、生产和分配关系的调整，不仅使得农户的收入与劳动付出成比例，极大地释放了农户生产活动积极性，大幅提升

了农户的收入水平，还逐渐解决了农户的温饱问题

第二阶段是1985—1999年大力引进市场经营机制阶段。1992年党的十四大关于经济体制改革的目标模式确立为建立社会主义市场经济体制，明确了农户拥有独立的经济主体地位，并将耕地承包期到期后再延长30年，确立了农村基本生产与分配关系，该阶段，首先是推行了农业价格制度的改革，取消了农产品统购派购制度，提高了农产品的生产经营以及流通方式自主化程度，加强了市场机制对农产品的生产和销售的影响，随着国家宏观调控下积极、稳步地放开价格和经营，逐渐确立了粮食商品化、经营市场化的农产品和农业要素市场体系及其运行机制。其次，随着农业生产效率的提升，农村剩余劳动力增多，在初步建立农村市场经济体制的同时，鼓励农民发展交通运输和工商业，进行跨行业、跨区域经营，拓展了乡镇企业的经营空间，通过改革产权制度、发展外向型经济以及区际和产业间合作加快乡镇企业发展，使得中国原始工业化改革在农村率先开始，刚从农业中解放出的大量剩余劳动力就近进入工业部门，农户开始逐渐过渡到兼业生产。

第三个阶段是2000年以来我国农村市场化水平进一步完善，进入以城带乡，统筹城乡的发展阶段。随着我国农业生产力水平的提高、农户收入水平的提升，该阶段农村经济体制改革的重点是增加农业收入，缩小城乡社会保障水平差距，加快社会主义新农村建设，着力解决农民工的就业、社会保障、住房、教育以及医疗服务等问题。因此，首先是强调完善国家对农业和农民的支持与保护制度，按照建立公共财政体制和现代税制的要求，逐步统一城乡税制，以税惠农。2004年全国取消农业特产税，2006年在全国范围内取消农业税，提高耕地占用税税率并使新增税收应用主要用于“三农”，加大国家对农村基础设施建设的投入，在关注农村税费改革、减轻农户税收负担、提高农民收入的同时，进一步加强再分配领域的补贴，有效缩小城乡差距。其次是逐渐深化农业科研体制和科技推广制度改革，重视农业科技创新，强调农业科技，提高农业生产的效率和规模经济，发展现代农业。

40 多年的农村经济改革使得社会生产关系和生产方式发生了巨大变化，使得农村经济活动主体的自主决策地位大幅提高，市场机制对农村经济活动主体行为的作用明显增强。一是确立了农户在生产经营决策和财产支配使用等方面的自主权以及农户对劳动工具与产出等的分配关系，农户获得了独立的经济利益。农产品价格机制的完善，使得农户具有农村商品生产和经营的权利，使得农户成为农村经济中最基本的生产经营单位。二是农村经济政策的放开和农村产业结构的调整，使得原来被严格束缚在土地上的农民，获得了改变社会身份和进行跨行业、跨期的流动的自由，扩大了农民的就业选择机会和空间，使得农户的生产方式多元化。三是通过增加资本与技术等要素的投入，采用先进科技和生产手段，转变传统农业的生产经营方式，逐渐构建起现代化的农业产业体系。此外，随着社会主义新农村建设、统筹城乡发展的不断深化，农村基础设施建设和公共服务水平的显著提高，促进了城乡一体化发展。

二、中国特色农户生产行为的变迁

中国的农户行为随着农村经济体制改变的不断深化也发生了巨大的变迁，特别是生产资料所属关系以及生产组织方式转变引起的农户生产行为的变迁。农村经济体制改革逐步化解了农户的各种要素参与生产面临的制度性障碍，促进了劳动力要素在城乡间、产业间流动，扩大了农户在农业生产和非农生产方面的选择范围和决策能力。随着以家庭承包为基础、统分结合的双层经营体制的确立，培育了家庭经营、集体经营、合作经营、企业经营等经营主体，初步构建了集约化、专业化、组织化、社会化相结合的新型农业经营体系。同时，农村土地制度的不断完善以及农产品市场建立健全也改变了农户的要素所属权和收益权。这种社会生产关系和生产方式的转变，极大地提高了农户生产的积极性和自主决策能力，更重要的是，使劳动力从土地中释放出来，为农户从事非农产业提供了条件和保障，使得农户的生产经营目标出现兼业化倾向。因此，农户行为的变迁可分为农户的农业生产行为与非农产业生产行为的变迁。

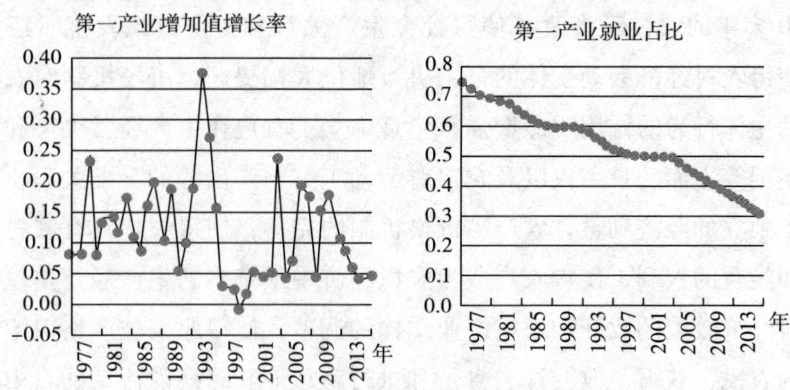

图 16－1　第一产业增加值与就业变化

如图 16－1 所示，改革开放以来，尽管我国第一产业增加值基本保持增长态势，但是第一产业的增长率波动较大。与此同时，第一产业的就业比重呈逐年下降趋势。在农业生产方面，我国农户的农业生产行为经历了由小农经济的自给自足生产向现代农业的市场化交易的转变，农业生产目标也逐渐由风险规避转变为利润追求，生产要素投入从劳动密集逐渐向资本—技术密集转变。具体来看，我国农户的农业生产行为的变迁呈现出以下几点特征：一是随着农业生产率水平的提高和农产品市场化程度的加深，农户的农业种植选择不再局限在为了实现自给自足的粮食作物的生产，而是根据市场需求信息，以利益最大化为目标，理性地选择经济作物。二是随着农业科技水平的提高和生产方式及组织方式的扩大，农业生产的分工和专业化程度也不断深化，使得农业经营越来越多地使用机械、化肥、农药、良种等资本品，逐渐由单纯强调劳动转向更多使用资本和技术等现代生产要素，提高了农业生产的资本和技术密度。三是随着农业现代化水平的不断提高，以家庭为基本单位的分散式的生产组织方式不能满足农业生产的机械化、规模化要求，农业生产组织方式逐渐转为集体经营、合作经营以及企业经营等多主体的合作经营。四是随着农产品市场的完善，农户不再是自给自足的单一主体，逐渐形成了农业生产、流通、销售等阶段的专业化分工。尽管我国农业生产力和农产品供给能力显著提高，但是农业在国民经济中的基础地位依然薄弱。当前农户的农业生产依然具有“半自给、半交易”的特征，虽然农户在生产中不再完全依靠家庭内部的劳动力，但在农业生产的要素投入的序列中，绝大多数农户会首先考虑密集使用家庭内部的劳动要素。

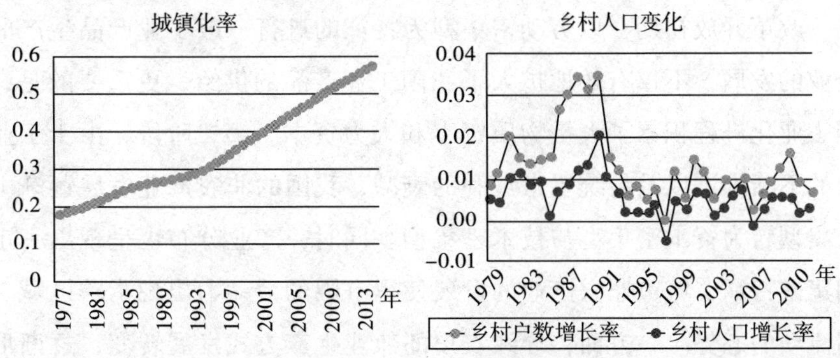

图 16－2 农村人口流动和农村规模的变化

如图 16－2 所示，改革开放以来，我国城镇化率不断提高，尤其是1995 年以后增幅显著。与此同时，我国乡村户数与人口的增长可以分为两个阶段：1978—1991 年，我国乡村户数和人口的增长率不断提升，但1991—1997 年大幅下降，之后维持较低水平的波动。城镇化水平的提高以及农村人口增长缓慢，反映了我国农户在二元经济结构中的跨部门、跨区域的流动。劳动力的流动是由于农户逐渐摆脱了土地的束缚，能够进行兼业化生产。

在非农产业生产方面，农村经济体制改变了农户与生产要素之间的依赖关系，农业生产力水平的提升和市场化程度的提高，使得更多的劳动力从土地上解放出来，流入非农业部门。因此，随着农业劳动力向非农部门的流动，我国农户在非农生产方面的行为变迁也发生了重要变迁，主要经历了以下两个阶段：第一阶段，改革初期乡镇企业蓬勃发展的阶段。在以农村集体土地所有制为基础，以乡镇政府牵头，将当地土地、资金和农村剩余劳动力汇集起来，组成的小规模的食品、纺织、制鞋等劳动密集型商品生产的乡镇企业，成为农户从事非农生产的关键部门。使得农户能够就近从事非农产业生产，不仅有效地保障了农业产出水平，成为农户兼业生产的关键产业部门，还是我国原始工业革命的重要支撑。符合比较优势的非农产业发展，不仅为我国工业化进程实现了资本积累和市场扩张，还使得刚从农业部门流出的劳动力能够通过干中学逐渐积累人力资本提升技术水平。改革开放初期，以劳动密集型为特征的进行一般工业产品生产的乡镇企业的发展，不仅有效地扩大了我国工业产品的供给，更重要的是，为我国工业化进程积累了大量物质资本和人力资本。第二阶段，由于工业化进程的不断推进以及传统要素红利的衰减，我国的非农产业发展逐渐由劳动密集型转为资本密集型与技术密集型。同时，产业分布也呈现出一定的空间集聚特征，城市非农产业的发展使得有限的劳动力出现了跨区域、跨部门流动的态势。一方面，导致农户的兼业生产方式发展转变，逐渐形成了以某一产业的专业化生产为主、小规模经营的专业种植与养殖户，以农村中农业或与农民直接相关的分第二、第三产业的行业为经营领域的服务性农户，以及已不再从事农业生产的非农农户和长期性务工和务农两者形式的半工半农型农户等多种形式。另一方面，部分农户彻底摆脱了土地的束缚，不再从事农业生产活动，成为具有一定专业化水平和人力资本积累，以利润最大化为目标的非农部门的生产者。

三、中国特色农户消费行为的变迁

农村经济体制的改革本质上是为了改善农户的生活条件，提高农户的生活水平。经济体制改革通过不断完善产权制度和农村生活水平，引起了农户消费行为变迁。农业生产力的提高以及农户兼业化生产的发展，不仅使得农户的收入水平大幅提升，还使农户的收入结构由单一的家庭农业收入发展为“以农为根本、以商为补充”的包括工资性收入、家庭经营性收入以及财产性收入等的多样性收入结构。不仅能够满足农户平抑农户风险和提供社会保障的功能，还能有效弥补家庭开支，扩大农户消费投资。如图 16 - 3所示，改革开放以来，农户收入的可支配收入和消费支出逐年上升，且收入结构与支出结构也发生了巨大变化。农户收入中，家庭经营性收入所占比重在改革初期大幅提升，1990 年之后逐渐回落。而农民家庭的工资性纯收入所占比重在改革初期大幅下降，1982 年之后开始稳步提升。这与我国农户的兼业生产密切相关。在农户支出结构中，随着农户可支配收入的提升，农户的恩格尔系数逐年下降，在居住、家庭用品和设备、交通通信消费、文娱教育等方面的支出不断增长。

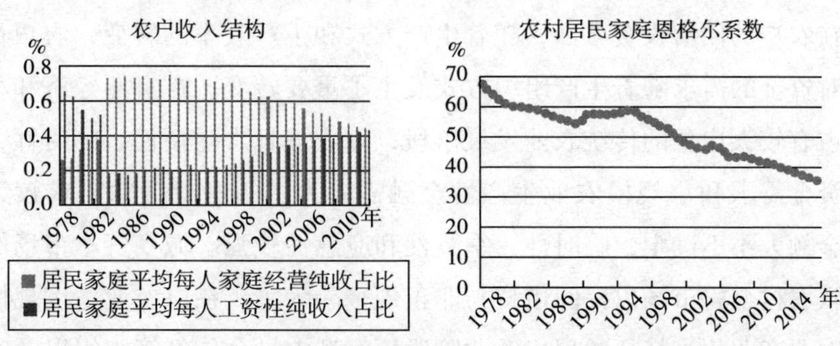

图 16－3　农村居民收入结构与支出结构的变化

农户消费行为的变化主要体现为农户对一般商品需求的结构性变化，以及对公共服务产品均等化需求的提升。

首先，传统的农户家庭主要是家庭和村落社会的自给型消费，消费水平长期处于生产的边缘。随着收入水平的提高以及城乡要素和商品市场的逐渐统一和完善，我国农户消费方式从与传统农业生产相适应的分散化、个体化、封闭性、低层次的传统消费方式，逐渐向集中化、社会化、市场化、重视享受与发展的现代消费方式转变。其中，农村耐用消费品消费经历了从“贫困—温饱”到“温饱—小康”再到“小康—全面小康”的三个阶段特征的转化。

同时，随着农户生产方式的转变，农户不再被束缚在土地上，逐渐转化为职业农民、兼业农民和城市工人，收入层次的分化也促使消费由农村产业内消费转向产业外消费。消费的扩张使得农户消费的个人户和社会化特征日益显著，改变了传统的家庭消费单位，不再以家庭为单位，注重个体的消费行为，商品市场一体化的推进和商品的种类不断扩张也改变了农户自给自足，部分参与市场交换的消费模式。

其次，农户产品消费不仅依赖于农户个体消费能力的增长，而且依赖于服务等外部公共条件的支持。随着农户生产水平的提升，农户对农村公共基础设施以及教育、医疗、养老等公共服务产品的需求不断扩张，特别是对教育的需求，农户不仅对基础教育的质量要求日益增长，对职业技术培育的需求也不断增多。

在农户的储蓄投资方面，随着生产方式和生产效率的转变，农户在生产中对资金的需求随着生产组织方式发生了重要转变。在自然经济和小农经济占有较大比重的传统农业发展阶段，以农户日常生活性、临时性、应急性资金需求和小规模农业生产性金融需求为主的农村金融需求较为分散，金额大小不确定，临时性、季节性和应急性较强。城乡资本市场的分割导致农村金属市场以民间借贷与非正规金融为主。在以农业适度规模经营和农业产业化为特征的现代农业阶段，新型农村合作经济组织以及产业间融合与乡镇企业的发展，使得农户对资金投入和金融服务的需求较大，不仅需要正规金融机构的资金支持，还需要各种形式的农民资金互助合作组织、民间借贷、小额信贷来满足农户暂时急需的生活资金和部分周转性资金需求。在农村进入城镇化阶段，农村基础设施建设和农村社会事业发展对资金投入和金融服务的需求占据主导地位，资金需求数额较大，各种形式的民间金融已经远远无法满足大量的资金需求，而各种工商业贷款、基础设施建设贷款以及公共财政对农村社会事业的投入则逐渐占据主导地位。

虽然当前我国农户依然具有显著的流动性约束与预防性储蓄动机，但农户的投资储蓄行为随着农村金融市场改革的不断完善，也出现了巨大的转变。逐渐完善的农村金融基础设施建设，使得农户的贷款难问题有所缓解。随着农村金融机构的退出，多样化的信贷产品和便捷服务方式有效地缓解了农户在生产过程中的小额贷款问题，积极地促进了农业生产规模的扩大。

最后，金融常识的逐渐普及与现代新兴金融服务工具的普及，不仅为农户积极参与市场活动提供了便利，还保障了农业生产、流通、交换的效率。

第三节 新时代农村经济主体的培育

农户行为不仅影响了粮食安全、重要农产品供给以及农业现代化发展，还对非农产业生产效率、产业结构变迁有着重要作用。同时，农户作为消费需求的重要主体，不仅是扩大内需的、优化需求结构的关键，还是优化二元结构、推进人口城市化的关键。党的十九大报告中提出，要坚持农业农村优先发展，实施乡村振兴战略。2017 年 12 月，中央农村工作会议在全面分析“三农”工作面临形势和任务的基础上，围绕乡村振兴战略“产业兴旺、生态宜居、乡风文明、治理有效、生活富裕”中的要求进行了七个方面的重大部署。因此，鉴于中国农户在消费行为和生产行为的变迁特征，新时代下的农村新主体的培育需要从以下几个方面入手。

一、优化生产资料所有关系，提高要素配置效率

新时代农村经济主体的培育，首先应通过优化建立健全产权制度，明确生产资料所属关系，提高土地和劳动等农村经济活动关键要素的配置效率和产出水平。

首先，农户拥有的核心生产要素是自身劳动力，提高农户劳动技能素质是提高农户生产效率的关键，也是新时代培育新主体的关键着力点。通过加大农村教育支持力度，增加农村地区教育投入，可有效提升农户人力资本投资和技术水平。一方面，应积极推进农村基础教育普及程度，不仅要加大对农村地区教育硬件设施的建立和完善，还需要通过教育改革推进城乡教育资源均等化，以及通过补贴政策降低农户教育成本。另一方面，随着我国人口红利的衰减和产业结构的升级，需要积极推广职业教育和成人教育，大力开展农村职业技术教育，全面提高劳动力的科技文化素质，培养面向农村的经验型、技能型劳动力，鼓励现代产业工人或从事现代服务业。

其次，应进一步推进包括土地征用制度、土地流转制度、土地有偿放

弃制度等方面的土地制度改革。土地作为农户最基本的保障线，应在坚持农民集体所有、不改变土地用途、不破坏农业综合生产能力、不损害农户利益的前提下，进一步优化土地所有权、承包权和经营权的关系，更好地运用土地经营权，积极建立农村集体经营性建设用地产权流转和增值收益分配制度，在保障耕地红线和农户权益的情况下，促进由“小农民、小地主”向“大农民、小地主”格局的转变，提高土地资源配置和促进现代农业的发展。应赋予农户更多财产权利。

二、优化农村产业结构，培育多元经营主体

农村产业结构的优化是提高农村经济水平、提升农户生产质量的重要支撑。新时代下农村产业结构的优化，不仅应着力推进农业现代发展，还应积极发展农村地区非农产业，通过促进私营经济、乡镇企业的发展，推进产业融合。

农业现代化是农村产业结构优化的基础。在农业生产环境方面，一方面，应进一步加强农业的基础地位，加大农业生产投入，提高农业科技含量，发展高产、优质、高效农业，依靠科技进步实现农业生产方式的转变。因此，应增加农业科技投入补贴，对重大农业科技成果应用和推广予以重点支持。为农业生产者提供技术咨询和市场营销服务的支持。另一方面，应改善农业生产条件，加大财政支农力度，完善农村基础设施建设，加大对农田水利建设、中低产田改造，重点造林工程等农业生态环境建设的投入力度。通过完善基础设施建设，建立有效的农业防灾救灾体系，进一步优化农业生产结构，增强多样化、专用化、优质化的农产品供给能力。

在农业生产经营组织方面，积极改革农业经营制度，构建新型农村经营体系，培育新型职业农民以及适度规模的新型农业经济主体，鼓励土地承包经营权向专业大户、家庭农场、农民合作社、农业企业流转，发展多种形式、多元化结构的规模经营，加快农民生产合作、销售合作和信用合作“三位一体”的新型农村合作体系建设。此外，还应进一步完善农产品

市场流通体系，完善农业信息平台。一是需要优化农产品收购机制，积极发挥中小企业和乡镇企业的生产流通效率，提高农户粮食收益，稳定生产预期。二是应进一步优化农产品流通效率，开辟农产品绿色通道，降低农产品进入批发市场的费用，鼓励专业化规模化的物流公司参与农业流通体系的构建和完善，有效降低农产品流通成本，加强农产品流通专业化程度。三是通过建立农业信息平台，减少农户生产销售环境的信息成本，提高农户生产决策水平。四是加快农产品流通设施建设，提升农产品批发市场的功能。农产品批发市场是各种农副产品主要的集散和交易场所，应科学规划农产品批发市场的布局、结构和规模，提升农产品批发市场功能，充分发挥农产品批发市场除集散、交易以外的仓储、运输、配送、结算、信息服务等其他多种功能。

在此基础上，应积极推动农村地区非农产业的发展，有效提高农户兼业生产水平。农村非农产业的发展需要以农村基础设施的完善和农业现代化水平的提高为支撑。一是要依托农业发展，形成围绕农业生产过程的机械化、生产经营信息化以及农产品深加工的产业链延长需求，扶持设施农业、农机设备制造业、农药化肥等农资生产企业的发展，以及农村互联物联网体系建设，形成农村产业联动发展机制。二是因地制宜地发展生态农业、旅游农业以及乡村旅游，不仅要推动乡村旅游运营管理机制建设，增强政府开发规划和公共设施建设，带动和引导农户经营，还要强化乡村旅游政策制度保障，推进乡村生态建设与乡村产业融合发展，利用农村自然环境优势，积极发展农村第三产业，有效提高农户家庭收入，促进人口城镇化进程。

三、优化乡村收入分配制度，完善乡村设备体系

扩大农村消费需求的关键是增加农户的收入水平。因此，应拓宽农户增收渠道。应通过提升农业技术水平，通过对农业发展进行支持和补贴，有效降低农户生产的成本和风险，提高农业生产水平，在提高农户农业生产收入的同时，加快转移农村富余劳动力，建立地区经济发展与非农转移

挂钩的机制，促进非农转移，尤其是解决纯农户的非农就业，进一步提高农户的工资性收入。这也需要进一步破除劳动力流动的制度障碍，开放农户市场就业的政策通道，给予劳动力在城乡间、区域间平等的就业机会和制度保障，通过优化劳动力市场，提高劳动力重置效率，提高农户的兼业生产收入。此外，还应进一步完善市场机制的价格决定机制，优化工农产品价格体系，合理的工农产品价格体系不仅能扩大农产品供给，还能促进劳动力的合理就业。与此同时，应完善农村社会保障制度，完善农村社会保障制度不仅是农户生活水平提升的重要保障，更是推进人口城镇化的重要途径。

因此，应积极构建惠及全体农民的社会保障体系，根据各地区的经济社会水平合理调整农村最低生产保障线，加大农村帮困扶贫力度，提高农户基本生活保障水平，保障农村低收入家庭和贫困群体的基本生活。同时，还应完善农村社会养老保险与医疗制度，根据地区农村城市化发展的实际情况，在完善城镇与农村养老保险的基础上，建立低于城保、高于农保水平的小城镇养老保险与合作医疗制度，并构建适应城乡劳动力流动的统一保险体系。此外，在提升农户收入水平的同时，还应进一步推进城乡消费市场一体化，改善农村消费品市场环境。首先，应加大对农村基础设施的建设，不仅要完善农村水电交通等硬设施，还应积极构建方便、快捷的农村物流平台。其次，应发挥农村信用合作社在农村金融服务中的重要作用，同时为满足农户的储蓄投资需求，还应鼓励商业银行的县域发展与业务创新，积极开办符合农户需求的消费贷款模式。

第十七章　中国特色的各种所有制企业运行及其比较

作为市场活动的主体参与者，企业对于地区经济发展的重要性不言而喻。从属性来看，我国现阶段企业的主要组织形式分为国有企业与民营企业。国有企业的壮大代表着最广大人民的根本利益，特别是党的十八大以来，习近平总书记在坚持和巩固公有制主体地位、搞好国有企业、发展壮大国有经济问题上，发表了一系列重要讲话，作出了许多重要指示，坚定地表明以公有制为主体、国有经济为主导，是中国特色社会主义基本经济制度的核心和基石，是多种所有制经济共同发展的前提和保证。而作为主体之一的民营企业，同样是经济发展的关键驱动力之一，改革开放以来民营经济实现了飞跃式的发展，已成为支撑和推动经济增长的重要力量。民营企业的整体实力不断壮大，经营范围不断拓宽。民营企业不仅在工业、商业、饮食业等传统产业中站稳了脚跟，并且羽翼渐丰，而且涉足能源、交通等基础设施项目和科技、教育、信息等新兴领域，成为这些行业的一支生力军，创造了中国和世界历史上许多有目共睹的经济奇迹。

国有企业与民营企业在效益上有较大差异，直接决定因素就是二者的运行机制不同。企业运行机制是企业生存和发展的内在机能及其运行方式，是引导和制约企业生产经营决策，并与人、财、物相关的各项活动的基本准则及相应制度，是决定企业经营行为的内外因素及相互关系的总称。从内容来看，企业运行机制包含产权机制、决策机制、竞争机制、动力机制和风险机制五大子系统。鉴于此，本章就从这五个方面对国有企业以及民营企业的运行机制及其特点进行比较分析，进一步解释二者成本效益存在差异的原因。

第一节　产权机制

产权是经济所有制关系的法律表现形式，它包括财产的所有权、占有权、支配权、使用权、收益权和处置权。而产权机制是企业各利益主体在产权制度内部结构中所形成的责、权、利相互依赖、相互制约关系的总称。科学的产权机制是企业获取均衡利润点的重要保障，是企业能够正常有序运行的基础所在。

一、国有企业的产权机制

改革开放以前，国有企业的所有权以及经营权都掌握在政府手里，准确地讲，国有企业属于行政附属品，并不是传统意义上的市场主体。而改革开放以后，为了真正发挥国有企业作为市场主体的作用，我国对国有企业进行了两次产权机制的变革，第一次是承包制改革，第二次是现代公司制度改革。

1978 以来的国有企业改革，主要方向是政府向企业放权让利，扩大企业自主权，实行工业经济责任制。1986 年 12 月，国务院发出《关于深化企业改革、增强企业活力的若干规定》；1988 年 2 月，国务院批转国家体改委《关于 1987 年深化经济体制改革总体方案》，提出深化企业改革主要是通过推广完善承包责任制；1988 年 3 月，国务院发布了《全民所有制工业企业承包经营责任制暂行条例》，明确赋予了企业 13 项经营自主权。对承包制的原则、内容等作出了明确规定，使承包步入规范化、正规化的轨道。承包制作为放权让利的主要措施之一，国有企业的经营承包制改革虽然在期初对国有企业经营产生了积极影响，但是从本质来讲，承包制并没有明晰国有资产的产权关系，导致承包制存在短期行为和负盈不负亏的现象。

1992 年，党的十四大胜利召开，十四大报告中指出：“我国经济体制改革确定什么样的目标模式，是关系整个社会主义现代化建设全局的一个重大问题。”这个问题的核心，是正确认识和处理计划与市场的关系。建立社会主义市场经济体制成为经济体制改革主要目标。随之国有企业的改革目的也就成为：“在社会主义市场经济体制下成为相对独立的商品生产者和经营者。”而对于如何才能做到这一点，党的十四大报告中明确指出：“转换国有企业特别是大中型企业的经营机制，把企业推向市场，增强它们的活力，提高它们的素质。这是建立社会主义市场经济体制的中心环节，是巩固社会主义制度和发挥社会主义优越性的关键所在。通过理顺产权关系，实行政企分开，落实企业自主权，使企业真正成为自主经营、自负盈亏、自我发展、自我约束的法人实体和市场竞争的主体，并承担国有资产保值增值的责任。1993 年，党的十四届三中全会通过了《中共中央关于建立社会主义市场经济体制若干问题的决定》。该决定阐明：“建立现代企业制度，是发展社会化大生产和市场经济的必然要求，是我国国有企业改革的方向。”

具备现代企业制度的国有企业其产权机制基本特征包含以下几点：一是产权关系明晰，企业中的国有资产所有权属于国家，企业拥有包括国家在内的出资者投资形成的全部法人财产权，成为享有民事权利、承担民事责任的法人实体。二是公司制将财产所有权分离为最终所有权和法人所有权，使国有企业的民事主体地位进一步确立。其中，最终所有权归投资主体所有，拥有资产受益、参与企业重大决策、选聘经营管理者和承担企业债务有限责任的权利。而法人所有权归企业法人所有，拥有依法对法人财产自主经营和自负盈亏的权利，同时承担资产保值增值的责任。三是出资者按投入企业的资本额享有所有者的权益，即资产受益、重大决策和选择管理者等权利。企业破产时，出资者只以投入企业的资本额对企业债务负有限责任。

随着市场经济的进一步发展，最终形成国有资产终极产权一元化和产权结构多元化并存的局面，特别是随着混合所有制经济改革进程的进一步推进，产权结构多元化的特征将进一步突出。混合所有制借以运作并发挥特定效能的组织载体就是现代企业制度，使企业成为法人实体和真正的市场主体。从根本意义上讲，终极产权一元化是保障坚持公有制经济为主体的关键所在，而产权结构多元化是激发国有资产活力、实现国有资产保值增值的重要措施。除此之外，在资产监督管理方面，成立国有资产监督管理委员会，对中华人民共和国境内和境外的全部国有资产行使管理职能，重点是管理国家投入各类企业（包括中外合资、合作企业）的国有资产。以优化国有资产配置，保障国有资产的保值和增值，维护国有资产使用单位（或人员）的合法权益，巩固和发展全民所有制经济的骨干作用，推动社会生产力和社会主义商品经济的不断发展为宗旨，逐步完善国有资产管理制度，促进国有资产使用单位有效地经营和使用国有资产，依法缴纳国家规定的各项税收和费用，依法向国家上缴利润和国有资产股权利益，实现资产增值；并按照“统一政策，分散管理”原则，逐步建立从中央到地方的国有资产管理体系，更好地为改革开放服务。

国资委的成立具有重要的现实意义，从政府管理职能体制上看，是政府双重职能（社会经济管理职能与国有资产管理职能）合一向双重职能分开的历史性转变。从国有资产管理体制上看，是国有资产多部门管理向职能化管理的转变。使国有资产代表由行政化、多环节化与多元化，转向少环节与一元化，并尽量减少其行政性。

二、民营企业的产权机制

目前在我国，绝大部分民营企业，包括那些即将上市和已经上市的公司中，绝大多数仍然是家族企业性质，普遍存在以“家族制”为特征的独特产权制度，即“一股独大”，家长“一言堂”，董事会、经营层高度重合。家族企业内部，以亲戚和好友为基础，通过相互的“利益与共，风险共担”形成一个紧密利益共同体，形成了特殊的产权机制。企业最终所有者明确，企业内部所有者和经营者“两位一体”。在家族企业成立之初，企业所有权和经营权合二为一。所有者的利益与经营者的利益紧密相连，对家族成员形成了有效的激励机制，降低了交易成本。然而这也造成了所有权结构的单一化，不利于企业规模的扩大和持续发展。

进一步进行原因分析，民营企业在创业时由于受到人才、资金、传统文化等方面的限制，一般以家族企业起家。虽然家族企业是一种古典式企业经营方式，却帮助了绝大多数民营企业从无到有。利用血缘、亲缘、地缘这“三缘”关系进行资本原始积累的民营企业，其产权主体具有超经济性质，甚至将个人财产权和企业法人财产权混为一谈，产权在企业创立之初一般没有严格的界定，导致了产权的模糊。虽然这种模糊的产权关系在一定程度上反而促使家族成员都为自己企业的发展而奋斗，可以说，模糊的产权成为创业之初家族成员努力的源泉。但企业的产权在非自然人之间的安排就注定了民营企业在产权上的模糊性，从企业长远发展角度来看，对企业本身并不是一件好事。只要产权不能在自然人之间进行清晰的划分，则这种产权的非排他性就不严格，企业产权必然是模糊的。除此之外，“三缘”关系使民营企业的产权主体有浓厚的宗法性，具有宗法性的企业产权，在企业产权运用中在相当大程度上受宗法规则支配，而不是严格地受市场规则约束。

综合来看，在这些民营企业中，企业主及其家族占有企业的大部分股份，产权具有宗法性、模糊性、单一性、封闭性等特征，产权体系社会化程度低。随着企业规模的不断扩张，这种产权制度已经成为制约家族式企业发展的障碍。为此，要保证家族企业的持续、稳定发展，家族企业主必须实行真正意义上的产权多元化，增大市场投资者持股比例；而政府应完善相应的法律、法规，加快社会服务体系的完善，以降低家族企业制度变迁的成本。

第二节　决策机制

决策机制是企业在享有充分的法人财产权的情况下，对生产、经营等经济活动作出抉择的机制。这种机制包括决策主体的确立、决策权划分、决策组织和决策方式等方面。企业经营运行机制中，决策系统各要素之间的相互关系和内在机能，客观地反映着决策机体的运动变化规律，并决定着企业决策行为的有效性程度。企业决策机制在经营机制中处于主要地位，不仅是设计其他机制的基础，而且贯穿于其他各机制运行的始终。健全的决策机制是有效决策的必要条件，其衡量标准就是看其是否与决策的运行规律相符。

一、国有企业的决策机制

在国有企业中，董事会是决策机构，董事会享有决定公司经营计划和投资方案、决定公司内部机构的设置、聘任或解聘经理及制定公司基本管理制度等四项权利。公司经理层往往是公司经济活动的实际策划者和执行者，执行董事会的决定。经理层只能限于管理，组织实施董事会的决定，经理无权替公司筹款。对于国有企业来说，选任解聘经理人员是董事会的重要职权，董事会将公司的部分管理权授给经理层可以提高企业的经营绩效，但前提是建立有效的监督机制，以确保经理层管理的科学性。

董事会对经理层的监督是由董事会作为一个整体对经理层的监督。这种监督首先应体现在正确决定总经理的权限范围方面。经理人员应根据董事会的授权或公司章程的授权进行日常事务管理。经理的越权行为应受到监督和控制，给公司造成损失的，应当追究当事人的责任。当董事会的决议违反公司法、行政法规和公司章程，致使公司蒙受损失时，而经理组织实施了董事会决议时，经理不应承担责任，而由参与决议的董事对公司负赔偿责任。其次，董事会或董事会下设的提名委员会决定经理的人选。最后，董事会还应对经理层的日常经营管理活动进行监督，对高层经理人员的经营活动作出评价，评价公司财务成果，检查经营中可能出现的问题。

在国有企业中，董事会议的召集权原则上归董事长，但是1/3以上的董事会成员有权提请董事长召集董事会议，如果董事长拒绝召集，则他们有权单独召开，即使董事长拒绝出席，达到法定人数的董事会决议依然被视为有效。在国有企业中，由于企业的董事长和总经理都是由政府或组织部门任命，他们享受一定的行政级别，地位远远高于其他董事，在公司董事会中拥有特殊的地位，公司法人代表制度更使他们“位高权重”，形成了“关键人控制”。关键人控制的后果往往是公司决策失误、国有资产流失、投资者利益受损、关键人腐败等。因而有必要实行集体法人代表制，以董事会而不是董事长作为公司的法人代表。

2010 年 6 月 5 日，中共中央办公厅、国务院办公厅印发了《关于进一步推进国有企业贯彻落实“三重一大”决策制度的意见》（以下简称《意见》）中的“三重一大”是指国有企业重大决策、重要人事任免、重大项目安排和大额度资金运作，应由集体决策。“三重一大”事项提交会议集体决策前应当认真调查研究，经过必要的研究论证程序，充分吸收各方面意见。重大投资和工程建设项目，应当事先充分听取有关专家的意见。重要人事任免，应当事先征求国有企业和履行国有资产出资人职责机构的纪检监察机构的意见。研究决定企业改制以及经营管理方面的重大问题、涉及职工切身利益的重大事项、制定重要的规章制度，应当听取企业工会的意见，并通过职工代表大会或者其他形式听取职工群众的意见和建议。决策事项应当提前告知所有参与决策人员，并为所有参与决策人员提供相关材料。必要时，可事先听取反馈意见。

“三重一大”事项决策，是企业党组织发挥政治核心作用的实现途径，为加强党对国有企业的政治领导、巩固党的执政基础、提高党的执政能力提供坚实保证。民主决策有利于党组织参与企业重大问题决策，有利于企业战略措施的落实，有利于正确把握企业改革发展大局，符合集团公司战略管控的需要，符合国家政策和职工的意愿要求。落实“三重一大”决策制度，对于保证指令畅通、维护企业权威、发挥企业整体优势、实现企业又好又快发展具有重大意义。

二、民营企业的决策机制

民营企业决策行为模式，不同于所有权和经营权分离的国有企业或董事会—经理人控制尤其是以经理人为中心的欧美公司。现阶段典型的中国民营企业是所有者、经营者一体，决策执行合一。决策过程不存在被干预或博弈等情形，即决策主体独立、决策过程自由，亦不存在内部人控制或道德风险。因此，现有的源于西方的主要是基于委托—代理和信息不对称假设的企业决策模型，不能很好地解释中国民营企业决策的本质特征，特别是“草根”出身的第一代中国民营企业和企业家，他们的成长经历、社会环境、融资模式、公司治理、行为偏好、经营管理等，与现代公司治理下的企业决策机制有较大的差异性。

中国民营企业绝大多数由家庭或单一自然人控制，所有者、经营者一体，所有权、控股权及执行权三权合一，具有强烈的个人化特征。这是我们研究民营企业决策机制的基本面。全国工商联组织的四次（1993 年、1995 年、1997 年、2000 年）中国私营企业抽样调查显示：无论重大经营决策还是一般管理决定，由主要投资人和董事会决定的大多占一半以上，而“重大经营决策”70% 以上由主要投资人和董事会决定，考虑到董事会最终亦由主要投资人控制，意味着七成以上重大事项由主要投资人决策。

按照企业的发展阶段，其决策机制具有以下特征：①创业初期：在家族企业的创业阶段，企业的核心人物借助本身的素质和能力，并凭借创立企业、引导企业发展的功勋，对创业期的企业实施真正意义上的家长式管理，这一阶段的家族企业的决策和管理、正确判断和分析市场，都是经由关键人物一手操控。绝大多数创业阶段的家族企业的董事长或是总经理也均由这些核心人物担任。创业时期的家族企业的所有权和经营权尚未实施两权分离，整个家族企业的决策全由核心人物作出。②快速发展时期：首先，家族企业拥有决策领导小组，由董事长或总经理亲自担任，以期尽快制订针对企业发展的详尽短期计划、中期计划及长期规划，明确不同的关键时间节点、企业的各个部门的阶段性发展目标和执行目标；其次，家族企业还在不同层面、不同环节进行调查研究，努力听取来自不同部门和不同岗位的意见和建议，并定期召开专门会议针对家族企业的发展协调矛盾，探索出路并合理决策；最后，家族公司开始重视内部监督和管理作用的发挥，针对企业未来发展编制各项预算，开始加大人力资源、激励机制、企业文化等方面的成本投入，决策并制定各种发展战略及应对预案，以更科学、高效的决策手段提升企业的管理水平。

虽然在不同的发展阶段，民营企业的决策有一定的差异，但是总体而言，民营企业家决策的主要类型就是直感决策，即以自身的经验为基础，在决策者认知模式、知识、情感、决策环境等因素的综合影响下，通过情景估计对决策问题进行整体把握，并通过逐步挖掘的过程寻找满意方案，最终作出决策属于直感决策，具备以下几个特征：①决策的过程是企业家个人单独工作的，对信息的处理分析以及最终决策的生成均掌握在民营企业家个人手中；②民营企业家的直感决策所耗费的时间很短，决策者往往能迅速作出决策；③相对于理性决策所选择的“最优方案”，直感决策寻找的是“满意方案”；④民营企业家直感决策的来源是以往处理问题的方法经验、心智模型等隐性知识，并且由于隐性知识是通过经验和记忆积累起来的，是从信仰、价值观和对未来的前瞻中过滤、提炼出来的知识。而直感决策时决策者的经验、价值观与所储存的知识相互作用，所以在决策期间隐性知识接近直觉。

第三节 竞争机制

企业总是在一定的经济环境中存在和发展的，其配置、整合资源的行为必然受经济环境的影响。这个经济环境的元素应该包括企业的竞争对手，也包括企业和竞争对手共同存在的市场，还包括对企业、竞争企业和市场都会产生影响的政府，这些均属于企业的外部竞争机制。除此之外，企业还具有内部竞争机制，内部竞争机制的目的在于提高企业竞争力，本质就是在内部建立促进员工之间正当较量，获取他们所共同需要目标的各种要求及其相互联系、相互制约的制度。国有企业和民营企业的外部竞争机制具有特定性，国有企业大多属于垄断行业，而民营企业属于竞争行业。从内部竞争机制来看，二者有显著的区别，在此就国有企业以及民营企业的内部竞争机制进行详细的阐述。

一、国有企业的竞争机制

选拔优秀的国有企业的经营管理者不仅关系到国有企业自身，而且关系到国有经济的控制力。但是，长期以来对国有企业经营管理者的选拔则是由组织部门挑选或由上级某领导指定任命的，具有很大的随意性与盲目性，被选择的人员并不一定适合国有企业经营管理的要求。这就导致部分国有企业经营管理者难以胜任工作，致使目前有的国有企业经营不善，甚至破产倒闭。因此，建立一种能确保把最优秀、最适合的人才选拔到国有企业，推动国有企业的发展进步和壮大的选拔方式显得相当重要，也迫在眉睫。

研究表明，在 2001 年以前，我国的国有企业经营管理者，长期以来主要是由上级行政部门或上级领导直接任命。直到 2001 年年底，首次在神华集团开始尝试对外公开招聘，招聘的职位是两名副总经理。2003 年国资委挂牌成立，代表企业对外公开招聘，2003 年 7 月就选择了中国联合通信有限公司等 6 户中央企业的 7 个管理职位首次面向海内外公开招聘，2004 年又进一步增加了公开招聘的数量，选择了 22 户中央企业的 23 个经营管理职位面向海内外公开招聘。2005 年国资委又选择了 25 户国资委监管企业面向海内外公开招聘经营管理者，这次公开招聘在巩固和扩大 2003 年、2004 年公开招聘企业副职成果的基础上，组织公开招聘企业正职，进一步了推进国有企业经营管理者选拔的市场化。国资委历年进行央企高管公开招聘的数据显示，央企高管人员的学历比重逐年增加，2003—2010 年，国资委对央企高管 7 次进行公开招聘，其中博士学位和硕士学位占有较大比重，2003—2008 年央企高管实际招聘岗位数 123 人，其中博士学位 23 人，占总比重的 18.7%，硕士学位 71 人，占总比重的 57.7%，本科学历 28 人，占总比重的 22.8%，专科学历 1 人，占总比重的 0.8%，国企高管整体学历水平不断上升。

虽然国有企业管理人员招聘在不断改革，对外招聘的比例在逐步提升，但是在国企管理人员招聘中仍存在以下问题：①选拔主体为国资委部门，本质与行政任命相同。根据《公司法》和《国有资产法》的规定，出资人及其授权机构享有企业的重大决策权、经营者的选拔权、资产收益权以及对企业的监督权。对于国有企业，是由政府的授权机构——国资委来行使出资人的权利，这就决定了国资委对国有企业高管的选拔任用权。但是国资委作为一个由政府直接管理的特设机构，其工作人员更习惯于用行政方式对企业高管进行监管，在选拔任用上大多数情况下也只是通过汇报或者视察等方式来掌握经营者的具体情况，这就不能要求国资委为其选拔的经营者承担责任。经历了现代企业改革制度，国企高管人员的招聘进行了经营者董事会聘任，但是国有独资或国有控股企业选什么样的人依然由国资委控制，这与未改革之前的行政任命没有本质区别。在国有企业高管人员和股份制公司高管人员招聘方式上，政府对于国企高管的聘任仍然有着过多干预，这是与“经营者应由真正承担风险的资产所有者选择”的现代企业理论原则相违背，股份制企业则以董事会聘任为主，有一项资料调查显示，有 81.5% 的国有企业董事长、总经理仍然由政府相关主管部门任命，有的国企管理者兼任官员身份，行政级别与企业相联系，使可供使用的资源与职级相匹配，导致所选任的国企高管不可能真正为企业承担风险，也不会把追求目标利益最大化作为企业的目标。②缺乏合理的聘任标准，难以实现国企高管招聘科学化。国企高管人员的选聘标准一般都是“政治素质好”“业务能力强”“有组织领导能力”等泛泛而谈的标准，这些标准没有具体的测试和量化，大多数人都符合这样的基本条件，而高管人员所需要具备的素质远远不止这些，况且每一个层级的标准也是不一样的，根据泛泛的标准很难选出合格的高管。国务院发展研究中心中国企业人力资源管理发展报告课题组的调查显示，被调查的 1883 家企业中，仅有 1/4 建立了企业的高管任职资格体系，而国有企业仅占 1/2，并且多数集中于金融保险行业的企业。由此可见，高管任职资格体系的建立目前处于缺失阶段，不利于国企高管人员的招聘。

二、民营企业的竞争机制

人员招聘的途径有两条，即外部招聘和内部提升：①外部招聘是组织根据制定的标准和程序，从组织外部选拔符合空缺职位要求的员工。外部招聘具有以下优势：具备难得的“外部竞争优势”；有利于平息并缓和内部竞争者之间的紧张关系；能够为组织输送新鲜血液；能给竞争者有一个自我发展的空间。外部招聘也有很多的局限性，主要表现在：外聘者对组织缺乏深入了解；组织对外聘者缺乏了解；会对内部员工积极性造成打击；等等。②内部提升是指组织内部成员的能力和素质得到充分确认之后，被委以比原来责任更大、职位更高的职务，以填补组织中由于发展或其他原因而空缺了的管理职务。内部提升制度具有以下优点：有利于调动员工的工作积极性；有利于吸引外部人才；有利于保证选聘工作的正确性；有利于被聘者迅速开展工作。当然，内部提升制度也可能会带来如下一些弊端：可能会导致组织内部“近亲繁殖”现象的发生；可能会引起同事之间的矛盾等。

第四节　动力机制

企业动力机制是使企业和职工都有应获利益和应负责任，激励职工把企业目标的实现和企业主人积极性的发挥触合在一起，形成企业发展的巨大推动力。企业运行的动力，归根到底来自企业内部不同行为主体对自身经济利益的追求。企业的动力机制，就是通过激发企业内部的利益动机而形成企业经济运行所必需的动力。

一、国有企业的动力机制

国资委自2003年组建以来，随着国有资产管理体制改革和国有企业改革的不断深化，国资委监管的中央企业负责人薪酬制度改革取得了积极进展。国资委成立前，中央企业普遍存在以下各种情况：企业负责人薪酬管理没有明确的管理部门，也没有相应的制度规范，企业普遍自定负责人薪酬；企业负责人薪酬与经营业绩挂钩不紧，缺乏严格的绩效考核，一般只奖不罚，薪酬只升不降，经营好坏一个样，激励和约束不够；对企业负责人兼职取酬、多种方式取酬及职务消费缺乏相应的规范和有效的监控等。这些问题的产生，其根源主要是由国有资产管理体制改革滞后，国有资产出资人不到位，管资产与管人、管事相脱节造成的。

国资委成立以来，积极探索建立制度规范、管理严格的薪酬调控机制：一是陆续制定和出台了中央企业负责人薪酬的管理、业绩考核、股权激励、职务消费等若干管理办法和指导意见，初步建立了企业负责人薪酬分配的制度规范，改变了以往企业负责人薪酬管理无章可循、企业自定负责人薪酬的做法；二是对企业负责人普遍实行以业绩为导向的年度薪酬制度，企业负责人基薪根据国有企业职工平均工资水平，结合企业经济规模和收入状况等因素综合确定，绩效薪金与年度经营业绩考核结果挂钩，根据年度经营业绩考核级别及考核分数确定，平均为基薪的1.5倍，最低为0，最高3倍封顶，年度绩效薪金的60%在年度考核结束后当期兑现，其余40%根据任期考核结果延期到连任或离任的下一年兑现；三是按照“规范起步、循序渐进、总结完善、逐步到位”的工作思路，对中央企业建立中长期激励机制进行了探索；四是对中央企业负责人职务消费、兼职取酬等问题进行了相应规范。

对实行业绩目标责任制的国有企业而言，上级主管单位或部门对企业负责人薪酬的管理制度和流程比较规范，相应的措施也得到了比较好的落实；但对公司普通员工的薪酬管理，目前还缺乏实质、有效手段，一般都是由企业内部自行制定分配方案，经职工代表大会批准后交上级主管部门备案。因此，在薪酬管理实践中，如果企业基础管理水平较高，则公司薪酬管理基本能满足公司的发展要求；如果公司薪酬管理水平较低，则薪酬管理往往存在不公平、激励效应不能实现、人工成本失控等问题。

对于大多数国有企业而言，员工基本工资、绩效工资、各种津贴补贴、奖金等是工资的主要构成部分。一般情况下，企业对基本工资、补贴的管理比较规范，而对于绩效工资、奖金的计算发放管理就比较粗放了。某些国有企业绩效考核不能真正落到实处，因此，绩效工资不能实现激励员工提升业绩的效果；某些国有企业奖金发放随意性大，不能做到对超额劳动或超额价值贡献的激励作用，大多数情况下，奖金采用平均主义的发放形式。

二、民营企业的动力机制

薪酬作为最具有激励作用的因素，对于提高民营企业员工积极性、促进民营经济快速发展起到了非常重要的作用。但在民营企业的薪酬管理实践过程中，也存在这样那样的问题。民营企业的薪酬管理特点如下：①激励的内容和程度比较适合员工需求。在民营企业中，一般通过绩效工资或奖金对员工进行较强的激励，这在中国当前的社会经济发展条件下，是比较适合员工需求的。另外，在民营企业中，业绩导向的文化占据主流，因此能对业绩优秀者进行比较强的激励。②激励的方式和时机把握准确。激励员工的方式除了工资、奖金等经济性报酬外，员工能力成长及职业发展机会对员工来说也是非常大的激励因素。由于民营企业人员素质起步较低，同时民营企业的快速发展对人才在数量和质量上都提出了较高要求，这必然给员工提供了非常多的机会去锻炼、提高能力，从而获得晋升机会。民营企业在对员工进行激励的方式选择上，有比较多的选择空间，同时，民营企业机制灵活、决策效率高的特点也使员工能及时获得激励，无论是奖金激励还是岗位晋升激励，都能做到及时并有针对性。

但在实践中，民营企业的激励也存在以下不足：①过分注重经济性激励因素，忽略或轻视了非经济性激励因素的作用。很多民营企业在经济性激励因素方面力度大，措施到位，这对提高员工的积极性是必要的，但却不是唯一的方式。在加强经济性激励因素作用的同时，应该充分重视非经济性激励因素的作用，比如发展晋升机会、良好的工作环境和工作氛围等。此外，还应重视一些精神激励因素，比如定期评选先进、给予员工荣誉称号等。实际上，传统国有企业有一套非常好的精神激励机制，民营企业应该吸收、借鉴这方面的成功经验。②在经济性激励因素方面，过分注重奖金的激励作用，对基本工资以及社会保障等方面的保健功能重视不够。激励因素是提高大家积极性的重要因素，但保健因素也是非常关键的，如果保健因素不到位而引起员工不满意，那么激励因素是很难发挥效力的。③忽视对员工进行培训的激励作用。对员工进行培训是一种非常重要的激励方式，但在民营企业中，这方面往往做得不系统。很多民营企业对员工缺乏系统的培训安排，不能结合公司人力资源战略及员工职业发展路径对员工进行有针对性的培训，岗前培训往往缺失。④对员工岗位晋升、降职的激励随意性大。岗位晋升的正激励作用与岗位降职的负激励作用在民营企业中得到了广泛应用，但在使用过程中，岗位晋升、降职随意现象比较常见。员工岗位晋升、降职随意性大的危害是很严重的，用人不当会给企业带来严重损失，一方面可能因业务开展不力出现损失；另一方面抓不住稍纵即逝的机会也会给企业带来机会损失。更为严重的是，这种现象的后果是降低激励的效果，无论是对岗位晋升的激励还是对岗位降职的处罚，员工都不会感到那么严重，激励效应大大降低，这对组织是长远和致命的损害。

第五节　风险机制

风险机制是指风险与竞争及供求共同作用的原理，在利益的诱惑下，风险作为一种外在压力，同时作用于市场主体，与竞争机制同时调节市场的供求。风险机制是市场运行的约束机制。它以竞争可能带来的亏损乃至破产的巨大压力，鞭策市场主体努力改善经营管理，增强市场竞争实力，提高自身对经营风险的调节能力和适应能力。风险与竞争密不可分，没有竞争就不会有风险，没有风险也不需要竞争。竞争存在着风险，风险预示着竞争，两者密不可分，以致有时人们把它们合在一起，统称为风险竞争机制。

一、国有企业的风险机制

在市场经济条件下，国有企业在经营管理中面临着各种各样的经营风险，经营风险分为内部和外部两方面，内部风险一般包括合同风险、质量风险、安全风险、财务风险等，外部风险则包括市场风险和外部环境变化风险等，下面以合同风险、质量风险、财务风险和市场风险为例，详细分析如下：①合同风险。在国有企业的经营管理中，签订合同、履行合同是企业的经常性事务，但是由于合同管理体系不健全，制度不完善，从业人员对市场与合同、合同与合同管理两对关系缺乏认识等原因，会给企业的管理带来很大的风险。如在合同签订阶段出现的合同主体不当、合同文字不严谨、合同条款不全面有漏洞、违法签订的无效合同等风险，如果企业不重视这种风险，不去想办法应对，就可能因此承担违约责任，对企业的信誉和日后的发展都造成巨大的不利影响。②质量风险。随着消费者自身权益意识的提高，对产品的质量要求也越来越高，企业如不重视商品质量，可能对消费者身体甚至生命造成威胁，对企业自身也会带来致命性的打击。③财务风险。财务风险是指企业在各种财务活动中，由于制度管理上的不健全、监督不到位，可能会出现虚构支出、公款私用等严重影响企业正常财务管理的现象，这就需要国有企业在管理中勇于面对，并通过制度的设计、监督的强化来降低财务风险。④市场风险。市场风险表现在两个层次：一是市场竞争，企业在特定行业、特定地域，必然面临竞争，这种竞争可能使企业进一步改进自身从而增强竞争力，也可能使企业陷入其中，被其他企业吞并或由于没有竞争力难以为继。二是市场行情，这主要是指企业面对的经济形势，如所需原料短缺，可能就会增大企业的生产成本，企业不得不提高价格来购买材料生产。

风险防控机制涵盖了国有企业经济活动事前和实施阶段等全过程。实行企业领导责任和法律顾问职责制，主要包括风险评估、风险防控措施确定与实施、后评价、责任追究等环节。针对国有企业在经营管理中风险防控机制的应用来说，其主要运作流程有以下几步：一是找准风险点，完善风险防控措施，提高风险应对化解能力。每拟定一个经营项目，企业都要对拟开展项目、项目签订合同，直至项目实施过程，进行风险评估。着重从项目可行性、工程技术、劳务队伍、施工组织、安全、效益、合同等方面，找出项目时段和节点易发风险，并制定相应防控措施，形成风险评估报告。做到未雨绸缪、防范有措。二是进行风险防控后评价，进一步完善项目风险防控体系。按照“检验、完善、提升”的目标，经营项目运营结束后，运作企业要对项目风险评估和防控成效进行综合评价分析，查找不足、总结经验，倒逼风险防控体系进一步完善，不断提升风险管控水平。实现规范管理、有效管理。三是实施责任追究举措，落实责任，传导压力，确保风险防控机制落到实处。对项目发生风险，造成经济损失的，严格按照有关规定、办法进行处理，同时还将追究主要负责人员责任，做到责任究底、制度闭合。

具体来说，风险机制在国有企业经营中的重要性主要有：①在国有企业经营管理中进行风险防控可以提高国有企业经营决策的准确性。对于国有企业的发展来说，每一个经营活动的决策是最为核心的一个内容，经济决策的准确与否直接关系到企业的发展大计，以及国有资产的是否流失，而经营活动事前开展风险评估，分析风险级别和企业承受能力，就能为合理决策提供翔实的资料和数据支持，进而保障其具体决策是在充分了解企业综合实力及其风险承担能力的基础上进行的，最终确保经营活动决策的准确性。②在国有企业经营管理中进行风险防控可以提高企业应对风险的综合能力。风险存在于企业日常经济活动的方方面面，一套完善的风险评估和防控措施，是企业未雨绸缪、有序应对、平稳运行、高效经营的关键。通过科学、有效的风险评估与防控措施的实施，能在很大程度上做到防患于未然，达到规避风险或最大限度地减少风险造成的损失，并对风险损失及时、有序、合理地进行善后，最大可能地减少利益损失。在项目结束后，对项目实施过程风险评估、措施制定有实施控制等成效进行后续评价、经验总结，反过来不断完善风险防控体系，从而进一步提高国有企业应对风险的能力。③在国有企业经营管理中进行风险防控也是企业了解市场需求的一个重要途径。只有企业能够准确地把握好市场需求，才能够有助于企业在未来的发展中稳步向前推进。在企业经营管理中，通过对经济活动开展相关法律法规、社会环境、政府政策、生态环保、民情民意等方面的多维度风险数据收集、分析、评估，在一定程度上反映出市场的走向情况和需求状况，才能让企业少走弯路、规避损失，进而提高企业管理和发展的效率。

二、民营企业的风险机制

民营企业在经营过程中，遇到的各种风险主要来自以下几个方面：①筹资活动。企业资金的来源主要有投资者投入、银行贷款、发行债券和股票及商业信用等，但每一来源都有各自的风险，如投资者投入资金，可能会由于某些特定的因素而使资金不到位，而外商投资企业更会由于汇率变动造成资金投入的损失；银行贷款方面，可能会因为国家宏观调控因素或银行本身投资方向的变化而使贷款落空；对于发行债券，会受到市场投资方向多元化的竞争冲击，使资金的筹措受到影响；商业信用是企业生产资金的重要组成部分，企业产品滞销会影响企业商业信用的正常利用。②投资活动。企业进行投资活动时，往往存在许多不确定的因素。从企业本身来说，可能由于过高估计预期投资回报，而未来投资回收期延长，甚至最终导致无法收回全部投资的可能性，这就是投资风险。投资风险直接影响企业的资金使用效益。③经营活动。企业在生产经营活动中，由于各种不确定因素的存在，企业的生产经营活动有可能达不到预期的目标。这种经营活动中的不确定性也是一种风险，它涉及企业生产经营管理的各个方面，包括市场销售，如市场需求、市场价格、企业可能生产的数量不确定；生产成本，如原材料的供应和价格、工人和机器的生产效率等都是不确定因素；生产技术，如设备事故、产品质量发生问题、新技术的出现等情况无法预见。④偿债活动。企业所借债务必须按期还本付息，这些债务的偿还，可能会造成企业资金短缺，使企业发生暂时的财务困难；甚至由于企业负债过重，到期无力偿还，发生债务危机，严重时很可能会导致企业破产。⑤结算活动。由于商业信用政策的广泛使用，在企业间的款项结算过程中，就会产生结算风险。结算风险主要来自赊销，赊销本是一种商业信用，但由于用户资金暂时短缺，或由于不适当的现金折扣，或由于结算方式不当，均可能使企业的应收账款不能完整收回，使应有受益受到损失。⑥渠道建设。一些企业在刚开始创立时，没有建立自己的销售渠道，而是通过代理商出货。但是如果企业成长起来以后，还是没有自己的销售渠道，就会受制于人，产生很大的市场风险。⑦经营环境。经济趋势的变化、市场需求的变化、经济增速的变化，会影响对产品的需求状况。由于生活水平的提高以及技术进步和技术创新的原因，产品特别是电子信息产品必须不断更新换代。汇率的变动和国际经济环境的变动，会对产品出口造成重大影响。市场需求在不断变化，如果不能跟上市场变化的节奏，就会面临被市场无情淘汰的风险。⑧资本经营。目前，不少企业关注兼并与收购的短期财务效益，而较少考虑对企业核心竞争力的贡献。但从长远发展来看，这样的并购并没有多大价值，反而增加了经营的风险。

民营企业经营风险管理的程序经营风险管理的一般步骤是：识别、评估、监督、控制及缓解。选择一个恰当的定义是应对经营风险的前提，在此基础下，才可以进行经营风险的衡量与识别。相反地，如果缺少相关的风险定义，就不能使风险管理工作正常进行，容易造成风险管理者之间责任的混淆与意见的分歧。衡量是更好地管理经营风险必不可少的步骤。在对经营风险进行识别之后，就需要对其进行衡量，但在很多情况下，经营风险并不能够被精确测算，这时候就要估计经营风险。估计的方法分为从上至下模型与从下至上模型。应对风险的措施有风险接受、风险降低、风险规避和风险转移等，管理当局应该根据企业的实际经营情况、风险评估结果，以及自身的风险承受能力，采取一种或多种手段控制风险，把损失降到最低。

第五篇
中国与世界合作发展的政治经济学

第十八章　新时代大国经济的独立发展及与国际经济的合作共建

"一带一路"新时代下的中国是发展中大国的典型代表。因此，研究大国经济发展的特征和规律是我国的义务和责任，而且能够为其他国家的经济发展提供理论指导。自20世纪90年代以来，中国学者针对大国经济的特征、大国经济国际贸易等问题进行了大量的研究。在总结已有研究的基础上，本书从大国经济特征、大国经济发展必须参与国际贸易、构建人类命运共同体三个方面阐述以中国为代表的大国经济。

第一节　大国经济的特征

一、国内需求的规模大且较为稳定

马克思理论视角下，规模生产具有比较优势，大国国内市场越大，越容易实现企业或产业规模经济优势。大国人口较多，较多的人口决定了国内庞大的消费需求，这种庞大的国内需求推动了大国经济高速持续增长。①2017年世界人口排名前3名的国家分别是中国、印度、美国，这3个国家在2017年的世界GDP排名中分别位列第2、第1、第7，相关数据统计表明，这3个国家消费对GDP的贡献率都超过了60%，大国庞大的消费人口产生了巨大的消费需求，这种需求在很长一段时间内具有稳定性。

① 欧阳峣，生延超，易先忠．大国经济发展的典型化特征［J］．经济理论与经济管理，2012（5）：27-34.

当面临外部风险时，大国市场的巨大需求规模大大增强了大国经济应对市场冲击的能力。当面临经济危机、市场风险时更容易应对。2008 年的国际金融危机，世界各国市场都受到了比较大的冲击，但是中国、巴西、印度等发展中大国依靠自身强大的国内需求能力，很好地应对了这次金融危机。面对这次金融危机，我国政府针对国际消费市场的疲软现象，挖掘国内消费市场潜力，提出了刺激经济增长的“4 万亿计划”，这个经济刺激计划在全球金融危机的大背景下，大大促进了国内经济增长，不仅帮我国平稳渡过了金融危机，还在一定程度上了完善了各地的基础设施，提高了人民生活水平。这说明大国经济的庞大规模保证了大国需求的持续性，使得大国经济具有稳定性的特征。

二、生产要素的差异性与较高的适应性

大国首先具有广袤的国土面积，这就为国家储备了丰富的生产要素，而且具备了种类不同的生产要素。而各国间要素禀赋的相对差异以及生产各种商品时利用这些要素的强度的差异是国际贸易的基础，强调生产商品需要不同的生产要素，如资本、土地等，而不仅仅是劳动力；不同的商品生产需要不同的生产要素配置。以我国为例，在 960 万平方公里的土地上，东中部地区具有广阔的平原地区，为发展大规模农业提供了基础，北部地区拥有的丰富的矿产资源为工业的发展提供了资源保证，东部沿海地区紧靠大海，大大方便了与国际大国的贸易，具有良好的区位优势，东部地区具有技术优势，西部地区具有劳动力优势，因此在我国广袤的国土上分布着差异显著的生产要素，而且每个地区的生产要素禀赋具有自己的特征。

大国要素禀赋差异性使得大国经济可以发展不同的产业门类，应对各种经济形势都具有较高的适应性。改革开放以后，面对世界市场的飞速发展，我国东南沿海利用自己优良的区位优势积极与世界市场接轨，同时利用丰富的劳动力优势来吸引外资，经济逐步增长为全国领先地区，然后再利用自己的技术优势进一步巩固自己的发展成果。而我国中西部地区在发

展初期则利用自己的资源优势发展资源依赖性较高的产业，发展到一定阶段以后再承接沿海地区的产业转移，在国家各个地区形成不同的产业格局、不同的经济发展阶段。这使得我国经济面对国际市场竞争具有较强的适应性，可以针对不同的国际市场行情适时调整对外贸易策略，以保证国家能够在国际市场竞争中具有较大的优势，从而持续推动大国经济发展，并在面对不同发展阶段的经济时都可以从容应对。

三、国民经济体系独立完整

大国具有广袤的国土，广袤的国土是丰富的地理环境的基础，我国960万平方公里的土地上有各种各样的地形、各种各样的气候、各种各样的矿产资源，平原使得国家可以发展大规模农业，丰富的矿产资源可以发展大规模的工业，气候不同的环境为旅游业的发展提供了基础，这使得大国可以建立门类齐全、相对独立的国民经济体系，保障经济独立稳定运行。第二次世界大战后，中国、俄罗斯、印度、巴西等都建立了完备独立的国民经济体系。中国、印度、巴西等发展中国家近年来经济增长迅速，联合国数据统计2017年世界经济平均增长率为3%，但是中国、印度、巴西三国的经济增长率都远高于世界平均水平，这与大国丰富的要素禀赋与完整的国民经济体系具有非常大的关系。

大国规模经济对生产要素的需求量巨大，如果对外部市场具有较大的依赖性，这等于是将国家命脉放在别人手里，一旦世界形势发生变化，国家面临震动，这时候国家没有完整的国民经济体系的弊端就会暴露得非常明显，因此，大国经济发展的生产要素虽然不能完全依靠自己的要素供给来保证经济增长，但是在资源需求上要建立必要的储备制度，以保证自己的经济命脉不受外界资源控制的影响。同时，由于生产量和资金需求相当大，不能完全依靠对外贸易来解决产品出路问题，不能完全依赖引进外资来解决生产投入问题，必须激活国内资本市场，依托国内消费市场实现经济的平稳及持久增长。大国建立独立完整的国民经济体系是保证国家未来长远发展的必要措施。①

大国经济所拥有的完备的产业体系保证了大国具有灵活的产业空间布局，这可以在很大程度上帮助大国建立完整的独立的国民经济体系。建立独立完整的国民经济体系是毛泽东思想的重要组成部分，从“一五”时期开始到1976年的20多年里，尽管经历了一些经济发展的挫折，但是这个时期中国经济的发展速度仍然是比较快的。1953—1978年的25年间，工农业总产值平均年增长率为8.2%，其中工业年均增长11.4%，这一时期最大的建设成就，是基本建立了独立的、比较完整的工业体系和国民经济体系。新中国成立后我国遵循“独立自主”的方针，建成了门类比较齐全的工业体系和独立完整的国民经济体系。完整的国民经济体系使得国家经济具有更强的风险应对能力，因为完整的国民经济体系使得国家在发展过程中可以保证生产链的各个阶段都具有一定的技术能力，生产链的某一个环节具有较强的优势时，可以带动整个行业的发展。当面临国际市场竞争的时候，大国经济具有的基于自己完备的国民经济体系，根据世界市场的变化可以选择不同的竞争策略，以保证自己竞争优势的持续性。

四、区域经济的互补性与差异性

大国具有独立完整的国民经济体系，国家行业门类齐全，生产链的各个环节都有涉及。各个区域利用自己的经济优势发展自己的特色产业，例如，在我国东部沿海地区发展高端服务业和技术优势要求较高的IT行业等第三产业，而在我国西部地区利用自己的劳动力优势发展手工制造等行业，矿产资源丰富的西南和东北地区则可以利用自己的资源优势发展工业，而在青海、内蒙古等地区则可以发展畜牧业。因此，每个地区经济发展形势都有自己的特色，区域之间的这种差异使得区域经济具有很强的互补性。②

① 章昌裕．全面参与国际经济合作大国转型的必然选择[J]．国际经济合作，2011(9)：6-9.

② 钟龙彪．中国的全球经济治理机制变革观与实践[J]．中共天津市委党校学报，2014(4)：49-56.

大国区域经济的互补性和差异性在很多国家都有体现，例如，美国东北地区的波士顿—华盛顿地区的主导产业是金融、传媒、生化，五大湖地区的芝加哥—匹兹堡地区的主导产业是制造业、运输业、商业房地产、零售业等，南加利福尼亚地区的主导产业是娱乐、金融、生物技术、数字化技术等，佛罗里达地区的主导产业是旅游、健康保健、贸易、房地产开发等。德国莱茵—美因经济区包含了法兰克福、威斯巴登和美因兹等大城市，是德国的工业中心；汉诺威经济区的主要产业是服务性的第三产业；纽伦堡经济区的主要产业是机械制造、电子、新闻传播和印刷等；慕尼黑经济区是德国高科技中心，是IT产业以及通信技术领域、媒体经济、金融、生命科学的引领地区；杜塞尔多夫经济区是信息通信技术、媒体和广告业的中心；柏林经济区是德国政治文化中心，旅游和博览是该地区的经济强项；汉堡经济区是德国的航运中心，也是德国北部的经济中心；斯图加特经济区，是德国的汽车制造业中心，几大汽车公司如戴姆勒—克莱斯勒（Daimler Chrysler）、保时捷（Porsche）和尼奥普兰（Neoplan）都居于此。

五、多元性和层次性的经济结构

美国非营利智库全球发展中心（Center for Global Development）高级经济学家艾伦·吉尔布（Alan H. Gelb）、英国兰开斯特大学教授理查德·奥蒂（Richard M. Auty）于20世纪八九十年代之交率先提出“资源诅咒”这个概念。绝大多数研究结果认为，丰富的自然资源通常会阻碍经济的快速增长。近年来的研究认为，资源是“陷阱”还是上天的“恩赐”，完全取决于该国的制度安排。丰富的自然资源为国家经济发展的多元化提供了保证，增强了国家的竞争优势。大国生产要素种类齐全、数量大，使得经济发展结构呈现出典型的多元性特征。一是地区的多元性。大国地区差异大，各地自然资源、人力资源、技术条件和社会经济条件不同。二是市场的多元性。经济发展水平和体制机制的差异，使大国经济发展过程中形成了典型的市场多元性特征。资源丰富带来的这种多元性经济在一定程度上促进了经济的发展。

大国经济除了多元性特征，还具有层次性的特征。大国因为广大的国土面积导致国家的各个地区的经济发展处于不同的阶段，具有层次性的特征。各地区生产要素优势的不同，形成了产业间的不同分工。例如，我国沿海地区主要发展第三产业，中西部地区则主要发展第一产业和第二产业。不仅产业间存在分工，产品内部也存在分工。例如，制造业的手工制作主要在劳动力资源丰富的地区完成，而营销和设计等环节则在技术优势明显的地区完成。大国不同地区的经济发展阶段的不同，使得大国经济不同地区的经济发展方式不同，大国经济具有明显的层次性。

六、实验性与渐进性的制度创新

大国幅员辽阔、人口众多，任何对经济的细微调整都会影响到众多人的利益，因此，采用实验性和渐进性的制度创新是大国经济发展的必然道路和典型特征。以我国为例，改革开放后我国农村经济的发展前景并不明朗。在这关键的时刻，安徽小岗村村民通过实施分田到户的政策大大激发了广大农民的积极性，粮食产量大幅增加，人民生活水平大大提高，但是这种生产方式是否也适合更加广泛的地区并没有明确的答案。于是我国首先在安徽省试点施行分田到户的家庭联产承包责任制，发现这一制度适合我国农村的经济实际，可以最大限度地解放生产力，于是在全国推行了这一制度。历史的经验告诉我们，家庭联产承包责任制是适合我国农村经济发展的，并帮助我国农村经济获得了较快的发展。但是要注意的是，中国渐进式经济改革的特殊性在于中国的渐进式改革以社会主义宪法制度为基础并与这种宪法制度的逐步改革结合在一起，改革的目标是建立社会主义市场经济，改革的指导思想是“一个中心，两个基本点”。

20 世纪 90 年代，面对内忧外患的国情，苏联在没有试点的情况下，决定在全国实行资本主义制度，因为苏联并没有采取试点的办法来推行这一制度，导致苏联原本就已经摇摇欲坠的政府轰然倒塌，一个曾经的世界大国顷刻之间土崩瓦解。最终的结果不仅导致苏联解体，而且解体后的俄罗斯在很多年后的今天，经济实力依然不能与其政治大国的地位相匹配。

对比中国和苏联可以看出，大国经济的制度创新必须是实验性与渐进性的，否则产生的后果难以预料。大国国情复杂，国家发展过程中的重大决策必须经过实践的检验才能最终推广实施，一味地从上到下推行，一旦政策与国情不符，造成的后果是非常严重的。

第二节 马克思社会分工理论视角下的大国发展与国际贸易分工

马克思提出社会分工是在自然分工的基础上形成的社会范围内的分工，国际分工是社会分工跨越民族国家界限而形成的国与国之间的分工，是社会分工发展到一定历史阶段的产物。16 世纪初，地理上的重大发现及随之而来的殖民开拓，开始了最早的国际分工。机器大工业的产生和资本主义垄断的发展，形成了世界范围内“工业欧美、原料亚非拉”的分工格局。第二次世界大战后，科学技术革命的推动、跨国公司的发展、超国家的经济一体化组织的出现，使国际分工大大深化。

国际分工是国际贸易和世界市场的基础，国际贸易和世界市场随着国际分工的发展而发展。正是因为各个国家分工的不同，才会存在贸易，假如世界各个国家生产的东西全部是相同的，也就不会存在分工，不会存在贸易。随着经济全球化的发展，当今世界各国都是世界市场中的一个组成部分，各个国家都有自己的比较优势。发达国家相较于发展中国家拥有更多的技术优势和资本优势，因此在国际贸易中主要出口高技术产品。但是发达国家的人力成本较高，因此发达国家在国际贸易中进口的手工制品比较多。相较于发达国家，发展中国家拥有更加丰富的劳动力资源，因此发展中国家出口较多的手工制品和劳动密集型产品。但是发展中国家因为起步较晚，在高精尖等高技术行业没有自己的优势，因此发展中国家会进口比较多的高精尖产品。当然并不是说发达国家之间就没有贸易，发达国家的贸易体现在不同的产品种类上，例如，美国的 IT 行业位于世界前列，其向发达国家出口较多的 IT 产品，而德国的工业制造比较发达，其会向其他发达国家出口高端工业制品。各个国家都会最大限度地利用自己的比较优势，向其他国家出售其具有比较优势的产品，进口其没有比较优势的产品。各个国家都会根据自己的比较优势、产业结构以及国际市场需求，调整自己的发展战略。

中国作为一个发展中大国，国家的发展必须参与到国际市场竞争中去。改革开放 40 多年来，我国积极、全面参与国际贸易，40 多年的对外开放和积极参与国际经济合作，使得中国从国际市场中获得了很多技术优势和管理优势。近年来，随着我国经济的飞速发展，越来越多的国家针对中国挑起各种贸易争端。中国作为一个大国，我们不应该选择逃避全球化，必须利用自己的比较优势，展现自己负责任大国的态度，向世界各国开放合作的大门，只有这样，中国的经济才能进一步发展。

一、坚持对外开放的国家战略

坚持对外开放、走开放大国道路是中国的长期国策，从改革开放以来我国就一直坚持对外开放，中国正在成为国际舞台上不可或缺的关键力量，中国负责任的大国形象也越来越得到世界各国的欢迎和认可。近年来，随着英国脱欧、美国特朗普上台等一系列事件的发生，经济全球化的趋势有所减缓，但是我们应该认识到，经济全球化是不可阻挡的国际形势，中国应该坚持走对外开放的道路。

但是在坚持对外开放的过程中必须做好独立自主发展，独立自主发展与世界互动的辩证关系应得到正确处理，既需要进一步扩大开放领域，利用世界市场广泛的管理、技术优势，发展本国比较优势薄弱的行业，也应该注重吸收西方发达国家的先进经验，这样才能在开放的过程总使自己立于必败之地。我们应该看到，中国实行改革开放 40 多年来，我们虽然在国际市场竞争中遭受了很多不平等的待遇，以美国为首的发达国家多次对中国出口产品进行经济制裁，使得我国的经济遭受了一定的损失。但是我们也应该看到，正是在与国际市场的交流合作中，我们才有了今天的飞速发展的经济，历史已经证明，封闭自我发展最终都会使国家落后于世界经济发展的潮流。因此，中国必须坚持对外开放，全面参与国际经济贸易，只有这样中国才能不断进步，不断发展。

二、积极参与全球经济治理和国际决策

第二次世界大战结束后，经济全球化已经成为不可阻挡的世界潮流。各国家都在努力在世界舞台上为自己国家争取更大的话语权，新中国成立后我国作为一个落后国家，在世界经济发展中基本上没有话语权，很多国际经济治理制度和决策都没有中国的参与。改革开放后，我国越来越意识到积极参与全球经济治理的重要性，在这个大背景下，我国积极加入世界贸易组织，并努力为发展中国家争取更多的利益。

近几年，中国经济获得了飞速发展，中国已成为世界经济体中的重要组成部分。中国作为一个发展中大国，在国际舞台上发挥着越来越重要的作用，亚投行的建立、“一带一路”倡议的提出、全球命运共同体概念的提出，使得中国“负责任大国”的形象更加突出，中国以大国姿态积极、主动参与全球经济治理和国际决策合作机制，包括制定和修改国际政治、经济、金融、安全规范，引导和推动区域合作进程，加快实施自由贸易区战略，深化同新兴市场国家和发展中国家的务实合作，争取在国际事务中发挥积极重要作用，为发展中国家争取更多的利益。①

但是在相互依存的世界中，中国的强盛也引起一些国家（尤其是周边国家）的抵触情绪，因此，面对国际市场的各种针对，中国必须注意在设计中国未来经济发展和与世界经济互动的战略蓝图时，将中国与其他国家的依存关系体现得更为清晰。

三、投资带动全球资本合作

冷战结束后，世界政治格局发生了剧烈变动，以美国、欧盟、中国、

---

① 郭锐，王彩霞．推动构建人类命运共同体的中国担当[J]．中国特色社会主义研究，2017(5):54－56.

俄罗斯为代表形成了世界政治多极化的格局。而在经济上以美元为核心的世界经济体系也一步步走向瓦解，经济全球化已经成为不可阻挡的历史潮流。面对经济全球化的世界潮流，我国作为一个经济迅速发展的经济大国，必须积极参与全球资本合作，这样才能在梳理历史发展潮流中推动经济持续发展。

世界发展的历史证明，强国的成长之路离不开资本输出，在当前中国经济不断增长的趋势下，对外投资已经成为中国经济不断发展的必由之路。单纯的商品输出所赚取的利润是很少的，必须通过投资才能更进一步带动经济的发展。近些年来，我国出现了越来越多的大型跨国企业，加大了对国外的投资，截至2016年年末，中国对外直接投资分布在全球190个国家（地区），境内投资者设立对外投资企业3.72万家，覆盖全球超过80%的国家（地区），境外企业资产总额达5万亿美元。中国对外直接投资金额达1701.1亿美元（11299.2亿元人民币），同比增长44.15%，投资额和增速均创历史新高，并且较当年实际利用外资1260.01亿美元超出441.1亿美元。对外直接投资已经高于实际利用外资的35%，中国成为产业资本的净流出国。[①] 而且投资领域也不再局限于租赁和商务服务业、批发和零售业、制造业、交通运输仓储和邮政业、金融业、农林牧渔业、采矿业等传统产业，对外投资产业结构进一步优化，近年来，科学研究和技术服务业、信息传输软件和信息技术服务业、教育、医疗、社会公共服务设施等领域的投资增长较快。

四、积极参与国际价值链分工体系

“微笑曲线”理论源于国际分工模式由产品分工向要素分工的转变，“微笑曲线”中间是制造；发展中国家相较于发达国家起步较晚，缺乏核心技术，处于全球价值链的低价值环节。以中国为代表的发展中国家很多时候都是赚取产品生产中极低的利润，借用发达国家的品牌来销售自己的

---

① 王广谦．中国对外投资与引进外资的新变化及政策建议[J]．金融论坛，2017（7）：4.

商品，这就使得发展中国家在国际贸易分工体系中占据着极其不利的地位。“微笑曲线”的左边是研发，属于全球性的竞争，老牌发达国家的产品生产处于这一位置，处于全球价值链分工的高价值环节。它们拥有先进的技术，占据着价值链的高价值环节，利用自己的技术优势来赚取高额的利润。这种全球价值链分工的存在，使得发展中国家和发达国家在国际贸易中很难拥有平等的地位和话语权。

改革开放40多年来，我国的经济发展取得了很大的成就。2010年中国GDP总额超越日本，成为全球第二大经济体。近年来，亚洲基础设施投资银行的成立、“一带一路”倡议的落地实施等一系列重大事件都表明了中国为全球经济发展所做的贡献。虽然取得了这么多的成就，但我们必须要知道，我国现在仍然只是一个“经济大国”，距离“经济强国”还有很长的一路段要走。我国仍然处于“微笑曲线”的中间环节，虽然在一些领域我国已走在世界前列，处于“微笑曲线”的高利润的研发端。但是我们应该明确，这样的领域只是国民经济体系中的一小部分，这是远远不够的。最近“美国制裁中兴”事件让我们看到了我国科技领域的薄弱，中兴作为我国通信领域的龙头企业之一，面对美国商务部的制裁都显得那么无力，这是我国技术领域薄弱最直接的体现。我们必须深刻认识到，虽然我国的经济发展已经取得了巨大成就，但是我们与发达国家的差距还很大，当前的成就不值得我们沾沾自喜。

积极参与全球价值链分工体系是我国顺应经济全球化浪潮的必然选择，也是我国经济进一步发展的必然选择。只有积极参与全球价值链分工体系，我国才能在与世界发达国家的贸易中不断学习它们的技术优势，通过学习不断努力走向全球价值链中的关键环节，为我国的国际贸易增加竞争优势。只有我国掌握了关键技术，处于全球价值链分工体系中的关键环节，我们才有可能在国际贸易中拥有自己的话语权和竞争优势，才能参与国际贸易制度、政策的制定。因此，未来的发展中，外部学习与自力更生相结合，积极调整产业结构，积极参与全球价值链分分工，在新一轮的国际价值链分工中努力占据全球价值链中的关键环节，是我国从经济大国走向经济强国的必然道路。

第三节　以中国为代表的大国构建“人类命运共同体”的实践与经验

大国经济的发展依赖经济全球化，但是近年来以英国脱欧、特朗普当选及意大利修宪公投失败等为代表的事件表明了西方国家对全球化浪潮的阻碍，全球化进程已明显出现了转折。但是以中国为代表的大国认识到全球化是世界经济发展不可逆转的必然趋势。虽然当初美国提出和推行全球化是为了达到其霸权主义目的，但全球化的发展并不完全以美国的意志为转移，尽管当今世界面临各方面的复杂挑战，但所有这些挑战并没有改变人类整体化的发展趋势，当前，人类整体利益不是减少了，而是大大增加了。因此，构建“人类命运共同体”是维护世界各国人民整体利益的选择。“人类命运共同体”旨在追求本国利益时兼顾他国合理关切，在谋求本国发展中促进各国共同发展。今天的世界是一个整体，没有任何一个国家可以独立于这个整体而存在，任何一个国家的存在都需要依靠其他国家，未来的世界这种联系会更加紧密。

近年来，随着我国综合国力的不断增强，我国在世界舞台上承担的责任越来越大，作为一个负责任的大国，维护世界人民的整体利益，是中国最为一个负责任大国的责任。在当前出现世界经济全球化受阻的大背景下，我国作为一个发展中大国，毅然决然地走全世界开放交流、全世界共同发展的道路。“人类命运共同体”的概念就是我国率先提出的，我国不仅提出了未来世界发展的理念，还积极推动世界经济全球化，成立亚洲基础设施投资银行，为亚洲的整体发展做出贡献，提出“一带一路”倡议，让世界各国搭上中国经济发展的“列车”。我国在推动构建“人类命运共同体”的进程中取得了丰硕成果，并在这个过程中获取了丰富的经验。

一、中国推动构建“人类命运共同体”的实践进展与成果

世界各国同处一个地球，只有建设“人类命运共同体”，使得世界各

国意识到人类具有共同的命运，世界各国才能和平发展。虽然当今世界仍存在地区冲突、宗教战争等不和平的因素，但是和平与发展仍是当今世界发展的主要趋势。因此，构建“人类命运共同体”是世界和平发展的重要途径。2011 年《中国的和平发展》白皮书提出，要以“命运共同体”的新视角，寻求人类共同利益和共同价值的新内涵。这一概念的提出是“人类命运共同体”概念的雏形，随着这一概念的发展，“人类命运共同体”这一概念逐渐被大家所熟知。2017 年 10 月 18 日，习近平总书记在党的十九大报告中提出，要坚持和平发展道路，推动构建“人类命运共同体”。[①] 这使得“人类命运共同体”这一概念正式成为我国为世界和平发展做出的重要理论贡献。在这一概念的指导下，我国积极搭建全球伙伴关系网络，积极倡导“一带一路”，使得“人类命运共同体”这一概念成为世界各国共同奋斗的目标。

（一）搭建全球伙伴关系网络

“人类命运共同体”构建的关键在于国家之间建立包含国家关系、安全建构、经济发展、文化包容、生态保护等诸多内容的全方位多层次的立体化的合作体系。在这个过程中，搭建全球伙伴关系网络是构建“人类命运共同体”的基础。

2011 年，中国与俄罗斯合作领域更加多样，为了更好地体现这一点，双方一致同意在原本已经确定的“战略协作伙伴关系”前加上“全面”二字，这标志着中俄两国建立了“全面战略协作伙伴关系”，这进一步深化了两国的合作发展关系。2015 年，我国与巴基斯坦确定了“全天候战略合作伙伴关系”。2008—2012 年，我国分别与越南、老挝、柬埔寨、缅甸、泰国确立了“全面战略合作伙伴关系”。2013 年我国与印度、韩国、土耳其、阿富汗、斯里兰卡确立了“战略合作伙伴关系”。2014 年，我国与德国确立了“全方位战略伙伴关系”，与比利时确立了“全方位友好合作会伙伴关系”。2016 年，我国与瑞士确立了“创新战略伙伴关系”。仅在

① 刘建飞．中国特色大国外交的时代特色[J]．国际问题研究，2017(2)：41.

2016 年，中国就与 7 个国家新建立了伙伴关系，与 11 个国家提升了伙伴关系定位。截至 2016 年年底，中国与 97 个国家和国际组织建立了不同形式的伙伴关系。中国与世界各国广泛建立伙伴关系，形成了紧密的全球伙伴关系网络，这是我国构建“人类命运共同体”的重要一步。①

（二）“一带一路”建设成果显著

“一带一路”建设是在周边范围和地区层面落实推动构建“人类命运共同体”倡议的具体实践。2013 年，我国政府率先提出了建设“新丝绸之路经济带”和“21 世纪海上丝绸之路”的国家级合作倡议。这一倡议一经提出就在全世界引起了巨大的反响。2015 年 3 月 28 日，国家发展改革委、外交部、商务部联合发布了《推动共建丝绸之路经济带和 21 世纪海上丝绸之路的愿景与行动》，这标志着我国愿与“新丝绸之路经济带”和“21 世纪海上丝绸之路”走共同发展的道路，深化合作，建立一个开放的、包容的合作经济带，大力提高沿线发展水平，共同推动沿线国家的经济发展。②

“一带一路”倡议提出后，我国作为倡议的发起者，身先士卒，积极推动各项措施紧密落地。2015 年 12 月 25 日，亚洲基础设施投资银行正式成立。亚投行和丝路基金将通过为“一带一路”建设基础设施及其他生产性领域的投资，促进亚洲经济可持续发展、创造财富并改善基础设施互联互通。截至 2017 年年底，中欧班列累计开行近 7000 列；哈萨克斯坦南线天然气管道、马尔代夫惠民住房、中俄原油管道二线工程等 7 个大型项目竣工；中缅原油管道、蒙内铁路、萨茶尔风电项目等 19 个大型项目投产；中孟友谊八桥、阿穆尔天然气加工厂、巴西特高压输电项目等 17 个大型项目开工。2018 年是“一带一路”倡议提出 5 周年。5 年来，“一带一路”已经从理念转变为实际行动，成果丰硕。截至 2018 年 4 月，中国已与 86 个国家和国际组织签署了 101 份共建“一带一路”合作协议，涵盖基础设

① 吴潜涛．打造人类命运共同体的理论与实践[J]．社会主义核心价值观研究，2017(5)：11－12.

② 十件大事见证一带一路[EB/OL]．中国经济周刊，2017－05－29：23－24.

施、产能、投资、经贸、金融、科技、社会等合作领域。中国已和韩国、巴基斯坦、东盟、秘鲁、智利等24个国家或地区签署了16个自由贸易协定。5年来，中国与“一带一路”相关国家贸易总额累计超过5万亿美元。2017年中国与这些国家贸易总额增长达14.2%，增幅创6年新高。而2018年由多家研究机构联合发布的“一带一路”贸易合作大数据报告也显示，2017年中国自这些国家进口6660多亿美元，同比增长近20%，占中国总进口额近四成，进口增速首次超过出口。

（三）“人类命运共同体”倡议赢得广泛认可

“人类命运共同体”这一概念自提出以后就受到世界各国的广泛关注。我国作为这一概念的率先提出者，屡次在世界舞台上提出这一概念。2016年，习近平主席多次在国际会议上发表讲话，国内的外事会见更是频繁。这些外交活动，无不围绕“构建人类命运共同体”这个关键词进行。2016年金秋9月举行的二十国集团（G20）杭州峰会上，“中国声音”振聋发聩，“中国方案”响应者众。2016年年初开业的亚投行就是这样一个合作共赢、互惠互利的平台，习近平主席在亚投行开业致辞中说，亚投行要“成为构建人类命运共同体的新平台”。2017年1月，在联合国日内瓦总部，习近平主席在万国宫出席“共商共筑人类命运共同体”高级别会议，并发表题为“共同构建人类命运共同体”的主旨演讲，阐释了构建人类命运共同体的中国方案。2017年2月，联合国社会发展委员会第55届会议协商一致通过“非洲发展新伙伴关系的社会层面”决议，首次写入“构建人类命运共同体”理念。

不仅如此，我国还把“构建人类命运共同体”理念融入中国共产党的执政理念当中。国家主席习近平在党的十九大报告中为全人类共同的美好未来指引了方向。他呼吁：各国人民同心协力，构建“人类命运共同体”。我国还把这一概念写入宪法中。2018年3月11日，第十三届全国人民代表大会第一次会议通过的宪法修正案，将宪法序言第十二自然段中“发展同各国的外交关系和经济、文化的交流”修改为“发展同各国的外交关系和经济、文化交流，推动构建人类命运共同体”。

中国作为一个发展中大国，正在努力为世界和平发展而奋斗，正在为构建“构建人类命运共同体”而奋斗，“构建人类命运共同体”这一倡议将会成为世界和平发展的指南针，将会被越来越多的国家认可并付诸具体的实践。

二、推动构建“人类命运共同体”的中国经验

中国作为“构建人类命运共同体”的首倡者，不仅在国际舞台上多次提倡这一理念，而且通过构建广泛的全球伙伴关系网络和“一带一路”建设等重大实际行动推动这一理念变为现实。通过构建遍布全球的伙伴关系网络，中国为新型国际关系的开展和深化开辟了崭新的道路，丰富了我国的外交话语体系。以“习式外交”引领新型首脑外交，进行了外交领域的多项创新。同时，积极承担自己的国际责任，用实际行动推动构建“人类命运共同体”。①

（一）与世界各国发展合作关系

“人类命运共同体”是有着丰富内涵的思想体系，包含了很多与该思想相关的重大倡议，如新型大国关系、新型周边关系、新型伙伴关系、亚洲新安全观、新型义利观等。“人类命运共同体”的构建必须与世界各国紧密合作。2017 年，我国成功举办了“一带一路”国际合作高峰论坛，大力推动“一带一路”沿线经济发展。2017 年一年内，中美元首 3 次会晤，中俄元首 5 次会晤，中俄、中美关系稳定发展。党的十九大后，国家主席习近平出访越南、老挝，向周边国家透露了中国构建周边国家命运共同体的强烈信号。与非洲各国一起，协作落实中非合作论坛峰会的成果。通过外交手段和平解决了与印度边防部队越界的洞朗事件。我国与世界大国、周边国家、“一带一路”沿线国家、非洲国家等都积极开展各项合作，共同推动双方发展。

---

① 孟祥钰．亚洲命运共同体外交理念及中国的实践[J]．东方企业文化，2015(7)：354.

（二）“习式外交”引领新型首脑外交

相较于过去被动地按照国际和区域问题或议题开展外交工作，以习近平主席为代表的“习式外交”开展了多项创新，“习式外交”既展示了我国负责任大国的形象，又展示了我国发展中大国的形象。2015 年被称为中国的外交年，在这一年国家主席习近平几乎见遍了世界上主要国家的领导人，这一年习近平主席八次出访，足迹遍布亚洲、北美洲、欧洲和非洲的 14 个国家。2016 年，特朗普上台、英国公投脱欧、中菲南海争端、美韩部署“萨德”，“习式外交”作用再次彰显，帮助我国平稳渡过外交难关。2017 年，习近平主席会见外国元首 141 次，发表重要讲话 15 次，进一步扩大了我国的国家合作关系“朋友圈”。5 年来，“习式外交”引领新型首脑外交，推动我国与世界各国不断深化合作关系。

（三）发挥表率实干作用

为了推动“人类命运共同体”倡议变为现实，中国作为表率者积极行动，已取得了多项成果。2015 年 9 月 26 日，中国国家主席习近平在纽约联合国总部出席联合国发展峰会，习近平在讲话中宣布，中国将设立“南南合作援助基金”、中国—联合国和平与发展基金、气候变化南南合作基金，帮助其他发展中国家应对饥荒、难民、气候变化、公共卫生等挑战。2015 年，中国向联合国提交了应对气候变化国家自主贡献文件，为应对全球气候变化做出巨大努力，同时还积极推动自身可持续发展，大大提高了中国在全球气候治理中的话语权和引导力。中国还是联合国五大常任理事国中派遣维和军事人员最多的国家。中国正在发挥构建“人类命运共同体”中的表率实干作用，从多个领域出发将“人类命运共同体”的倡议变为现实。[①]

---

① 苑芳江．新时代马克思主义在中国的历史性飞跃[J]．学习与探索，2017(11)：2－7.

第十九章　新时代中国与世界经济合作的变迁及其特征

党的十九大报告中指出世界正处于大发展大变革大调整时期，这种形势为我们重塑国际关系格局提供了巨大空间和有利契机，结合中国特色社会主义进入新时代，我国需要在改革开放中，在同经济全球化相联系地建设中国特色社会主义。本章将诠释新时代中国与世界经济合作应当如何变迁，首先分析中国与世界经济合作方式的变迁，然后说明中国对外开放格局变迁，其次介绍新时代对外开放新格局，最后诠释新时代中国与世界对外合作的内容与形式，为新时代中国与世界经济合作变革指明方向。

第一节　中国与世界经济合作方式的变迁

中国与世界经济合作是国内经济关系的延伸，国家之间的经济关系是构成社会生产关系的重要组成部分。资本主义生产方式在促进生产社会化发展的同时，一方面可以增进各国之间的相互依赖，另一方面却形成了不平等的世界经济体系和经济治理体系。马克思、恩格斯早在19世纪就在著作中详细论述了自由贸易、世界市场等问题，并深刻揭示了经济全球化的本质和历史趋势。

一、马克思主义视野中的经济全球化

从生产力发展和资源配置的角度来看，经济全球化是生产社会化发展的更高阶级；经济全球化是生产社会化发展的必然趋势，对生产力的发展

有着巨大的推动作用。产业革命开始以来，机器化大生产的规模越来越大，生产的商品数量越来越多，当地市场难以消化，同时分工在部门间、国际不断深化，进一步促进了全球化的发展。“机器发明之后分工才有了巨大进步……从前结合在一个家庭里的织布工人和纺纱工人被机器分开了。由于有了机器，现在纺纱工人可以住在英国，而织布工人却住在东印度。在机器发明以前，一个国家的工业主要是用本地原料来加工……由于机器和蒸汽的应用，分工的规模已使大工业脱离了本国基地，完全依赖于世界市场、国际交换和国际分工。”① 国际分工在广度与深度上的发展，加速了商品、资金、信息和劳动力在全球范围内的流动，加快了知识、技术在国际的传播与扩散速度，拉近了各国之间的相互联系与依赖，并提高了全世界的资源配置效率，促进社会财富不断增长。

分工的产生促进了商品经济的发展，并不断推动经济规模的扩大，随着科技、交通工具的发展，实现了远距离运输与异地沟通，进一步令市场扩大为世界市场，“世界市场不仅是同存在于国内市场以外的一切外国市场相联系的国内市场，而且同时也是作为本国市场的构成部分的一切外国市场的国内市场”②。国内市场与国际市场的融合，打破了国家的界限，拉近了国与国的联系，促进了各国间的贸易往来，“由于开拓了世界市场，使一切国家的生产和消费都成为世界性的了……它们的产品不仅供本国消费，而且同时供世界各地消费……过去那种地方和民族的自给自足和闭关自守的状态，被各民族的各方面的互相往来和各方面的互相依赖所代替了”③，最终形成了经济全球化。

“只有这样，单个人才能摆脱种种民族局限和地域局限而同整个世界的生产（也同精神的生产）发生实际联系，才能获得利用全球的这种全面

---

① 中共中央马克思恩格斯列宁斯大林著作编译局，编译．马克思恩格斯选集：第1卷［M］．北京：人民出版社，1995：166.

② 中共中央马克思恩格斯列宁斯大林著作编译局，编译．马克思恩格斯全集：第30卷［M］．北京：人民出版社，1995：239.

③ 中共中央马克思恩格斯列宁斯大林著作编译局，编译．马克思恩格斯选集：第1卷［M］．北京：人民出版社，1995：276.

的生产（人们的创造）的能力”[①]，并且“随着资产阶级的发展，随着贸易自由化的实现和世界市场的建立，随着工业生产以及与之相适应的生活条件的趋于一致，各国人民之间的民族分隔和对立日益消失”[②]，这就是全球化的进步性和历史意义。

然而从生产关系的角度来看，经济全球化是资本主义生产方式在世界范围内的扩张过程。马克思看出，“创造世界市场的趋势已经直接包含在资本的概念本身中。任何界限都表现为必须克服的限制”[③]。“资本一方面要力求摧毁交往即交换的一切地方限制，征服整个地球作为它的市场，另一方面，它又力求用时间去消灭空间，就是说，把商品从一个地方转移到另一个地方所花费的时间缩减到最低限度”[④]。“不断扩发产品销路的需要，驱使资产阶级奔走于全球各地，它必须到处落户，到处开发，到处建立联系”。“资产阶级，由于开拓了世界市场，使一切国家的生产和消费都成为世界性的了……过去那种地方的和民族的自给自足和闭关自守状态，被各民族的各方面的互相往来和各方面的互相依赖所代替”[⑤]。在资本原始积累初期，资本主义制度通过不断夺取殖民地实现扩张；在自由经济时期，资本主义制度则是通过武力冲击与自由贸易共同实现扩张；进入垄断时期，资本主义制度的全球扩张则是通过资本输出进一步实现，通过对外投资，将资本主义生产方式输出到广大发展中国家，在全球范围内推广资本主义生产方式。

因此，经济全球化是一把“双刃剑”，在不断推动生产社会化与世界

① 中共中央马克思恩格斯列宁斯大林著作编译局，编译．马克思恩格斯选集：第1卷［M］．北京：人民出版社，2012：169.

② 中共中央马克思恩格斯列宁斯大林著作编译局，编译．马克思恩格斯选集：第1卷［M］．北京：人民出版社，2012：419.

③ 中共中央马克思恩格斯列宁斯大林著作编译局，编译．马克思恩格斯选集：第2卷［M］．北京：人民出版社，2012：713.

④ 中共中央马克思恩格斯列宁斯大林著作编译局，编译．马克思恩格斯选集：第8卷［M］．北京：人民出版社，2009：169.

⑤ 中共中央马克思恩格斯列宁斯大林著作编译局，编译．马克思恩格斯选集：第1卷［M］．北京：人民出版社，1995：276.

经济发展的同时，资本主义的基本矛盾也随着经济全球化在世界范围内得到广泛发展，给发展中国家带来了发展的机遇与挑战。第一，现阶段经济全球化由西方发达国家主导，这些国家处于经济中心地位，对资本、技术、生产力、军事等方面资源形成垄断，并通过制定国际经济发展的“游戏规则”处于经济全球化主导地位，支配经济全球化，成为最大获益方；而发展中国家则在经济全球化中不断被边缘化，处于“外围”、依附地位。第二，经济全球化与经济自由化相辅相成，全球化的过程会不断放松国家对本国经济市场的调控，会进一步削弱主权国家的经济权利，世界经济规则由发达国家制定，国际经济组织由发达国家控制，跨国公司也在不断突破国界的限制，这些因素帮助发达国家不断聚拢资源和财富，严重制约发展中国家的自主发展能力。第三，经济全球化的发展加剧了世界性经济危机爆发的可能，对发展中国家的经济安全造成了严重威胁。

二、中国参与经济全球化的发展与表现

20 世纪七八十年代，我国开始了改革开放，确定了建立社会主义市场经济体制，在坚持社会主义道路的同时，发展市场经济，并不断融入经济全球化之中。同时，第二次世界大战后的胜利国建立了新的世界经济体系——布雷顿森林体系，形成了国际经济领域的三大支柱——关税与贸易总协定（后发展为世界贸易组织）、国际货币基金组织与世界银行。布雷顿森林体系的建立为资本主义经济的发展提供了稳定的国际环境，推动世界资本主义发展进入了第二次世界大战后的黄金时期。中国借助这一发展东风，加入世界贸易组织，不断吸引外商投资，拉动中国经济快速发展。

经济全球化驱使相当规模的商品交换跨越了民族、国家的地域，我国的加入使本国国际贸易的流量大幅增加。20 世纪 70 年代后，中国国际贸易量高速增长，如图 19 - 1 所示，1973—1989 年，我国国际贸易年均增长率达到 15. 8%，高于 7. 2% 的世界贸易增长率。1986—1990 年，我国国际货物贸易年均增长 13%，1990—2000 年为 14. 7%。进入 21 世纪以后，货物贸易继续快速增长。在全球金融危机前，即 2001—2007 年，我国货物贸

易出口总额的年均增速为 27.3%，金融危机对国际贸易造成了短暂的冲击，2009 年货物贸易出口总额下降了 16%，但仅过了一年，国际贸易又呈上升势头，2010 年我国货物贸易增长率达到 34.7%，2010—2014 年，年均增长率达到 14.8%。伴随着国际贸易规模的快速增长，我国与世界各国互通有无，不断完善我国的市场竞争环境，提升了我国企业的技术水平，提高了国民经济收入。

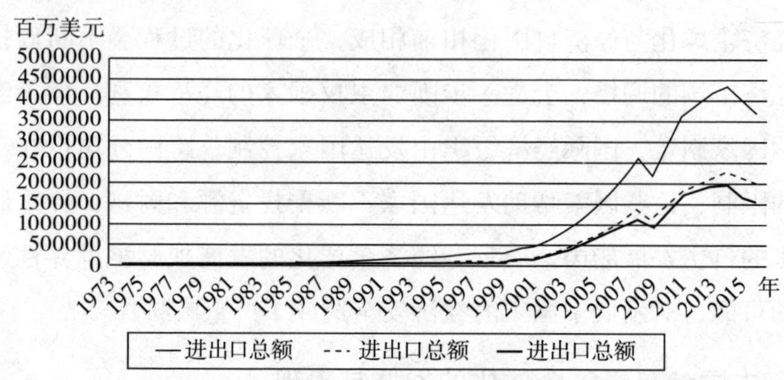

图 19－1　1973—2015 年我国货物贸易总额

资料来源：中华人民共和国国家统计局。

我国加入经济全球化以来，实现了国外资金的不断引入，以跨国公司数量的不断增长为突出表现。20 世纪 70 年代以来，经济全球化以跨国公司通过内部分工形成的生产全球化为主要形式得到迅猛发展。跨国公司将传统国际分工转变成企业内部分工，公司内部在全球范围内实现生产要素配置，通过跨国经营形成了全球化的生产网络。跨国公司加速了资本在国际的流动，并进一步促进了国际贸易的增加，推动技术的国际转移与扩散，高效推动经济全球化发展。根据中国海关的数据，2012 年中国加工贸易中近 80% 是由跨国公司完成，主要原因在于，跨国公司对外直接投资（FDI）总伴随着工序转移，促使商品或服务从概念到最终消费由全球范围的企业协调实现（葛顺奇等，2015）。

三、中国探索新型经济全球化道路，引导经济全球化健康发展

改革开放以来，我国凭借发展市场经济，融入经济全球化，助力我国

实现了40多年的快速发展。党的十九大报告中提出经济体制改革要实现“要素自由流动、价格反应灵活、竞争公平有序”，更加有效对接经济全球化，促进国内市场经济良性发展。并进一步提出形成全面开放新格局，既是我国顺应经济全球化发展的必然选择，也是促进国内经济更好发展的必然选择。当前国际经济局势动荡，经济保护主义有所抬头，“逆全球化”思潮暗流涌动，在此关键时刻，习近平总书记多次发表重要讲话，系统阐述了中国对经济全球化的认识，回应了国际社会对经济全球化的关切，反映了中国共产党和中国人民对人类命运和世界发展的深刻思考，为引导经济全球化健康发展提供了中国方案，贡献了中国智慧。

坚持经济全球化的方向不动摇。经济全球化是社会生产力发展的客观要求和科技进步的必然结果，是历史大势，推动了贸易大繁荣、投资大便利、人员大流动、技术大发展。把困扰世界的问题简单归咎于经济全球化，既不符合事实，也无助于问题的解决。因此，必须坚定不移地推进经济全球化进程，旗帜鲜明地反对保护主义，促进商品、服务和生产要素在全球范围内更加自由便捷地流动。

积极引导经济全球化的走向。应当看到，经济全球化是一把“双刃剑”，存在增长和分配、资本和劳动、效率和公平等矛盾。当世界经济处于下行期的时候，这些矛盾就会更加突出，凸显经济全球化存在的问题和弊端。新形势下，必须积极引导经济全球化的走向，努力消除经济全球化的负面影响，着力解决公平公正问题，推动经济全球化朝着普惠共赢的方向发展。

建立以合作共赢为核心的新型国际关系。一方面，在坚持平等互利原则的基础上积极推进贸易和投资自由化便利化，促进公平开放竞争，另一方面，建立健全宏观经济政策协调机制，推动国际经济、金融、货币体系改革，加强各领域的务实合作，加强国际援助交流合作，推动各国经济全方位互联互通和良性互动，缩小南北差距，消除贫困和饥饿，促进共同发展。

完善全球经济治理体系。随着全球性挑战的增多，加强全球治理、推进全球治理体制变革成为大势所趋。完善全球经济治理体系，要以平等为基础，以开放为导向，倡导共商、共建、共享的全球治理理念，坚持正确的义利观，推动变革全球治理体制中不公正、不合理的安排，促进全球治理规则民主化、法治化，努力使全球治理体制更加平衡地反映大多数国家的意愿和利益。

共同构建“人类命运共同体”。在经济全球化条件下，各国相互联系、相互依存、命运与共、休戚相关，日益成为一个你中有我、我中有你的命运共同体。因此，应坚持“人类命运共同体”理念，共同推动构建“人类命运共同体”，坚持对话协商、共建共享、合作共赢、交流互鉴、绿色低碳，努力建设一个持久和平、普遍安全、共同繁荣、开放包容、清洁美丽的世界。

中国是经济全球化的受益者，更是贡献者。改革开放以来，中国积极、主动参与经济全球化进程，日益成为推动世界经济发展的重要动力。更为重要的是，中国的改革开放实现了社会主义制度与市场经济的有机结合，超越了以私有制为基础的资本主义市场经济的流俗教条，为人类探索更好的社会制度开辟了广阔道路。国际关系是国内关系的延伸，社会主义市场经济理论和实践的成功，为探索公正、合理的新型国际关系和经济全球化道路展现了光明前景。

第二节　中国对外开放格局的变迁

所谓对外开放，是指国家放开或者取消各种对外交往的限制，积极参与经济全球化的进程。对外开放既包括发展对外贸易，也包括鼓励外国资本、技术等生产要素流入中国；既包括“请进来”，也包括“走出去”；既包括资源的国际配置，也包括经济体制与国际接轨。

在中华人民共和国成立之初的30年里，由于各种内部和外部因素的影响，中国基本上走的是封闭发展的道路。在第一个五年计划时期，我国曾经与当时的苏联和东欧等社会主义国家进行了大规模的经济合作，但这种合作与在经济全球化和市场化基础上的对外开放有本质的差别。“关起门来搞建设”虽然在当时也取得了巨大的成就，但长期脱离世界经济发展的轨道，不利于经济发展和现代化。

1978 年党的十一届三中全会的召开，标志着党的国家工作重心转移到经济建设上来。1979 年两个对外经济活动特区的确立，则预示着我国迈开了改革开放的历史性脚步，其中对外开放更是成为中国的一项基本国策，拉开了我国的强国之路，成为社会主义事业发展的强大动力。随着我国经济水平发展与国际形势变化，我国的国际经济合作观经历了相应的转变，对外开放格局也得到了不断变迁。

一、1979—1991 年：沿海经济开放地带外向型经济的迅速发展

中国的对外开放是从沿海地区开始的。1979 年 7 月，国务院批准了处于沿海地带的广东省和福建省在对外经济活动中率先实行特殊政策和灵活的管理方法。次年又确立了深圳、珠海、汕头、厦门 4 个经济特区，直到 20 世纪 80 年代末，我国陆续开放各沿海城市与地区，将对外开放区域扩大到广大沿海地区，这时的开放仅是对外商投资给予一些政策倾斜，并没有实现全面开放。1990 年 4 月，中央决定开发和开放上海浦东新区，展示了中国进一步推进改革开放的巨大决心。上海是中国最大的工商业中心和口岸，具有雄厚的工业实力和科学技术基础，开发开放浦东是中央政府改革开放事业中的又一重大、具有全局意义的战略决策，不但对上海经济的发展起到了至关重要的作用，而且对整个长江流域乃至全国的经济发展产生重大影响。

这一阶段，中国改革开放政策初步践行，一方面，旧的观念被打破，积极变革、勇于开拓的新观念成为主导；另一方面，怀疑和僵化的观念时时会干扰人们对改革方向的判断。中国领导人意识到发展经济，必须“以更加勇敢的姿态进入世界经济舞台”。这一时期中国国际经济合作观的突出特点是：国际经济合作的目的是向世界证明中国开放政策的长期性；国际经济合作模式以引进国外先进技术和管理经验为主；不合理的国际经济

秩序是国际经济合作的制度环境。

这一时期布雷顿森林体系基本成熟，我国以此为参与国际经济合作的制度基础，因此面对国际经济体制的“霸权”特质，中国指出，国际经济机制由西方发达国家主导，国际经济体制更多地代表欧美国家利益，中国将不断争取公平合理、平等互利的经济秩序。此时的中国，顺应国内改革的需要，通过国际经济合作获取经济发展急需的资金、技术以及人才，更加侧重于对外技术交流，得以借鉴国外先进的技术和管理经验。除此之外，进出口战略和利用外资战略也是对外经济合作的主要形式，利用出口贸易提升创汇能力，利用外资实现资金集聚。然而此时的利用外资以借用外国资金为主，尽可能利用外国政府和国际金融组织的中低利率与中长期贷款，实现资金增加，加快国内重点项目和基础设施的建设。此时外商直接投资（FDI）因投资量小，作用并不大（见图 9 - 2）。

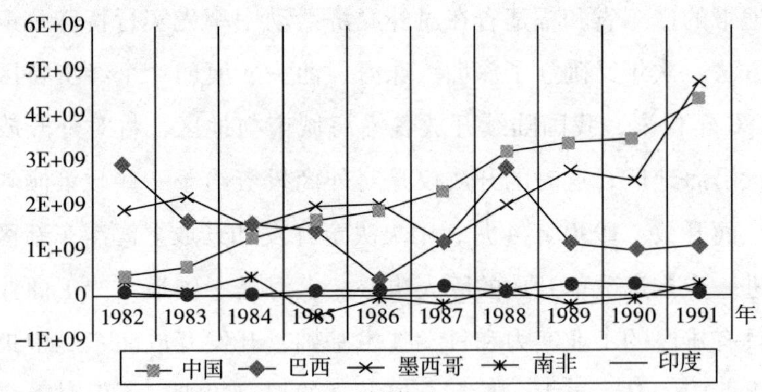

图 19 - 2　1982—1991 年代表性发展中国家外国直接投资净流入

资料来源：WDI 数据库。

二、1992—2001 年：改革开放事业全面发展推进

1992 年春，邓小平同志视察南方并发表重要谈话，强调必须抓紧有利时机，加快改革开放步伐，力争国民经济更好更快地上一个新的台阶。随后中国政府作出了一系列重大决定和出台了众多措施，在全国范围内推进对外开放，形成了沿海、沿江、沿线、沿边、内地的多层次和全方位开放的格局，确立了全面对外开放的方针，对外经济技术合作进入了一个新阶

段。国际经济合作观也发生了显著变化：国际经济合作的政策驱动效应减少，利益驱动效应增强；围绕多边贸易机制展开的多边合作占据主导地位；外商直接投资成为国际经济合作的主要模式。

1997 年党的十五大报告将对外开放视为一项长期基本国策，将对外开放政策从政策驱动提升到战略高度，“发展开放型经济”也进一步成为我国开展国际经济合作的战略目标。同时，我国肯定了世界多样性，各国都有权选择符合本国国情的社会制度，不再把变革国际经济秩序作为参与经济全球化的前提条件，表明中国将积极参与全球多边贸易合作。不同于 1992 年以前对外借款为利用外资的主要模式，1992 年我国利用外商直接投资首次超过对外借款，成为利用外资最主要的方式。中国凭借先进的国际合作理念不断吸引外资投入，1993 年起连续 15 年成为吸引外资最多的发展中国家（见图 9 -3）。外商直接投资的不断上升，反映了外商对我国市场经济、对外开放政策的肯定，也反映了中国政府对外国直接投资态度的转变。此后，中国经济持续快速增长，外国直接投资在其中发挥着重要作用。

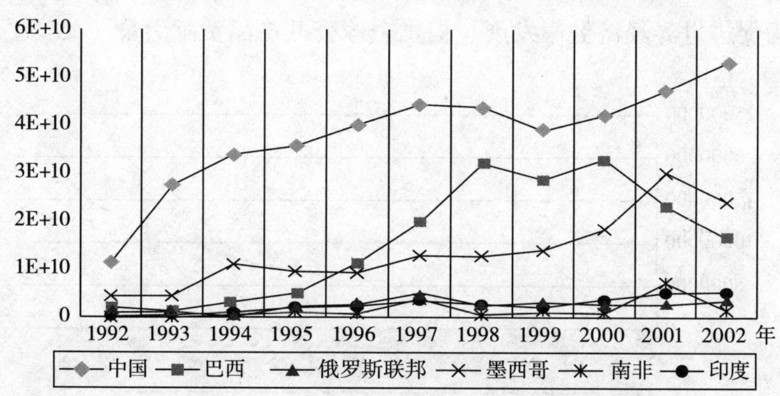

图 19 -3 1992—2002 年代表性发展中国家外国直接投资净流入

资料来源：WDI 数据库。

三、2002—2012 年：加入世界贸易组织后全面参与经济全球化的新阶段

早在中国改革开放之初的 1987 年，中国就曾向世界贸易组织（WTO）

的前身关税及贸易总协定提出了重返该组织的申请。经过了 15 年的努力，中国终于在 2001 年 11 月 10 日于卡塔尔的多哈签署了中国加入世界贸易组织的协议，并在同年 12 月 11 日正式成为世界贸易组织成员。加入世界贸易组织，标志着中国的改革开放进入一个崭新的阶段，新一轮对外开放拉开了大幕，对外开放也呈现出新的格局。加入世界贸易组织不仅使中国改革开放的领域扩大和加深了，而且使中国从原来的自主单边开放变成与世界贸易组织各成员方之间的相互开放，从按政府政策实行改革开放变成按照世界贸易组织的规则实行开放。

加入世贸组织，我国进一步降低了关税，放宽了外贸经营权，开放了金融、保险、电信、法律、旅游、运输等服务领域，完善了各相关法律法规，大力推进国内的开放与改革步伐，调整国内产业结构，提高企业国际竞争力，促使本国企业在国际竞争中不断壮大。我国对外提出了进一步扩大对外开放，实施了“互利共赢”开放战略，将中国发展和世界发展紧密联系在一起，在促进本国对外经济发展的同时，主动承担相应的国际责任，为促进世界经济健康发展、提供全球公共产品贡献力量。

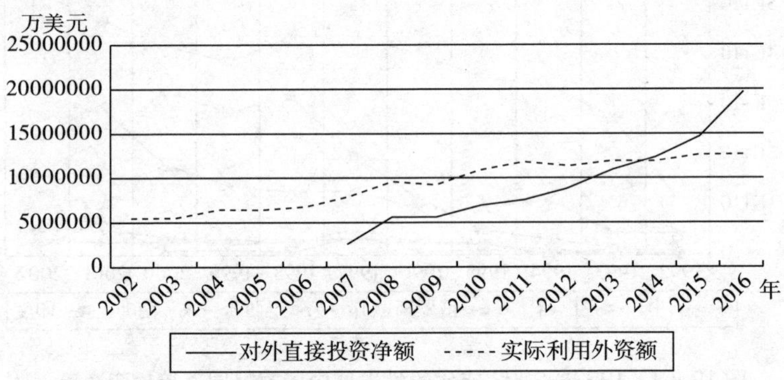

图 19-4　2002—2016 年我国对外直接投资与实际利用外资额

资料来源：中华人民共和国国家统计局。

提出对外直接投资和“走出去”战略，强调“引进来”与“走出去”相互结合发展，如图 19-4 所示。从 2004 年开始，中国实际利用外商直接投资（FDI）增长放缓，2008 年面对世界金融危机的冲击，实际利用外商直接投资出现下降，降幅达 34 亿美元。利用外商直接投资减速的同时，对外直接投资却增速明显，2007 年中国的对外直接投资为 265.1 亿美元，而 2008 年后迅速上升至 559 亿美元，2012 年对外直接投资为 878 亿美元，在发展中国家中名列首位。对外直接投资增长得益于中国政府的政策调整，党的十六大和十七大明确提出“走出去”的开放战略，鼓励中国企业海外投资，同时政府出台政策放松对企业海外投资金额的限制，为企业海外投资提供了制度便利。

四、2013 年至今：构建开放型经济新体制阶段

党的十八届三中全会报告中提出，为适应经济全球化新形势，必须构建开放型经济新体制，推动对内对外开放相互促进、“引进来”和“走出去”更好结合，促进国际国内要素有序自由流动、资源高效配置、市场深度融合，加快培育参与和引领国际经济合作竞争新优势，以开放促改革。2013 年先后设立上海、广东、天津和福建 4 个自由贸易试验区，提出共建“丝绸之路经济带”和“21 世纪海上丝绸之路”的“一带一路”倡议。党的十九大报告中提出推动形成全面开放新格局，要以“一带一路”建设为重点，坚持“引进来”和“走出去”并重，遵循共商、共建、共享原则，加强创新能力开放合作，形成陆海内外联动、东西双向互济的开放格局。拓展对外贸易，培育贸易新业态新模式，推进贸易强国建设。实行高水平的贸易和投资自由化便利化政策，全面实行准入前国民待遇加负面清单管理制度，大幅放宽市场准入，扩大服务业对外开放，保护外商投资合法权益。优化区域开放布局，加大西部开放力度。赋予自由贸易试验区更大的改革自主权，探索建设自由贸易港。创新对外投资方式，促进国际产能合作，形成面向全球的贸易、投融资、生产、服务网络，加快培育国际经济合作和竞争新优势。

随着人口红利的不断消失，中国“世界工厂”的地位受到威胁，不仅是外资企业，中国企业也出现了向越南等海外转移工厂的动向。造成我国贸易增长率 2015 年以来出现下降（见图 19 - 1），2015—2016 年降幅达到 7%，2016 年我国的进出口贸易额被美国反超。中国海关总署分析称，中

国产品在发达国家的市场占有率正在降低。这一现状进一步促进中国优化出口商品结构，培育贸易新优势，从“微笑曲线”的低端走向高端。

我国现阶段需要通过对外结构调整，从追赶经济全球化转变为引领经济全球化，从国际经济政策服从者转变为国际经济政策制定者，从“引进来”为主转变为“引进来”“走出去”并重。2014 年以来，我国对外直接投资赶超直接利用外商投资（见图 19－4），并不断保持高速增长，这主要得益于对“一带一路”沿线国家和地区的投资。我国经济规模的持续扩张，也将带动中国企业对海外高附加值行业的投资需求，企业通过对外投资来获取技术、专业知识和高质量的品牌和产品，并将这些优质资源应用于国内市场，为我国经济发展形成新的增长点。

第三节　新时代对外开放新格局

一、新时代对外开放面临的发展背景

顺应并抓住世界经济发展大势和经济全球化带来的历史性机遇，主动融入全球生产分工体系和价值链体系，积极完善我国全方位开放格局，在持续扩大对外开放过程中促进我国与世界各国共同发展，是我国40 年改革开放取得的重要经验。当前，世界经济仍处于危机之后的深度调整期，我国扩大对外开放所面临的国内外环境发生了深刻复杂变化。面对经济全球化新形势和我国经济转型发展新特征，以及我国改革开放面临的深层次矛盾和问题，党中央、国务院对推动新一轮全方位主动对外开放提出了新的要求。

（一）世界经济仍面临诸多不确定因素

第一，世界经济贸易仍将持续低速增长态势。2008 年国际金融危机爆发以来，在各国大规模财政货币刺激政策的推动下，世界经济一度出现快速回升，2010 年世界经济增速大幅反弹 5. 53 个百分点至 5. 4%，但随着这些刺激政策的边际作用递减和最终退出，尚未出现新增长点的世界经济复

苏动力明显不足。同时，当前世界经济仍处于危机后的深度调整期，尽管各国都在大力实施广泛的结构性改革，为未来经济增长积蓄动力，但这些深层次改革不会一蹴而就，改革措施见效也需要一定时日。国际货币基金组织预测数据显示，2018—2022 年世界经济增速约为 3.75% 左右，较 2000—2006 年平均增速低 0.5 个百分点。

第二，主要经济体经济走势将进一步分化。2012 年发达经济体经济增速出现二次探底后，总体呈回升向好走势但复苏仍不稳固，而新兴经济体增速则明显回落，由 2010 年的 7.41% 降至 2015 年的 4.26%。从发达经济体内部情况来看，美国经济复苏较快，消费、投资、出口和就业形势明显好转。同时，美国通过实施重振制造业战略和出口倍增计划，加大对新能源、新技术、新产业的扶持力度，进一步巩固了经济复苏势头。相比之下，欧元区和日本经济虽然有所好转，但复苏进程尚显缓慢且通缩压力较大，经济持续复苏仍面临内外需求以及就业、物价等多方面制约。从新兴经济体内部来看，受地缘政治等因素影响，俄罗斯和巴西经济于 2015 年出现衰退，近年来形势虽有好转但通胀等压力依然较大。亚洲新兴经济体总体情况相对较好，但结构调整进展缓慢导致内生增长动力不足，外需疲弱又使得传统的出口拉动型增长模式难以为继，经济增速总体呈放缓走势。

第三，全球产业布局继续调整重组。未来 5～10 年，是全球新一轮科技革命和产业变革从蓄势待发到群体迸发的关键时期。全球移动互联网、物联网、智能制造、3D 打印、可再生能源等新兴产业加速发展，物联网、云计算、大数据、人工智能等技术广泛渗透于经济社会各个方面，在商贸、制造、金融、物流、教育、医疗等更多领域将不断催生新业态、新模式和新产业，传统产业将全面转型升级。在全球产业加快重组的同时，依托数字化、智能化、小型化、网络化、个性化的新型生产组织方式将逐渐取代传统大工厂生产组织方式而成为主流，国际分工方式面临重大变革。

第四，地缘政治等非经济因素的影响上升。后危机时期，与反思危机成因相伴随的是全球政治经济格局的深刻调整，在国际力量对比显著改变的过程中，世界多极化更趋明朗。各国积极探寻国际舞台新定位，不断调整发展战略和对外关系，推动全球治理体系和结构变革，国家间矛盾凸显、竞争摩擦加剧，由此引发的地缘政治冲突更加频繁。同时，2008 年国际金融危机的深层次影响不断向社会政治领域扩散，反全球化、保护主义抬头，不同国家、不同阶层、不同人群在增长和分配、资本和劳动、效率和公平等问题上矛盾日益凸显，地缘冲突、恐怖主义、难民潮、贫困等问题此起彼伏，世界面临的不确定性、不稳定性、不平衡性上升。

（二）国内扩大开放的基础出现新变化

国内经济进入新常态，尽管经济长期向好基本面没有改变，但经济发展进入了传统动力弱化、新动力生成的调整期，周期性和结构性矛盾依然存在，转变发展方式、优化经济结构、转换增长动力形势紧迫，给我国进一步扩大对外开放带来了新的挑战。

第一，经过国内经济和产业的长期快速发展，禀赋类要素开发日益充分，成本不断上升、资源环境约束趋紧是新时期经济发展面临的重要变化。过去经济高速增长是释放劳动力、土地成本优势，发挥后发优势的结果，但人口老龄化加快、土地供给总量约束，劳动力和土地等要素成本将不断上升，依赖低成本要素大规模投入的粗放发展模式已经难以为继，将通过产品成本竞争优势传导至对外贸易，削弱我国传统优势产业的出口竞争力。同时，伴随着经济高速增长，我国主要能源和矿产资源的对外依存度不断上升，水资源等短缺问题逐步显现，能源资源“瓶颈”对经济发展的制约作用越发明显，加之生态环境承载能力已经达到或接近上限，进一步增加了转变经济发展方式的紧迫性。

第二，我国面临经济结构和产业结构的双转型升级，与主要经济体和贸易伙伴的竞争—互补关系发生了变化。一方面，国内部分重化工业产能过剩，劳动密集型行业发展面临的压力加大，核电、高铁等高端装备制造业迅速发展壮大，新能源、新材料等战略性新兴产业形成规模，服务业比重持续提升，支撑开放型经济发展的产业基础出现重大变化。另一方面，我国的创新能力不强，技术进步对经济发展的带动力偏弱，以技术含量、外贸品牌、产品质量、服务体系等为核心的出口竞争新优势培育尚需时日，机械制造、集成电路、LED 产业等，与美、德、日、韩等国存在较大差距，不少核心技术尚未掌握，具有全球影响力的品牌还不多，开展跨国营销与服务仍面临较多困难。

第三，改革开放40 多年来，我国开放型经济发展取得了重大进展，但仍然存在地域不均衡、结构不优化、体制不完善、发展不可持续等矛盾和问题。改革开放之初，国家对东部沿海地区给予了特殊开放政策，加之沿海和内陆区位优势、发展基础和要素禀赋的差异，我国对外开放海强陆弱、东快西慢特征明显，东部地区对外贸易、吸收外资均占全国的八成以上，口岸少、设施差、物流费用高长期制约着内陆地区开放。从贸易商品结构来看，作为世界第二大经济体、全球第一货物贸易大国，我国对外贸易大而不强的问题仍较突出，出口产品技术含量和附加值不高，具有自主知识产权和自有品牌的产品不多，迫切需要实现增长动力和竞争优势转换。此外，我国在贸易投资便利化、海关通关和监管、外商投资审批和产业指导管理等领域的机制体制改革也仍需深化。

二、全面开放新格局

所谓全面开放新格局，实质上是开放发展的多维度拓展与深化。即空间维度要实现外部地理格局的拓展和内部区域布局的优化；领域维度上要实现制造业开放的深化和服务业开放范围的扩大；系统维度上要实现“引进来”的高质量提升和“走出去”的大踏步加快；方式维度上要实现传统和创新的有效结合；体制维度上要实现从政策性开放向体制性开放的升级；治理维度上要实现从以往全球经济规则的简单接受者进一步向建设者和贡献者转变。

面临更为复杂和更为严峻的国内外经济新形势，中国开放型经济传统发展模式已遭遇可持续难题，亟待转型升级，以发展更高层次和更高水平的开放型经济。而更高层次的开放型经济，一定是指全方位立体式开放经济体系，不仅包括横向维度上的开放范围扩大、领域拓宽，还包括纵向维度上的开放方式创新、开放层次加深的“全面开放”。这一点正是全面开放新格局的应有之义，也是所谓“新格局”的真实内涵所在。推动形成全面开放新格局，为中国特色社会主义新时代开放发展指明了方向。从党的十九大报告内容看，全面开放新格局的深刻内涵主要包括以下六个方面。

（一）优化区域开放布局

中国的对外开放具有渐进式发展特征，这一点同样表现在区域开放发展方面。从区域开放的梯度推进看，中国对外开放首先从沿海地区起步，然后由东向西实现从沿海、沿江到内陆、沿边逐步进行梯度推进。有关研究文献表明，自党的十八大以来，虽然中西部对外开放的步伐加快并取得了一定成效，但总体而言，开放洼地的现状并没有得到本质改变。以 2016 年为例，全国货物贸易出口总额中，东部、中部和西部 3 个区域的出口占比分别为：东部 86.54%，中部 7.42%，西部 6.04%；在利用外资方面，东部、中部和西部 3 个区域实际利用外资占当年全国实际利用外资总额的比重分别为：东部 62.85%，中部 19.9%，西部 17.18%（戴翔等，2017)，上述 3 个地区在开展对外直接投资方面的失衡情况更甚。区域开放发展的不平衡性，同时也暗含着存在协调区域经济发展的潜力和巨大空间。对此，国家商务部部长钟山深刻指出，过去我们的开放主要基于沿海地区，今后在进一步加大沿海地区开放力度的同时，要更多地考虑中西部地区和沿边地区的对外开放，进一步向西开放。在党的十九大报告中，习近平总书记进一步提出了要“优化区域开放布局，加大西部开放力度”的重要战略部署。以此为方向，中国区域开放必将朝着更加均衡和协调的方向发展。

（二）拓展对外开放空间

一方面，改革开放以来，中国快速而全面地融入经济全球化发展开放型经济，实质上是融入发达国家跨国公司主导的全球价值链分工体系；另一方面，全球经济发展的不平衡，导致全球经济的消费重心长期集中在发达经济体市场。由此决定了中国前一轮开放发展主要是向东开放，国际市场的开拓主要集中在发达经济体。这在特定阶段和特定情形下具有必然性和合理性，但伴随着全球经济进入深度调整期、国际经济格局出现深刻变化以及中国经济发展进入新常态，无论是从规避对部分市场过度依赖可能会加大开放发展的风险，还是顺应全球经济市场的变化，抑或是改善中国的全球价值链分工地位的需求角度来看，进一步拓展对外开放空间，都是中国进一步开放发展的重要方向。更确切地说，我们需要在继续巩固与发达国家经贸关系的基础上，积极扩大与广大发展中国家的经贸合作与交流，在继续向东开放的同时加大向西和向南开放的力度，以进一步拓展对外开放发展空间。对此，习近平总书记曾指出，要将向发达国家和发展中国家开放结合起来，扩大与各国利益的交汇点，尤其是随着“一带一路”倡议的实施，中国未来开放发展必然在外部空间上得到进一步拓展，也会更加趋于平衡。

（三）构建双向循环系统

开放型经济发展应该是一个既有“引进来”又有“走出去”的双向循环系统。经过40多年的开放发展，我们在“引进来”方面积累了一定经验，可以说是长于“引进来”，但“走出去”却经验不足。在全球要素分工体系下，“走出去”不仅是转移过剩产能、缓解贸易摩擦的有效途径，而且是直接利用海外资源、拓展外部发展空间、实现资源优化配置的必由之路，更是深化与东道国平等合作、互利共赢的有效途径。因此，“走出去”在很大程度上可以集中体现一个国家或地区整合和利用全球生产要素的能力以及经济国际化发展水平。一个可喜的变化是，近年来，随着中国“走出去”战略的实施，中国企业“走出去”的步伐正在加快。联合国贸发会议2017年6月7日发布的《世界投资报告2017》统计数据显示，2016年中国对外直接投资达到1830亿美元，超过日本，首次成为仅次于美国的全球第二大对外投资国。习近平主席在二十国集团（G20）杭州峰会开幕式上的主旨演讲中指出要“坚持对外开放的基本国策，敞开大门搞建设，从大规模引进来到大踏步走出去”，在党的十九大报告中进一步明确强调“坚持引进来和走出去并重”，必将有利于进一步加快中国“走出去”步伐、构建更加完善的双向循环的开放型经济系统。

（四）扩大开放发展范围

从开放发展领域看，长期以来，中国开放型经济主要发生在制造业领域，服务业领域开放相对不足。这种“单兵突进”和“单线发展”的模式，适合于我国开放发展的初期选择。但在经济全球化进一步深度演进的趋势下，以及中国自身开放型经济发展进入新阶段后，这一传统开放发展模式的可持续性问题日益凸显，已经出现了明显的三个方面的不适应：一是不适应制造业转型升级的需要；二是不适应经济全球化发展新趋势尤其是贸易结构不断向服务贸易倾斜的发展变化；三是不适应由此所推动的全球经济规则的相应变化。制造业升级有赖于服务业尤其是高端生产性服务业的支撑和引领，因此，通过扩大服务业开放来反向拉动服务业尤其是高端服务业发展，不仅能够促进制造业转型升级，而且能顺应全球经济发展新趋势，更能由此倒逼国内改革，从而与全球经济规则的新发展接轨。“扩大服务业对外开放”也是党的十九大报告作出的重要战略部署。伴随开放引领不断从制造业向服务业领域拓展，中国的对外开放必将在产业领域层面实现范围更广、结构更加均衡的新格局。

（五）培育创新发展动能

如前所述，全面开放不仅表现在横向维度的范围扩大，还表现在纵向维度上的深化与拓展。比如在产业领域的开放上，从一般劳动密集型和资本密集型制造业领域向先进制造业领域的开放拓展，就是一种深化；从制造业领域向服务业领域拓展，实质上在产业范围扩大的同时也是开放的深化。再比如在全球经济治理规则体系方面，从简单的既有规则体系的接受者向规则体系的完善者、贡献者转变，也是一种深化。而这一切的基础都取决于产业是否具有国际竞争力。伴随传统比较优势的逐步丧失，无论是要保持或者说重塑传统产业竞争优势，还是要在中高端产业领域塑造竞争优势，这些都离不开技术进步与创新驱动，包括商业模式的创新。创新驱动是经济发展最根本的动力，也是最持久的动力，尤其是在当前全球经济深度调整期，创新已经成为各国参与全球竞争的焦点问题，全球各主要国家均希望寄托于创新而在新一轮经济全球化中占据制高点、控制话语权。

正是基于这一特定背景和现实需求，党的十八大以来我国正大力实施创新驱动发展战略，并在党的十九大报告中明确提出了“更加注重创新驱动”的发展战略。总之，在进一步巩固和利用好传统竞争优势的同时，培育创新驱动新动能，将是开放发展的重要深化方向。

（六）从政策到制度开放

伴随着国际经济格局的调整尤其是大国力量之间朝着更加均势化方向发展，全球经济治理基本具备了朝着更加公正、合理方向发展的基础和条件，尤其是伴随着中国日益走近世界舞台中央，无论是从提升中国制度性话语权，从而为开放发展争取更为有利的制度环境角度看，还是从为全球经济治理提升的完善贡献中国理念、中国智慧和中国方案，从而负起一个有担当的大国责任的角度看，积极参与全球经济治理、为国际社会提供更多的公共产品，将是未来中国进一步发展开放型经济的必然选择。全球经济治理本质上是一种规则体系设计和制度安排，而且从发展趋势上看，一定是朝着高标准方向演进，因此，要提升全球经济治理话语权和能力，中国首先要完成从政策性开放向制度性开放的优化升级，尤其是发展高层次的开放型经济，提高开放水平对政府职能和政策规范、透明的制度性安排的要求日益明显，制度性开放必将成为新阶段中国开放发展的基本要求。总之，从政策性开放向制度性开放升级，不仅是开放发展进入新阶段的必然要求，而且是积极参与全球经济治理的基石所在，这也是全面开放的一个重大价值所在。

第四节 新时代中国与世界对外合作的内容与形式

一、新时代中国与世界对外合作的内容

（一）中国与发达国家和地区对外合作的内容

中国 GDP 总量已经位居世界第二，已经是世界经济大国，然而从技术创新、劳动生产率、产业结构、城乡结构、人均 GDP 等指标来看，还不是

世界经济强国，依然是世界上最大的发展中国家，这是同发达国家和地区发展对外经济关系的基本出发点。因此，中国在对外经济关系中，要积极向发达国家学习和引入先进的技术、管理经验等，不断推动自主创新，增强国际竞争力，实现从经济大国向经济强国的转变。

李克强总理2015年7月1日在“富人俱乐部”——OECD总部发表了题为“聚焦发展共创繁荣”的主旨演讲，指出中国仍然是世界上最大的发展中国家；在当今世界经济深度融合的背景下，中国和发达国家可以塑造一种新型关系，重要的一点就是国际产能和第三方合作。这一对外宣示开启了中国新型的对外经济合作模式。

1. 国际产能合作有利于世界共同进步

中国与发达国家加强“国际产能合作”，重点有四大领域。

一是对接双方发展战略，在基础设施建设合作上取得突破。如推动中国“一带一路”倡议与欧盟“容克投资计划”对接，中欧这两大战略构想在诸多方面有较高的契合度和兼容性。此外，“中国制造2025”与“德国工业4.0”“新工业法国”和“英国制造2050”等制造业振兴战略具有共同或相似目标。

二是以装备制造为重点，在第三方合作上取得突破。如中国企业在其他发展中国家开展产能合作项目，一方面需要发挥自身中端装备制造性价比高的优势，另一方面也需要采购和集成发达国家的先进设备。

三是面向产业投资需求，在金融合作上取得突破。中国有充裕的外汇储备和充分的意愿，可以多种金融合作方式参与欧洲的投资与发展；发达国家同样也可以金融合作方式分享中国的发展红利。

四是在提升贸易投资自由化水平上取得突破。本着互惠互利的原则，稳妥处理好贸易摩擦等问题，中国与发达国家的贸易将更上一层楼。

中国是世界上最大的发展中国家，与发达国家加强国际产能合作、实现优势互补，将中国的生产能力与发展中国家的需求和发达国家的技术优势结合起来，不仅可以促进双方自身发展，还有利于共同推动更多的发展中国家进步，有利于世界和平与共同发展。

2. 通过第三方合作加强国际产能合作

中国倡导的国际产能合作的重点领域之一是“以装备制造为重点，在第三方合作上取得突破”。“第三方合作”是开放式合作，这一设想主要是将中国的巨大产能与发达国家的先进技术相结合，联合开发第三方市场，推动发展中国家基础设施建设和工业化进程，使处于工业化初期的发展中国家、处于工业化中期的中国和处于工业化高端水平甚至后工业化时代的发达国家实现三赢；最终目的是实现全球经济可持续发展。

目前，中法两国在第三方合作领域率先达成共识，两国在第三方国家开展核电合作已取得进展，还将在中非、东非等地基础设施建设、安全、金融、能源、维和护航、医药卫生和教育培训等领域展开合作。2015 年 6 月 30 日，中法两国总理见证双方签署了《开发第三方市场合作协议》。鉴于中法过去诸多合作的成效大多表现良好，预计将激发更多发达国家参与第三方合作的积极性。

3. 互利多赢

中国是号称“世界工厂”的制造业大国，在全球产业格局中处于中端，200 多种工业品产量居全球首位。如果将中国有比较优势的中端装备、生产能力和发达国家先进的高端装备技术集成起来，不仅可以适应有近 60 亿人口的发展中国家对基础设施建设的巨大需求，而且可以为全球市场提供更多的物美价廉的装备和产品。这是促进南北合作、南南合作的新途径，也是应对世界经济复苏乏力等全球性问题的有效方法。

对于众多处于工业化初期的发展中国家而言，国际产能合作将协助其促进基础设施建设、工业化进程和减少贫困，有利于其逐步走向繁荣。对于发达国家而言，国际产能合作将有利于其核心技术、关键零部件和节能环保设备的出口，有利于其再工业化进程。对于中国而言，推动国际产能合作可视为中国“走出去”战略的升级版，是中国在发展新阶段适应新环境、以开放促发展的必由之路，既有利于缓解经济下行压力，也有利于优质富裕产能更有效地匹配国际市场，还有利于倒逼装备制造等产业升级。

当然，中国也清醒地认识到在推进国际产能合作的道路上还存在许多困难与障碍，必须提升具有激励兼容、真实信息揭示和资源优化配置特征的机制设计能力，提升调整利益关系和改变交易结构的商业模式创新能力，重视掌控分歧和文化融合，使得国际产能合作切实惠及全球，推动人类共同发展与进步。

（二）中国与发展中国家和地区对外合作的内容

长期以来，发展中国家和地区综合实力落后，受到发达国家的剥削较为严重，在发展对外经济关系上处于不利地位。历史上，中国与广大发展中国家一样处于被殖民的状态，在争取民族独立上互相鼓舞。为了实现国家富强，中国与发展中国家互助合作，在重要的世界经济组织中积极维护发展中国家应有的权利。非洲联盟、东南亚国家联盟、拉美太平洋联盟等是发展中国家和地区探寻对外经济关系的新型组织。在与发展中国家和地区的对外经济关系中，中国致力于共同进步，推动第三世界国家综合实力增长，在商品贸易、技术转移、能源合作、对外投资、承包工程等方面成效显著，中国的影响力越来越大。

世界上大部分发展中国家和地区的经济总量、技术创新、生产效率都低于中国，因此，中国发展同它们的对外经济关系，能提升它们的身份和影响力，相对而言，中国经济实力最强。中国在与发展中国家和地区的对外经济关系中，利用它们丰富的资源和广阔的市场来弥补国内资源不足和拓宽市场容量，同时，中国通过承包工程、技术转移等方式将先进的发展理念和能力输送给发展中国家和地区。中国资金雄厚，技术较为先进，特别是在能源、交通、桥梁工程、航天等诸多领域拥有较为成熟的发展经验，这对于基础设施较为落后的众多发展中国家而言是急切需要的。中国为发展中国家中最大的经济体，在与发展中国家和地区的经济关系上一直扮演着重要角色。

中国在同发展中国家和地区建立对外经济关系时提供了强有力的扶持和帮助计划，根据《中国的对外援助白皮书（2014）》披露，我国2010—2012年对外援助金额为893.4亿元，重点帮助受援国建设中小型社会福利项目、社会公共设施和民生项目、有经济和社会效益的生产性项目、大中型基础设施项目等。中国帮助发展中国家减少贫困和改善民生是主要内容，为促进发展中国家教育水平、医疗服务、公共事业、基础设施等领域发展做出重要贡献。中国政府不定期地免除发展中国家和地区的债务也凸显了大国风范。中国在南南合作框架下向发展中国家和地区提供援助，不附带任何政治条件，不干涉受援国内政，尊重受援国自主选择发展道路，平等相待，重信守诺。另外，发展中国家和地区在特殊情况下，特别是在重大的事件中，也会向中国提供力所能及的帮助，双方在互助中提升信任。

长期以来，中国与发展中国家和地区同属第三世界，一直受到西方发达国家和地区的不公平对待，特别是在现有的世界经济格局下，南北合作空间缩小，南北差距进一步拉大，寻求共同发展成为中国与发展中国家和地区的内在要求。在对外经济关系理念上，中国与发展中国家和地区都要求实现互利共赢、长远发展。中国倡议构建新的世界经济秩序，无论是G20 杭州峰会邀请众多发展中国家参与并提出联动包容式发展，还是提出“一带一路”倡议和建立非洲基础设施投资银行，中国都得到了发展中国家的大力支持。

从目前来看，中国与世界上绝大多数发展中国家和地区都建立了对外经济关系，但受制于国内和国际诸多因素，这些对外经济关系总量不一，其中，金砖国家、东盟和非洲占比较大。2014 年，中国与俄罗斯、巴西、印度和南非的 GDP 总量之和超过 17 万亿美元，中国对这四国的外商直接投资流量之和超过 17 亿美元，存量之和超过 200 亿美元。中国对东盟十国的投资存量为 476. 3 亿美元，对非洲的投资存量为 323. 5 亿美元。

二、新时代中国与世界对外合作形式

在对外开放的过程中，中国的开放模式也在不断创新。从最开始 20 世纪 80 年代设立的经济特区、开放城市、经济开发区和 90 年代的浦东新区，到 21 世纪的出口加工区、保税区、保税物流园区和综合保税区等。随着改革开放的不断深入，特别是党的十八大以来，我国的开放模式创新加速，不仅在国内设立了11个自由贸易试验区、两个跨境经济合作区，还进一步深化境外经济贸易合作园区的建设、主动参与全球经济治理、推进国际规则谈判、加快实施高水平自贸区建设，“一带一路”建设取得积极进展，对外开放模式不断创新。

（一）主动参与全球经济治理

2012年以来，中方通过G20、亚太经合组织会议、金砖国家会议等高层会晤机制，高举多边旗帜，坚定支持多边贸易体制和多哈回合谈判，得到了各方广泛积极的响应。在2016年、2017年中国先后主办G20和金砖会议期间，提出了支持多边贸易体制的方案，成为会议成果文件的重要组成部分。

（二）积极推进国际规则谈判

商务部积极推进中美、中欧及与其他国家和地区的双边投资协定、中欧地理标志协定等谈判工作。中美投资协定谈判取得了重大阶段性进展，双方已就大部分文本议题达成一致，并已3次交换负面清单改进出价。中欧投资协定谈判共进行了15轮谈判、6次会间会和2次小范围磋商，取得了积极进展，目前双方还在加速推进谈判。中欧地理标志协定谈判已进行了15轮，双方已就协定文本大部分条款基本达成一致，并于2017年6月公示了第一批（100个）地理标志清单。

（三）“一带一路”经贸合作取得积极进展

4年多来，“一带一路”经贸合作在探索中前进、在创新中发展、在互惠中壮大，各国合作意愿日益增强，合作领域不断扩大，合作层次不断提升。中国制造、中国建设、中国服务受到越来越多沿线国家的欢迎，沿线国家更多的产品、服务、技术、资本源源不断地进入中国。

（四）自贸试验区建设不断实现突破

根据党中央、国务院决策部署，2013年9月，上海自贸试验区挂牌运行；2015年4月，上海自贸试验区扩展区域，广东、天津、福建自贸试验区挂牌运行；2017年4月，辽宁、浙江、河南、湖北、重庆、四川、陕西等7个新设自贸试验区挂牌运行。至此，我国自贸试验区数量达到11个，形成了东、中、西部全方位制度创新的“雁行阵”格局。

（五）对外投资模式不断创新

推动境外投资合作项目建设运营一体化，鼓励企业采取 BOT、PPP 等方式参与项目建设和后续运营管理，投资建立物流基地、售后服务和维修中心，实现对外投资合作项目可持续发展。引导企业积极参与“一带一路”沿线国家基础设施建设，带动装备产品、技术、标准、服务联合“走出去”。目前，中国同老挝、越南、缅甸、蒙古国、尼泊尔等国跨境（边境）经济合作区建设已陆续落地或启动，中国企业同时还参与在泰国、柬埔寨、印度、巴基斯坦等国家的 28 个境外经贸合作区建设，充分利用国内国外两种资源、两个市场优势，参与国际竞争与合作，实现互利共赢。

随着我国经济结构的不断调整，经济发展的新模式、新动能、新业态不断涌现，与世界经济的联系不仅在程度上更加紧密，在模式上必将更加多样，这对我们在规则、政策、标准等多个方面提出了更高的要求。与此同时，随着“一带一路”倡议的不断落实推进，中国的开放模式也必须不断顺应区域市场多样化的要求。未来我国要以“一带一路”、自贸区和自贸试验区为抓手，进一步探索自由贸易港的建设，加快转变经济发展方式，不断实现开放模式的创新。

第二十章　结束语：新中国70年经济发展的逻辑及发展经济学的理论创新

新中国70年来，特别是经过改革开放40多年的发展，我国由一个经济小国变为经济大国，由一个落后的农业国转变为世界第二大经济体，而且正在向经济强国迈进。按照麦迪森的计算，1952年中国经济总量占世界的比重仅为5.2%，2018年达到了90.0309万亿元人民币，占世界经济的比重达到15%。与其他发展中国家不同，我国70年经济发展的逻辑是典型的转型发展。这个转型发展是一个不断借助转型实现发展演进的过程。在70年转型发展的历史进程中，中国经济从落后的农业经济向现代工业经济的转型、从封闭经济向开放经济的转型、从计划经济体制向市场经济体制的转型，多层次大规模的转型发展构成了整个中国经济长期演进的逻辑。在中国经济长期转型发展中，经济发展的任务与经济转型的任务叠加在一起，形成了双重制度变迁性质的转型发展逻辑。转型发展逻辑不仅促进了中国自身经济发展，实现了从站起来到富起来再到强起来的转变，而且为世界经济发展做出了贡献，特别是为发展经济学做出了贡献，推动了发展经济学的理论创新，形成了中国特色发展的经济学。

第一节　转型发展是新中国70年经济发展的逻辑

新中国70年经济发展的实质就是在转型发展逻辑下，依托转型更新发展理念，重塑经济发展动力，创新经济发展路径，不断谋求新发展的历史过程。新中国70年经济发展背景的识别、经济发展约束条件的突破、经济发展理念的更新、经济发展动力体系的重塑和经济发展战略的转换，都离不开对中国经济转型发展互动逻辑的考察。转型发展的理论定位，符合中国经济转型发展普遍性与特殊性相统一的规律认识。从学术界的研究来看，现有研究多从单一维度考察新中国70年来中国经济发展的转型逻辑，周振华教授将转型发展逻辑归结为由计划经济向市场经济转型、二元经济向现代经济转型组成的“双重背景”①；陈宗胜提出了“双重过渡”的观点来解释中国经济的发展，双重过渡就是体制模式转换与发展型式的跃升②。潘珊、龚六堂、李尚骜将转型发展逻辑归结为农业部门向非农业部门转型、国有部门向非国有部门转型的“双重背景”③。本书是对新中国70年经济发展逻辑的历史考察，认为新中国70年转型发展的逻辑具有多重性与复杂性。具体表现在以下方面。

（1）新中国70年经济转型发展的逻辑具有特殊性。中国现代经济发展道路是“共同律动性”与“道路独特性”的统一，“中国现代经济发展道路体现了这一过程中的共同律动性，即与世界结构转换相联系，与世界历史演化大趋势相吻合；同时由于文化、制度传统等方面的不同，在道路上也呈现出了一些独有的特点”④。一方面，历时70年的转型发展逻辑相互叠加，由工业化驱动的技术转型、结构转型以及市场化的制度转型，都是中国追赶式发展战略演进的组成部分。转型发展效应贯穿于中国传统经济向现代经济全面转型的整体进程，任何阶段的发展特征无法从相互叠加的转型逻辑中剥离。只有厘清中国经济转型发展逻辑的特殊性，才能够理解新中国70年来的中国经济发展在世界经济发展史中的特殊性，才能理解中国特色。另一方面，新中国70年中国经济转型发展逻辑具有扩散性特征，转型领域由经济逐渐延伸至社会、文化、政治等多方面转型，转型内容取决于转型发展最终目标的分解，转型发展作用的层次反映了不同时期

① 周振华．体制变革与经济增长：中国经济与范式分析[M]．上海：上海人民出版社，1999：30.

② 陈宗胜．双重过渡经济学[M]．天津：天津教育出版社，2005：27.

③ 潘珊，龚六堂，李尚骜．中国经济的“双重”结构转型与非平衡增长[J]．经济学（季刊），2017（1）.

④ 萧国亮，隋福民．中华人民共和国经济史（1949—2010）[M]．北京：北京大学出版社，2011：7.

的任务与推进思路。因此，中国转型发展逻辑的演进意味着中国经济发展的理念、发展战略、激励机制和动力结构具有独特性，不可能与任何国家完全一致。

（2）新中国70年经济转型发展的逻辑能够转化为新的转型发展约束条件。新中国70年经济转型发展进程是由多次重大转型叠加的过程，转型发展所具有的矛盾消解能力和制度转换能力表现为发展控制过程对发展实际过程的有效影响，发展控制过程表现为技术进步、制度建设、结构协调等系统化的战略选择，发展实际过程具有连续、复杂等特征，容易受到特殊国情与初始禀赋条件的影响。随着中国经济转型发展目标的转换，在社会分工、要素供给等诸多方面涌现出新的转型特征，共同构成新一轮发展理念更新、发展战略更新、发展效率改进和发展方式选择的新制约。因此，新中国70年不同阶段转型发展面临的约束条件表现为长期趋势下发展时态转换的惯性约束和风险约束，以及制度、技术、结构等因素冲击产生的间接约束。对这些发展约束的识别，需要对中国经济转型发展演进过程的特征判断。合理判断转型发展特征的新趋势、新机遇与新风险，构成了转型发展约束因素破解的前提条件。

（3）新中国70年转型发展是一种特殊的实践过程。具体表现为以转型为动力、发展战略更新为内容、发展理念为导向的实践过程。一方面，经济转型为中国经济发展动力体系的构建提供了机会。中国长期转型发展是由“制度—技术—结构”动力要素协同驱动的结果，特定目标下的转型发展能够引导发展动力要素的演化，校正发展动力体系转换过程中的变化与失衡困境。而在中国转型发展的不同阶段，转型驱动下的制度变迁、工业化技术动力形成以及现代经济结构成长三大过程共同构成了发展旧动力优化、新动力生成的系统性转型机会。因此，中国长期转型发展是由转型驱动的发展过程来实现的，具体表现为转型驱动功能在发展动力体系的系统性转换。另一方面，全面发展是中国长期转型发展的最终目标。中国的经济转型是一种全面发展导向下的转型，从经济转型开始，扩展形成政治、经济、文化与社会发展转型的全面转型，形成了传统发展模式向现代发展模式，再向中国特色发展模式的依次转型逻辑，在这一过程中不断将转型新机会作为新的起点，进一步探寻发展中大国定位下的中国经济发展道路。

（4）新中国 70 年转型发展理念更新需要特殊的表达方式。中国转型发展理念的更新是一个工具理性与价值理性的互动过程。不同阶段转型发展理念的更新是由多种因素决定的，但是关键因素在于各类经济主体身份差异下认知矛盾的协调，同时也决定于转型发展过程中创造主体作为“一切社会关系的总和”①，因而对于转型发展的诸多内容认知的一致性的发展理念更新需要借助特定的转型方式予以表达。改革开放之前的激进转型发展方式，加速了物本经济发展的理念。改革开放以后渐进转型发展方式，促进了人本经济发展理念的兴起，新发展理念的确立与更新就依赖于渐进转型发展方式提供的示范效应与创造性理性。在渐进式转型方式下转型发展理念更新的过程耗时长、成本高，但是更新结果相对稳定，而且容易引致发展理念的再创新。

第二节　新中国 70 年转型发展逻辑的八大维度

新中国 70 年来，中国大规模多层次的转型发展逻辑有八个纬度：一是从农业大国向现代工业化国家的转型，这是由涉及经济发展路径理论创新的突破所推动的。二是从计划经济体制向市场经济体制的转型，这是由经济发展动力理论的创新所推动的。三是从数量型发展向质量效益型发展的转型，这是由经济发展方式理论的创新所推动的。四是从单一经济结构向多元经济结构的转型，这是由经济发展结构理论的创新所推动的。五是从人与自然的冲突向和谐共生的转型，进一步重视了自然生态财富，这是由经济发展财富理论的创新所推动的。六是从“国富优先”向“民富优先”的转型，这是由经济发展目标理论的创新所推动的。七是从数量追赶战略向质量

① ［德］马克思．马克思恩格斯文集：第 1 卷［M］．上海：人民出版社，2009：501.

追赶战略的转型，这是由经济发展战略理论的创新所推动的。八是从封闭发展向开放发展的转型，这是由经济发展开放发展理论的创新所推动的。

（1）从落后的农业大国向现代工业化国家的转型。新中国成立初期的1949年，全国工农业总产值只有446亿元，人均国民收入只有66.1元①。在工农业总产值中，农业总产值的比重为84.5%，工业总产值的比重为15.5%，重工业总产值的比重只有4.5%②。可见当时我国是一个落后的农业大国，工业基础薄弱，门类不全，工业产品的人均拥有量低于发达国家。新中国成立初期由于中国近代资本主义没有得到发展，还是以农业经济为主，生产方式落后，工业基础薄弱，工业素质不高，服务业发展滞后。在整个产业构成中，农业居主导地位，第一产业劳动力比重占到八成以上，从事工业生产的不足一成，服务业也是不足一成。这一时期我国经济发展的任务就是由落后的农业国变成先进的工业国，建立独立完整的工业体系。

为了加快由落后的农业国转变为先进的工业国，我们从计划经济时期开始积极推进工业化进程，以工业化为路径推进经济由落后的农业国向现代工业国转型。计划经济时期的工业化是我国工业化的全面发动阶段，这一时期中国的工业化进程不同于发达国家的工业化进程，新中国成立初期中国工业化的水平是很低的，“1952年全国人均国民生产总值只有104元人民币，第一产业在国民生产总值中的比重为57.72%，第一产业的就业比重为83.54%，同库兹涅茨的产值份额截面和劳动力份额截面相对比，明显处于人均收入50美元以下的阶段，属于不发达阶段的初期”③。而中国现代工业化是从新中国开始的，通过“一五”和“二五”计划的重点项目建设，奠定了工业化的基础。计划经济时期，高度集中的计划经济体制是这一阶段工业化的主要推动力。这一阶段实行重工业优先发展战略，以国家工业化为中心来推进工业化进程。改革开放以来，工业化发展战略由

① 林毅夫，蔡昉，李周．中国的奇迹：发展战略与经济改革［M］．上海：上海三联书店，1994：30.
② 马洪，孙尚清．中国经济结构问题研究［M］．北京：人民出版社，1981：103.
③ 魏后凯．21世纪中国西部工业发展战略［M］．郑州：河南人民出版社，2000：50.

优先发展重工业转变为优先发展轻工业，同时市场机制的作用得到了发挥，市场因素成为引导工业企业发展的重要机制，工业化水平迅速得到提高。在国家工业化的基础上，民间工业化得到了发展，形成了农村工业化与城市工业化并存的二元工业化。这一时期，经济体制改革促进了乡镇企业发展，乡镇企业使得农村工业化得到发展，农村工业化与城市工业化同时推进了我国的经济发展。党的十六大提出了新型的工业化道路，要坚持以信息化带动工业化，以工业化促进信息化，走科技含量高、经济效益好、资源消耗低、环境污染少，人力资源优势得到充分发挥的工业化。党的十七大把原来的“四化”，即工业化、城镇化、市场化、国际化，扩展为“五化”，即工业化、信息化、城镇化、市场化、国际化，强调了信息化。党的十八大报告中提出了“四化”同步协调发展，指出坚持走中国特色新型工业化、信息化、城镇化、农业现代化道路，促进工业化、信息化、城镇化、农业现代化同步发展。党的十九大报告中强调，要更好地发挥政府作用，推动新型工业化、信息化、城镇化、农业现代化同步发展。

总体来看，经过新中国70年的转型发展，我国已经由落后的农业国转变为现代化的工业化国家，建立了门类齐全的现代工业体系，跃升为第二大经济体和世界第一制造大国，正由制造大国向制造强国大步迈进。

(2) 从计划经济体制向市场经济体制的转型。新中国成立初期，我们通过“三大改造”，没收官僚资本主义企业，建立国营工业，掌握了国民经济命脉，建立了社会主义公有制的基本经济制度。党的七届三中全会以后开始实行指令性计划，对国民经济实行管理，有计划地进行经济建设，计划经济体制已初步形成。1954年我国第一部宪法的第十五条规定：“国家用经济计划指导国民经济的发展和改造，使生产力不断提高，以改进人民的物质生活和文化生活，巩固国家的独立和安全。”计划经济体制已成为我国法定的经济体制。计划经济体制受苏联影响，总结了革命根据地管理经济的经验，反映了当时大规模经济建设的要求，在当时知识存量下是一个合理的选择。计划经济体制能够在全社会范围内集中人力、物力、财力进行大规模重点建设。在宏观上对国民经济重大结构进行调整，促进了中国工业化基础的建立。但是计划经济体制具有明显的弊端，资源配置权力过分集中，对企业统得过死，盲目追求“一大二公”，分配方式上平均主义严重。这些弊端严重压抑了微观经济主体的积极性、创造性，微观经济主体缺乏激励的动力和竞争的压力，致使国民经济在微观层面缺乏活力。

由于计划经济体制对生产力发展的束缚，从20世纪70年代末就开始探索改革转型之路，以摆脱计划经济体制的束缚，从而释放经济活力。1978年年底，党的十一届三中全会开启了中国经济体制的改革，以价格改革为切入点推进经济体制改革。党的十一届三中全会提出了有计划的商品经济理论，这是对中国特色社会主义市场经济的最初探索。1992年党的十四大正式提出“我国经济体制改革的目标是建立社会主义市场经济体制”，党的十四届三中全会提出了社会主义市场经济体制的基本框架，党的十六大提出社会主义市场经济体制已经基本建立，进入完善阶段。2013年党的十八届三中全会提出经济体制改革的核心问题是处理好政府和市场的关系，使市场在资源配置中起决定性作用和更好地发挥政府作用。党的十九大报告中指出要加快完善社会主义市场经济体制。经过改革开放40多年的发展与完善，社会主义市场经济已经取得了一定的成果。“从实践上来说，改革开放40年最大的成功就是确立了社会主义市场经济道路，成功地实现了从计划经济体制向市场经济体制的转型”①，社会主义市场经济体制的确立促进了中国经济发展的奇迹。新中国70年来，我们用30多年时间建立了计划经济体制，推动了工业化基础的建立。在此基础上，经过改革开放40多年的探索，我们完成了由计划经济体制向社会主义市场经济体制的转型，“通过逐渐摆脱计划经济体制束缚的方式，中国避免了苏联式的崩溃”②，并且推动了中国经济发展奇迹的实现。

（3）从粗放型发展向集约型发展方式的转型。改革开放以前，中国粗放型的经济发展方式的特点是数量规模扩张、高投入、高消耗、高积累、

① 任保平，吕春慧．中国特色社会主义市场经济体制改革：改革开放40年的回顾与前瞻[J]．东北财经大学学报，2018(6)．

② [美]巴里·诺顿．中国经济：转型与增长[M]．上海：上海人民出版社，2010：80．

低消费、重工业优先、重速度、轻效益。从投入来看，改革开放以前中国的资本形成率一直高于其他国家，“一五”计划时期中国的资本形成率平均为24.3%，“二五”计划时期平均为30.2%，“三五”计划时期平均为28.3%，“四五”计划时期平均为34.1 [①]。持续的高资本形成率说明中国改革开放以前的经济增长主要依靠高投入，是粗放型的发展方式。这一时期在不能引进外资的情况下，粗放型的发展方式为了扩大生产规模只能依靠高投入。高投入的必然后果是高消耗，高消耗必然带来高排放，高消耗和高排放则会引起高污染。与此同时，高投入、高消耗、高污染伴随的必然是低效率。改革开放以前我国是落后的农业大国，工业化基础薄弱，技术和管理都落后，劳动力素质也不高，不可能采用依靠技术进步和科学管理，以提高效率为目标的集约型经济发展方式，只能采取粗放型的经济发展方式。

改革开放以来，我国经济发展重视了科技和教育作用的发挥，开始趋向集约型为主的经济发展方式，生产要素的使用效率得到提高，科技和人力资本对经济增长的贡献有所提高。经济发展更加依赖于高级生产要素和要素生产效率的提高。“胡祖六和莫辛汉认为，1979—1994年增长的42%可以由生产率的提高来解释，生产率在90年代早期就超过投资成为经济增长的源泉。”[②] 总体来看，新中国70年来中国经济发展实现了从粗放型发展向集约型发展方式的转型，在追求数量增加的同时更加注意质量的改善，逐步从粗放型发展向集约型发展方式转型。

（4）从单一经济结构向多元经济结构的转型。新中国经济结构演变具有产业结构转型和工业结构升级的双重属性，呈现出明显的特征。新中国70年来我国经济结构沿着“单一结构—结构多元化—结构高级化和合理化”的路径在演进。改革开放之前以单一公有制和计划经济体制为基础，实施优先快速发展重工业战略，导致了结构扭曲的单一产业结构，到1978

① 简新华，叶林．改革开放前后中国经济发展方式的转变和优化趋势[J]．经济学家，2011(1).

② [美]迈克尔·P. 托达罗，斯蒂芬·C. 斯密斯．发展经济学：第九版[M]．北京：机械工业出版社，2009：113.

年改革开放前，中国产业结构经过近30年的曲折发展，建立了比较完整独立的工业体系和国民经济体系。虽然工业化程度不高，但工业内部结构已经达到较高水平。在尖端科学技术方面也取得了许多领先的成果，发射了人造地球卫星，成功研制了原子弹、氢弹。但是从产业结构和发展水平来看，产业结构单一的特征非常明显。中国就业结构集中于农、林、渔业，工业和建筑业、交通行业就业比重比较低，大量劳动力主要集中在农业部门，这表明我国仍然是落后的农业大国，工业的工业技术综合水平不仅总体落后，而且产量很低。

改革开放以后，我国经济结构开始逐渐从单一转向多元化。经济结构多元化是相对于单一产业结构而言的，经济结构多元化就是多样化、多种化、多态化，能满足不同变化的多样化需求。经济结构多元化在产业选择上，根据产业结构的现实问题和演进趋势，从单一产业结构转向多元化的产业结构是主要特征。20世纪80年代重点发展最薄弱的农业和轻工业，在改善人民生活的同时，进一步调整改革开放以前形成的“重工业太重、轻工业太轻、农业太落后、服务业太少”的扭曲产业结构。20世纪90年代转向出口加工制造业的快速发展，以促进外向型经济的发展，进一步增加就业和收入。进入21世纪，开始再次以重工业为主导，以完成经典工业化中期的主要任务。经济结构的多元化发展是改革开放以来中国经济发展方式的突出特点，目前正在由多元化向高级化和现代化方向迈进。

（5）从人与自然的冲突向人与自然和谐共生的转型。新中国成立以后，随着工业化的推进，经济建设大规模地开展导致了人与自然的冲突，生态环境问题开始出现，由于这一时期工业化才开始起步，环境问题只是在局部地区出现且程度较轻，政府并未明确提出环境保护的概念，也没有制定相应的环保政策。“大跃进”时期我国生态环境遭到了第一次集中污染与破坏，在工业领域，全民大炼钢铁，大办“五小工业”，建成了简陋的炼铁、炼钢炉。技术落后、污染密集的企业数量增加。在这种情况下，工业“三废”造成的环境污染迅速加剧。这一时期在农业领域推行“以粮为纲”政策，在“向自然界开战”的口号下，全国范围内出现了毁林、弃牧、填湖开荒种粮的做法，生态环境遭到了严重破坏，人与自然冲突的矛盾进一步加剧。

进入改革开放时代，现代化建设取得了重大成就，在经济高速增长的同时，人口、资源和环境的压力迅速扩张，人与自然的矛盾不断加深。在这种情况下，我国的环境保护事业开始起步，环境保护理念开始确立，在经济发展中开始从人与自然的冲突转向人与自然的和谐共生。先后出台了一系列环境保护法律法规和政策措施，环境污染治理不断推进。1978 年，新中国第一次在宪法中对环境保护作出“国家保护环境和自然资源，防治污染和其他公害”的规定，为我国环境保护事业奠定了法制基础。1983 年，我国召开第二次全国环境保护会议，正式把环境保护确定为国策。第八届全国人大第四次会议将实施可持续发展作为现代化建设的重大战略。“十五”期间，以科学发展观为指导，颁布了一系列环境保护法律、地方性环境法规和地方政府规章等。“十一五”时期，提出了建设资源节约型、环境友好型社会。“十二五”时期，把建设资源节约型、环境友好型社会作为加快转变经济发展方式的重点。“十三五”至今，以习近平同志为核心的党中央提出了“创新、协调、绿色、开放、共享”的新发展理念和建设“美丽中国”的宏伟目标。党的十九大将“坚持人与自然和谐共生”作为新时代坚持和发展中国特色社会主义的基本方略，作出了建设美丽中国的战略部署，明确了推进绿色发展、加大生态保护和监管等重点任务。

（6）从“国富优先”向“民富优先”的转型。改革开放之前以及改革开放前期，针对国家贫穷落后的现状，我国经济发展采取了“国富优先”的发展目标。“国富优先”的发展以 GDP 增长为目标，以做大经济总量为思路实现经济发展。“国富优先”的发展目标在改革开放之前促进了工业化基础和国民经济基础的建立，使中国从落后的农业国转变为先进的工业国。在改革开放之后，经济总量大幅提升，国家财政能力不断增强。到 2011 年，GDP 首次超过日本，成为世界第二大经济体，2018 年 GDP 超过 90 万亿元，从一个经济小国变为经济大国。“国富优先”在满足全社会生存性需求和反贫困方面取得了积极效果，同时也使得生产能力快速扩张，成为全球生产大国和贸易大国。但是“国富优先”抑制了社会总需求的增长，压抑了劳动报酬的提高，使民生得不到改善，使人民生活水平长期得不到提高。

进入新时代以后，在国家富裕的基础上，开始向“民富”转变，从“国富优先”向“民富优先”转型。“民富优先”的发展目标以提高城乡居民的收入为发展目的，有利于提高消费总量和化解社会矛盾。在中国经济从数量型向质量型增长转变中，为了建立新的利益机制，经济增长的目标要从“国富优先”到“民富优先”转型，由经济总量导向国民收入导向转变。新中国 70 年来，过去多年的经济增长是以“国富优先”为导向，“国富优先”的优点在于集中力量办大事、扩展经济总量。但是“国富优先”使财富集中于国家，强化政府主导的投资扩张，扭曲市场，形成了经济发展方式转变的路径依赖，延缓了经济结构调整，加剧了产能过剩的矛盾。中国经济要从数量型向质量型增长转变，与此相适应，在经济增长目标上开始实现从“国富优先”到“民富优先”的转型：第一，“民富优先”的经济增长的最终目标定位于人的全面发展，“民富优先”的经济增长不是简单地追求物质的增长，而是要实现人的全面发展，大力发展民生事业，社会保障事业，实现公共服务的均等化，提高就业质量和人民收入水平，实施健康中国战略。第二，由“让一部分人先富起来”转向共同富裕。“民富优先”不是简单地追求一部分人的富裕，而是要把提高大多数人的幸福作为“民富优先”的目标。缩小收入分配差距，使增长成果惠及所有社会成员。改革开放以来，党和国家推行的大规模扶贫开发工作就体现了“民富优先”，使 7 亿农村贫困人口脱贫，为人类反贫困做出了巨大贡献。第三，坚持以人民为中心的经济发展。改革和发展都应当考虑能否给人民带来利益，以富民为目标，谋求人民富裕不仅要加快经济增长，还要解决经济增长成果如何分配的问题。富裕人民需要扩大中等收入者的比重，缩小收入差距，突出居民生活质量的提高。扩大中等收入群体，调节过高收入。坚持实现经济增长与居民收入同步增长、劳动生产率与劳动报酬同步提高。进入新时代，经济增长由数量型转向质量型，与此相适应，经济发展的目标从“国富优先”向“民富优先”转型。

（7）从赶超战略向质量效益战略的转型。新中国70年来，在改革开放前和改革开放后相当长的时间内，我们实行的是数量型增长的赶超战略，这一战略是经济上的后进国追赶先进国并最终要超越先进国的一种经济发展战略。这一战略是基于比较优势原理，按照比较优势原理在生产可能性边界不变的前提下，通过规模经济的路径形成了传统的数量型增长模式和追赶型发展战略。追赶型发展战略是指采取扭曲产品和要素价格的办法，以计划机制取代市场机制进行资源配置，提高国家动员资源的能力，使产业结构达到发达国家水平的发展战略。赶超战略在中国的实践开始于新中国成立初期。出于对当时国际国内政治经济因素的全面考虑，国家选择了优先发展重工业的赶超战略。这一战略建立了高度集中、按计划运行的物资管理体制，通过统收统支的金融管理体制把有限的资金优先安排到重点产业和项目中，实现资金配置与发展战略目标的衔接。赶超战略的成果以较快的速度建成了比较完整的中国工业经济体系，但是该战略使产业结构严重扭曲，扭曲的产业结构导致了经济的封闭性，造成了低下的微观经济效率。

赶超战略下的经济增长模式是一种数量型经济增长，20世纪90年代中期以来，知识经济迅猛兴起，知识与技术在促进增长经济中的作用进一步提升，“中国经济已经走上了规模报酬递增的阶段”①，从数量型经济增长向质量型经济增长转化已经成为一种必然趋势。我国和许多发展中国家一样，在经济增长的最初阶段都通过实施赶超战略试图在较短的时期赶上发达国家。但是赶超战略下单纯追求“快”的发展方式是粗放型的，这种增长方式与经济增长初期阶段的环境相适应②。随着经济发展的全面推进、经济发展整体水平的提高，粗放型发展方式就失去了优势，这样经济发展战略就需要由赶超战略转向质量效益战略。党的十八大以来，我们提出了

① 徐瑛，杨开忠．中国经济增长驱动力转型实证研究[J]．江苏社会科学，2007(5)．

② 洪银兴．转型经济学[M]．北京：高等教育出版社，2008：54．

经济增长质量和效益的五大发展理念，特别是党的十九大作出了我国经济已经由高速增长阶段转向高质量发展阶段的判断，高质量发展的实施意味着我国经济发展战略从赶超战略向质量效益战略的转型。

（8）从封闭发展向开放发展的转型。新中国70年来，我们成功实现了从封闭、半封闭到全方位开放的历史转变。改革开放以前，我国采取的是封闭性发展。在国际环境方面，中国与世界上大多数资本主义国家还未建立外交关系，以美国为首的西方国家对中国实行封锁，军事上发动朝鲜战争；政治上美国要求一些国家不承认新中国的合法性；经济上对中国实行封锁政策，阻止所有国家的商船进入新中国的港口。新中国面临的国际国内环境条件和独立意识决定了中国在当时只能主要采取内向型发展方式，内向型发展方式是一种封闭性的发展。

改革开放以来，随着外部环境的变化、内向型发展方式向外向型发展方式的转变，我国经济开始从封闭发展向开放发展转型，以后发优势和比较优势为基础，实行对外开放，建立经济特区，大力发展。从建立经济特区到开放沿海、开放沿江、开放沿边，再到加入世贸组织，从“大规模引进来”到“积极走出去”，利用国际和国内两个市场和两种资源的能力显著提高。“中国在改革开放以后实行的不断趋于完善的对外开放政策，把这种全球化大发展转化为促进中国经济持续稳定迅速发展的重要因素。”①开放型经济的发展使中国实现了从封闭、半封闭经济到全方位开放的转折，形成了从东部沿海到沿江、沿边和内陆地区，从对外贸易到国际投资，从制造业到服务业，从货物贸易到服务贸易领域不断拓展的开放格局。“从引进来到走出去，我国逐渐形成了全方位、多层次、宽领域的对外开放新格局，并一跃成为开放型经济大国。中国不断拓展国别区域合作，坚持以规则为基础的多边合作，在世界贸易组织、世界银行、国际货币基金组织、亚太经合组织等机构和平台的影响力不断提升，为全球经贸

---

① 汪海波．中国发展经济的基本经验[J]．首都经贸大学学报，2019(1)．

治理发出中国声音。”① 从封闭向开放的转型，中国经济不仅融入了全球化，而且开始主导全球化，提高了企业的国际竞争力，使中国成为世界经济重要的引擎。目前正在通过“一带一路”倡议形成对外开放新格局，发展高水平、高质量和高层次的外向型经济。

第三节　新中国 70 年转型发展逻辑下发展经济学领域的创新

新中国 70 年来，中国经济发展在转型发展的逻辑下，实现了八个方面的转型。这种转型发展的逻辑不仅在实践上促进了中国经济的快速发展，而且在一定意义上借鉴和印证了发展经济学的某些原理，更为重要的是，从中国实际出发，推动了理论创新和制度创新，通过理论创新促进了中国发展经济学的形成，形成发展经济学领域的一些创新。这些创新主要体现在以下几个方面：

（1）中国经济发展从落后的农业大国向现代工业化国家转型以及通过二元工业化的特殊路径，实现了经济发展路径理论的创新。新中国 70 年来，中国从落后的农业大国向现代工业化国家的转型和其他国家一样都是通过工业化道路来实现的，但是由于中国二元经济结构的特殊性，工业化的独特性在于通过二元工业化路径来促进中国从落后的农业大国转向现代工业化国家。由于我国特殊的“二元经济结构”和“双重演进”的特征，形成了农村工业化和城市工业化同时并存的城乡二元工业化路径。这种二元工业化路径的特征是：工业化空间分布的二元性、工业化实现路径的二元性、工业化资源配置手段的二元性、工业化产业层次的二元性。二元工业化的发展路径使得中国经济由落后的农业大国转向了现代工业化国家。

（2）从计划经济体制向市场经济体制的转型以及实现了市场动力与政府动力的结合，促进了经济发展动力理论的创新。新中国 70 年来，在改革开放之前我们建立了计划经济体制，以国民经济计划为动力建立了完善的

① 顾学明．构建全面开放新格局的成就与经验[N]．光明日报，2018－12－18.

国民经济基础和工业化基础。改革开放又实现了从计划经济体制向市场经济体制的转型，以市场机制为动力，正确处理了政府与市场的关系，形成了经济发展合理的动力体系，促进了经济高速增长，实现了经济发展动力理论的创新。改革开放之前，我国经济发展的动力在于计划，通过计划集中力量办大事，建立了中国的工业化基础。改革开放以来，针对计划经济的弊端，经过改革开放40多年的探索，成功实现了从计划经济向市场经济的转型，发挥了市场在资源配置中的作用，通过市场动力实现了改革开放以来中国经济发展的奇迹。从计划经济转向社会主义市场经济，把市场化的改革取向作为目标，正确处理了计划与市场的关系，建立了有为政府和有效市场相结合的独特社会主义市场经济模式，实现了市场动力与政府动力的结合，推进了“中国发展奇迹”的实现。在理论上实现了经济发展动力理论的创新，创立了一种不同于西方理论范式的政府与市场关系，在经济增长中既发挥了市场在资源配置方面的决定性作用，又有效发挥了政府的作用，描绘出一个发展中大国如何走向现代化国家的动力理论逻辑。

（3）从粗放经济发展向集约型经济发展的转型以及从经济增长方式转变到转变发展方式，再到创新发展，实现了经济发展方式理论的创新。美国发展经济学家钱纳里提出了“发展型式”的概念，他认为发展形式的选择对发展中国家的经济发展至关重要。新中国70年来，我们在经济发展方式上实现了从粗放经济发展向集约型经济发展的转型，尽管这一转型任务还没有完成，但是成功探索出了通向集约化发展的方向，形成了经济发展动力理论的创新。党的十四届五中全会提出经济增长方式从粗放型向集约型转变。党的十七大提出转变经济发展方式的具体内容主要是促进经济增长主要依靠投资、出口拉动向依靠消费、投资、出口协调拉动转变。促进经济增长由依靠第二产业带动向依靠第一、第二、第三产业协同带动转变。促进经济增长由依靠增加物质资源消耗向主要依靠科学进步、劳动者素质提高、管理创新转变。党的十八届五中全会提出了创新发展，党的十九大提出创新是引领发展的第一动力。从转变经济增长方式到转变发展方式，再到创新发展，实现了发展方式理论的创新。

（4）产业结构呈现出从单一向多元化发展，再向高级化和现代化发展的变化以及协调发展理念的实施，促进了经济发展结构理论的创新。结构主义经济发展理论认为，经济发展的主题是结构性转变，新中国成立70年以来，我国产业结构呈现出从单一向多元化发展，再向高级化和现代化发展的变化，这一变化进一步推动了发展经济学结构理论的创新。改革开放之前，利用计划经济体制集中力量进行重点建设，虽然形成了单一的产业结构，但是却建立了完善的工业体系和国民经济基础。改革开放之所以能够创造经济奇迹，关键在于改革推动了经济结构转换，释放了经济增长新动能，促进了经济持续、快速、健康发展。在由低收入阶段迈向中等收入阶段的进程中，为了在较短的时间内实现经济充分释放生产力，我国推进工业化和城市化、沿海开放，针对不同地区的发展情况实施不同的政策，这些实际上属于不平衡发展战略。新时代下经济发展向高水平迈进的过程中面临新环境和新难题，发展理念需适时向协调转换。协调意味着更加注重经济发展的整体性和平衡性，强调转变当前经济各个方面存在的失衡现象，促进经济结构的优化提升，同时还要补齐现阶段经济发展中的短板，为经济的高水平发展拓展空间并开发潜力。

（5）从人与自然的冲突到人与自然和谐共生的转型以及绿色发展理念的实施，形成兼具生态财富在内的多维度财富观的创新。新中国成立70年来，我们在人与自然的关系上，经历了人与自然的冲突到人与自然和谐共生的转型，在人与自然和谐共生的过程中，我们提出了可持续发展、人与自然的和谐、生态文明以及绿色发展等理论。这些实践的发展和理论的演进体现了发展经济学财富理论的创新。对财富的追求是人类亘古不变的话题。人类的历史从某种意义上也可以归结为不断创造、分配与使用财富的历史。在人类历史上，财富观经历了“实物形态”的国家财富观、货币形态”的国家财富观、“价值形态”的国家财富观、“知识形态”的国家财富观[①]。新中国70年来，从人与自然的冲突到人与自然和谐共生的转型，

① 任保平，段雨晨．新常态下提高经济增长质量的新国家财富观构建[J]．经济问题，2016(2)．

特别是新发展理念中，绿色发展理念的实施体现了财富观的创新，形成兼具物质财富、知识财富、文化财富、生态财富的多维度新国家财富观，从资本产出、自然资本和无形资本三个方面来衡量一国综合财富。

（6）从“国富优先”向“民富优先”的转型以及以人民为中心的发展思想的贯彻落实，体现了发展目标理论的创新。新中国成立70年来，从“国富优先”向“民富优先”的转型，体现了经济发展目标的转型，体现了以人民为核心的经济发展目标。新中国成立之后，中国经济发展为了实现国家的繁荣富强，确定了“国富优先”的发展目标。进入新时代以后，我国已经成为世界第二大经济体，“国富优先”的任务已经基本完成，需要从“国富优先”向“民富优先”转型，“民富优先”考虑的是经济发展能否给人民带来利益，能否使人民生活水平得到改善，能否使人民分享经济发展的成果。“民富优先”不仅涉及加快经济发展方式转变，而且涉及经济发展成果的分配，“民富优先”要使人民群众得到最大的收益、最大的社会福利问题[①]。要让人民富裕，要扩大中等收入者的比重，普遍提高人们的收入，让人民生活质量得到提高，而且要缩小收入差距。“民富优先”体现了以人民为中心的发展思想，“民富优先”表明经济发展不是为发展而发展，而是为富民而发展。根据新发展理念，人民的富裕程度要与经济发展同步。“民富优先”不是一部分人富，而是大部分人富。“民富优先”不仅要看平均收入，还要看达到平均收入的人数。“民富优先”包括劳动致富、创业致富、经营致富和财产致富等路径。

（7）从追赶战略向质量效益战略的转型以及对高质量发展的追求，体现了经济发展战略理论的创新。新中国成立70年来，实现了从追赶战略向质量效益战略的转型，体现了发展战略理论的创新。中国和世界上的发展中国家一样，在经济发展初期，为了解决贫穷落后的面貌，在经济发展过程中以追求速度为核心，实施追赶战略。经过70年的经济发展，中国经济已经由发展问题转变为发展起来以后的质量效益问题，追赶战略的任务已

① 洪银兴．以人为本的发展观及其理论和实践意义[J]．经济理论与经济管理，2007(5)．

经完成，需要进行发展战略的转型，从追赶战略向质量效益战略转型。要以高质量发展为目标，以知识、信息和人力资本先进生产要素为核心，以创新为第一驱动力，构建现代化经济体系。要实现以现代化发展为核心的新时代经济现代化、政治现代化、社会现代化和人的现代化。围绕高质量发展目标，由制度创新转向以现代化强国为内容的综合创新。由单一市场化路径转向市场化、工业化、城市化、生态化和信息化的协调同步发展。

（8）从封闭向开放的转型以及高层次开放型经济的发展，促进了经济开放发展理论的创新。新中国成立 70 年来，我国经济从封闭向开放转型，开放型经济的发展体现了发展经济学开放发展理论的创新。新中国 70 年的历史表明，闭关自守、故步自封带来的必然是落后。随着经济全球化的不断发展，劳动的世界分工不断细化，生产的专业化水平不断提高，通过开放可以积极参与全球分工，通过比较优势的发挥来实现发展。邓小平在改革开放之初就指出：加强国际交往，积极学习发达国家的管理经验和先进技术，是促进我国经济发展的关键举措，闭门造车是万不可取的。习近平总书记也在党的十九大报告中又一次强调要主动参与和积极推进经济全球化进程，要抓住机遇，直面挑战，审时度势，迎难而上，努力推进中国与世界的共同发展，推动构建人类命运共同体。开放发展的理论开拓了经济全球化理论的新境界，使我国由经济全球化的从属地位转变为主导地位，我国已经成为世界货物贸易第一大国，在全球价值链中占有至关重要的地位。新时代背景下，我国致力于从贸易大国向经济强国转变，从“中国制造”向“中国智造”转变，努力向全球产业价值链的中高端迈进，坚持开放发展新理念，进一步提升开放经济水平，以“强起来”为目标构建新时代对外开放新格局，全面提高对外开放水平。

参考文献

[1]陈炎兵.论社会主义市场经济体制形成和发展的四个阶段[J].党的文献,2009(1):50－55.

[2]陈春生:中国农户的演化逻辑与分类[J].农业经济问题,2007(11).

[3]程兆东, 王振. 关于我国农业现代化内涵拓展和实施中存在问题的思考[J]. 农业与技术, 2017, 37(7):163－164.

[4]陈智宏,郎帅.多极化兴起于秩序重塑:中国在新世界中的角色[J].中国战略报告,2016(7):225－239.

[5]崔凯,冯献.建国以来工业化、信息化、城镇化和农业现代化同步推进的历史进程与发展趋势探析[J].广东农业科学,2013,40(16):201－206.

[6]戴翔,张二震. 我国外向型经济发展如何实现新突破——基于空间、结构和活力三维度分析[J].南京社会科学,2017(9):13－19.

[7]杜俊平.农业现代化、新型工业化、城镇化、信息化、绿色化"五化"协同发展研究[J].重庆文理学院学报(社会科学版),2017,36(1):119－125.

[8]杜传忠,杨志坤.我国信息化与工业化融合水平测度及提升路径分析[J].中国地质大学学报(社会科学版),2015,15(3):84－97,139.

[9]樊纲,张曙光,张燕生.公有制宏观经济理论大纲[M].上海:上海三联书店,1994.

[10]费孝通. 论中国小城镇的发展[J]. 经济研究参考, 1996(66).

[11]高帆.过度小农:中国农户的经济性质及其政策含义[J].学术研究,2008(8).

[12]顾钰民.农业现代化与深化农村土地制度改革[J].经济纵横,2014

(3).

[13]赫曦滢. 马克思主义视阈中的城市批判与当代价值[M]. 北京:社会科学文献出版社,2017.

[14]何爱平. 发展的政治经济学:一个理论分析框架[J]. 经济学家,2013(5):5-13.

[15]黄宗智. 华北的小农经济与社会变迁:第1版[M]. 北京:中华书局,2000.

[16]黄宗智. 长江三角洲的小农经济与乡村发展:第1版[M]. 北京:中华书局,1986.

[17]贾国维. 中国计划经济体制的形成与变迁研究[D]. 成都:西南财经大学,2010.

[18]洪银兴. 新时代社会主义现代化的新视角——新型工业化、信息化、城镇化、农业现代化的同步发展[J]. 南京大学学报(哲学·人文科学·社会科学),2018,55(2):5-11,157.

[19]葛顺奇,罗伟. 跨国公司进入与中国制造业产业结构——基于全球价值链视角的研究[J]. 经济研究,2015(11):34-48.

[20]洪银兴. 中国特色社会主义政治经济学的创新发展[J]. 红旗文稿,2016(7):4-9.

[21]洪银兴. 构建解放、发展和保护生产力的系统性经济学说[J]. 经济学家,2016(3):1-9.

[22]韩俊. 中国城乡关系演变60年:回顾与展望[J]. 改革,2009(11):5-14.

[23][美]哈罗得·德姆塞茨. 所有权、控制与企业[M]. 北京:经济科学出版社,1999.

[24]胡绍雨,申曙光. 农村消费方式变迁及其作用消费增长的机理[J]. 西部论坛,2014(9)。

[25]胡若痴. 二元经济结构下我国农村消费的情况、制约因素与对策研究[J]. 消费经济,2010(1).

[26]黄茂兴,叶琪. 马克思主义绿色发展观与当代中国的绿色发展[J]. 经济研究,2017(6):17 – 30.

[27]姜爱林. 中国信息化发展的历史变迁[J]. 情报资料工作,2002(4):6 – 10.

[28]李良玉. 建国初期的土地改革运动[J]. 江苏大学学报(社会科学版), 2004, 6(1):39 – 44.

[29]李东红. 企业核心能力理论评述[J]. 经济学动态,1999(1):61 – 64.

[30]李秋斌. 农村经济体制改革的历程及展望[J]. 宏观经济管理,2009(12).

[31]李宪宝,高强. 行为逻辑、分化结果与发展前景——对 1978 年以来我国农户分化行为的考察[J]. 农业经济问题,2013(2)。

[32]李培林,张翼. 国有企业社会成本分析[M]. 北京:中国社会科学出版社,1999.

[33]李方旺. 国有企业效率提高的制度创新:建立健全经营管理者的激励约束机制[J]. 财政研究,2000(11):34 – 37.

[34]李光辉. 新时代:推动形成全面开放新格局[J]. 国际贸易,2018(1):4 – 8.

[35]李霞,戴胜利,面向建设国家中心城市的智慧武汉发展评价及模式优化: 理论与实证[J]. 中国软科学,2018(1).

[36]李敬,陈澍,万广华,付陈梅,中国区域经济增长的空间关联及其解释——基于网络分析法[J]. 经济研究,2014(11).

[37]林毅夫. 制度、技术与中国农业发展[M]. 上海:生活. 读书. 新知三联书店上海分店出版社, 1992.

[38]林毅夫,蔡昉,李周. 充分信息与国有企业改革[M]. 上海:上海三联书店、上海人民出版社,1997.

[39]刘建军. 微型社会:计划经济下单位的构成[J]. 南京社会科学,2000(1):21 – 32.

[40]刘天军,胡华平,朱玉春. 我国农产品现代流通体系机制创新研究

[J]. 农业经济问题,2013(8).

[41]刘仲藜. 奠基——新中国经济五十年[M]. 北京:中国财政经济出版社,1999.

[42]刘灿. 马克思企业理论与科斯企业理论的比较和再认识[J]. 当代经济研究,1997(3):58-59.

[43]陆铭,城市、区域和国家发展——空间政治经济学的现在与未来[J]. 经济学(季刊),2017(7).

[44]宁克平. 城市与人中国城市化进程及其对策[M]. 北京:人民出版社,2009.

[45]宁凌,李丽. 企业发展历史与企业性质再研究[J]. 当代财经,2003(10):71-74.

[46]逄锦聚. 马克思生产、分配、交换和消费关系的原理及其在经济新常态下的现实意义[J]. 经济学家,2016(2):5-15.

[47]倪红福,夏杰长. 中国区域在全球价值链中的作用及其变化[J]. 财贸经济,2016(10).

[48][法]麦克法夸尔. 剑桥中国史:1949—1965[M]. 北京:中国社会科学出版社,1992.

[49]马志雄,丁士军. 基于农户理论的农户类型划分方法及其应用[J]. 中国农村经济,2013(4).

[50]潘文卿,中国区域经济发展:基于空间溢出效应的分析[J]. 经济研究,2015(7).

[51]瞿商. 我国计划经济体制的绩效(1957—1978)——基于投入产出效益比较的分析[J]. 中国经济史研究,2008(1):121-128.

[52][俄]恰亚诺夫. 农民经济组织:第1版[M]. 北京:中央编译出版社,1996.

[53]任保平,田丰华. 中国特色社会主义新时代经济发展新动力的重塑与协调[J]. 经济纵横,2017(12):26-34.

[54]任保平,魏婕,郭晗. 超越数量:质量经济学学的范式与标准研究

[M]. 北京:人民出版社,2017.

[55]任保平.“中国发展的政治经济学”理论体系构建研究[J]. 中国高校社会科学,2016(6):12 - 18 + 153.

[56]任保平,李梦欣. 新时代中国特色社会主义绿色生产力研究[J]. 上海经济研究,2018(3):5 - 13.

[57]任毅,东童童. 工业化与信息化融合发展述评及其引申[J]. 改革,2015(7):47 - 56.

[58]邵文波,盛丹. 信息化与中国企业就业吸纳下降之谜[J]. 经济研究,2017,52(6):120 - 136.

[59]师博. 中国特色社会主义新时代高质量发展宏观调控的转型[J]. 西北大学学报(哲学社会科学版),2018 (3):14 - 22.

[60]盛斌. 中国开放发展面临的三大挑战[J]. 国际贸易问题,2018(1):4 - 5.

[61]宋周莺,刘卫东. 中国信息化发展进程及其时空格局分析[J]. 地理科学,2013,33(3):257 - 265.

[62]苏丹妮,邵朝对. 全球价值链参与、区域经济增长与空间溢出效应[J]. 国际贸易问题,2017(11).

[63]陶小红,齐亚伟,中国区域经济时空演变的加权空间马尔可夫链分析[J]. 中国工业经济,2013(5).

[64]王国敏, 赵波. 中国农业现代化道路的历史演进:1949—2010[J]. 西南民族大学学报(人文社科版), 2011, 32(12):207 - 212.

[65]王珂,秦成逊. 西部地区实现绿色发展的路径探析[J]. 经济问题探索,2013(1):89 - 93.

[66]王一国. 国有企业制度变迁与制度创新研究[M]. 长沙:湖南大学出版社,2003.

[67]王佳宁,罗重谱,政策演进、省际操作及其趋势研判——长江经济带战略实施三周年的总体评价[J]. 南京社会科学,2017(4).

[68]翁贞林. 农户理论与应用研究进展与述评[J]. 农业经济问题,2008

(8).

[69]邬晓霞,张双悦."绿色发展"理念的形成及未来走势[J].经济问题,2017(2):30-34.

[70]吴常艳,黄贤金,陈博文,李建豹,徐静.长江经济带经济联系空间格局及其经济一体化趋势[J].经济地理,2017(7).

[71]吴风来. 产权所有制性质与企业绩效实证研究[J]. 经济科学,2003(3):12-19.

[72]吴福象.重塑地理经济格局国家区域发展新战略[J].光明日报,2016(3).

[73]习近平.之江新语[M].杭州:浙江人民出版社,2013:119.

[74]徐维祥,舒季君,唐根年.中国工业化、信息化、城镇化和农业现代化协调发展的时空格局与动态演进[J].经济学动态,2015(1):76-85.

[75]许传红, 朱哲. 五大发展理念视角下的中国新型城乡关系构建[J]. 武汉理工大学学报(社会科学版), 2017, 30(2):54-59.

[76]谢志强, 姜典航. 城乡关系演变:历史轨迹及其基本特点[J]. 中共中央党校学报, 2011, 15(4):68-73.

[77]杨小凯. 企业理论的新发展经济研究[J]. 经济研究,1994(7):60-65.

[78]杨瑞龙. 现代企业产权制度[M]. 北京:中国人民大学出版社,1996.

[79]杨瑞龙. 国有企业治理结构创新的经济学分析[M]. 北京:人民大学出版社,2001.

[80]易明,李奎.信息化与工业化融合的模式选择及政策建议[J].宏观经济研究,2011(9):80-86.

[81]余华,彭程甸.中国绿色发展的理论逻辑与实践路径探索[J].湖南财政经济学院学报,2018(1).

[82]俞忠钰.中国电子信息技术与产业展望[J].今日电子,1996(6):94-95.

[83]姚洋.中国农地制度:一个分析框架[J].中国社会科学,2000(3).

[84]詹兆雄. 影响农村消费的主要因素与扩大农村消费的对策[J]. 2009(3).

[85]赵艾. 以“一带一路”建设为重点推动形成全面开放新格局——在宏观经济高层报告会上的演讲[J]. 中国经贸导刊,2018(1):13-16.

[86]张辽,王俊杰. “两化融合”理论述评及对中国制造业转型升级的启示[J]. 经济体制改革,2017(3):123-129.

[87]张军,施少华. 中国经济全要素生产率变动:1952—1998[J]. 世界经济文汇,2003(2):17-24.

[88]张占斌. 中国农村经济改革[M]. 北京:红旗出版社,2009.

[89]张宇,谢地,任保平,蒋永穆. 中国特色社会主义政治经济学[M]. 北京:高等教育出版社,2017.

[90]张学良,中国区域经济转变与城市群经济发展[J]. 学术月刊,2013(7).

[91]赵凌云. 1949—2008 年间中国传统计划经济体制产生、演变与转变的内生逻辑[J]. 中国经济史研究,2009(3):24-33.

[92]赵擎昊. 政治经济学视阈下探析农业信息化对我国农业经济增长的影响[J]. 农村经济与科技,2016,27(6):26-27.

[93]郑秉文. 既为企业减,又为群众增福——我国社会保障改革成就卓著![N]. 人民日报, 2017-10-23(14).

[94]郑国洪. 国家中心城市创新效率比较与提升策略[J]. 河南社会科学,2017(4).

[95]中国产业体系的制度结构研究课题组. 建国初期的计划经济效率——基于制度变迁理论与 DEA 检验的经济史研究[J]. 当代经济科学,2015,37(5):116-123.

[96]中国社会科学院世界历史研究所. 世界历史:第 7 册[M]//城市发展和经济变革. 南昌:江西人民出版社,2012.

[97]长江产经研究院,如何理解“大保护下”的长江经济带高质量发展,[EB/OL]. http://www.sohu.com/a/23066825-701468.

[98]国家统计局农村社会经济调查队. 中国农村统计年鉴[M]. 北京：中国统计出版社，2005.

[99][德]马克思，恩格斯. 马克思恩格斯选集：第 9 卷[M]. 北京：人民出版社，1995：273.

[100]中共中央马克思恩格斯列宁斯大林著作编译局，编译. 马克思恩格斯文集：第 9 卷[M]. 北京：人民出版社，2009：38，259－260.

[101]中共中央马克思恩格斯列宁斯大林著作编译局，编译. 马克思恩格斯选集[M]. 北京：人民出版社，1995.

[102]中共中央马克思恩格斯列宁斯大林著作编译局，编译. 马克思恩格斯选集[M]. 北京：人民出版社，2012.

[103]中共中央马克思恩格斯列宁斯大林著作编译局，编译. 资本论：第 3 卷[M] 北京：人民出版社，2004：289.

[104]Schultz TW. Transforming Traditional Agriculture[J]. New Haven Yale University Press，1964.

[105]Jessen，M.，and Meckling，W.，" Theory of the Firm：Managerial Behavior，Agency Costs and Ownership Structure[J]. The Journal of Financial Economics，1976(31)：305－360.

索　引

后　记

中国特色的社会主义政治经济学的研究，首先需要确定研究的对象是什么。我一直认为中国经济学研究的对象应该是中国特色的发展道路，中国特色的发展道路，包括过去的道路、现在的道路以及未来的道路，具体来讲包括三个层次：一是过去几千年的经济发展历史及其经济思想和制度演进，这是中国经济学需要考察的一个方面；二是社会主义经济制度建立的实践，即新中国成立后的计划经济时期的发展道路；三是社会主义经济改革的实践，即改革开放后社会主义市场经济体制的建立和完善。中国经济学一开始并不是世界主义的，在研究中国经济发展道路一定阶段之后，形成了系统的科学的理论体系，之后才能成为被世界认可的学说，才能用之指导世界经济的实践，要经历一个从具体到抽象再到具体的发展过程。

中国经济学体系的构建，要抓住“发展”这个主题，并且直面大问题、大矛盾。中国还是一个发展中国家，中国经济的所有问题都是在发展过程中产生的问题，中国过去的发展问题是在从贫穷落后向富裕发达转变过程中呈现出来的问题，中国未来的发展问题是进入中等收入国家行列之后如何发展的问题。因此，中国经济学首先应该是研究中国发展的经济学，甚至可以称为中国发展的政治经济学。也就是说，中国经济的主题是发展，而发展问题又是一个政治经济学问题，把发展经济学与政治经济学结合起来，研究中国特色的社会主义政治经济学。基于这种认识，我在《西部论坛》《中国高校社会科学》等杂志发表文章，认为中国特色社会主义政治经济学的主线是发展的政治经济学，同时也想写一本《中国特色发展的政治经济学》。

2016 年我初步形成了一个大纲，并在西北大学经济管理学院青年教师学术沙龙上讲过这个提纲，大家集体讨论，提出了一些宝贵经验。后来我又组织我指导的已经毕业在校和在高校工作的学生们来集体完成这部著作。初稿具体分工如下：导论：西北大学经济管理学院任保平；第 1 章：西安财经大学岳永；第 2 章：西安理工大学刚翠翠；第 3 章：西北大学经济管理学院付雅梅；第 4 章：西北大学经济管理学院刘笑；第 5 章：西北大学经济管理学院郭晗；第 6 章：西北大学经济管理学院任保平；第 7 章：陕西师范大学陈丹丹；第 8 章：西安邮电大学张如意；第 9 章：西北大学经济管理学院辛伟；第 10 章：西北大学经济管理学院李梦欣；第 11 章：西安财经大学王薇；第 12 章：西安理工大学许璐；第 13 章：西安财经大学李媛；第 14 章：西安理工大学王艳；第 15 章：西北大学经济管理学院魏婕；第 16 章：西北大学经济管理学院宋文月；第 17 章：西北大学经济管理学院李勇；第 18 章：西安财经大学刘若江；第 19 章：西北大学经济管理学院王竹君。本著作初稿形成以后，魏婕副教授、郭晗副教授首先进行了统稿，在此基础上，我通读了书稿，进行了最终的加工。

本书是文化名家暨“四个一批”人才、国家“万人计划”哲学社会科学领军人才支持项目和长江学者资助项目的成果，本书的出版得到了西北大学经济管理学院、教育部人文社会科学重点研究基地——中国西部经济发展研究中心的支持。西北大学经济管理学院党政领导和同事们均对本套书的完成与出版给予积极的鼓励与支持。社科处马朝奇处长、李丰庆副处长也给予了大量的帮助，在此一并表示感谢。

本书试图用政治经济学的理论与方法来研究中国的发展问题，从这一思路出发，形成了一个基本的框架，请学术界的前辈和同行们批评指正。

任保平

2018 年 9 月